G*tt w/m/d

Geschlechtervielfalt seit biblischen Zeiten

G*tt w/m/d

Geschlechtervielfalt seit biblischen Zeiten

Veit Dinkelaker, Martin Peilstöcker (Hg.)

Nünnerich-Asmus Verlag & Media

Bibelhaus ERLEBNIS MUSEUM

Impressum

208 Seiten mit 225 Abbildungen und 10 Karten
Titelabbildung: „Conchita Wurst auf der Mondsichel“ von Gerhard Goder (2014) © Staatliche Museen zu Berlin, Museum Europäischer Kulturen/Ute Franz-Scarciglia
Bild auf der U4-Seite: Judean Pillar Figurine © The Israel Museum, Jerusalem, Foto: Meidad Suchowolski
Frontispiz: Aschera-Figur (?), Keramik aus Juda, 7. Jhdt. v. Chr. mit Resten der Bemalung (Copyright) Bibelhaus Erlebnis Museum

Bibliografische Information der Deutschen Nationalbibliothek
Die Deutsche Nationalbibliothek verzeichnet diese Publikation in der Deutschen Nationalbibliografie; detaillierte bibliografische Daten sind im Internet über http://dnb.d-nb.de abrufbar.

ISBN 978-3-96176-138-8

Lektorat: Tina Sieber, Tülin Degirmenci
Gestaltung des Titelbildes: steinrücke+ich
Gestaltung: Jürgen Franssen, Heidelberg
Druck: Westermann Druck Zwickau GmbH, Zwickau

200 Jahre Frankfurter Bibelgesellschaft

Printed in Germany by Nünnerich-Asmus Verlag & Media
Weitere Titel aus unserem Verlagsprogramm finden Sie unter:
www.na-verlag.de

Wir danken für die Unterstützung von:

HESSEN Hessisches Ministerium für Wissenschaft und Kunst

STADT FRANKFURT AM MAIN BÜRGERMEISTER UWE BECKER

STADT FRANKFURT AM MAIN KULTURAMT

hessischer museumsverband

רשות העתיקות ISRAEL ANTIQUITIES AUTHORITY

the israel museum, jerusalem

Evangelische Zukunftsstiftung Frankfurt am Main

EVANGELISCHE KIRCHE IN HESSEN UND NASSAU

METZLER Asset Management

Inhaltsverzeichnis

Vorwort 7
Veit Dinkelaker und Martin Peilstöcker

Grußwort 9
Angela Dorn

G*tt w/m/d – Vom Sinn und Unsinn, G*tt als männlich, weiblich oder divers zu bezeichnen 10
*Einleitung der Herausgeber*innen*

The Making of – zur Rolle der Ausstellungsgestaltung 19
Sabine Gutjahr und Katja Kirchhoff

I. Gott, Göttin, Götter – Bibel und archäologischer Befund

Bibel und archäologischer Befund – Einleitung zur Methodik 27
Martin Peilstöcker

Kleidung in der südlichen Levante in vorgeschichtlicher Zeit – Darstellungen und Artefakte 29
Janet Levy

Gender und Religiosität im Alten Israel 43
Sven Lichtenecker

Nackte Frau oder Göttin – Pfeilerfigurinen in Judäa 52
Jürgen Schefzyk

Götzendienst als Hurerei!? Gender-Polemik in der hebräischen Bibel 60
Melanie Köhlmoos

Die Tempelsteuer und die Himmelskönigin – Gött*innen im Alltagsleben: die Jüd*innen von Elephantine im Perserreich 68
Veit Dinkelaker

Göttliche Geschlechterrollen in Metall geprägt – Münzen als neuer Bildträger seit dem späten 6. Jahrhundert v. Chr. 77
Patrick Wyssmann

Weiblich, männlich, divers (?) – zu Genderforschung und Diversität in der biblischen Archäologie 88
Martin Peilstöcker

II. G*ttes Ebenbild, männlich und weiblich

G*tt bin ich – und kein Mann. Einleitung zur Vielfalt von Geschlechtlichkeit im biblischen G*ttesbild 99
Veit Dinkelaker

Platons Androgynos und Philos bessere Hälfte – G*ttes Ebenbild w/m/d 107
Veit Dinkelaker

Adam androgyn – Entgrenzung der Geschlechter in der christlichen Alchemie des Mittelalters und der Frühen Neuzeit 117
Sven Limbeck

„Und G*tt sah an, was G*tt geschaffen hat und siehe, es war sehr gut" **– Jüdische und muslimische Perspektiven auf Geschlechtervielfalt in den Heiligen Schriften** 126
Jehoshua Ahrens und Mira Sievers

Intergeschichtlich – Intersexualität in der Geschichte. Videoskript 4:09 Minuten 134
Leon Beu und Ferdinand Mayer

III. Nicht männlich, nicht weiblich, sondern eins

Hier gilt: Nicht mehr männlich oder weiblich, sondern ihr seid eins in Christus – Vielfalt der Geschlechter im Neuen Testament und frühen Christentum 139
Veit Dinkelaker

Conchita Wurst aus Holz – Der museale Kosmos einer Skulptur 148
Jana Wittenzellner und Elisabeth Tietmeyer

„Und schuf sie männlich und weiblich." **– Geschlechtliche Vielfalt aus theologischer Sicht** 156
Gerhard Schreiber

Queere Theologie – Suchbewegungen im Plural 162
Kerstin Söderblom

„Ich werd' jetzt nicht Mann oder Frau, ich werd' Christ!" **– Drei Interviews mit Expert*innen für die Vielfalt von Geschlecht** 169
Anne Kampf

Katalog der Exponate 175
Martin Peilstöcker, Veit Dinkelaker und Sven Lichtenecker

Karten 202
Autor*innen 206
Bildnachweis 207

Vorwort

Die Frage nach Genus und Sexus, Geschlechtlichkeit, Gender und Sex ist eine Grundfrage der Menschheit und jeder*jedes Einzelnen. Die Grundannahme der Ausstellung „G*tt w/m/d – Geschlechtervielfalt seit biblischen Zeiten“ ist, dass die sog. Genderfrage keine Erfindung unserer Zeit ist. Sie war schon immer da. Das zeigen wir mit dem speziellen Fokus auf eine „Geschlechtlichkeit G*ttes“ und der Gottheiten anhand von Archäologie und Heiliger Schrift. Allerdings scheint es auch hier, dass Dinge noch zu entdecken sind und wir einen „zweiten Blick“ wagen müssen. Das lehren uns insbesondere Menschen, die die Vielfalt von Geschlechtlichkeit in unserer Gesellschaft leben.

Sowohl das Katalog-Cover als auch das Ausstellungsplakat mit der Berliner Skulptur „Conchita Wurst auf der Mondsichel“ repräsentieren die zu entdeckende Geschichte der Vielfalt von Geschlechtlichkeit in Kunst, Religion und Kultur. Tom Neuwirth alias Conchita Wurst formuliert es auf seine*ihre Weise: Die Kunstfigur „Conchita“ trage den Nachnamen „Wurst“, *„weil es eben ‚wurst‘ ist, woher man kommt und wie man aussieht“* (Online-Chat mit Conchita Wurst der Zeitung Der Standard am 24. April 2014).

Diese Aussage kommt einer biblischen Formulierung nahe, die es vor 2.000 Jahren so ausgedrückt hat: *„Hier gilt nicht mehr Jude und Grieche, nicht Sklave und Freier, nicht männlich und weiblich, sondern ihr seid alle eins.“* (Galater 3,28). Die Ausstellung lädt ein, denken zu lernen, dass G*tt von Anfang „G*ttes Ebenbild“, also den Menschen in einem ebenso vollen Spektrum von „weiblich *und* männlich“ gedacht hat. Es ist und bleibt im biblischen Sinne offen, was das für den*die Einzelne jetzt und in Zukunft bedeutet.

Der Katalog erscheint im Auftrag der Frankfurter Bibelgesellschaft. Wir danken Kollegin Silvia Meier vom Vorstand für die Begleitung, insbesondere das Fundraising. Wir danken allen, die diese Ausstellung möglich machen. Allen voran der Evangelischen Kirche in Hessen und Nassau für die großzügige Unterstützung, wie auch der Stadt Frankfurt und dem Bankhaus Metzler, der Evangelischen Zukunftsstiftung und dem Hessischen Museumsverband. So ist es möglich, dass wir wertvolle Leihgaben aus Museen und Bibliotheken zeigen können. Wir danken der Israelischen Antikenverwaltung und dem Israel Museum Jerusalem für archäologische Leihgaben, ebenso wie der Stiftung Preußischer Kulturbesitz/Staatliche Museen zu Berlin, dort namentlich dem Museum der Europäischen Kulturen, dem Ägyptischen Museum und dem Vorderasiatischen Museum. Wir danken der Universität Göttingen und dem Archäologischen Museum der Universität Münster für die Leihgaben. Wir danken dem Germanischen Nationalmuseum in Nürnberg, der

Herzog-August-Bibliothek in Wolfenbüttel, der Württembergischen Landesbibliothek in Stuttgart, dem Bibelmuseum Bayern in Nürnberg, der Universitätsbibliothek Johann Christian Senckenberg sowie der Bibliothek der Philosophisch-Theologischen Hochschule St. Georgen, beide in Frankfurt am Main.

Die kuratorische Arbeit von Veit Dinkelaker und Dr. Martin Peilstöcker wurde unterstützt von Dr. Michael Sebanne und Dr. Orit Shamir (Israelische Antikenverwaltung, IAA), Dres. Henk van Doorn, Dr. Haim Gitler, Dr. Yaniv Schauer, Yael Barschak und Tal Elispur (Israel Museum Jerusalem, IMJ), Prof. Wolfgang Zwickel (Johannes Gutenberg Universität Mainz), Dr. Sven Limbeck (Herzog-August-Bibliothek), Dr. Patrick Wyssmann (Universität Bern), Dr. Florian Lippke (Bibel+Orient Museum, Fribourg), Dr. Benedikt Hensel (Universität Zürich), Prof. Dr. Christof Rolker (Universität Bamberg), Prof. Dr. Melanie Köhlmoos und Melanie Stein (Fachbereich Evangelische Theologie, Altes Testament, Universität Frankfurt), Prof. Dr. David Käbisch und Laura Weidlich (Fachbereich Evangelische Theologie, Religionspädagogik, Universität Frankfurt), Prof. Dr. Mirjam Wenzel und Dr. Eva Atlan (Jüdisches Museum Frankfurt), Dr. Elke Morlok (Seminar für Judaistik, Universität Frankfurt), Rabbiner Dr. Jehoshua Ahrens, Prof. Dr. Mira Sievers (Universität Berlin) und Dr. Kerstin Söderblom sowie Pfarrer Peter Fleckenstein. Den Darsteller*innen Brix Schaumburg und Jo Clifford, Glasgow danken wir für die Unterstützung des Projektes „Queen Jesus". Wir danken Leon Beu und der TH Deggendorf für die Bereitstellung des Videos „Intergeschichtlich" sowie Anne Kampf und ihren Interviewpartner*innen: Ines-Paul Baumann (Metropolitan Community Church, Köln), Lucie Veith (Intergeschlechtliche Menschen e.V.) und Petra Weitzel (dgti: Deutsche Gesellschaft für Transidentität und Intersexualität e.V.), nicht zuletzt Dr. theol h.c. Jürgen Schefzyk (Direktor emeritus des Bibelhaus Erlebnis Museum).

Wir danken den Gestalterinnen Sabine Gutjahr, Katja Kirchhoff der Agentur „Gestaltung von Räumen" (Frankfurt), Anke Meneenga (Grafik) für den Entwurf und die Durchführung, digital und auch im Ausstellungsbau zusammen mit Messebau Service Klepper, Dreieich.

Wir danken unserem Kollegen Sven Lichtenecker vom Team des Bibelhaus Erlebnis Museums für die Mitarbeit bei der Recherche und Planung der Ausstellung, die Übersetzung des Aufsatzes von Janet Levy aus dem Englischen, die Lektorierung des Kataloges und die Erstellung des Abbildungsverzeichnisses. Wir danken Dr. Annette Nünnerich-Asmus und Tina Sieber vom Nünnerich-Asmus-Verlag sowie den Autor*innen dieses Kataloges. Bei der Erstellung der Artikel danken wir für die Unterstützung durch Ahiad Ovadia (IMJ), Ataliya Fadida and Dr. Edna Stern (IAA), Prof. Yossi Garfinkel (Hebräische Universität Jerusalem), Prof. Danni Rosenberg (Universität Haifa), Prof. Avi Gopher (Universität Tel Aviv) and Joe Seger (Professor emeritus), Prof. Isaac Gilead, Dr. Peter Fabian und Prof. Gunnar Lehmann (alle Ben Gurion Universität), Eli Cohen Sasson, Daphna Pollak, Bar Fabian und Yuval Shach, Evgeny Ostrovskiy, Krister Kowalski, Ulrike Zurkinden und Ingrid Judex (graphische Gestaltung, Umzeichnungen und Karten).

Die besonderen Umstände haben die Vorbereitung geprägt, und wir danken ausdrücklich der großen Geduld aller Beteiligten und hoffen, niemand hier vergessen zu haben! Aufgrund der Pandemie 2020 bis 2021 musste die Ausstellung mehrfach umgeplant werden. Damit sie möglichst vielen Menschen zugänglich ist, gibt es auch eine virtuelle Version der Ausstellung, die online besucht werden kann. Wir danken Agentur MESO Digital Interiors, Frankfurt, zusammen mit „Gestaltung von Räumen" für die Ausarbeitung der Online-Version.

Nicht zuletzt freuen wir uns sehr, dass Angela Dorn, Hessische Ministerin für Wissenschaft und Kunst, als Schirmherr*in die Ausstellung begleitet.

Veit Dinkelaker und Martin Peilstöcker

Liebe Besucherinnen und Besucher,

m, w, d: Diese drei Buchstaben begegnen uns zum Glück immer öfter im Alltag. Die Erkenntnis, dass die Geschlechter nicht nur binär verteilt sind, dass es viele weitere geschlechtliche Identitäten gibt, macht unsere Gesellschaft offener und vielfältiger. Und auch wer die Bibel aufschlägt, stellt sich die Frage: Ist Gott ein alter weißer Mann mit Rauschebart – das zumindest zeigen viele Ergebnisse bei einer Google-Bildersuche –, *„a girl"*, wie die Bands Groove Coverage und Nightcore singen, *„a woman"*, wie Ariana Grande behauptet? Nichts von dem? Oder alles zusammen?

Die Ausstellung „G*tt w/m/d – Geschlechtervielfalt seit biblischen Zeiten" will dem nachgehen. Dabei schreckt sie vor theologischen Zwickmühlen nicht zurück. *„Du sollst dir kein Bild machen"* heißt es. *„Ich bin Gott und kein Mann"*, steht im Hebräischen Originaltext. Ist das, was wir als Gott bezeichnen, also fließend zwischen den Geschlechtern?

Wir treffen in der Ausstellung auf überraschend vielfältige Gottesbilder. Im Alten Testament beispielsweise lernen wir zahlreiche weibliche Figuren kennen. Die „Weisheit" tritt in den Sprüchen Salomons und anderswo fast wie eine Person, eine Prophetin, neben Gott. Oder denken wir an das Neue Testament und Maria, die in vielen Teilen der Welt wie eine Göttin verehrt wird. Überraschend ist auch: Die Spur, dass man weder von Gott noch vom Menschen eindeutig reden muss, zieht sich schon durch die frühesten Diskussionen über die Bibel. Gleichzeitig geht es um Macht: Als die männlichen Könige begannen, ihre Macht direkt von ihrer Eigenschaft als Ebenbild und Stellvertreter Gottes herzuleiten, schwand die Möglichkeit eines diversen Bildes.

Sie sehen: Die Ausstellung stellt uns viele Fragen und fordert uns heraus, vermeintliche Klarheiten neu zu prüfen. Diese Herangehensweise zeichnet das Bibelhaus Erlebnis Museum aus – und sie macht es zukunftsfähig, weil es Fragen unserer modernen Gesellschaft in die Museumsarbeit trägt. Ich wünsche Ihnen spannende Erkenntnisse beim Entdecken von „G*tt w/m/d – Geschlechtervielfalt seit biblischen Zeiten"!

Ihre
Angela Dorn
Hessische Ministerin für Wissenschaft und Kunst

*G*tt w/m/d*

Vom Sinn und Unsinn, G*tt als männlich, weiblich oder divers zu bezeichnen

Einleitung der Herausgeber*innen

*G*d* – G*tt und das Gender-Sternchen

„Du sollst den Namen JHWHs, deines Gottes, nicht missbrauchen" (2. Buch Mose/Exodus 20,7). Jüd*innen schreiben das Wort Gott, sowohl im Deutschen wie auch in anderen Sprachen, häufig nicht voll aus. Der Name wird nicht genannt, das Wort wird möglichst nicht ausgesprochen. In Anlehnung an die hebräische Sprache, die keine Selbstlaute/Vokale im Schriftbild hat, findet sich in Texten von Jüd*innen öfter folgende Schreibweise:

G-tt, G'tt

Elisabeth Schüssler Fiorenza (1994), eine US-amerikanische Theolog*in, schlägt die englische Schreibweise *G*d* vor. Sie zeigt an: Unsere Sprache kann das, was wir als Gott bezeichnen, nicht treffend wiedergeben. Unser Ausstellungstitel greift das auf:

G*tt w/m/d

Abb. 1: Die biblischen Schriften sind entstanden unter dem Eindruck von Gewalt und Verfolgung. G*tt ist Anwält*in der Entrechteten. Im Buch Jesaja (56,3) finden die „Eunuchen" besondere Erwähnung. Foto: Große Jesaja-Rolle von Qumran 100 v. Chr. (Faksimile) im „Erlebnisraum Quellen der Bibel" im Bibelhaus Erlebnis Museum, Frankfurt.

Das biblische Tabu, G*ttes „Namen“ zu nennen, findet so im Schriftbild seinen Ausdruck. Im Rahmen der Frage der Geschlechtervielfalt haben wir entschieden an diese Stelle das sog. Gender*Sternchen zu setzen. Wir haben uns dabei gegen den unpersönlichen Begriff „die Gottheit“ entschieden (vgl. Bieberstein 2012, 17 Anm. 2). Der Begriff „die Gottheit“ verschleiert die Fragestellung nach der Geschlechtlichkeit, die biblisch von Anfang an im Raum steht. Die Schreibweise G*tt ist der Versuch auszudrücken, was die deutsche Sprache nicht immer ermöglicht: Es gibt mehr als männlich und weiblich. Anders als die Schreibweisen *Gott/Göttin, GöttIn, Gött_in* hält es aus unserer Sicht die Frage offen, ob und welches Geschlecht G*tt hat. Dass dieses nicht von vornherein männlich zu denken ist, markieren wir mit der Umstellung der drei seit 2017 in der deutschen Gesetzgebung geltenden biologischen Geschlechter männlich/weiblich/divers (m/w/d), indem wir hier bewusst die Reihenfolge umstellen:

weiblich/männlich/divers: w/m/d

Im Interview mit Anne Kampf (S. 169–174) zeigen drei Expert*innen für die Vielfalt von Geschlechtlichkeit ihren Blick auf die Bibel – insbesondere auch das Leiden an einer binären Weltsicht. „Binär“ bedeutet: zweigeteilt, insbesondere bei der Einteilung der Menschheit in geschlechtliche Kategorien, wie Mann und Frau, die nie so eindeutig waren, wie es manchen Zeitgenoss*innen scheint (siehe das Video „Intergeschichtlich“ in der Ausstellung und das Skript auf S. 134). Die Ausstellung und der Katalog haben zum Ziel zu zeigen, dass die G*ttesbilder der Bibel nicht binär sind und unser Menschenbild auch im Sinne der Bibel nicht binär sein darf. Wie die Rechtswissenschaft sollte die Theologie da Klarheit suchen. Gesellschaftlich ist es uns seit der Rechtsprechung des Bundesverfassungsgerichtes aufgetragen, eine Sprache und Ausdrucksweise zu finden, die der Vielfalt von Geschlechtlichkeiten gerecht wird (siehe den Beitrag von Gerhard Schreiber, S.156–161).

Die Macht der Sprache am Beispiel des generischen Plural

Es ist klar: Mithilfe von Sprache üben Menschen über andere Menschen Macht aus. In der Emanzipationsbewegung spätestens der 1960er und 1970er Jahre stellen Frauen die Machtfrage: Der Feminismus entwickelt die „Hermeneutik des Verdachtes“ und überprüft insbesondere den Sprachgebrauch, um versteckte Machtausübung aufzudecken. Das heißt, sie hinterfragen, ob über den gängigen Sprachgebrauch Machtverhältnisse eingerichtet, eingeübt und dann auch reproduziert werden. Inzwischen gibt es Erhebungen, die diesen Verdacht bestätigen (Klein 2004): Es gibt sprachlich bspw. den sog. generischen Plural. Das bedeutet: Für eine Mehrzahl von Menschen verwenden viele als Überbegriff immer die grammatikalisch männliche Form, z. B. mit dem Wort „die Schüler“ – lange Zeit sollten damit alle Kinder und Jugendliche gemeint sein, die zur Schule gehen, ganz gleich welchen Geschlechts. Die Schülerinnen, die mindestens die Hälfte der Schulkinder ausmachen, kommen sprachlich nicht vor. Was löst das in unseren Köpfen aus? Wer denkt beim Wort „Schüler“ an ein Mädchen, das zur Schule geht? Umgekehrt kann man fragen: Nähmen wir das Wort „Schülerinnen“ als generischen Plural, wer denkt an einen Jungen? Es gibt nun Untersuchungen, die nahe legen, dass die Sprache uns tatsächlich auf die Fährte lenkt, „männlich“ als die Norm zu verstehen (Klein 2004). Im politischen Bereich ist es besonders deutlich: Wer von „Bürgermeistern“ spricht, denkt an Männer und nicht an Frauen.

Unsere eigenen Beiträge im Katalog versuchen, das Gender*Sternchen ebenso auf die Bezeichnung von Menschengruppen anzuwenden: Menschengruppen sind nicht eingeschlechtlich oder zweigeschlechtlich, sondern vielfältig – sie waren es schon immer, sie sind es und sie werden auch immer vielfältig sein. Dass unsere Autor*innen entsprechend dem biblischen Befund kein einheitliches, sondern ein vielfältiges G*ttesbild haben, zeigt sich darin, wie sie von G*tt sprechen. Wir haben darauf verzichtet, in den Beiträgen ein einheitliches Schriftbild zu erzwingen. Dem versuchen wir, bei der Wiedergabe von Übersetzungen biblischer Verse gerecht zu werden. Wo wir vorliegende Übersetzungen zitieren, weisen wir dies aus. An manchen Stellen versuchen wir eine gendersensible, textgerechte Übersetzung. Das Projekt „Die Bibel in gerechter Sprache“ ist da besonders anregend. Gerne treten wir in eine Diskussion über die Einzelentscheidungen. Allerdings gilt: Um eingefahrene Denkweisen zu überwinden, müssen wir auf unsere Wortwahl und Schriftbild achten. In all seiner Vorläufigkeit versucht die Ausstellung und der Katalog zu dieser Neuorientierung einen Beitrag zu leisten.

Wer hat die Macht?

Unsere Weltsicht ist ebenso konstruiert aus Ansichten, Beobachtungen, Meinungen und Entscheidungen, wie das schon immer war. Um der Gefahr zu entgehen, nun in eine gefährliche Beliebigkeit von Ansichten zu geraten, sei von vornherein die entscheidende Prüffrage zu stellen: Wer übt die Macht aus? Heute müssen wir ergänzen: Nach welchen Prinzipien wird Macht ausgeübt? Dienen die Machthabenden nur ihren eigenen Interessen und denen einer kleinen Elite? Machthabende müssen heute im Rahmen des Völkerrechts daran gemessen werden, wie universalistisch und allgemeingültig sie handeln: Frauenrechte und Minderheitenrechte sind der Lackmus-Test für jegliche Art von Machtausübung. Die Partizipation von Frauen und der bevorzugte Schutz von Marginalisierten, nicht zuletzt derjenigen, die als Teil der LGBTQI* sich nicht kategorisieren lassen möchten, sind Hauptindikatoren dafür, ob Machthabende nur ihre eigenen Interessen verfolgen oder ob sie wirklich das Allgemeinwohl im Blick haben. Sexualität und Geschlechtlichkeit und die Deutung von Begehren und Lust sind nach Michel Foucault in der Moderne ein Schlachtfeld, auf dem Machtverhältnisse ausgefochten und etabliert werden. Nur auf dem Hintergrund bahnbrechender Vordenker*innen wie Michel Foucault oder Judith Butler ist die heutige Diskussion überhaupt möglich. Michel Foucault hat erschlossen, wie sehr unsere Sexualität und Geschlechtlichkeit kulturell geprägt und wie zentral sie für das moderne Subjekt geworden ist. Auf dem langen Weg zu verstehen, dass Geschlechtlichkeit nicht nur naturgegeben, sondern vor allem kulturell konstruiert ist, formuliert nicht nur Judith Butler ein Programm, um Ungerechtigkeiten zu beseitigen: *Undoing Gender*! – Auch historische Abhandlungen wie die von Thomas Laqueur sind für die Einordnung, wie Weltbilder konstruiert werden, grundlegend (siehe S. 101). Es erlaubt uns, ungeahnte Spektren von Geschlechtlichkeit in historischen Texten wie der Bibel zu entdecken.

Wir gehen davon aus, dass in der Bibel die Machtfrage auf jeder Buchseite gestellt wird – aus der Sicht der Opfer. Die Lebenswelt der Autor*innen der biblischen Texte ist die der Unterdrückung, Verfolgung und unmittelbaren Bedrohung des eigenen Lebens

Abb. 2: Abdruck eines Horus-Auges (Udjat) nach einer altägyptischen Model-Form aus Ton in der Werkstatt des Bibelhaus Erlebnis Museums.

Abb. 3: Die vielen Aufgaben einer agrarischen Gesellschaft führen zur Aufgabenteilung und verschiedenen Rollen in Familie und Gesellschaft, den sog. sozialen Geschlechtern. Blick in den „Erlebnisraum Neues Testament" im Bibelhaus Erlebnis Museum, Frankfurt: Nachbau eines Bootes vom See Gennesaret und Dachkonstruktion eines Privathauses vor 2.000 Jahren.

und der Vernichtung der eigenen Lebensart. G*tt ist die Chiffre, die den Mächtigen trotzig begegnet und ihnen sagt: Ihr habt nicht das letzte Wort. Es ist eine Kraft über Euch, die für Recht und Gerechtigkeit sorgen wird – ganz anders, als es die Mächtigen in Politik und herrschender Religion tun.

Die vier Ebenen von Geschlecht

Die Genderforschung macht uns aufmerksam, auf wie vielen verschiedenen Ebenen, wie wir vom Geschlecht sprechen, ohne uns dabei bewusst zu werden, was das im Einzelnen bedeutet. Florian Schulze schlägt in seinem Blog https://gender-angst.de vier Ebenen vor, die in Hinsicht auf die Verwendung von Geschlecht beachtet werden sollten, um Missverständnisse zu vermeiden. Auch im Hinblick auf die Rede von G*tt ist die Anwendung dieser verschiedenen Ebenen erhellend, um zu verstehen, wie unterschiedliche Vorstellungen einzuordnen sind. Das Problem, wie wir überhaupt sinnvoll von und über G*tt sprechen, ist freilich auch dadurch nicht gelöst!

(1) Nur das Wort *Gott* ist maskulin: **das grammatikalische Geschlecht** (*genus*)

Viele Sprachen unterscheiden zwischen grammatikalischen Geschlechtern, die im Deutschen an den Artikeln „der, die, das" (Maskulinum, Femininum, Neutrum) zu erkennen sind. Das grammatikalische Geschlecht des Wortes „Gott" ist männlich/Maskulinum. So sind auch alle Beziehungswörter/Pronomina, die sich auf Gott beziehen, grammatikalisch maskulin. Das grammatikalische Genus sagt aber zunächst nicht notwendig etwas über das Geschlecht aus. Bei dem Wort „die Sonne" wird klar, dass das grammatikalische Geschlecht natürlich keine Rückschlüsse auf ein biologisches Geschlecht zulässt. In diesem Fall ist bemerkenswert, dass im Lateinischen das Wort *sol* (deutsch: die Sonne, Femininum) das grammatikalisch männliche Geschlecht hat. Auf seinem instruktiven Blog intersex.hypotheses.org hat Christof Rolker neben vielen anderen Beobachtungen belegt, dass es die Diskussion um das (grammatikalische) Geschlecht des lateinischen Wortes *deus* (deutsch: Gott) schon in der Spätantike gab (siehe S. 104 in diesem Band).

(2) G*tt ist mehr als männlich und weiblich: **das semantische Geschlecht**

Dass nicht jede Person sprachlich/semantisch einem Geschlecht zugewiesen ist, wird deutlich bei Worten wie „das Kind“ oder „die Leiche“, aber auch „der Mensch“, alles Beispiele für Begriffe, die geschlechtsübergreifend sind. Judentum und Islam stellen jegliche Festlegung auf eine (geschlechtliche) Vorstellung von *elohim*/Allah/G*tt in Frage. Dass G*tt ein bestimmtes Geschlecht hätte, gilt als völlig absurde Vorstellung oder Festlegung, die G*tt als der Kraft, die den Kosmos und alles Leben geschaffen hat und andauernd schafft, nicht entspricht (siehe das Interview mit Jehoshua Ahrens und Mira Sievers, S. 128). Auch biblisch gesprochen kann G*tt als lebensschaffende Kraft vor allem anderen beides: zeugen und gebären (5. Buch Mose/Deuteronomium 32,18). Geschlechtlichkeit hat nicht nur mit Fortpflanzung oder mit wie auch immer (nicht) ausgeübter Sexualität und Erotik zu tun. Geschlechtlichkeit als Dimension der Beziehung zwischen Lebewesen, insbesondere des Menschen, ist ein viel weiteres Spektrum. Sicher hält unsere Kultur mit dem semantischen Raum des Wortes „Liebe“ einen Begriff bereit, der das alles umfasst und mehr ist. Liebe spielt für das G*ttesbild der Bibel eine zentrale Rolle – Liebe binär zu denken, wäre absurd.

(3) G*tt hat u. a. die Rolle des „Vaters“: **die sozialen Geschlechter** (*genus*/*gender*)

G*tt ist generell übergeschlechtlich. Wenn wir versuchen auszudrücken, was G*tt alles tut, geben wir ihm sprachlich Rollen: „Gott, Vater, Schöpfer, König, Herr“ und so weiter. Das sind soziale Aufgaben. Eine Rolle für sich beschreibt nie das Ganze. Sprachlich haben diese Rollen ein grammatikalisches Geschlecht („der König“) und im Zweifel auch ein eindeutiges semantisches Geschlecht („der Vater“). Muss G*tt doch männlich gedacht werden? Hier muss der Hinweis reichen: Auch im Deutschen ist es möglich, „Vater“ in unterschiedlichen Bedeutungen zu benutzen. Es gibt den *leiblichen Vater* – da geht es um die Frage der Abstammung bzw. den männlichen Erzeuger. Es gibt aber auch den *Ziehvater*, der Verantwortung übernommen hat und die Rolle des Vaters voll ausfüllt, ohne der Erzeuger zu sein, um nur ein paar Beispiele zu nennen.

„G*tt bin ich, und kein Mann.“

Hosea 11,9

In der Antike ist die soziale Rolle des *Hausvaters* entscheidend: Der Hausvater sorgt für alle, die zum Haushalt gehören wie Frauen, Kinder, Verwandte und Bedienstete. Damals waren nicht alle mit diesem „Vater“ im Haushalt verwandt: Dennoch galt der Titel „Vater“ allein dieser Person. Es ist eine wichtige Rolle! Es gibt Beispiele von Gesellschaften, die vermeintlich männliche soziale Rollen auch mit Frauen besetzen, wenn keine Männer zur Verfügung stehen, z. B. die *Burnesha* oder *Tobelija* auf dem Balkan (Schröter 2004). „Vater“ kann auch ein soziales Geschlecht sein. Da wir G*tt nicht ohne weiteres als männlich denken sollten, kann erwogen werden, „Vater“ als soziales Geschlecht/Gender zu verstehen. In der Antike bedeuten auch die sozialen Geschlechter Vater und Sohn/Kind nicht notwendig eine Verwandtschaftsbeziehung im Sinne von einer Blutsverwandtschaft. Es gibt berühmte Beispiele von Adoptivsöhnen. Die Sohnschaft markiert dabei nicht die leibliche Abstammung, sondern ist eher eine rechtliche Kategorie im Bezug auf die Übernahme von Funktionen und das Erbe – in patriarchalischen Gesellschaften vom „Vater“ auf den „Sohn“ übertragen. Für G*tt sollte die patriarchale Konstruktion nicht gelten. Wir kommen an die Grenze unserer Vorstellungskraft, wenn wir uns neben der leiblichen Mutter Jesu, Maria, einen männlichen Erzeuger und Vater vorstellen sollen. Josef, der Mann der Maria, übernimmt die Vaterrolle (Matthäus 1–2), biblisch gesehen ist er aber nicht der Erzeuger. Selbst wenn Jesus G*tt zärtlich mit *„Abba“* (auf Aramäisch so viel wie „Papa“) anspricht: G*tt als den „Vater“ Jesu nur männlich zu denken, greift zu kurz.

(4) G*tt ist übergeschlechtlich: **die biologischen Geschlechter** (*sexus*/*sex*)

Auch die Bibel erkennt: Das Leben (griechisch: *bios*) ist von Anfang weder binär noch polar, sondern öffnet ein ganzes Spektrum: hell und dunkel, Tag und Nacht, mit Abend und Morgen und mit allen Schattierungen dazwischen, fest, flüchtig und flüssig, männlich und weiblich, eben auch im vollen Spektrum der Biologie, die die Vielfalt liebt. Eine G*ttheit bewegt sich eigentlich außerhalb der Biologie, da G*tt Bedingung und Ursprung allen Lebens ist. Biblisch aber steht G*tt in Beziehung zum Leben. Biblisch gesehen ist alles Leben G*ttes Schöpfung. Konkret: G*tt schuf den Menschen zu G*ttes Bild, männlich und weiblich. Die Biologie selbst lehrt uns durch Naturbeobachtung, dass es ein unendliches Spektrum von Geschlechtlichkeiten gibt, auch beim Menschen (siehe den Beitrag von Gerhard Schreiber, S. 156).

Wer Religion und Bibel dazu benutzt, eine bestimmte gesellschaftliche Sichtweise als Gott-gegeben zu behaupten, missbraucht die Heiligen Schriften. G*tt ist diejenige letzte Instanz, die jedem Menschen vermitteln kann: Auch Du bist ein Ebenbild G*ttes, in und mit Deiner geschlechtlichen Identität. Dein Kampf um Anerkennung ist nicht umsonst. So wie es auf jeder Seite der Bibel zu lesen ist.

2017 wurde für die Rechtsprechung in der Bundesrepublik Deutschland festgelegt, dass es drei biologische Geschlechter gibt: weiblich, männlich, divers. Das entspricht der Tatsache, dass es zu allen Zeiten Menschen gegeben hat, die beides waren: weiblich und männlich. Rechtsprechung und Gesetzgebung dazu zeigen: Es war eine Frage der Macht, wie viele biologische Geschlechter es in diesem Staat gibt. Bspw. von Geburt an intergeschlechtliche Menschen sind nun rechtlich als „divers" gefasst. Transsexuelle Menschen, die biologisch Männer oder Frauen sind, sich aber nicht als solche verstehen, sind von diesem Gesetz nicht erfasst. Die Begriffe „intersexuell" wie auch „transsexuell" sind in sich problematisch, weil sie eventuell der Selbstwahrnehmung von Menschen wiederum nicht entsprechen. Den Modus, der es selbstverständlich sein lässt, dass wir Andere so akzeptieren, ganz gleich wie sie sein mögen, ohne jegliches Schubladendenken – den gilt es zu entdecken. G*tt bietet sich als Bezugspunkt jenseits aller Kategorisierung an. Die Diskussion hat erst begonnen. Der Weg ist steinig und die Diskussion wird weh tun, weil sie vermeintlich Eindeutiges relativiert. Der Maßstab aber ist der Umgang mit denen, die tatsächlich von Recht und Gesellschaft marginalisiert werden und denen Teilhabe und Anerkennung verweigert wird – die Auffassung einer „binären Geschlechtlichkeit" halten wir für widerlegt und diskriminierend.

Archäologie und biblische G*ttesbilder

Als Brücke zwischen den Kontinenten Afrika und Asien lassen sich in Palästina-Israel Spuren der Menschheit bis in prähistorische Zeiten verfolgen. Janet Levy (S. 29) richtet unseren Blick auf einen Aspekt der Kultur, die unsere Wahrnehmung von Geschlechtlichkeit bestimmt: Kleidung. Archäologische Funde zeigen, dass Kleidung immer dazu gedient hat, soziale Rollen – auch geschlechtlich – zu definieren, indem sie bestimmte Aspekte von Geschlechtlichkeit hervorhebt oder auch verhüllt bis hin zur Unkenntlichkeit bzw. zur Überbietung. Die Archäologie Palästina-Israels, die einmal als „Biblische Archäologie" vor gut 150 Jahren begann, hat dabei eindrückliche Funde ans Licht gebracht. Wir haben im ersten Teil des Kataloges Beiträge unter dem Thema **„Gott, Göttin, Götter – Bibel und Archäologie"** zusammengestellt. Die biblische Literatur, ganz gleich, wann sie im Einzelnen entstand und zusammengestellt wurde, ist ein Spiegel, wie der Mensch seit der Sesshaftwerdung in der Jungsteinzeit mit Leben und Tod umging. Mit der Sesshaftwerdung entstand Arbeitsteilung, auch zwischen männlichen und weiblichen Mitgliedern der Menschengruppen. Es zeigt sich jedoch, dass auch hier das Bild nicht so eindeutig ist, wie es scheint: Es gab so viele verschiedene Aufgaben in Familie und Gesellschaft, dass sich von Anfang an eine Vielzahl von sozialen Geschlechtern herausbildete, die nicht einer rein binären Logik folgte. Mutter und Vater sind

Abb. 4: Die Vergrößerung einer Tempelsteuer-Münze und das Modell des Jerusalemer Tempels zur Zeitenwende vor 2.000 Jahren. Die Tempelsteuer-Münze in Jerusalem trug die Abbildung des Gottes Ba'al Melqart der Stadt Tyrus. 30 Silberstücke gehören zu den 300 archäologischen Originalfunden der Israelischen Antikenverwaltung im Bibelhaus Erlebnis Museum, Frankfurt.

darin nur zwei von vielen verschiedenen möglichen sozialen Geschlechtern, wie wir versuchen zu zeigen.

„Du sollst Dir kein Bildnis machen … männlich oder weiblich."

5. Buch Mose/Deuteronomium 4,16

Wer die Auffassung vertritt, dass seit frühester Zeit ein Ein-Gott-Glaube oder das biblische Bilderverbot in Juda und Israel eingehalten wurde, der muss sich von der Archäologie eines Besseren belehren lassen. Es wird deutlich, dass unsere heutige Sicht auf Religion und Bibel einen gefährlich eingeengten und begrenzten Blick hat. Religionsgeschichtliche Zugänge zeigen uns die Vielfalt der Anfänge, das beleuchtet der Beitrag von Sven Lichtenecker (S. 43). Sie lassen sich in den biblischen Schriften mit ihrer Vielzahl von Nennungen von Göttern und Göttinnen ebenso ablesen, wie dann an den Funden, die zeigen, wie vielfältig die Wirklichkeit war. Ein hervorgehobenes Beispiel sind die Vielzahl von Göttinnen-Figuren aus der Gegend von Juda in biblischer Zeit, wie der Beitrag von Jürgen Schefzyk zeigt (S. 52).

„JHWH spricht: „Ich bin seine Anat und seine Astarte."

Hosea 14,9, Übersetzung nach Julius Wellhausen, siehe S. 105

Das Land zwischen Mittelmeer und Jordan und die benachbarten Gegenden waren immer ein Ort, an dem sich die vielen verschiedenen Kulturen, ob gewollt oder ungewollt, trafen. Das zeigt Patrick Wyssmann anhand von Münzbildern seit der persischen Epoche (S. 77), wie auch der Beitrag von Veit Dinkelaker zu den Funden einer jüdischen Kolonie im Ägypten jener Zeit (S. 68). Im biblischen G*ttesbild vereinigen sich viele G*ttheiten und ihre Funktionen zu einem einzigen G*ttesbild. Unsere eingeengte Sicht auf Religion, Kultur und Identität hängt mit einem zentraleuropäischen Standpunkt zusammen. Mit dem Blick in die Bibel und ihre Zeit und Kultur lässt sich die Vielfalt erkennen, die wir unter uns in unserer Gesellschaft und weltweit verstehen und schätzen lernen: So war es schon immer, inklusive aller Licht- und Schattenseiten. Die Bibel ist auch eine Enzyklopädie gescheiterter wie gelungener Versuche, grundsätzliche Probleme des Zusammenlebens zu lösen. Melanie Köhlmoos (S. 60) entfaltet

Abb. 5: Neu eingekleidet beim Besuch im Nomad*innenzelt des „Erlebnisraum Altes Testament" im Bibelhaus Erlebnis Museum, Frankfurt.

exemplarisch ein Beispiel biblischer Gender-Polemik, das zu denken gibt, und verweist dabei bereits auf eine männlich-weibliche „Travestie", die selbst in dieser Gender-Bias aufscheint. Dass die Genderfrage für die Wissenschaften und Methoden der Archäologie selbst erst seit kurzem gestellt wird, zeigt der Beitrag von Martin Peilstöcker (S. 88).

G*ttes Ebenbild: das Spektrum von männlich und weiblich, von Schöpfung bis Zukunft

Das Bilderverbot ist eines der Hauptkennzeichen biblisch geprägter Religionen. Dazu zählen wir neben dem Judentum, der Religion Israels, das Christentum mit seinen verschiedenen Strömungen – aber auch der Islam hat im Koran viele Bezüge zu biblischen Erzählungen und ist hinsichtlich des Bilderverbotes ähnlich strikt wie das Judentum. Da sich nach Auffassung des Christentums G*tt in Jesus von Nazaret gezeigt hat, ist die Lage im Christentum komplizierter und seit knapp 2.000 Jahren umstritten. Wir sind in einer Zeit angekommen, in der die Vielfalt der Ansichten als Reichtum verstanden werden kann. Die Ausstellung und der Katalog verstehen sich als Anregung, in ein Gespräch zu treten – anhand von Themen, die wir für jede*n einzelne*n Menschen für grundlegend halten: Geschlechtlichkeit und Religion. Wir setzen Schlaglichter im Blick auf die Bibel, die allerdings für unser Weltbild, Kunst, Kultur und Literatur in jeglicher Weise prägend und grundlegend sind.

Anders als in anderen Ausstellungen zum Thema, wie jüngst im Jüdischen Museum Frankfurt „Die weibliche Seite Gottes" (2020/21), haben wir uns entschlossen, nicht nur weibliche und männliche Seiten G*ttes zu beleuchten, sondern die Frage zu stellen, wo die Bibel sprachlich die Akrobatik betreibt, in G*tt ausdrücklich beide Aspekte zu vereinen. Da in der Antike männlich und weiblich als graduell unterschiedliches Spektrum für jede Person angenommen werden konnte, wäre die Vorstellung, dass G*tt als Schöpferg*tt selbstverständlich beides ist, überhaupt vorauszusetzen. Besonders eindrücklich jedoch wird es bei der Erschaffung des Menschen. **„G*ttes Ebenbild, männlich und weiblich"**, der zweite Teil der Ausstellung und des Kataloges, bezieht sich auf den einschlägigen Vers in der ersten Schöpfungsgeschichte und ihre antike Auslegung.

> „G*tt schuf den Menschen zu seinem Bild … männlich und weiblich."
>
> 1. Buch Mose/Genesis 1,27

Die Beiträge von Veit Dinkelaker zeigen mögliche Aspekte einer auch erstaunlich körperlich gedachten Übergeschlechtlichkeit G*ttes (S. 98) im Rahmen der biblischen Texte und ihrer Auslegung. Bei Philo, den Rabbinen, den Kirchenvätern und im Koran findet sich die Vorstellung von einem androgynen Prototyp Mensch (S. 107). Sven Limbeck zeigt die erstaunliche Kontinuität der Konzeption von einem christlichen Hermaphroditen bis in die Frühe Neuzeit anhand verschiedener mystischer Strömungen vor allem der Alchemie in der Buchkunst (S. 117). Der dritte Teil des Kataloges heißt **„Nicht männlich, nicht weiblich, sondern eins"** – nach einem Vers des Neuen Testamentes (Galater 3,28). Das ganze Spektrum von Geschlechtlichkeit scheint in der Bibel nicht nur bei den „ersten Dingen" (bei der Schöpfung) eine Rolle zu spielen. Auch bei den „letzten Dingen", die nicht nur im zitierten Vers im Galaterbrief im Neuen Testament in den Blick genommen werden, in der kommenden Welt oder der Neuschöpfung öffnet sich ein ebenso weites Spektrum. Das skizziert der Beitrag von Veit Dinkelaker zum frühen Christentum (S. 138). Kerstin Söderblom nimmt die Bibel als Ganzes aus queerer Perspektive in den Blick und stellt die Genderfrage in existentieller Perspektive (S. 162–168).

Der rote Faden: Verhüllung und Offenbarung

Ein roter Faden durch die Ausstellung ist die Kleidung als Verhüllung und Offenbarung von Geschlechtlichkeit. Die Arbeitsteilung und die familiären und gesellschaftlichen Rollen zeigen sich in Kleiderordnungen. Herstellung von Wolle und Faden, Scheren, Spinnen, Weben und Nähen als Kulturtechniken stehen Pat*in für die verschiedensten Formen von Verhüllung und Präsentation. Dass der erste Mensch männlich und weiblich im „Adamskostüm", also nackt, auftritt, macht den Menschen g*ttebenbildlich – auch im Kontext anderer nackter G*ttheiten, nicht zuletzt des doppelgeschlechtlichen Hermaphroditen. In der Medizin lernen angehende Ärzt*innen anhand von doppelgeschlechtlichen Körpermodellen die Anatomie des Menschen. Im Sinne der Anerkennung, dass Geschlechtlichkeit sich in weit mehr Formen als nur zwei biologischen darstellt, steckt selbst in dem hermaphroditischen Modell allerdings die Gefahr der Vereinfachung.

Das Taufkleid in der christlichen Tradition tritt ein in das Spiel von Verhüllung und Offenbarung: Der Täufling entledigt sich traditionell seiner Standeskleidung und steht da bestenfalls „im Hemd", ist also nackt. So sind die Unterschiede aufgehoben. Ein neues Kleid wird angezogen:

> „Alle, die ihr getauft seid, habt Christus [als Kleid] angezogen: hier gilt nicht mehr Jude oder Grieche, Sklave oder Freier, männlich oder weiblich; ihr seid alle eins in Christus."
>
> Galater 3,28

In der Mystik und Alchemie trägt der Hermaphrodit männliche als auch weibliche Kleidung, wie in der Buchkunst zu sehen ist (vgl. Beitrag Sven Limbeck S. 117). Ein herausragendes Beispiel ist die Kunstfigur Conchita Wurst, die als Holzskulptur im Beitrag von Elisabeth Tietmeyer und Jana Wittenzellner (S. 148) als eine Art doppelgeschlechtliche, säkulare Heiligenfigur vorgestellt wird. Die Mode spielt immer wieder mit androgynen Formen, fordert unsere Sehgewohnheiten heraus, und wir machen alle mit – mehr oder weniger: Jede*r findet einen eigenen Platz im Spektrum all der Möglichkeiten. G*tt lässt uns von der Summe aller Möglichkeiten träumen – jenseits dessen, was wir uns jetzt vorstellen können: Es gibt mehr, als wir sehen und erahnen. Glücklich sind diejenigen, die es für sich und andere entdecken. Viel Vergnügen dabei!

Literatur

Bieberstein, Klaus: Von Göttinnen und Göttern zur einen Gottheit. Israels Weg vom Polytheismus zum Monotheismus, in: Bauer, Alexandra; Ernst-Zwosta, Angelika (Hg.): Gott bin ich und nicht Mann. Perspektiven weiblicher Gottesbilder, Ostfildern 2012, S. 17–50.

Butler, Judith: Die Macht der Geschlechternormen und die Grenzen des Menschlichen, (amerikanischer Originaltitel: Undoing Gender 2004), Frankfurt am Main 2009.

Foucault, Michel: Sexualität und Wahrheit (Bd. 1–4), (französischer Originaltitel: Histoire de la Sexualité, 1976–2018), Frankfurt am Main 1983–2019.

Klein, Josef: Der Mann als Prototyp des Menschen – immer noch? Empirische Studien zum generischen Maskulinum und zur feminin-maskulinen Paarform, in: Eichhoff-Cyrus, Karin M. (Hg.): Adam, Eva und die Sprache. Beiträge zur Geschlechterforschung (Thema Duden Bd. 5), Mannheim 2004, S. 292–307.

Laqueur, Thomas W.: Making Sex: Body and Gender From the Greeks to Freud, Cambridge 1990.

Rolker, Christof: Männlich-weiblich-zwischen, URL: https/intersex.hypotheses.org (29.03.2021).

Schröter, Susanne: Frauen in Männerrollen. Ein interkultureller Vergleich, in: Journal Ethnologie 3, 2004, URL: https://www.journal-ethnologie.de/Schwerpunktthemen/Schwerpunktthemen_2004/Ethnologische_Geschlechterforschung/Frauen_in_Maennerrollen/index.html (29.03.2021).

Schüssler Fiorenza, Elisabeth: Jesus: Miriam's Child, Sophia's Prophet: Critical Issues in Feminist Christology, New York 1994.

Schulze, Florian: Die 4 Ebenen von Geschlecht: Grundvoraussetzung für jede Gender-Debatte, in: Gender-Angst. Die deutsche Angst vor „gender", URL: https://gender-angst.de/4-ebenen-von-geschlecht/ (28.08.2020).

The Making of
Zur Rolle der Ausstellungsgestaltung

Sabine Gutjahr und Katja Kirchhoff

Ansatzpunkte für die Gestaltung

Zu Beginn des Prozesses der Entwicklung einer Ausstellungsgestaltung geht es darum, das von den Kurator*innen gesetzte Thema zu erfassen und das Konzept und das Briefing zu verstehen und zu hinterfragen. Die Rolle der Kurator*innen, die die geistigen Urheber*innen einer Ausstellung sind, ist sehr wichtig. Sie prägen mit ihren Aussagen, der Objektauswahl, den Texten und Ideen für interaktive Stationen den Duktus bzw. die Ausrichtung des Ausstellungsthemas. Die Gestalter*innen müssen keine Spezialist*innen des Fachgebietes sein, sie versetzen sich eher in die Perspektive der interessierten Besucher*innen. Das ermöglicht ihnen auch, die häufig komplexen Inhalte auch nicht fachlich vorgebildeten Menschen zugänglich zu machen.

Konkretere Themen z. B. aus der Biologie, der Tierwelt oder wissenschaftlichen Forschung bieten häufig einen direkteren, gestalterisch leichter umzusetzenden Zugang. Abstrakte geisteswissenschaftliche Themen wie etwa „G*tt – w/m/d" erfordern häufig eine intensivere „Eintauchphase", um den Zugang zum Thema zu finden.

Wo soll die Reise hingehen?

Die Ausstellungsgestaltung hat auch zum Ziel, den Zugang zum Thema über unterschiedliche Ebenen zu ermöglichen. Ideal ist es, wenn Gestalter*innen entsprechende Bilder oder Umsetzungsideen finden, die das Thema und den Ausstellungsinhalt unterstreichen und eine zusätzliche Verständnisebene schaffen, wenn auch manchmal nur subtil. Es kann auch sinnvoll sein, markante Aussagen der Ausstellung hervorzuheben und zu betonen. Diese Herangehensweise ist in manchen Fällen etwas „populärwissenschaftlich", sodass die Kurator*innen manches Mal über ihren eigenen, wissenschaftlichen Schatten springen müssen. Aber letztlich hat die Gestaltung auch die Aufgabe der Vermittlung von Inhalten.

Abb. 1: Bodengrafik Inszenierung „Vierraumhaus".

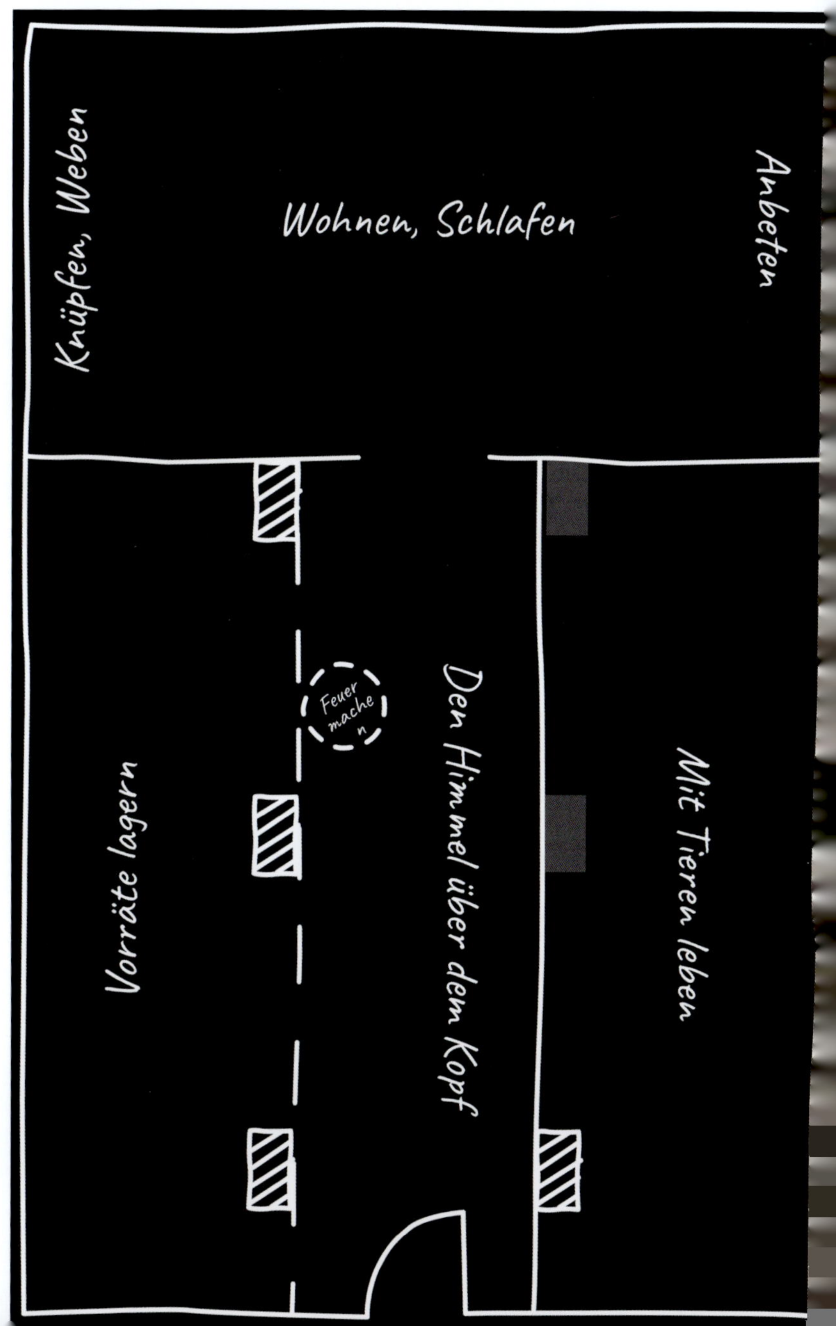

Ein wichtiges Motto ist hierbei oft: *„Keep it clear and simple!“*. Dabei ist mit dieser Anforderung das vermeintlich Einfache oft auch das Schwierigste.

Gestalterische Geschlossenheit

Eine wichtige Aufgabe der Gestaltung ist, ein durchgängiges Gestaltungsprinzip räumlich sowie auch grafisch zu entwickeln, das sich in unterschiedlichen Ausprägungen und Bereichen anwenden lässt. Es sollte aber auch immer möglich sein, bewusst aus dem Gestaltungsrahmen auszubrechen, um bestimmte Themen oder Objekte zu betonen und hervorzuheben. Ausstellungsgestaltung entsteht immer im Diskussionsprozess mit den Kurator*innen der Ausstellung. Es muss ausgehandelt werden, wie komplexe Inhalte heruntergebrochen, vereinfacht und komprimiert dargestellt werden können, sodass diese von Ausstellungsbesucher*innen auch ohne Vorwissen verstanden werden oder zumindest Interesse für bestimmte Themenaspekte geweckt wird.

Flexibilität und Koordination ist gefragt!

Ausstellungsgestaltung bedeutet, den Raum, die Exponate sowie die zu vermittelnden Inhalte in Einklang zu bringen und damit den Aneignungsprozess der Besucher*innen zu unterstützen. Was gibt es in diesem Prozess zu berücksichtigen? Da wäre z. B. die räumliche Strukturierung der Themenbereiche, die auch mit der Besucher*innenführung einhergeht; was wird wie kenntlich gemacht und voneinander abgegrenzt? Was sind die räumlichen und technischen Vorgaben bzw. Gegebenheiten? Welche konservatorischen Anforderungen der Exponate müssen beachtet werden?

Eine Ausstellung ist ein Gebilde mit sehr vielen Beteiligten und Einzelaufgaben. Es gehört auch zum Aufgabenbereich der Ausstellungsgestaltung, Abläufe mit Hilfe von Zeitplänen zu erstellen sowie den Einsatz von Fachplanern für Mediengestaltung und Beleuchtung im Blick zu haben und im Hinblick auf die praktische Umsetzung zu koordinieren.

Abb. 2: Ansicht aus 3D-Modell, Inszenierung Vierraumhaus mit Lehmputzoptik.

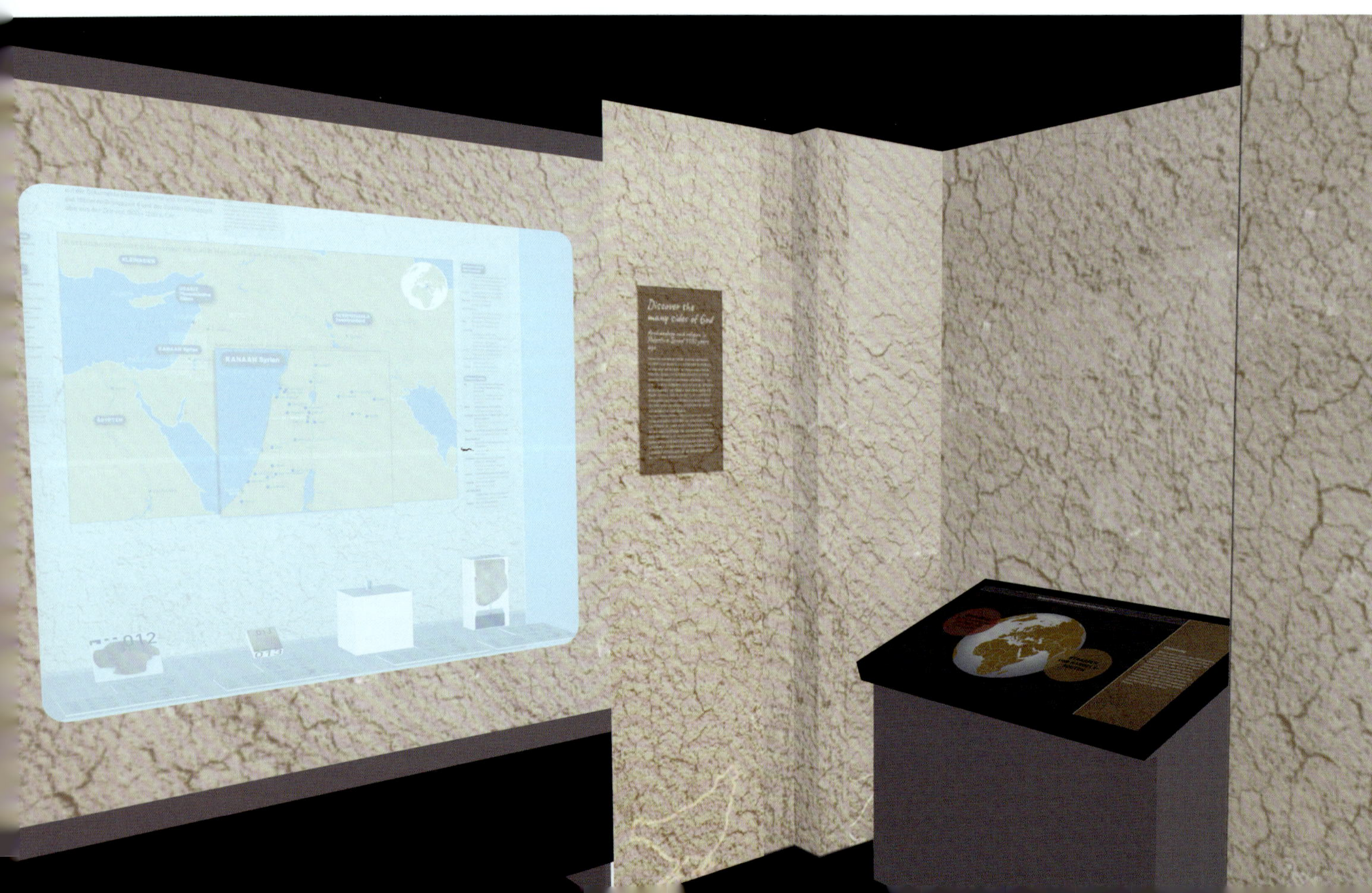

Kommunikationswerkzeug und Vermittlungsmedien

Um die gestalterische Umsetzung für die Auftraggeber*innen sichtbar zu machen, arbeiten die Gestalter*innen mittlerweile fast alle durchgängig mit unterschiedlicher 3D-Software, die es ermöglicht, die Räumlichkeiten und die Ausstellungselemente zu visualisieren. Das 3D-Modell ist ein Arbeitswerkzeug und dient der Kommunikation zwischen Auftraggeber*innen und Gestalter*innen. Hierbei ist nicht das Ziel, Hochglanzrenderings bis ins letzte Detail zu erzeugen, sondern den Entwurfsansatz und die dabei verwendeten gestalterischen Ideen zu vermitteln.

Funktionsprinzipien für interaktive Stationen, sog. *Hands-on*-Elemente, müssen erdacht und anhand von kleinen Modellen oder manchmal auch anhand von Prototypen überprüft werden. Hierbei ist es besonders wichtig, den Kern des Vermittlungszieles herauszuschälen. In der Regel handelt es sich bei den interaktiven Stationen, seien sie rein mechanisch oder auch medial/digital, um Elemente, die so auf dem Markt nicht vorhanden sind und die als Einzelstücke entwickelt und umgesetzt werden. Das macht die Umsetzung solcher Exponate oft sehr aufwändig.

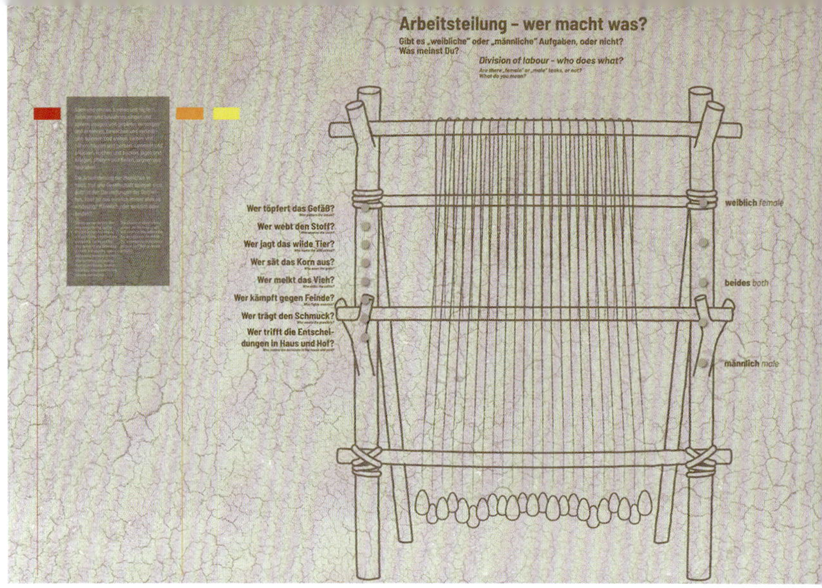

Abb. 3: Wandgestaltung für interaktive Station „Weben".

Hat's geklappt?

Ob eine Ausstellung ein Erfolg wird, hängt wie beschrieben von vielen Faktoren ab. Auch die Gestaltung spielt dabei eine nicht ganz unwesentliche Rolle. Unser Anspruch ist es, jedem Ausstellungsthema offen zu begegnen und für jedes Thema eine passende gestalterische Sprache und Rauminszenierung zu entwickeln. Letztendlich ist der Gradmesser, ob es gelingt, die Besucher*innen für das Thema zu interessieren und dieses zu vermitteln.

Abb. 4: Ansicht aus 3D-Modell: Bereich 2.

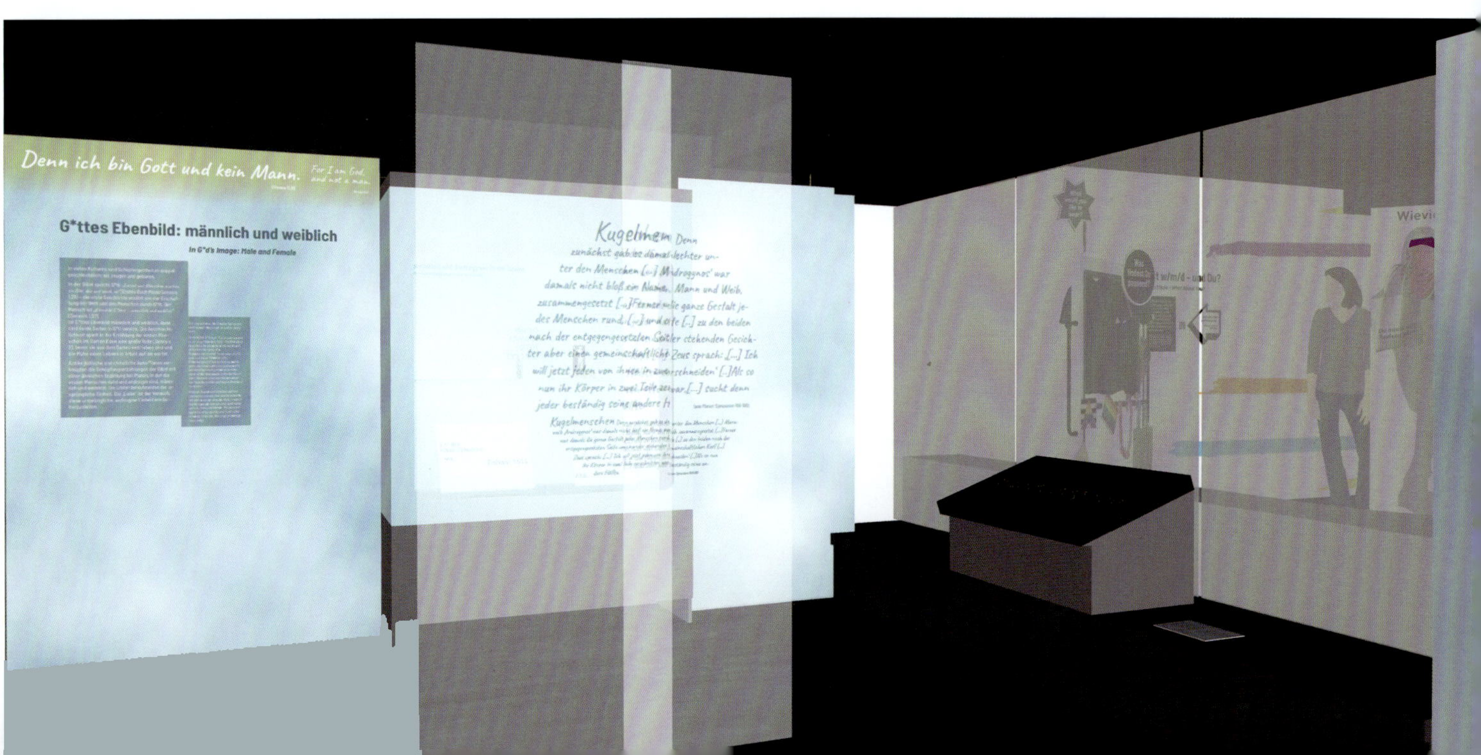

Die Ausstellung „G*tt – w/m/d“ – Umsetzung konkret

Die Ausstellung gliedert sich zeitlich und räumlich in drei Abschnitte mit entsprechenden Übergängen. Beginnend mit der Prähistorie, über die Antike und das Mittelalter bis in die Gegenwart.

Die Bibel – der rote Faden

Als roter Faden zieht sich die Bezugnahme auf die Bibel durch die Ausstellung. Dieser zeigt sich u. a. in Form von Textstellen, die von den Kuratoren*innen in Zusammenhang mit der Fragestellung der Ausstellung herausgearbeitet wurden, sowie in der Präsentation von teils kostbaren Bibelausgaben aus verschiedenen Jahrhunderten. Wir haben diesen Bezug in ein gestalterisches Element übersetzt, das sich ebenfalls durch die gesamte Ausstellung zieht: Die Bibelzitate, die die Ausstellungstexte flankieren und die inhaltliche Ausrichtung vorgeben, haben wir als zumeist großformatige Wandschriften mit einer eigenen, wie eine Handschrift anmutenden Schrift herausgelöst und mit einer goldfarbigen Fläche unterlegt, die sich nach unten aufzulösen scheint. Damit wird zugleich die Bedeutung hervorgehoben und ein Verweis auf den handschriftlichen Ursprung der Bibel gegeben.

Am Anfang war das Vierraumhaus

Der Haustypus des Vierraumhauses, der in die Eisenzeit (etwa 1200–600 v. Chr.) datiert und vor allem in der südlichen Levante verbreitet war, steht in der Ausstellung beispielhaft für den Zeitabschnitt, in dem die inhaltlichen Reflexionen über die Frage nach dem Geschlecht des Göttlichen bzw. Gottes ansetzen. Zugleich soll das Haus das Alltägliche, die Verankerung im Umgang mit Religiosität und dem seinerzeit vorherrschenden Glauben an unterschiedliche Gottheiten beiderlei Geschlechts in der Lebenswelt der damaligen Menschen repräsentieren. Die Exponate in diesem Bereich sind archäologische Objekte.

Insofern war bereits in der inhaltlichen Konzeption eine räumliche Inszenierung eines Vierraumhauses vorgesehen. Die Entwicklung einer Umsetzungsidee war dann auch die erste Aufgabenstellung für die Ausstellungsgestaltung, über deren Beauftragung in

Abb. 5: Ansicht Bibelzitat als Wandschrift.

Abb. 6: Ansicht aus 3D-Modell: Durchblick aus Vierraumhaus in Richtung Bereich 2.

einem kleinen Wettbewerb entschieden wurde. Das Vierraumhaus war also ein wichtiger Anhaltspunkt für eine räumliche und bildliche Umsetzung der Ausstellungsinhalte des ersten Abschnitts.

Für eine Annäherung haben wir die damalige Architektur wie auch die Verwendung von Baumaterialien untersucht, um ein Gefühl für die besondere Charakteristik der Zeit zu entwickeln und auch bildliche Anregungen zu erhalten. Nach verschiedenen Ansätzen haben wir uns für eine Mischung aus abstrahierter Darstellung und Konkretion entschieden. Grundlage bildet die Idee, den ersten Ausstellungsraum als Kubatur eines Vierraumhauses zu präsentieren. Wir deuten über die Bodengrafik mit dem Grundriss des Hauses das Raumkonzept an, ohne alle Wände einfügen zu müssen, da dies für die räumliche Struktur der Ausstellung ungünstig wäre. Pate für diese Inszenierung war der Film „Dogville" von Lars von Trier, in dem die Szenerie eines Ortes mit Häusern wie auf einer Theaterbühne über Grundrisse und Versatzstücke von Möbeln etc. dargestellt wird.

Alle Wandflächen wurden zudem mit einer grafischen Oberfläche versehen, die einen Lehmputz zeigt und damit einen konkreten Verweis auf ein überliefertes Baumaterial darstellt. Die Liniengrafik des Grundrisses wird in der umrisshaften Darstellung von Tieren und Alltagsgegenständen fortgesetzt und repräsentiert ebenfalls die angesprochene Mischung aus konkreter und abstrahierter Darstellungsweise. Ebenso sollten die vorhandenen Wandvitrinen gemäß dieser Idee frontseitig auch mit Lehmputzoptik kaschiert werden und nur kleine Ausschnitte erhalten, um das Bild eines Innenraums durch die Vitrinen nicht zu stören und gleichzeitig eine Fokussierung auf die Objekte zu erreichen. In der weiteren Entwicklung musste dieser Ansatz der Inszenierung aus praktischen Erwägungen aufgelöst werden.

Unterstützung der Vermittlung durch interaktive Stationen

„Weben" als eine wichtige häusliche Tätigkeit durch die Jahrhunderte wurde als Thematik gewählt, um daran die Dimension der sozialen Geschlechter in der antiken Welt aufzuzeigen. Hierzu sollte eine interaktive Station entwickelt werden. Wir haben uns für eine analoge *Hands-on*-Umsetzung entschieden, die mit einer Mischung aus zweidimensionaler Darstellung eines antiken Webrahmens, ebenfalls als Liniengrafik abstrahiert, und dreidimensionalen Elementen arbeitet. Die Besucher*innen sind aufgefordert, konkret Fäden zu ziehen und dabei zugleich ihre Einschätzungen zu visualisieren, indem sie eine Zuordnung vornehmen, welche Tätigkeiten, wie das Vieh hüten, das Jagen oder Weben eher von Frauen, von Männern oder von beiden ausgeführt wurden (Abb. 3).

Monotheismus und Doppelgeschlechtlichkeit

Da die Inszenierung des Vierraumhauses eine klare Zuordnung zum Ausstellungsabschnitt 1 bedeutete, musste für die weitere Entwicklung (Abschnitt 2 und 3) der (Wand-) Gestaltung eine andere Lösung mit eigener Prägung gefunden werden. Diese sollte sich wiederum aus den jeweiligen Inhalten ableiten. Der gestalterische Gesamteindruck wurde durch formale Elemente, wie z. B. die Typografie, die Textflächen und Objektbeschriftungen, geschaffen.

Der zweite Abschnitt zeigt inhaltlich den Übergang von der Vorstellung vielfältiger Gottheiten beiderlei Geschlechts hin zu monotheistischen Glaubensvorstellungen auf. Diese Entwicklung, die mit einer Verschriftlichung einhergeht, thematisiert eine gedankliche Zusammenführung des Geschlechtlichen im Gottesbild. Zugleich zeigt sie den Horizont des Doppelgeschlechtlichen auf, der sich auch in Form von hermaphroditischen, androgynen Gottesvorstellungen festmacht. In diesem Bereich werden überwiegend Bücher und Schriften präsentiert.

Aus dem engen und ein wenig düsteren Vierraumhaus treten die Besucher*innen in einen hellen, eher sphärisch anmutenden Bereich, für den wir eine wolkenartige Wandgestaltung entwickelt haben. Der Auszug aus dem biblischen Schöpfungsmythos sowie ein Auszug aus dem Kugelmenschengleichnis von Platon stehen als Textbanner einander gegen-

Abb. 7: Ansicht aus 3D-Modell: Bereich 3, Blick in den Raum mit interaktiver Station „Einkleiden“.

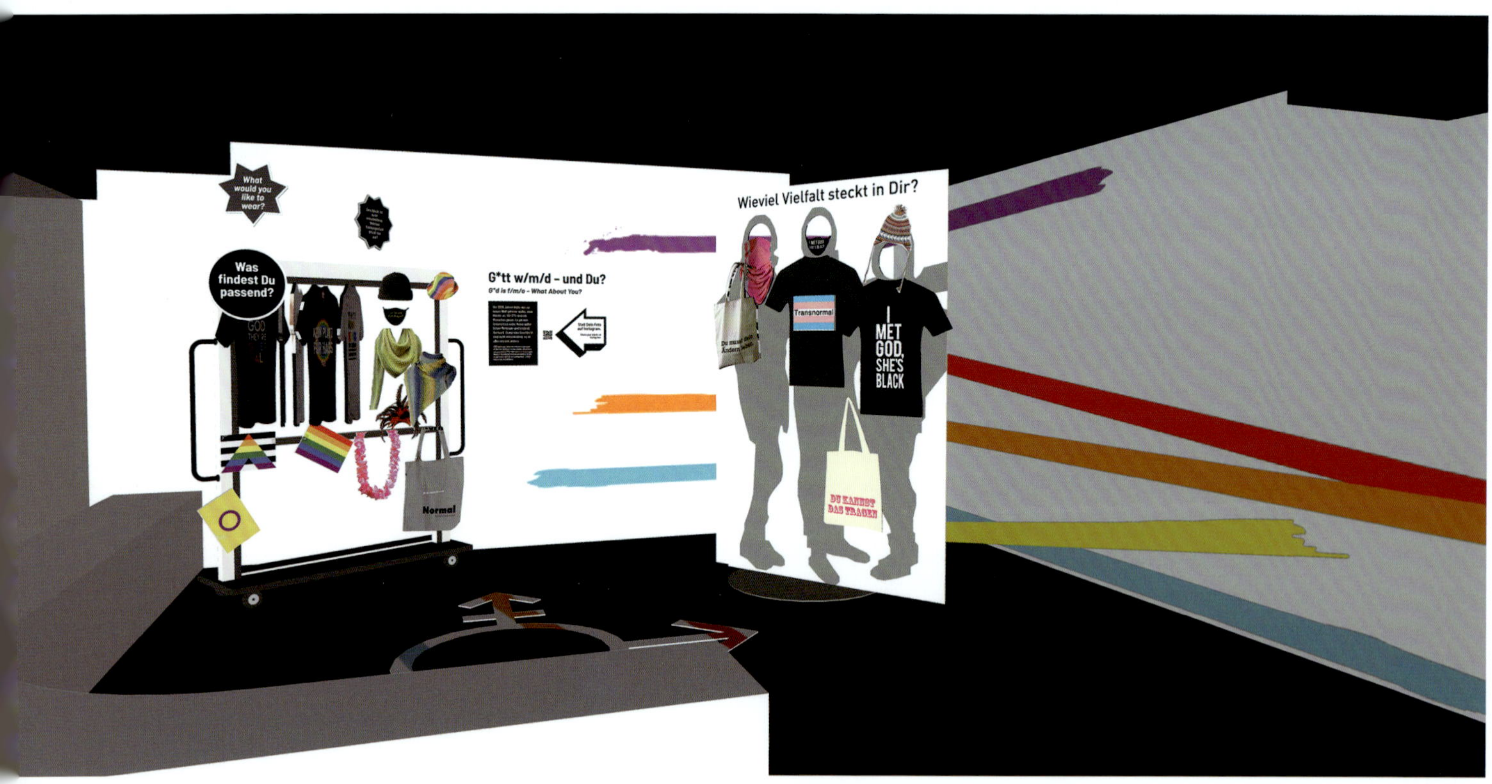

über und versinnbildlichen in der Form der Textanordnung den Kreis, das Runde und damit das Ganze, das mindestens aus zwei Teilen besteht. Beide Texte verdeutlichen männliche, weibliche und androgyne Aspekte in den unterschiedlichen Erzählungen. Diese Achse wird vom Blick auf die Skulptur „Conchita Wurst auf der Mondsichel“ durchbrochen, die mit ihren männlichen und weiblichen (und quasi-religiösen) Anteilen den Sprung in die Gegenwart im dritten Bereich schon andeutet.

Dahinter werden wechselnde Bilder projiziert, die auf diverse Vorstellungen verweisen und das verbreitete Gottesbild vom „alten Mann mit dem weißen Bart“ durchbrechen.

Der Kreis schließt sich

Diese Vielfalt der Bilderwelt soll auch die Vielfältigkeit der gegenwärtigen Gesellschaft repräsentieren. Dass diese nicht konfliktfrei ist und die gesellschaftliche Akzeptanz von Zwischengeschlechtlichkeit noch lange nicht flächendeckend erreicht ist, darauf verweisen auch die interviewten Expert*innen für die Vielfalt von Geschlechtlichkeit, die von ihren Erfahrungen, auch in Bezug auf ihren Glauben und der Auseinandersetzung mit der Kirche berichten.

An dieser Stelle haben wir einen erneuten Wechsel in der Farbgestaltung vorgenommen und setzen pinselstrichartige, farbige Akzente auf die (Wand-) Flächen. Diese nehmen Anleihen bei den Gender-Pride-Fahnen und markieren die Wände des letzten Ausstellungsbereichs als den in der Gegenwart angekommenen Abschnitt.

Mit einer spielerischen interaktiven Station im letzten Bereich soll die Erfahrungswelt vor allem der jungen Besucher*innen in den Blick genommen werden. Das Motiv, mit der eigenen Kleidung ein Statement zur Thematik des Geschlechtlichen aber auch der sozialen Vielfalt abzugeben, wird in einer Figurengruppe, der Accessoires und Kleidungsstücke mit Bezug zur Gender-Thematik angeheftet werden können, umgesetzt. Steckt man sein Gesicht durch die Öffnungen in einer der Figuren, lässt sich die Identifikation mit den vorher vorgenommenen Zusammenstellungen der Accessoires verstärken. Einen weiteren Schritt stellt die Möglichkeit dar, sich als diese Figur fotografieren zu lassen und das Foto in einer Instagram-Galerie hochzuladen (Abb. 7).

An der Glasfassade des Eingangsfoyer des Bibelhauses verweisen die in den gleichen Farben gestalteten Raumteiler in Kombination mit umrisshaften Darstellungen von Objekten aus dem historisch-archäologischen Abschnitt auf den Glasflächen darauf, dass die Ausstellung mit diesem Thema einen Bogen schlägt von der Frühzeit bis in die Gegenwart. Gerade darin hat auch für uns als Gestalterinnen der besondere Reiz dieses Ausstellungsprojektes gelegen (Abb. 8).

Abb. 8: Simulation Gestaltung Glasfoyer.

Gott, Göttin, Götter
Bibel und archäologischer Befund

Bibel und archäologischer Befund
Einleitung zur Methodik

Martin Peilstöcker

Das Alleinstellungsmerkmal des Bibelhaus Erlebnis Museums in der Darstellung biblischer Hintergründe ist die Arbeit mit dem archäologischen Originalobjekt. Nicht im Sinne eines archäologischen Museums, sondern als Referenz für Themen der Bibel und der dahinterstehenden Lebenswelt. Das bedeutet, dass nicht der typologische Aspekt eines Objekts im Vordergrund steht, sondern der themenbezogene. Öllämpchen werden nicht in ihrer Entwicklung im Laufe der Zeit dargestellt, sondern im Zusammenhang mit Pilgern als Grabbeigabe oder als Haushaltsgegenstand.

Allen mit der inhaltlichen Arbeit am Haus Beschäftigten ist seit langem klar, dass es dringend nötig wäre, dass die alttestamentliche Lebenswelt in Frankfurt so erschlossen werden kann, wie es seit 2010 mit den Originalfunden der Zeitenwende passiert. Dazu gehören auch die Anfänge von Religion und Kult im Kulturraum der südlichen Levante. Trotz des erheblichen Abstandes zwischen erzählter Zeit und Erzählzeit der Bibel sind die frühen Epochen der Bronze- und Eisenzeit, insbesondere das Thema der Bildlichkeit Gottes oder der Götter in und um die Periode des persischen Großreichs, wichtig für das Verständnis der alttestamentlichen Schriften und der Entwicklung hin zum Monotheismus. Solch archäologisches Material zu zeigen und einzuordnen, ist ein Ziel der Sonderausstellung „G*tt w/m/d – Geschlechtervielfalt seit biblischen Zeiten“.

Abb. 1: Schädel aus dem neolithischen Jericho: prähistorischer Hinweis für Kult? Ausstellungsobjekt Nr. 001, S. 176.

Allgemein bietet das Thema eine große Fülle an archäologischen Exponaten. Diese reduziert sich jedoch bei näherer Betrachtung. Viele der Objekte sind für viele Menschen subjektiv „schön“ oder zumindest interessant. Damit werden sie begehrte Stücke im Antikenhandel und erlangen einen Wert, den sie eigentlich ebenso wenig haben, wie einfache Tongefäße oder ähnliches. Raubgräber suchen geradezu nach ihnen, und es sind wohl z. B. mehr eisenzeitliche Pfeilerfigurinen aus dem Antikenhandel bekannt, als aus kontrollierten archäologischen Grabungen. Da das Bibelhaus aber solche Stücke unklarer Herkunft nicht zeigen möchte, schränkt sich die Zahl der verfügbaren Objekte stark ein. Diese Objekte sind oft schwer in ihrer lebensweltlichen Bedeutung zu verstehen, da der Fundzusammenhang nicht bekannt ist: Es ist ein Unterschied, ob eine Figurine in einem Wohnhaus, einem Tempel, einer Abfallgrube oder einem anderen Ort gefunden wurde und dort auch benutzt worden war.

Dazu kommt ein zweiter Aspekt: Darstellungen von Gottheiten sind oft Highlight-Exponate in Museen. Damit sind sie auch in der intermusealen Ausleihe schwer zu erhalten. Denn welches Museum möchte schon gern eine leere Vitrine zeigen, auch wenn es nur für ein halbes Jahr ist? Auch die Pandemiesituation hat den Leihverkehr zwischen den Museen nicht einfacher gemacht. Aus all diesen Gründen können verschiedene Aspekte in der Ausstellung nicht mit archäologischen Exponaten dargestellt werden, was sicherlich dem informierten Besucher schnell auffällt. Dieser Katalog ist daher auch der Versuch, das eine oder andere durch eine ausführliche Diskussion in Form von Aufsätzen vorzustellen, so z. B. die Frage nach der prähistorischen Fundlage insbesondere unter Berücksichtigung der Frage geschlechterspezifischer Kleidung im Aufsatz von Janet Levy. Die generelle religionsgeschichtliche Entwicklung findet sich als kurzer Abriss von Sven Lichtenecker. Die Frage nach der Bedeutung der Pfeilerfigurinen wird im Beitrag von Jürgen Schefzyk erörtert. Durch die Urkunden der Perserzeit ist Religion und Kultur von Jüd*innen in Ägypten im 5. Jahrhundert v. Chr. besonders gut am Beispiel der Siedlung von Elephantine archäologisch belegt. Dazu der Beitrag von Veit Dinkelaker. Die Frage der Darstellungen auf Münzen diskutiert Patrick Wyssmann, der auch wertvolle Hinweise bei der Zusammenstellung des numismatischen Materials für die Ausstellung gab. Melanie Köhlmoos betrachtet dann, wie sich in der hebräischen Bibel die Gender-Polemik abbildet, ein Thema, das wir trotz der fehlenden archäologischen

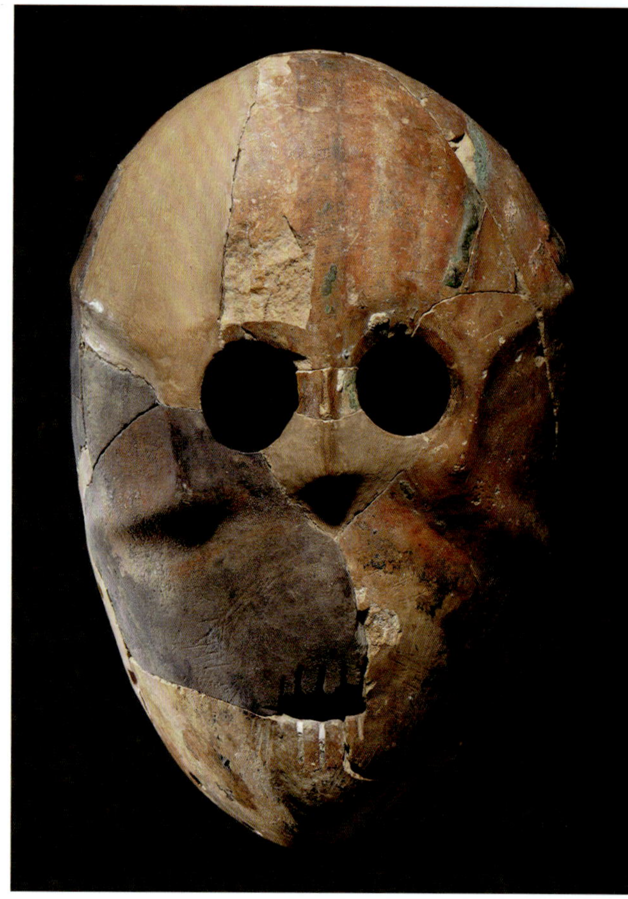

Abb. 2: Steinmaske aus Nahal Hemar: Ahnenkult und Identitätswechsel in der Jungsteinzeit. Ausstellungsobjekt Nr. 003, S. 176.

Objekte für diesen Teil des Katalogs als zugehörig betrachtet haben. Martin Peilstöcker ergründet, inwieweit das Thema Gender in der Archäologie der Gegend Israels und Palästinas eine Rolle spielt.

Wir sind uns der Lücken im Bereich der Archäologie und vielleicht auch der Exegese des Alten Testaments bewusst, hoffen aber mit der Ausstellung und dem Katalog einen Beitrag zum Thema Diversität auch in der Archäologie des Heiligen Landes zu leisten.

Kleidung in der südlichen Levante in vorgeschichtlicher Zeit
Darstellungen und Artefakte

Janet Levy

Einführung

Unsere Vorfahren hatten als Bewohner tropischer Regionen mit gleichmäßig hohen Temperaturen aus praktischen Gründen kaum oder gar keinen Bedarf für Kleidung. Die Anfänge der Kleidung liegen während des Mittel-Paläolithikums vor 300.000 bis 50.000 Jahren. Sie sind mit Wanderungsbewegungen des Menschen von Afrika in mittlere Breiten hinein verbunden. Die paläoklimatischen Bedingungen sind ebenso bekannt, wie die begrenzte physiologische Fähigkeit des Menschen, dauerhaft Kälte zu ertragen. Ein Unterschlupf und Feuer bieten nur ungenügenden Schutz vor dem Wetter. Kleidung als tragbare Isolierung des Körpers wurde notwendig, um das eigene Leben zu erhalten.

Auf Grundlage von Analogien aus der ethnographischen Forschung und von Ähnlichkeiten der Werkzeugtypen kann angenommen werden, dass älteste Kleidungsstücke aus verarbeiteten Tierhäuten hergestellt wurden. Um einfachste warme Kleidung herzustellen, müssen mindestens zwei Tierhäute miteinander verbunden werden. In Gesellschaften, die noch heute Leder und Pelze auf traditionelle Art verarbeiten, werden die Häute mit aus Sehnen hergestelltem Garn zusammengenäht. Sehnen können leicht verarbeitet werden. Die Stränge werden zwischen den Handinnenflächen und Oberschenkeln gehalten und unter Hinzufügen von Speichel verdreht. So entstehen dünne, starke Fäden, die an Nylon-Fischernetze erinnern.

Dieser Beitrag möchte kurz in früheste archäologische Belege für Kleidung einführen. Weiterhin zeichnet er die Entwicklung von Herstellungstechniken und Veränderungen im Rohmaterial nach und wendet sich den Fragen zu, wer Kleidung herstellt und für welchen Zweck.

Abb. 1: Karte der südlichen Levante mit den Fundorten.

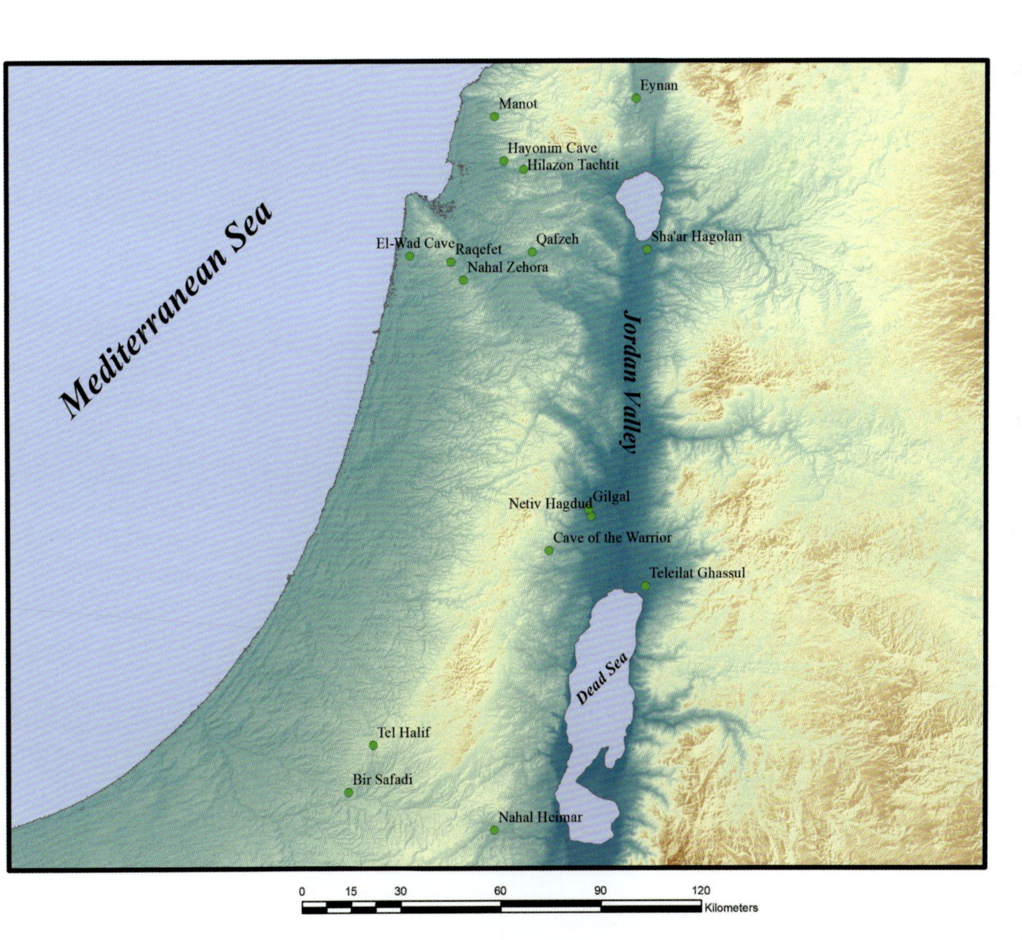

Der früheste, indirekte Beleg für die Herstellung von feinen Fäden in der südlichen Levante stammt aus der Qafzeh-Höhle in der Nähe von Nazareth. Die Höhle, in der später moderne Menschen begraben wurden, diente vor 100.000 Jahren als Wohnstätte. Mehrere Schalen von Meeresmuscheln mit natürlichen Löchern von 4 bis 6,5 mm weisen an deren Rand Reibungsverschleißkerben auf, die dadurch entstanden sind, dass sie im aufgefädelten Zustand anhaltender Bewegung ausgesetzt waren. Es ist zu vermuten, dass der hierfür verwendete Faden aus Sehnen hergestellt wurde, die dem hinteren Unterschenkel eines hier auch verzehrten Huftieres entnommen wurden. Fäden und Schnüre aus pflanzlichen Fasern sind viel gröber.

Häute wurden ursprünglich miteinander verbunden, indem mit Knochenahlen Löcher hineingestochen wurden, durch die der Faden durchgesteckt wurde. Nadeln mit Ösen werden erst viel später entwickelt. Die frühesten Knochenahlen wurden in der Manot-Höhle in Galiläa gefunden. Sie stammen aus einer 46.000 bis 42.000 Jahre alten Schicht der Ahmarian-Kultur. Tierknochen wurden zertrümmert, um an das kalorienreiche Mark zu gelangen. Ausreichend lange und spitze Knochensplitter wurden durch Abreiben zu Ahlen verarbeitet.

Für die Natufien-Kultur (13500–9650 v. Chr.) kann der Verarbeitungsprozess der Tierhäute vom lebenden Tier bis zum Kleidungsstück nachvollzogen werden. Dies geschieht auf Grundlage archäologischer Beweise und ethnografischer Analogien, bei denen dieselben oder ähnliche Werkzeuge und Materialien verwendet wurden. Zu den Funden aus dem Natufien gehören Schaber zum Entfernen von subkutanem Fett, Hand-Schleifsteine aus Basalt mit Spuren von Ocker und Abnutzungsspuren, die zu mit Fett imprägnierten Häuten passen, sowie Poliersteine für Knochen mit Spuren von Ocker. Sie belegen eine zunehmende Verbreitung von Knochenahlen. Traditionelle Gesellschaften von drei unterschiedlichen Kontinenten bearbeiten noch heute Häute auf die gleiche Weise. Die Häute werden zunächst gereinigt und abgeschabt, danach geklopft und mit Handsteinen und abgeschrägten Poliersteinen bearbeitet, um sie weich zu machen. Anschließend werden sie mit Fett imprägniert und mit Ocker eingestäubt, der aus Ton und Sand mit Eisenoxid besteht und Bakterien und Pilze abtötet. Zur Herstellung der Kleidungsstücke werden Klingen, Ahlen zum Durchbohren der Häute und Fäden aus Sehnen zum Nähen benutzt.

Trotz umfangreicher ethnographischer Belege für die Bearbeitung von Häuten zu Alltagskleidung sind diese archäologisch nicht belegbar, weder durch verbliebene Überreste noch durch Darstellungen. Die Häute wurden zwar bearbeitet, aber nicht gegerbt, sodass sie schnell verfielen. Der früheste direkte Beleg für Lederarbeiten ist ein Sandalenpaar aus der sog. Cave of the Warrior (Höhle des Kriegers) in der judäischen Wüste von 3900 v. Chr. Das Leder wurde offenbar unabsichtlich einer vegetabilen Gerbung unterzogen: Die Sandalen wurden mit einer konzentrierten Farbe bemalt, die zufälligerweise auch als Gerbstoff diente.

Zwei- oder dreidimensionale Darstellungen von Kleidung oder sogar Überreste davon sind im Alten Orient selten vor dem 4. Jahrtausend v. Chr. belegbar. Die frühesten belegbaren Kleidungsstücke sind Abbildungen von Kopfbedeckungen und Gürtel, sowohl in Europa bei der ca. 28.000 Jahre alten Venus von Willendorf und der 25.000 Jahre alten Venus von Lespugue als auch in Südwestasien. Der früheste direkte Beleg für Kleidung aus der südlichen Levan-

Abb. 2a: Spinnen von Flachs, Kreuzfahrerzeit, Akko.

te stammt aus der Natufien-Kultur (ca. 13500–9650 v. Chr.), einer sesshaften, nahrungssuchenden Gesellschaft mit Hauptverbreitungsgebiet in der mediterranen Zone. Charakteristisch für die Kultur sind modifizierte Höhlen, Stätten unter freiem Himmel, große Friedhöfe und eine Bandbreite symbolischer Ausdrucksformen in unterschiedlicher medialer Ausgestaltung (Abb. 1).

Die Forschung zeigt, dass alle Kleidungselemente – außer einem Ledermantel von En haSchofet – vor dem 5. bis 4. Jahrtausend v. Chr. sehr klein sind. Das wirft die Frage auf, warum dies so ist. Die Antwort ist ziemlich einfach: Die Herstellung von Kleidung ist sehr arbeitsintensiv. Das wird klar, wenn man sich mit den Details der Kleidungsherstellung vor Beginn der industriellen Revolution beschäftigt.

Alle Stoffe, außer solche aus Filz oder Borke, werden aus Garn hergestellt. Garn wurde vor dem Aufkommen von Handspindeln während der Jarmuk-Kultur (6400–5900 v. Chr.) durch Drehen zwischen den Händen und Schenkeln hergestellt. Von diesem aus zwei Strängen verzwirnten Garn können in einer Stunde etwa 10 m hergestellt werden. Alle Techniken zur Stoffherstellung vor dem Aufkommen des horizontalen Bodenwebrahmens um 4500 v. Chr. waren ebenfalls arbeitsintensiv, wobei die Garnherstellung am meisten Zeit benötigte. Selbst nach der Erfindung der Handspindel können pro Stunde nur 62 m Garn gesponnen und 95 m verzwirnt werden. Verzwirnen bedeutet, dass zwei gleichlange Garnfäden gesponnen und dann miteinander verdreht werden müssen. Verzwirntes Garn wurde in der südlichen Levante bis 2000 v. Chr. genutzt.

Das bedeutet, dass das Produkt einer Arbeitsstunde eines Spinners bzw. Zwirners ausreicht, um mit einem horizontalen Bodenwebrahmen von 1 m Breite und einer niedrigen Fadenzahl von 10 × 10 Fäden pro cm^2 Stoff insgesamt 1,17 cm Stoff zu weben. Berechnungen haben ergeben, dass sieben Spinner notwendig sind, um den Garnbedarf eines Webers zu decken. Mit dem Aufkommen des mit einer Tretkurbel betriebenen Spinnrades um 1500 n. Chr. konnte das Verhältnis auf drei bis fünf Spinner pro Weber reduziert werden. Ein zeitlicher Gleichlauf zwischen Spinnen und Weben wurde erst während der fortgeschrittenen Industriellen Revolution nach 1832 durch die Erfindung und verbreitete Nutzung von Samuel Cromptons Spinnmaschine und dem dampfgetriebenen Webstuhl erreicht.

Spinnen als Aufgabe vor allem von Frauen?

Diese erhebliche Dichotomie zwischen Spinnen und Stoffherstellung war in vorgeschichtlicher wie auch geschichtlicher Zeit stets ein kulturelles Charakte-

Abb. 2b: Spinnen mit einer Spindel, Jordanien.

ristikum. Eine sehr große Zahl von Darstellungen unterschiedlicher geographischer Herkunft zeigt Frauen beim Spinnen, wobei sie häufig gleichzeitig mit anderen Aufgaben beschäftigt sind (Abb. 2a–b). Frauen haben den ganzen Tag und auch in der Nacht gesponnen, ohne je den Bedarf decken zu können. Der römische Poet Catullus (gest. um 54 v. Chr.) bezeichnet das Spinnen als die ewige Aufgabe. Ethnographische Forschung zur Alten wie zur Neuen Welt belegt, dass Frauen an jedem möglichen Ort und zu jedem freien Zeitpunkt spinnen. Deshalb waren Kleidungsstücke vor dem 5./4. Jahrtausend v. Chr. stets klein. Dies war anders nicht möglich, weil beide Teile ihres Herstellungsprozesses sehr arbeitsintensiv waren.

Es ist auch nicht vorstellbar, dass mit der Kombination aus spindelgesponnenem Garn und aufkommendem horizontalem Bodenwebrahmen das Tragen von gewebtem Stoff eine weite Verbreitung fand. Im Gegenteil! Jeder Aspekt der Herstellung von gewebtem Leinenstoff war arbeitsintensiv: Der Anbau von Flachs, das Spleißen, bei dem die Enden der Flachsfasern miteinander verbunden werden, das Spinnen, Verzwirnen und Weben. Gewebte Kleidungsstücke waren deshalb für besondere Situationen und auf wenige Auserwählte beschränkt. Berechnungen haben gezeigt, dass für die Herstellung des 7 × 2 m großen Leichentuchs aus Leinen, das in der Begräbnisstätte Cave of the Warrior gefunden wurde, insgesamt 880 Arbeitstage nötig waren, davon 444 für das Spleißen, 167 für das Spinnen und

Abb. 3: Eingeritzte, männliche Figurine, Raqefet-Höhle.

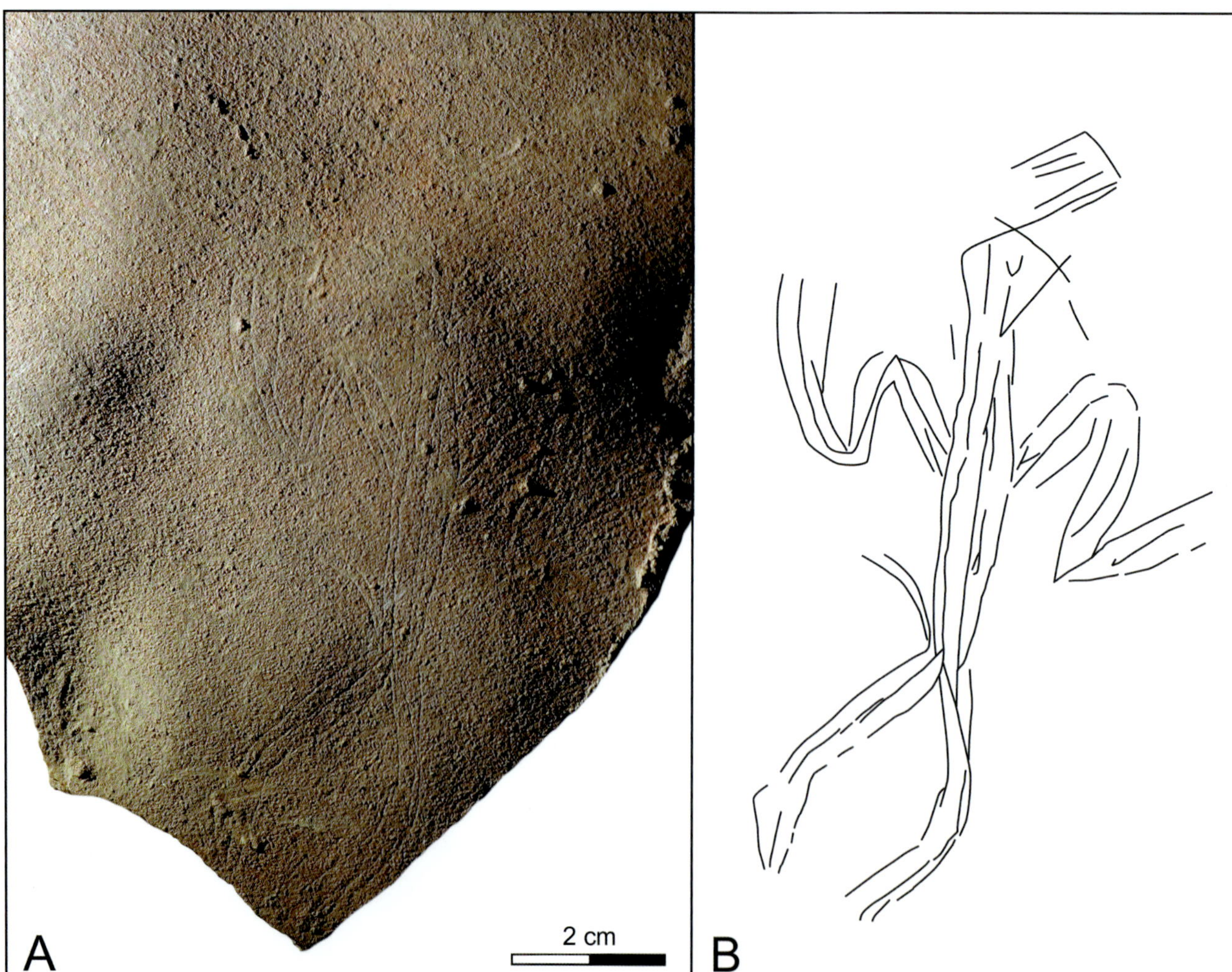

54 Tage für das Verzwirnen. An diesen Tagen wurden allerdings parallel auch andere Aufgaben erfüllt. Das Weben wurde während der sommerlichen Pause in der Landwirtschaft durchgeführt. Diese Daten zeigen deutlich, dass gewebte Kleidung nicht für jeden zugänglich gewesen ist.

Es ist davon auszugehen, dass in der Ghassulien-Kultur im 4. Jahrtausend v. Chr. Textilien von Frauen in den Haushalten hergestellt wurden. Älteste Abbildungen der Textilproduktion auf mesopotamischen Rollsiegeln von Mitte des 4. Jahrtausends v. Chr. zeigen Frauen beim Ausführen dieser Pflicht. Quer durch die Geschichte war die Herstellung von Textilien für den Haushalt und den gemeinschaftlichen Gebrauch eine Aufgabe der Frauen. Männer können spinnen und haben dies auch getan, aber nur für die Herstellung von Schnüren für Gegenstände, die zum spezifisch männlichen Aufgabenbereich gehören, z. B. für Bogensehnen, Steinschleudern, Halteseile u. Ä.

Wolle, Flachs und Häute

Die ältesten Überreste von Wolltextilien in der südlichen Levante stammen aus Jericho und datieren erst in die Zeit um ca. 2000 v. Chr. Vor dieser Zeit wurden nur Flachsfasern für Leinen benutzt. Leinenkleidung ist nicht warm. Die Qualität der Leinenkleidung der Ghassulien-Kultur kann mit der heutiger Tischtücher verglichen werden. Im Winter liegen die Tagestemperaturen in der Judäischen Wüste und im Tal von Beerscheba bei ungefähr 10 °C. In der Nacht können sie bis kurz über den Gefrierpunkt fallen. Deshalb haben Menschen in der südlichen Levante Häute sehr viel länger getragen, als allgemein angenommen wird.

Gewänder und Schamanismus: Die Darstellung des Übernatürlichen

Der Grabkomplex aus der Rakefet-Höhle im Karmel-Gebirge umfasst Bestattungen aus unterschiedlichen Epochen, darunter 30 Grubenbestattungen aus der Natufien-Kultur. Aus den Kulturschichten direkt über den Gräbern wurde eine Kalksteinplatte geborgen. Sie zeigt eine eingeritzte männliche Gestalt, die möglicherweise tanzt. Die Gestalt trägt eine Kopfbedeckung (Abb. 3). Die Linien über dem Kopf sind zu komplex für eine Frisur. Die Darstellung ist schematisch. Die Kopfbedeckung liegt nicht direkt am Schädel an – was der Fall sein müsste, wenn es sich um ein Fell handelte –, sondern sie erstreckt sich nach oben über die Konturen des Kopfes hinaus. Sie scheint starr zu sein. Die Kopfbedeckung könnte aus Korb mit Riemen zur Befestigung bestehen. Würde es solche Riemen nicht geben, müsste sie während des schwungvollen Tanzes herunterfallen. In Gesellschaften wie der Natufien-Kultur sind Beerdigungen Gemeinschaftsereignisse mit Musik, Tanz und Schwelgereien. Wahrscheinlich stellt die tanzende Figur einen Aspekt der Begräbnisriten oder der Todeserinnerungsriten dar. Möglicherweise handelt es sich dabei um einen Schamanen.

Der Schamanismus ist eine der elementarsten Formen des Umgangs mit dem Übernatürlichen. Er unterscheidet sich von Kultur zu Kultur, verfügt aber dennoch über grundlegende Gemeinsamkeiten: Im Allgemeinen treten Schamanen in Trance, die sie durch unaufhörliche rhythmische Musik, Gesang oder halluzinogene Drogen herstellen und der sie häufig in ekstatischen Tänzen Ausdruck verleihen. Der im Allgemeinen männliche Schamane wirkt gemeinsam mit anderen Wesen der Welt für das Wohl des Einzelnen oder der Gemeinschaft bezüglich Krankheit, Wetter, Jagderfolg und anderen Aspekten der Lebenserhaltung. Die meisten Schamanen sind erkennbar an außergewöhnlicher Kleidung, dem Tragen von Hörnern oder Geweihen und Masken, der Verwendung einfacher Musikinstrumente und zahlreichen klirrenden Anhängern und exotischen Gegenständen, die an ihrem Körper hängen. All diese Aspekte des Schamanismus können für verschiedene Kulturen und Epochen der südlichen Levante archäologisch belegt werden.

Obwohl nach ethnographischen Erkenntnissen die meisten Schamanen Männer sind, gibt es Anzeichen für zwei Schamaninnen in der Natufien-Kultur. In Eynan nördlich des Sees Genesaret ist die Bestattung einer Frau belegt, der zwei Gazellenhörner am oberen Teil des Schädels angefügt wurden. Sie befinden sich so nahe am Schädel, dass sie zum Zeitpunkt der Beerdigung am Kopf befestigt gewesen sein müssen. Das Tragen von Hörnern oder Geweihen wird als Attribut von Schamanen betrachtet.

In der natufianischen Grabhöhle von Hilazon Tachtit, etwa 14 km von der Mittelmeerküste im westlichen Galiläa im Norden Israels gelegen, war die erste und wichtigste Bestattung die einer älteren, kleinen Frau mit einer angeborenen Verformung des Beckens und der unteren Wirbelsäule. Das Grab war von 25 weiteren Gräbern umgeben, in denen sich keine Grabbeigaben befunden haben. Das Grab der Frau war dagegen mit einer einzigartigen, exotischen Ansammlung von Grabbeigaben ausgestatten: einem menschlichen Fuß, einem Adlerflügel, zwei Steinmardern, einem Fragment einer abgenutzten Basalt-Schale, dem Schwanz eines Auerochsen (*Bos primigenius*, die Stammform des modernen Hausrinds), einer Leopardenhüfte, einem Hinterlauf eines Wildschweins, einem Hornkern einer Gazelle und 50 Schildkröten. Das Bruchmuster der Schildkrötenpanzer deutet an, dass sie von den Teilnehmern der Bestattungsfeier verzehrt wurden. In Jäger- und Sammlerkulturen sowie in den sich entwickelnden Ackerbaugesellschaften werden Menschen mit Fehlbildungen und -entwicklungen körperlicher und besonders geistiger Art heilende und spirituelle Kräfte zugeschrieben. Die Grabbeigaben sind Ausdruck des einzigartigen Status der Frau in ihrer Gemeinschaft.

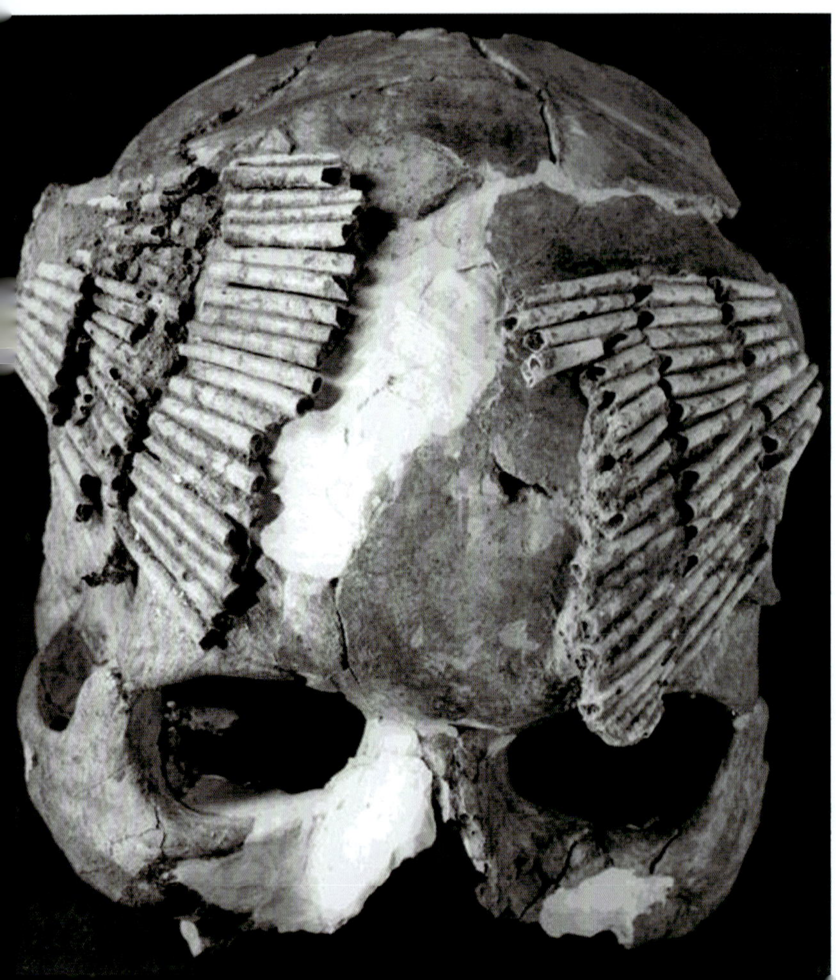

Begräbniskleidung

Die Höhle von El-Wad am Berg Karmel enthält 100 Gräber, hauptsächlich in eng beieinanderliegenden Gruppen. Fünf der Bestatteten, darunter ein Kind, tragen eine Kopfbedeckung. Die Geologie des Ortes begünstigte die Entstehung von Karbonat-Verkrustungen, die die Kopfbedeckungen in ihrer ursprünglichen Gestaltung an den Schädeln festzementiert haben. Die aufwändigste Kopfbedeckung wurde vom Mann H. 23 getragen: Symmetrisch angeordnete, dreifache Reihen aus Schalen von Kahnfüßern (einem Meeresweichtier) ziehen sich auf beiden Seiten von den Schläfen über die Stirn und den Scheitel über den Kopf (Abb. 4). In dieser Form widerspricht die Kopfbedeckung den Gesetzen der Schwerkraft. Um die Schalen an ihrer Position zu halten, müssen sie auf einer Haube aufgenäht gewesen sein.

In der HaYonim-Höhle in Galiläa sind mehr als 50 Bestattungen belegt. Ein erwachsener Mann ist bekleidet mit einem Gürtel aus durchlochten und ursprünglich auf einer Schnur aufgefädelten Eckzähnen von Füchsen (Abb. 5). Hierbei handelt es sich offensichtlich nicht um Alltagskleidung, sondern um Kleidung für zeremonielle Anlässe, die Musik und Tanz umfassten. In der Stätte wurde eine Knochenflöte gefunden. Der Gürtel verbindet selbstklingenden Schmuck mit Kleidung. Beim Tanzen macht das Klappern der hängenden Zähne, die wie aufgereihte Rasseln wirken, die Körperbewegung und den Rhythmus des Tänzers hörbar.

Weibliche Figurinen mit Darstellungen symbolischer Tracht

Während der nachfolgenden Epoche, dem Präkeramischen Neolithikum A von 9700 bis 8500 v. Chr., sind kleine Dörfer belegbar, die sich hauptsächlich im Jordantal befinden. Die Wirtschaft beruhte auf dem Einsatz wilder Getreidesorten und dem Jagen von Gazellen. Die Behausungen waren oval bis rund. Sie hatten einen eingetieften Fußboden, aufgehende Wände aus Flechtwerk und Lehm oder sonnengetrockneten Lehmziegeln. Die Bescheidenheit der Wohnhäuser steht im Gegensatz zu den Gebäuden,

Abb. 4: Kopfbedeckung aus Kahnfüßern, El-Wad-Höhle.

die für öffentliche Rituale genutzt wurden, z. B. dem Turm von Jericho, der eine Höhe von über 7 m bei einer Grundfläche von 9 × 8 m aufwies und aus verfugtem Kalkstein errichtet wurde.

In Netiv HaGdud, im Jordantal nördlich des Toten Meeres, wurden zwei ca. 5 cm hohe, stilistisch fast identische Figurinen aus gebranntem Ton in Ablagerungen zwischen den Häusern gefunden. Die vollständigere Figurine verfügt über eine breite Hüfte, auseinandergespreizte Beine und eine tiefe Spalte zwischen den Gesäßbacken. Der Oberkörper und der Kopf sind direkt miteinander verbunden. Beide Figurinen haben Brüste, was sie als weiblich definiert. Bei der zweiten, stärker fragmentierten Figurine ist eine Kopfbedeckung angedeutet (Abb. 6a–b). Der flache Kopf verfügt über eine Einritzung in der Mitte und fünf parallele Paare von Ritzungen in gleichem Abstand, die sich in einem 90° Winkel von der mittleren Ritzung bis zum Rand des Kopfes erstrecken.

Abb. 5: Gürtel aus den Eckzähnen von Füchsen, HaYonim-Höhle.

Abb. 6: A (links) Weibliche Tonfigurine, Netiv HaGdud.
B (rechts) Kopf einer Tonfigurine, Netiv HaGdud.

Diese geometrische Darstellung lässt auf eine gefertigte Kopfbedeckung schließen. Sie deutet auf eine Konstruktion aus verzwirnten Pflanzentauen hin, die miteinander verwunden, aber nicht verknüpft wurden. Diese Technik des Verwindens ist an der Ausgrabungsstätte für die Herstellung von Körben belegt. Diese Figurinen wurden offensichtlich nicht versteckt, sondern ausrangiert. Der Befund deutet darauf hin, dass die Figurinen in häuslichen magischen Ritualen beschädigt und danach weggeworfen worden sind. Daraus folgt, dass sie nicht selbst als heilig angesehen wurden, sondern lediglich dazu dienten, ein magisches Ritual durchzuführen.

Bei den Grabungen in Gilgal, etwa 1 km östlich von Netiv HaGdud, wurde eine schematische, eher flache, 7 × 3 cm große Kalksteinfigurine gefunden. Sie war in einem Wohnhaus versteckt, das reichhaltiger mit Artefakten ausgestattet war als andere Wohnhäuser. Die Figurine lag neben zwei polierten Äxten. Kopf und Oberkörper sind als ein Teil verarbeitet, was an den Typ der Tonfigurinen von Netiv HaGdud erinnert. Die Figurine verfügt nicht über Brüste oder Gesichtszüge. Der Unterkörper wird an den Hüften breiter. Auf beiden Seiten zeigt der Unterkörper eine tiefe, lange Spalte in der Mitte, die entweder eine Vulva oder die Teilung der Beine darstellt. Auf der Vorderseite befinden sich auf Höhe der Hüfte zu beiden Seiten der mittleren Spalte jeweils sechs gleichweit voneinander entfernte und ungefähr gleich lange Einschnitte, die fast durch die ganze Figurine durchgehen (Abb. 7). Obwohl Brüste fehlen, welche die Figurine eindeutig als weiblich identifizieren würden, weisen die breiten Hüften auf eine weibliche Darstellung hin. Die vertikalen Einschnitte scheinen einen Gürtel aus Schnüren zur Bedeckung der Scham anzudeuten. In entlegenen Gesellschaften, die solche Gürtel zur Bedeckung der Scham noch benutzen, werden sie Frauen erst dann geschenkt, wenn diese ihre erste Menstruation haben. Die Gürtel verkünden öffentlich, dass die Frau als eine Gefährtin verfügbar ist, die die Fähigkeit besitzt, neues Leben zu gebären. Gürtel aus Schnüren sind in ganz Eurasien belegbar, beginnend in der Epoche des Jungpaläolithikums, hier in der Tradition der Venus von Lespugues, über das Neolithikum und die Bronzezeit bis in die Gegenwart hinein, wo sie auf dem Balkan als Teil der Hochzeitstracht beibehalten wurden.

Aus dem Präkeramischen Neolithikum B von 8500 bis 6400 v. Chr. gibt es bedeutende Ausgrabungsstätten im Jordantal, im Jerusalemkorridor und in Galiläa. Es handelt sich um Dörfer mit Langraumhäusern. Die Wirtschaft beruhte auf dem Anbau von Getreide, Hülsenfrüchten und Flachs und der Zucht von Ziegen – in einer späteren Phase der Epoche auch Schafen. Die intensive Nutzung von Kalkputz zeigt sich bei Schmuck, offenen Gefäßen, Bodenbelägen und fast lebensgroßen Statuen. Das vorrangige Merkmal der Epoche liegt im kulturellen Fokus auf einen Schädelkult: Schädel werden in Gruppen aufbewahrt, gezeigt und geschmückt. Im Säuglingsalter wurde sogar ihre Form verändert, um der kulturell bevorzugten Gestalt angepasst zu werden.

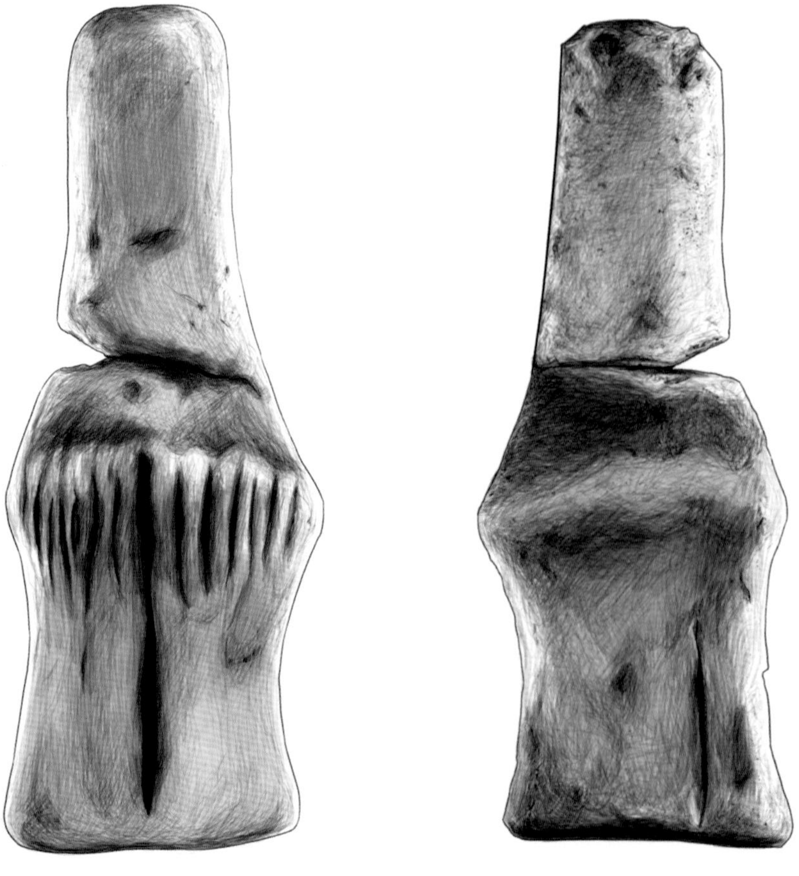

Abb. 7: Weibliche Kalksteinfigurine mit gefranstem Gürtel aus Stricken, Gilgal.

Abb. 8: Kopfbedeckung aus Leinengarn, Nahal Hemar-Höhle.

Die Höhle von Nahal Hemar: Ort magischer und schamanistischer Handlungen

Nahal Hemar ist eine entlegene Höhle in der Judäischen Wüste, in der eine Ansammlung von einzigartigen Artefakten gefunden wurde. Sie belegen, dass die Höhle als Ort der Durchführung magischer Riten benutzt wurde. Die Artefakte, wohl der Kulturschatz einer regionalen Gruppe von Menschen, haben eindeutig einen Bezug zu Männern. Das Glanzstück ist eine mit drei unterschiedlichen Techniken geschickt gefertigte, konische Netzkappe aus Leinengarn, das aus zwei Fäden verzwirnt wurde: der Korpus der Kappe aus verknotetem Netzwerk mit 64 Knoten an jedem Knotenpunkt, ein verbindendes Stirnband und eine kegelförmige Ausbuchtung an der Spitze der Kappe aus einer verknoteten Schleife, die mit einer Kaurischnecke verziert wurde. Sie ist das älteste erhaltene Kleidungsstück der alten Welt (Abb. 8). Die Kopfbedeckung wie auch die Steinmaske und die glitzernden Perlen aus Kalkputz, die in der Höhle gefunden wurden, gehörten zur Bekleidung von Schamanen, die an diesem Ort von ihnen bei der Durchführung von Ritualen getragen wurde. Die dekorierten männlichen Schädel, die Köpfe der Ahnen wie auch die Schwirrgeräte scheinen anzudeuten, dass es sich bei der Stätte um den Ort geheimnisvoller, männlicher Initiationsrituale handeln könnte.

Figurinen mit männlichen und weiblichen Zügen?

Aus der Zeit der Jarmuk-Kultur (6500–5800 v. Chr.), der ersten Kultur des keramischen Neolithikums, die sich von Nord- und Zentralisrael nach Nordjordanien erstreckt, stammen früheste signifikante Zeugnisse von Keramik und die ältesten Belege für Spinnwirtel aus Keramik oder Scherben. Sie weisen auf die wachsende kulturelle Bedeutung von Garn für die Herstellung von Kleidung hin. Die Kultur verfügt über eine entwickelte Dorfwirtschaft, die auf dem Anbau von Getreide und Hülsenfrüchten und Tierhaltung beruht. Im namengebenden Fundort Sha'ar HaGolan in der Nähe des Flusses Jarmuk sind Behausungen belegt, die um große geschlossene Höfe angelegt waren und Großfamilien beherbergen konnten. In Ablagerungen zwischen den Häusern wurden zahlreiche fragmentierte, gebrannte Tonfiguren gefunden.

Abb. 10: Männliche Kalksteinfigurine, Ein HaShofet.

Die Figurinen sind nicht irgendwelche häuslichen Produkte für Haushaltsrituale, sondern das Werk begabter Töpfer. Sie wurden nach Art einer Lego-Figur aus vorgefertigten Teilen um ein Mittelstück herum zusammengesetzt und zeigen dadurch ein hohes Maß an Standardisierung. Die Mehrheit der Figurinen zeigt sitzende Frauen mit einem gewaltigen Gesäß und Hüften sowie sehr kleinen Brüsten. Kleidungsstücke wurden als letztes an die Figuren angefügt. Der überproportional große Kopf der Figurinen ist nach hinten geneigt. Es kann sich dabei entweder um die Darstellung einer idealisierten oder stark stilisierten Kopfbedeckung handeln oder um die Darstellung einer Verformung des Schädels (Abb. 9). Schädelverformungen sind seit dem 9. Jahrtausend v. Chr. aus der Region bei ausgewählten Individuen belegbar.

Im Unterschied zu dieser möglicherweise konservativen Interpretation der Darstellung als Hinweis auf

Abb. 9: Kopf einer weiblichen Tonfigurine, Sha'ar HaGolan.

Kleidung, interpretieren andere die Kopfbedeckung oder den verformten Schädel als üppigen Penis, die angeschwollenen Wangen als Hoden und die schrägen Augen in Form von Kaffeebohnen sowie den schmollenden Mund als Vulva. Des Weiteren argumentieren sie, dass die aufwändigen Tonfiguren und die schematischen kieselartigen Darstellungen verschlüsselte Informationen über Spannungen zwischen Männern und Frauen bewahren.

Zusätzlich zur Kopfbedeckung sind die weiblichen Figurinen mit symmetrischen, nicht verbundenen, Westen-artigen Kleidungsstücken bekleidet. Zwei Enden liegen zwischen den Brüsten, während der Rest des Kleidungsstücks die Schultern und den Rücken bedeckt und um den Körper herum nach vorne zum Bauch getragen wird. Auch hier fehlen Möglichkeiten der Befestigung, aber eine künstlerische Darstellung ist nicht mit fotografischer Korrektheit gleichzusetzen. Hervorstechende Merkmale sind wichtig, und triviale, praktische Dinge werden ignoriert. Die Teile der Weste sind voluminös dargestellt, was auf pelzige Felle oder Fuchsschwänze als Material hindeutet. Ein zweites Kleidungsstück ist eine Stola, die von Männern und Frauen getragen wird. Sie wird um den Hals geschlungen und hängt am Rücken herunter. Die Darstellungen lassen auf einen weichen Stoff als Material schließen. Eine Figurine zeigt eine Stola mit parallelen Einschnitten, was ein Hinweis auf *warp twining* ist, eine seltene Technik, die aber lokal zur Mattenherstellung bis in die Mitte des 20. Jahrhunderts verwendet wurde, allerdings mit gröberem Material. Die Fundorte dieser bekleideten, aber fragmentierten Figurinen in Ablagerungen zwischen den Häusern lassen darauf schließen, dass sie bei Personen erworben wurden, die auf deren Herstellung spezialisiert waren. Dann wurde in magischen Riten auf sie eingewirkt, und sie wurden anschließend weggeworfen. Sie waren vorübergehende Gegenstände der Manipulation ohne ihnen innewohnende Heiligkeit.

Eine am Bart erkennbare männliche Figurine wurde als Oberflächenfund in Ein HaShofet in der Nähe der Grabungsstätte von Nahal Zehora II geborgen. Auf Grundlage von Ähnlichkeiten der Darstellung, z. B. bei der Gestaltung des Haars als Knoten, konnte die Figurine der Jarmuk-Kultur zugeordnet werden (Abb. 10). Die Gestalt trägt einen Ganzkörpermantel.

Abb. 11: Fresko „Die Prozession", androgyne Kultspezialisten, Teleilat Ghassul.

Eine Seite des Mantels ist mit einem großen, zentralen, sechsstrahligen Stern dekoriert, möglicherweise ein Hinweis auf eine kultische Bedeutung. Das Kleidungsstück besteht nicht aus gewobenem Stoff, sondern aus gut verarbeitetem weichem Leder, wie Falten am Nacken andeuten. Der Stern wurde möglicherweise mit einer Lösung aus gemahlenem Ocker oder mit auf das Kleidungsstück aufgenähten Lederstreifen anderer Farbe hergestellt.

Ein Fresko mit einem Beleg für ein Ritual am Übergang von Schamanismus zu Priestertum

Das Chalkolithikum (Kupfersteinzeit) wird unterteilt in die Besor-Kultur, eine Übergangskultur zwischen dem Neolithikum und dem Chalkolithikum von ca. 4800 bis 4500 v. Chr., und die Ghassul-Beerscheba-Kultur von 4500 bis 3800/3700 v. Chr. Die Periode ist geprägt durch erhebliche ideologische und technologische Veränderungen. Fundorte dieser Zeitperioden verteilen sich auf die Küstenebene und das Jordantal und, besonders dicht, entlang des Wadi-Systems des nördlichen Negev, am Wüstenrand im Becken des Toten Meeres und der Judäischen Wüste. Die Hausarchitektur ist geprägt von Breitraum-Gebäuden aus Lehmziegeln und ausgedehnten unterirdischen Einrichtungen. Ebenfalls belegt sind Breitraumtempel in einem ummauerten Heiligen Bezirk (*temenos*) mit einem Altar und Gruben (*favissae*), in denen beschädigte oder im Ritual nicht mehr benötigte Ritualgegenstände deponiert werden. Die Wirtschaft beruht auf dem Anbau von Getreide, Hülsenfrüchten, Flachs und Obstbäumen sowie Oliven und der Zucht von Nutztieren, u. a. Schweinen. Es finden

Abb. 12: Männliche Elfenbeinfigurine mit Penishülle, Bir Safadi.

Sekundärbestattungen in intensiv dekorierten Ossuarien aus Ton und Stein auf externen Friedhöfen, vor allem in Gestalt von Höhlen, statt. Technologische Innovationen bestehen in der aufkommenden Töpferscheibe, den monumentalen Freskos mit anthropomorphen und zoomorphen Motiven und Szenen, der Bearbeitung von Elfenbein, der Herstellung von Kultgegenständen aus reinem und legiertem Kupfer mit Gusstechnik und Wachsausschmelzverfahren und der Textilherstellung aus mit der Spindel

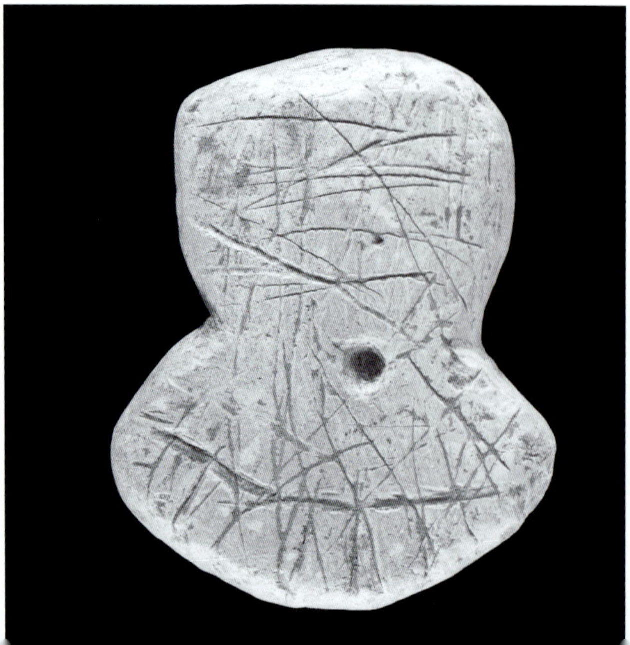

Abb. 13: Weibliche Kalksteinfigurine mit gefranstem Gürtel aus Stricken *fringed string girdle*, Tell Halif.

A

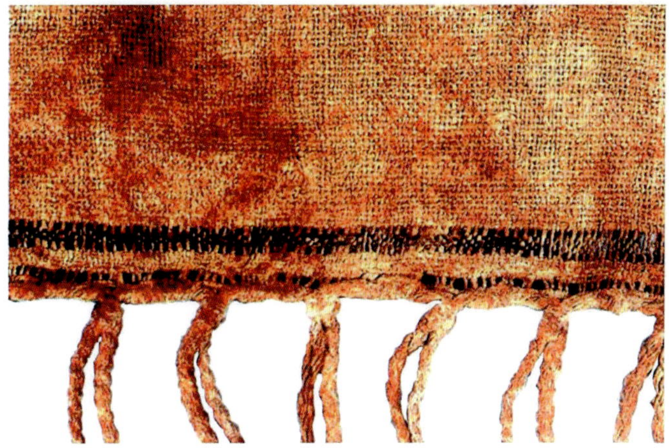

B

Abb. 14: A Wickel-Kilt aus Leinen, 1,4 m × 0,88 m, Leinenbindung. B Detail des Kilts, verflochtenes, pigmentiertes Garn und Quasten aus Kettfäden.

gesponnenem Leinengarn auf horizontalen Bodenwebrahmen mit Litzen.

Das Fresko „Die Prozession“ von der Ausgrabungsstätte Teleilat Ghassul nordöstlich des Toten Meeres zeigt eine strukturierte, hierarchische Kultszene mit drei bekleideten und maskierten androgynen Kultspezialisten. Sie tragen nichts, was eindeutig einem Geschlecht zuzuordnen ist. Die Gestalt des Körpers ist weder männlich noch weiblich, und sie zeigen auch kein Verhalten, das mit dem einen oder anderen Geschlecht verbunden ist (Abb. 11). Die Gewänder von zwei der Gestalten enden in schrägen Linien, was auf gewebten Stoff hinweist. Das Gewand der ersten Gestalt weist vertikale und querverlaufende Zickzack-Linien auf, die nicht im Einklang stehen mit den Textilherstellungs- und Färbetechniken der Zeit. Jedoch stehen die Zickzack-Linien auf dem Gewand im Einklang mit religiösen Erfahrungen, in denen ein veränderter Bewusstseinszustand ein integraler Bestandteil ist.

Die Masken, die von den Kultspezialisten getragen werden, passen zu einem ekstatischen, außerkörperlichen, schamanistischen Verhalten. Im Gegensatz dazu weist der strukturierte, hierarchische Charakter der Szene nicht auf das inspirierte Verhalten eines Schamanen, sondern auf einen sich entwickelnden Übergang zu einer Priesterkaste mit formalisierten Ritualen und Anweisungen hin.

In Bir Safadi im Beerscheba-Tal wurden zwei nackte, männliche Elfenbeinfigurinen mit einer Höhe von 33 und 22 cm gefunden, die mit Penishüllen bekleidet waren (Abb. 12). Die Figurinen haben riesige Nasen, tief eingesunkene Augen und keine Münder. Weiterhin wurden in Bir Safadi ein unterirdisches Elfenbein-Atelier und Elfenbeinabfälle gefunden. Penishüllen sind den Kleidungstraditionen der südlichen Levante fremd, aber im Niltal von der prädynastischen Zeit im 4. Jahrtausend v. Chr. bis zum Ende des Mittleren Reiches gut belegt.

Eine weibliche Kalksteinfigurine mit Maßen von 8 × 6 × 1 cm wurde in Ablagerungen einer Schicht der Frühbronzezeit I auf dem Tell Halif im westlichen Negev gefunden. Die Figurine steht in der Tradition der chalkolitischen kopflosen, V-förmigen Figurinen (Abb. 13). Auch Schichten der Ghassulien-Kultur sind vor Ort belegt. Die Figurine hat eine Einritzung quer über den Hüften mit sieben davon ausgehenden vertikalen Einritzungen. Dies stellt einen Beckengürtel aus Schnüren dar. Der Körper ist mit sich überkreuzenden Einritzungen versehen, die nicht vom Herstellungsprozess stammen, sondern ihr bei Ritualen zugefügt wurden

Abb. 15: Leinenschärpe, Leinenbindung, 2 m × 0,16–0,25 m, Endschußreihen von gegenläufigen Schussfäden und Kettquasten.

Dies stellt keinen Einzelfall dar: In Gilat, ca. 20 km vom Beerscheba-Tal entfernt, wurde die größte Ansammlung von V-förmigen Figurinen in der südlichen Levante gefunden. Viele davon wurden aus harten, exotischen Materialien hergestellt. Alle sind das Werk von handwerklichen Spezialisten. So gut wie alle Figurinen waren zerschmettert und weggeworfen worden und wurden so aufgefunden. Ähnliches gilt für die V-förmige Figurine von Horbat Uza in Galiläa: Sie ist intakt, aber wurde nach der Herstellung mit sich kreuzenden Einritzungen versehen.

Geschlechtsspezifische Muster in der Frühgeschichte?

Zusammenfassend lässt sich sagen, dass geschlechtsspezifische Muster bei Typen von Kleidungsstücken während der lokalen Frühgeschichte nicht existieren. Bei den Darstellungen sind es primäre und sekundäre Geschlechtsmerkmale, die das Geschlecht des Trägers eines bestimmten Kleidungsstücks definieren, nicht unterschiedliche Arten von Kleidungsstücken. Dies zeigt sich bei osteologischen Untersuchungen von Knochenmaterial, die das Geschlecht bestimmen können, wobei manchmal der Fundkontext die Geschlechterkategorie nahelegt. Kopfbedeckungen werden von Männern und Frauen getragen. Trotz allem gibt es einige Hinweise. Fransengürtel sind durch und durch weiblich. Penishüllen können nur Männern zugeschrieben werden; und gewebte Kilts und Schärpen, wie sie in der Cave of the Warrior gefunden wurden, stellen eine späte Entwicklung (3900 v. Chr.) dar und sind eine typisch männliche Tracht (Abb. 14–15).

Literatur

Barber, Elizabeth W.: Prehistoric Textiles, Princeton University, New Jersey 1991.

Barber, Elizabeth W.: Women‘s Work: The First 20,000 Years, New York 1994.

Cameron, D. O.:The Ghassulian Wall Paintings, London 1981.

Garfinkel, Yosef: The Yarmukians, Jerusalem 1999.

Gilligan, Ian: The Prehistoric Developments of Clothing: Implications of a Thermal Model, in: Journal of Archaeological Theory 17, 2010, S. 15–80.

Grosman, Leore; Munro, Natalie D.; Belfer-Cohen, Anna: A 12,000-year-old Shaman Burial from the Southern Levant (Israel), in: PNAS 46, 2008, S. 17665–17669.

Levy, Janet: The Genesis of the Textile Industry from Adorned Nudity to Ritual Regalia, Oxford 2020.

Perrot, Jean: Les Ivoires de la 7e Campagne de Fouilles a Safadi pres de Beersheva, in: Eretz Israel 7, 1964, S. 92–93.

Rosenberg, Danny; Chasan, Rivka; Lengyut, György; Nadal, Dani: Stone ‚Canvas‘ and Natufian Art: An Incised Human Figure from the Natufian cemetery at Raqefet Cave, Israel, in: Oxford Journal of Archaeology 39.2, 2020, S. 128–140.

Schick, Tamar: The Textiles, in: Schick, Tamar (Hg.): The Cave of the Warrior (Israel Antiquities Authority Reports 5), Jerusalem 1998, S. 6–22.

Soffer, Olga; Adovasio, James M.; Hyland, David C.: The ‚Venus‘ Figurines. Textiles, Basketry, Gender and Status in the Upper Palaeolithic, in: Current Anthropology 41, 2000, S. 511–537.

Yizraeli-Noy, Tamar: The Human Figure in Prehistoric Art. Jerusalem: Israel Museum and Israel Exploration Society, Hebrew 1999.

Gender und Religiosität im Alten Israel

Sven Lichtenecker

Einleitende Bemerkung

Die religionsgeschichtliche Frage nach Gender und Religiosität im Alten Israel wird hier auf der Ebene von Geschlecht und Geschlechtlichkeit der verehrten Gottheiten, vor allem der Göttinnen, betrachtet. Der Begriff „altes Israel" bezieht sich auf die im Wesentlichen westjordanischen Kerngebiete der eisenzeitlichen Königreiche Israel und Juda. Die Verehrung von Göttinnen kann rekonstruiert werden durch die kritische Lektüre der Texte der hebräischen Bibel und der alttestamentlichen Apokryphen, die Deutung archäologischer Artefakte und Inschriften und den Vergleich mit benachbarten Kulturen. Da die altisraelitische Religion aus der bronzezeitlichen kanaanäischen hervorgeht, muss diese in die Betrachtung miteinbezogen werden.

Mittelbronzezeitliche Göttinnendarstellungen in Kanaan

Die Verehrung des Göttlich-Weiblichen spielt im Kanaan der Mittelbronzezeit (ca. 2200–1550 v. Chr.) eine erhebliche Rolle. Die Ikonographie muss aus archäologischen Funden erschlossen werden. Schriftliche Zeugnisse liegen kaum vor. Von besonderer Bedeutung ist der Typus der nackten Göttin, der in der Mittelbronzezeit IIB (1750–1550 v. Chr.) zahlreich auf Skarabäen abgebildet ist. Sie zeigen die Göttin frontal und stehend, den Kopf zur Seite gewandt, die Arme meist herabhängend. Ihre Scham wird deutlich betont, die Brüste sind dagegen nicht abgebildet. Viele Skarabäen zeigen die Göttin flankiert von Zweigen oder kleinen Bäumen, die sie gelegentlich auch mit ihren Händen hält. Dieser besondere Typ wird als Zweiggöttin bezeichnet. Die Verbindung der nackten Göttin mit den Zweigen verdeutlicht, dass bei der Darstellung nicht der Aspekt von Sexualität und Erotik, sondern von Fruchtbarkeit und Gedeihen im Vordergrund steht. Zur Sphäre der Göttin gehören neben dem Zweig bzw. Baum auch Capriden, Gazellen, Hirsche, säugende Kühe und der Löwe. Die Göttin kann als Herrin der Tiere dargestellt werden. *„Sie ist die Quelle der pflanzlichen und tierischen Lebenskraft. In der Agilität, Lebendigkeit […] und Fortpflanzungsfreude dieser Tiere kommen ihre Lebendigkeit und Liebeskraft zur Anschauung."* (Keel und Uehlinger 2004, 22) (Abb. 1).

Abb. 1: Darstellung einer nackten Göttin, die von Zweigen als Symbol von Fruchtbarkeit und Gedeihen eingerahmt wird, sog. Zweiggöttin; Skarabäus; Palästina/Israel; Mittelbronzezeit 18.-16. Jahrhundert v. Chr.

Statuetten und aus Blech gefertigte Figurinen von Göttinnen wurden in Heiligtümern in Naharija, Geser und Megiddo gefunden. Weitere Funde vom Tell el-ʿAǧǧūl und einem Wohnhaus in Geser deuten an, dass dieser Typ u. a. für den Hausgebrauch hergestellt wurde. Die Statuetten und Figuren sind länglich und schmal. Sie zeigen eine schlanke, aufrechtstehende, nackte Göttin mit zum Teil deutlich betonter Scham und meist gut erkennbaren Brüsten. Die Arme hängen seitlich am Körper herunter oder sind zur Brust angewinkelt, um mit den Händen eine oder beide Brüste zu stützen. Der Gestus kann Ausdruck der Erotik wie auch der Fruchtbarkeit sein. Weibliche Gottheiten konnten auch durch Stelen und Masseben repräsentiert werden, wie Funde in Geser und Tel Kittan belegen. Die Tel Kittan-Stele wurde grob zu einer Frauengestalt zugehauen und zeigt eine deutlich erkennbare Vulva. Rollsiegel der altsyrischen Zeit (etwa 2000–1600 v. Chr.) aus Megiddo, Hazor und Tell el-Fārʿa (Nord) stellen die stehende Göttin dar, die ihr Kleid öffnet und ihren darunter nackten Körper zeigt (Abb. 2). Zwei Darstellungen zeigen ihren Partner, den Wettergott. Hier steht eindeutig die erotische Sexualität im Vordergrund. Auch menschliche Paare können in körperlicher Annäherung gezeigt werden (Keel und Uehlinger 2004, 29–32, 34–45, 51 f.).

Spätbronzezeitliche Darstellungen von Göttinnen in Kanaan

In der Spätbronzezeit (1550–1200 v. Chr.) findet im Bereich der materiell hochwertigen Metallfiguren ein Wandel statt: Die nackte Göttin wird weitgehend von Darstellungen männlicher Gottheiten mit kriegerischen Attributen abgelöst. Männliche und weibliche Gottheiten werden nur noch selten gemeinsam abgebildet und erscheinen nicht in bedeutungsvoller Interaktion. Abbildungen von Menschen konzentrieren sich auf die Darstellung von Legitimation, Kampf, Domination und Loyalität. Höfische Szenen zeigen dominante Männer; Frauen treten allenfalls in dienenden Funktionen auf oder werden gar nicht berücksichtigt. Die Zahl der Darstellungen der nackten Göttin nimmt ab. Neben die materiell wertvollen Blechfiguren treten im 16./15. Jahrhundert v. Chr. in Megiddo aus Modeln gepresste Tonfiguren, welche die nackte Göttin zeigen, die mit ihren Händen ihre Brüste hochhält (Abb. 3). Aus der Spätbronzezeit I (1550–1400 v. Chr.) sind Goldanhänger in Form einer annähernd dreieckigen, mit einer Spitze nach unten weisenden Plakette belegt. Sie zeigen oben den Kopf einer Göttin, darunter die Brüste und den Nabel sowie im unteren Eck der Plakette eine stilisierte dreieckige Vulva (Keel und Uehlinger 2004, 60–73, 108f.).

Kanaan steht in der Spätbronzezeit unter ägyptischer Vorherrschaft. Der erhebliche Einfluss der ägyptischen Religion auf die Ikonographie zeigt sich an der Göttin des Qudschu-Typs, der durch Terrakotten, Metallanhänger und Goldbleche belegt ist. Die stehend, nackt und mit Brüsten dargestellte Göttin trägt häufig die Hathorlocke, die Frisur der ägyptischen Göttin Hathor. Statt Baumzweigen hält sie Papyrus- oder Lotusstengel in den Händen. Einige Abbildungen zeigen die Göttin auf dem Rücken eines Pferdes oder Löwen stehend (Abb. 4). Das Pferd hat in der Spätbronzezeit eine kriegerische Konnotation. Die ursprünglich mit Vegetation verbundene Göttin wird so in die Sphäre des Krieges hineingezogen (Keel und Uehlinger 2004, 74–79).

Rollsiegel aus Megiddo zeigen die nackte Göttin in Verbindung mit einem Baum, der von beiden Seiten von Capriden, also ziegen- oder steinbockartigen Tieren, flankiert wird (Abb. 5). Die Darstellung weiterer Tiere, wie Hirsch, Löwe und Stier, kennzeichnet die Göttin als „Herrin der Tiere“. Eines der Siegel zeigt die Göttin mit vier Flügeln, Zeichen ihres neu auftretenden Aspektes als Himmelsgottheit. Die Darstellung eines Baumes mit flankierenden Capriden kann in der Folgezeit zum Synonym für die Göttin werden (Keel und Uehlinger 2004, 62–65).

Ein neuer Typ einer aus einem Model gepressten Tonfigur der Göttin ist durch Funde u. a. aus Revadim belegt. Sie spreizt ihre Scham mit den Fingern

Abb. 2: Eine Göttin schiebt ihr Kleid beiseite und zeigt ihre Scham; Rollsiegel; Tel Megiddo; Mittel- bis Spätbronzezeit; Ausstellungsobjekt Nr. 103, S. 183.

auf. Auf jedem Oberschenkel ist ein Baum mit einem daran aufgerichteten Capriden zu sehen. An ihren Brüsten saugen Kleinkinder (Abb. 6). *„Die Göttin vereinigt in einer Gestalt die geheimnisvollen Mächte der mütterlichen Erde, die Menschen und Tiere gebiert, nährt und gedeihen lässt.“* (Keel und Uehlinger 2004, 82). Bei der Göttin des Revadim-Typs könnte es sich um Aschera handeln. Auch ein Krug aus Lachisch könnte eine Weihegabe für Aschera gewesen sein (Keel und Uehlinger 2004, Abb. 81). Er trägt als Bemalung Bäume mit flankierenden Capriden und darüber die Inschrift *„ein Geschenk für meine Herrin Elat (oder: für meine Herrin die Göttin)“*. In zeitgenössischen Texten aus Ugarit sind „Herrin“ und „Göttin“ Epitheta für Aschera. Außerdem wird sie als „Erschafferin der Götter“ bezeichnet und gilt als Gebärerin und Nährerin. Allerdings ist die Identifikation der Göttin mit Aschera nicht unumstritten, weil die Lesart ugaritischer Texte nicht immer eindeutig ist und die Figuren, wie auch der Krug, nicht von dort stammen (Keel und Uehlinger 2004, 80, 82–85; Frevel und Niehr 2004, 48ff.).

Die 1185 v. Chr. untergegangene Stadt Ugarit liegt an der syrischen Mittelmeerküste. Die von dort stammenden Tontafeln mit Keilschrifttexten aus dem 13./12. Jahrhundert v. Chr. enthalten die einzigen, bis jetzt bekannten Mythen und Epen westsemitischer Provenienz aus der Bronzezeit sowie Listen mit Namen der verehrten Gottheiten. An der Spitze des ugaritischen Pantheons steht der Gott El. Er gilt als Vater von 70 Göttern und „Schöpfer der Schöpfung“. Seine Gattin Athirat = Aschera, „Erzeugerin der Götter“, spielt in der ugaritischen Mythologie eine untergeordnete Rolle. Die Kriegsgöttin Anat ist die Tochter des El und Schwester des ugaritischen Wetter- und Stadtgottes Ba‘al-Zaphon. Sie ist dessen Mitkämpferin und Partnerin, vielleicht auch seine Gefährtin. Die Götterlisten nennen weitere Göttinnen, darunter die ebenfalls kriegerische Astarte (Cornelius und Niehr 2004, 43–54.68; Cornelius 2008, 2–5).

Göttinnenkulte im Spiegel der hebräischen Bibel

Die Texte der hebräischen Bibel erwähnen mehrere Göttinnen, die im eisenzeitlichen Israel und Juda (1200–586 v. Chr.) bekannt waren und zum Teil kultisch verehrt wurden. Hierzu gehören die in den ugaritischen Götterlisten belegten Aschera, Anat und Astarte, außerdem die Himmelskönigin.

Abb. 3: Darstellung einer nackten Göttin, möglicherweise Astarte, die ihre Brüste präsentiert; Tonplakette; Tel Akko; Spätbronzezeit; Ausstellungsobjekt Nr. 105, S. 181.

Aschera findet breite Erwähnung, vor allem in Richter, 1. und 2. Könige sowie 2. Chronik. Der Name hat in den Texten zwei Bedeutungsebenen: als Bezeichnung für die Göttin selbst und als Bezeichnung für ein hölzernes Kultobjekt. Häufig wird der Name im zweiten Sinn verwendet. Deuteronomium 16,21 verbietet das Aufstellen der Kultpfähle neben dem Altar JHWHs, belegt dadurch aber indirekt den Kult: Die Bezeichnung des Kultobjektes würde es ohne den Glauben an die Göttin und ihren Kult nicht geben.

Abb. 5: Eine nackte Göttin steht auf dem Rücken eines Pferdes und hält Pflanzen in den Händen. Ihre Kopfform und Frisur sind angelehnt an die Darstellung der ägyptischen Göttin Hathor; Steinmodel; Tel Batash; Spätbronzezeit 14./13. Jahrhundert v. Chr.; Ausstellungsobjekt Nr. 087, S. 181.

2. Könige 21,7 berichtet von der Kultpraxis für Aschera am Jerusalemer Tempel und damit im Rahmen des offiziellen Staatskultes. Nach 2. Könige 23,4.6 soll dies erst von König Joschija von Juda (639–609 v. Chr.) unterbunden worden sein.

Anat wird in der hebräischen Bibel nur indirekt erwähnt, als theophores Element in den Ortsnamen Bet-Anat („Haus der Anat", Josea 19,38; Richter 1,33) und Anatot (eventuell „Ort der Anat", u. a. Jeremia 1,1) sowie dem Personennamen Anatot (1. Chronik 7,8). In Richter 3,31 wird außerdem Schamgar ben-Anat (der Sohn Anats) erwähnt. Anat ist kriegerisch, weshalb es sich bei ben-Anat um einen militärischen Titel oder den Namen eines Kriegergeschlechts handeln könnte (Keel und Uehlinger 2004, 144ff.; Cornelius 2008, 6).

Astarte wird in der hebräischen Bibel im Singular (1. und 2. Könige) und im Plural Astarot (Richter, 1. Samuel) genannt. 1. Samuel 31,10 erwähnt einen Tempel der Astarot, vermutlich in Beth Shean. Ihr Kult gilt den Königsbüchern als Import aus Phönizien: Sie ist die Göttin der Sidonier, die von König Salomo verehrt wird (1. Könige 11,5.33). 2. Könige 23,13 spricht von der Zerstörung ihrer Höhen durch den judäischen König Joschija.

Die Himmelskönigin wird nur in Jeremia erwähnt. Diese Bezeichnung ist ein Beiname der Göttin. Ihr eigentlicher Name wird wohl absichtlich nicht genannt, weil ihre Verehrung als Frevel gegen den Gott Israels betrachtet wird. Eine gesicherte Identifikation mit Aschera oder einer anderen Göttin ist nicht möglich. Jeremia beschreibt ihren Kult in den Städten Judas und den Straßen Jerusalems und nach der babylonischen Zerstörung der Stadt auch in den Orten des Exils in Ägypten (Jeremia 7,17; 44,17). Der Kult scheint nicht am Jerusalemer Tempel angesiedelt gewesen zu sein. Trotzdem ist er nicht auf das Volk reduziert. Jeremia 44,17 erwähnt die Teilnahme von Königen und Obersten. Dennoch verweist die Form des Kults in den Bereich der Familienfrömmigkeit. Männer und vor allem Frauen sind daran beteiligt. Kinder sammeln Holz für das Opferfeuer. Für die Himmelskönigin werden Rauch und Trankopfer dargebracht. Die Frauen backen Kuchen, die nach dem Bild der Göttin geformt sind (Jeremia 44,17.19). Ziel des Kultes ist nach Jeremia 44,17 f. die Sicherstellung von Nahrung, Gesundheit, Sicherheit und allgemei-

Abb. 4: Zwei Capriden flankieren einen Baum, der die Göttin repräsentiert; Rollsiegel; Tel Megiddo; Mittel- bis Spätbronzezeit; Ausstellungsobjekt Nr. 101, S. 182.

Abb. 6: Figurine einer Furchtbarkeitsgöttin, sog. Syrische Göttin, die in einem Segensgestus mit ihren Händen die Scham spreizt und mit ihren Brüsten Kinder ernährt; die Darstellung erinnert an den Segenspruch von 1. Buch Mose/Genesis 49,25 (Einheitsübersetzung): „El-Schaddai, er wird dich segnen […] mit Segen von Brust und Schoß“; Revadim; 13. Jahrhundert v. Chr.; Ausstellungsobjekt Nr. 006, S. 181.

nem Wohlbefinden durch die Göttin (Keel und Uehlinger 2004, 386–390; Maier 2010, 1–7; Frevel 2003, 58–62).

Auch in Hosea könnten indirekte Hinweise auf die Verehrung einer Göttin ohne Nennung eines Namens vorliegen.

> Hosea 4,12 (Elb): *„Mein Volk befragt sein Holz, und sein Stab gibt ihm Auskunft. Denn der Geist der Hurerei hat es irregeführt, und sie huren von ihrem Gott weg.“*

> Hosea 14,9 (Elb): *„Ephraim wird sagen: Was soll ich noch mit den Götzen? – Ich, ich habe ihn erhört und auf ihn geblickt. – Ich bin wie ein grüner Wacholder, nur an mir wird Frucht für dich gefunden.“*

Die Texte greifen die Motive „Holz“ und „Baum“ (Wachholder) auf, weshalb sie auf Aschera anspielen könnten, die mit einem Baumkult in Verbindung steht und in Form eines hölzernen Kultpfahls verehrt wird. Die Interpretation von Hosea 14,9 ist umstritten: JHWH ist der grüne Wacholder, der für Ephraim (also Israel) Frucht bringt. Dies könnte eine Konkurrenz zwischen Gott und Göttin andeuten: JHWH ist der wahre, fruchtbringende Baum, nicht die Aschera. Auffällig ist, dass Hosea die Göttin nicht namentlich nennt, anders als den Gott Ba'al in Hosea 2,10. Wird sie nicht mehr als Bedrohung empfunden? Hat der Kult JHWHs den der Aschera absorbiert, was sich durch die Übernahme der Baum-Metapher ausdrückt? Hosea 4,12 deutet in eine andere Richtung: Die Göttin ist gefährlich, und die Menschen lassen sich von ihr verführen, weshalb sie nicht namentlich genannt und ihre Metapher auf JHWH übertragen wird (Maier 2006, 8; Knauf 2003, 43–45; Keel und Uehlinger 2004, 223–230).

Göttinnenkulte in Israel und Juda im Spiegel der Archäologie

Die Eisenzeit I (1200–1100 v. Chr.) ist in der südlichen Levante geprägt vom Ende der ägyptischen Hegemonie und vom Niedergang der kanaanäischen Städte. Kleinstsiedlungen im Bergland entstehen, die im 11./10. Jahrhundert v. Chr. häufig wieder aufgegeben werden. Die Bevölkerung konzentriert sich in größeren Dörfern, von denen sich manche zu befestigten Städten entwickeln. In dieser Zeit entstehen Israel und Juda. Nationale Hauptgötter mit kämpferisch-kriegerischem Charakter etablieren sich: JHWH in Israel und Juda, Milkom in Ammon, Kemosch in Moab.

All dies hat Auswirkungen auf die Ikonographie der Göttin. Metallfigurinen sind weder für männliche noch für weibliche Gottheiten belegbar. Ägyptische Göttinnen wie Hathor oder ägyptisierende wie Anat verschwinden ebenso wie die Zweiggöttin und die Göttin vom Qudschu-Typ. Lediglich einfache Terrakotten der attributlosen nackten Frau existieren weiter. Der weibliche Aspekt der Fruchtbarkeit wird vor allem repräsentiert durch die Darstellung eines säugenden Muttertiers, eines Baums oder Skorpions. In der Glyptik wird die Göttin unter phönizisch-nordsyrischem Einfluss in anthropomorpher Gestalt in Begleitung von Tieren (säugenden Bovinen oder Capriden, Löwen, Tauben) oder gelegentlich auf einem Pferd reitend dargestellt. Häufig wird sie jedoch durch ihre Attributtiere oder Symbole, z.B. Baum oder Palme, substituiert. Hauskulte für die Göttin sind über Funde von Kultständern und Modellschreinen, die typische Motive der Göttinnen-Ikonographie aufgreifen, gut dokumentiert. Auch Terrakotten mit anthropomorphen Darstellungen einer Göttin sind vermutlich für den Hauskult gedacht. Diese wird meist bekleidet abgebildet. Nackte Darstellungen mit deutlich akzentuierter Scham werden seltener. Gelegentlich zeigen sie die Göttin stillend (Keel und Uehlinger 2004, 123, 141–189).

In der Eisenzeit II B (900–700 v. Chr.) ist Juda zunächst ein weitgehend isolierter Kleinstaat abseits der Handelsrouten und erlebt eine Epoche kultureller Stagnation, während Israel über ökonomische und diplomatische Kontakte zu seinen Nachbarn verfügt und zahlreiche Handelsrouten kontrolliert. Die Unterschiede wirken sich in der Ikonographie aus. In Juda beschränkt sie sich zunächst auf das Fortleben autochthoner Motive. Israel entwickelt eine größere Eigenständigkeit und ein Selbstbewusstsein bei der Beerbung ägyptischer religiöser Motive und greift gleichzeitig syrisch-kanaanäische Traditionen auf.
Funde anthropomorpher Darstellungen von Göttinnen sind rar. Aus Hazor stammt ein Salblöffel mit Abbildung des Gesichts einer Göttin, die auf Grund eines damit verbundenen Palmettenmotivs als Aschera gedeutet werden kann. Darstellungen der nackten Göttin sind in Israel und Juda nur marginal vertreten. Personennamen auf Ostraka und in Siegelinschriften – Namenssiegel sind seit Ende des 9. Jahrhunderts v. Chr. belegt – enthalten vor allem theophore Elemente mit Bezug auf JHWH. Dies könnte andeuten, dass die persönliche Frömmigkeit jahwistisch determiniert war und sich an der offiziellen Religion des Staates orientiert hat. Allerdings enthalten die vorhandenen Textquellen fast ausschließlich Männernamen (Keel und Uehlinger 2004, 199–204, 223–234).

Die Funde von Kuntillet ʿAğrūd und Khirbet el-Qom

Das Ruinenfeld Kuntillet ʿAğrūd im Nordwesten der Sinai-Halbinsel aus der 1. Hälfte des 8. Jahrhunderts v. Chr. dürfte von einer befestigten Karwanserei stammen. Funde umfassen u. a. Wandmalereien und zwei große Vorratskrüge (Pithoi) mit Strichmalereien und Beschriftungen.

Die Darstellungen auf den Pithoi bestehen aus neben- bzw. übereinandergesetzten Einzelmotiven. Möglicherweise handelt es sich um Entwürfe für die Wandbilder. Die Abbildungen greifen auf unterschiedliche Darstellungsbereiche zurück. Ein angeschirrtes Wagenpferd und ein Bogenschütze entstammen der königlichen Herrschaftsikonographie. Der aus Ägypten stammende Gott Bes ist doppelt dargestellt, hier wohl in einer Unheil abwendenden Funktion. Mit dem Bereich der Göttin verbunden ist das Motiv der säugenden Kuh und eine Komposition aus einem Lotosbaum, der auf beiden Seiten von sich daran hochstreckenden Capriden umgeben ist und über einem Löwen steht, der offensichtlich als Trägertier fungiert (Abb. 7a). Die Komposition greift auf spätbronzezeitliche Darstellungen der Göttin vom Qudschu-Typ zurück, die auf einem Löwen oder Pferd steht. Sie ersetzt die anthropomorph dargestellte Göttin durch ihr symbolisches Substitut, den Baum mit den Capriden zu beiden Seiten. Bedeutend für die Frage nach der Verehrung der Göttin sind Inschriften auf beiden Pithoi, die Segensformeln enthalten. Die Segensformel auf Pithos A lautet (Abb. 7b):

> *„Ich segne euch bei/vor JHWH von Samaria und seiner Aschera“*

Auf Pithos B sind zwei Segensformeln vermerkt:

> *„Ich segne dich bei/vor JHWH von Teman und seiner Aschera. Er möge [dich] segnen und dich behüten und mit meinem Herrn sein …“*
> *„… bei/vor JHWH von Teman und seiner Aschera … Was immer er von jemandem erbitten wird, er [JHWH] gewähre es … und JHWH gibt ihm nach seiner Absicht …“*

Eine judäische Grabinschrift in Ḫirbet el-Qōm im Westjordanland aus der 2. Hälfte des 8. Jahrhunderts v. Chr. verwendet eine ähnliche Segensformel (Abb. 8):

> *„'Urijahu, der Vornehme, hat (dies) geschrieben // Gesegnet ist 'Urijahu durch JHWH // Und von seinen Bedrängern, durch seine Aschera, hat er ihn gerettet. // Von 'Onijahu // … durch seine Aschera …// … und durch seine Aschera …"*

Die Verbindung des Gottesnamens JHWH mit einem Ortsnamen in den Texten von Kuntillet ʿAǧrūd zeigt, dass JHWH mehrere Heiligtümer besessen haben muss, wo er um seinen Segen gebeten werden kann: konkret in Samaria, der Hauptstadt des Nordreichs, und in Teman, einer Stadt im südöstlichen Negev oder in Edom. Der Bestandteil der Segensformel *„und seiner Aschera"* wirft Verständnisprobleme auf. Aschera kann einerseits als Name der Göttin, andererseits als Bezeichnung für den hölzernen Kultpfahl verwendet werden. Wenn die Göttin gemeint ist, würde sie eindeutig den Status einer Gefährtin JHWHs gehabt haben. Wenn JHWH durch den Kultpfahl wirken soll, müsste ein solcher in seinen Heiligtümern in Samaria und Teman aufgestellt gewesen sein. Außerdem hätte der Pfahl in der Kultpraxis trotz seines Namens die Göttin vollständig verdrängt haben und letztlich zu einem Teil des JHWH-Kultes geworden sein müssen (Kehl und Uehlinger 2004, 237–282; Maier 2006, 8f.; Ornan 2016).

Die judäischen Pfeilerfigurinen

Ob zu diesem frühen Zeitpunkt von einer vollständigen Absorption der Göttin in den JHWH-Kult ausgegangen werden kann, sodass sie als eigenständige Gestalt nicht mehr in Erscheinung tritt, erscheint trotz spärlicher Belege für die Göttinnenverehrung aus dem 10./9. Jahrhundert v. Chr. unwahrscheinlich.

Denn die Verehrung der Göttin ist im nahen geographischen Umfeld Judas belegt: Große Ölkrüge aus der Philister-Stadt Ekron tragen viermal die Inschrift *„qds l'srt – geweiht für Aschera"*. Hinzu kommt die weite Verbreitung der judäischen Pfeilerfigurinen aus Terrakotta im Bereich des Königsreichs Juda im Zeitraum vom 8. bis 6. Jahrhundert v. Chr. (vgl. den Artikel „Nackte Frau oder Göttin: Pfeilerfigurinen in Judäa"). Vor dem Hintergrund der biblischen Texte wie auch der Funde von Kuntillet ʿAǧrūd und Khirbet el-Qom dürfte es sich am ehesten um die Darstellung der Göttin Aschera handeln.

Abb. 7a: Der auf einem Löwen stehende und von zwei Capriden flankierte Baum als Darstellung der Göttin; Zeichnung von Pithos A; Kuntillet Ajrud; 1. Hälfte 8. Jahrhundert v. Chr.; Ausstellungsobjekt Nr. 025, S. 186.

Abb. 7b: Die säugende Kuh als Metapher für die Göttin; im oberen Bereich Inschrift für JHWH von Samaria und seine Aschera; Zeichnung von Pithos A; Kuntillet Ajrud; 1. Hälfte 8. Jahrhundert v. Chr.; Ausstellungsobjekt Nr. 025, S. 186.

Die Pfeilerfigurinen dienen als Teil des Hauskultes der Privat- und Familienfrömmigkeit. Die Verehrung Ascheras ist auch Teil des offiziellen Staatskultes am Jerusalemer Tempel. Das angeblich von König Manasse (698–642 v. Chr.) im Tempel aufgestellte Kultbild der Göttin (2. Könige 21,7) könnte analog zu den Pfeilerfigurinen die Gestalt einer Frau besessen haben. Auch der Hinweis auf Weberinnen für Gewänder der Aschera im Umfeld des Tempels in 2. Könige 23,7 steht im Einklang mit der Darstellung der Pfeilerfigurinen, die den Unterleib der Göttin rockartig bekleidet zeigen. Der staatlich geförderte Kult der Aschera im Tempel könnte erklären, warum die Pfeilerfigurinen in Juda im 7. Jahrhundert v. Chr. äußerst populär waren.

Erotische Aspekte fehlen bei den Pfeilerfigurinen nicht ganz, sind aber untergeordnet. Gesicht und nährende Brüste treten in den Vordergrund. Der versorgende Aspekt der Göttin ist dominant. Da dies auch bei der Himmelskönigin der Fall ist (Jeremia 44,17), könnte sie möglicherweise mit der Göttin der Pfeilerfigurinen und damit Aschera zu identifizieren sein. Doch weist die Himmelskönigin einen himmelsbezogenen Aspekt auf, der für Aschera nicht belegt ist. Dieser erinnert eher an die mesopotamische Göttin Ischtar, die als Königin oder Herrin des Himmels tituliert wurde. Das mesopotamische Reich Assyrien erobert 722 v. Chr. das Nordreich Israel. Unter seiner Herrschaft verbreiten sich dort Rollsiegel, die vermutlich von assyrischen Verwaltungsbeamten mitgebracht wurden. Sie zeigen u. a. mesopotamische Götter, darunter Ischtar als einzige Göttin. In der Himmelskönigin könnten die beiden ikonographischen Pole der Göttinnendarstellung in Israel und Juda im 8./7. Jahrhundert v. Chr. zusammenfließen: in der Terrakotta-Produktion die judäische Aschera-Komponente, in der Glyptik die assyrische Ischtar-Komponente. Da assyrische Siegel aber nicht in Juda gefunden wurden, kann die Verschmelzung von Aschera und Ischtar in der Himmelskönigin nicht abschließend belegt werden, zumal zu ihrer Identifikation neben Aschera auch die Göttinnen Astarte und Anat vorgeschlagen wurden (Keel und Uehlinger 2004, 369–390; Maier 2006, 1.8 f; Maier 2010, 5–7).

Die Eisenzeit II C (700–586 v. Chr.) endet mit der Zerstörung Jerusalems und des Tempels durch den babylonischen König Nebukadnezzar II. Damit verbunden ist die Beendigung der Eigenstaatlichkeit Judas und die Deportation der judäischen Elite in das babylonische Exil.

Göttinnenverehrung in nachexilischer Zeit?

Die Pfeilerfigurinen sind in nachexilischer Zeit nicht mehr nachweisbar. Ist dies aber ein Beleg dafür, dass die Verehrung von Göttinnen jetzt nicht mehr existiert? Funde von in aramäischer Sprache verfassten Papyri und Ostraka einer judäo-aramäischen Kolonie auf der südägyptischen Insel Elephantine aus dem 5. Jahrhundert v. Chr. lassen daran Zweifel hegen (vgl. den Artikel „Tempelspende und Himmelskönigin – Gött*innen im Alltagsleben: die Jüd*innen von Elephantine zur Perserzeit“). Die Gemeinde besaß einen Tempel für Jhw (vermutlich Jaho ausgesprochen; die Schreibweise des Gottesnamens in Form des Tetragramms JHWH ist in Elephantine nicht nachweisbar). In einer Liste von Tempelabgaben aus dem Jahr 419 oder 400 v. Chr. werden neben Jhw die Gottheiten Eshem-Bethel und Anat-Bethel genannt. Andere Texte erwähnen auch Anat-Jaho, die möglicherweise mit Anat-Bethel identisch ist. Offensichtlich ist in Elephantine die Göttin Anat als Gefährtin an die Seite von Jhw getreten. Das Argument, die Elephantine-Texte spiegelten nur die Situation in einer Diaspora-Gemeinde wider, ist nicht zwingend, da ausweislich der Texte Kontakte der Gemeinde

Abb. 8: Inschrift für JHWH und seine Aschera sowie Unheil abweisende Hand aus einem Grab; Replik; Ḫirbet el-Qōm; 2. Hälfte 8. Jahrhundert v. Chr.

nach Jerusalem und Samaria bestehen. Der Jerusalemer Tempel spricht sich zwar gegen den Opferkult im Jhw-Tempel von Elephantine aus. Eine Ablehnung der Verehrung einer Göttin ist den Elephantine-Texten nicht zu entnehmen (Becking 2003, 208–225; Rohrmoser 2010, 9–11). Der Vorstellung einer radikalen Ablehnung des Göttlich-Weiblichen widerspricht weiterhin, dass in Jerusalem und Samaria um 353/52 v. Chr. unter persischer Herrschaft Münzen mit dem Abbild der Göttin Athena geschlagen werden (siehe Abb. 4, S. 79).

Nachexilische Texte der hebräischen Bibel spiegeln das Ringen um den Umgang mit der Frage nach dem Göttlich-Weiblichen. Der Prophet Sacharja, der während des Neubaus des Tempels in Jerusalem ab etwa 520 v. Chr. wirkt, nimmt eine strikte Haltung ein (Sacharja 5,5-11): Eine Frau, die nach Mesopotamien verbracht werden soll, personifiziert die Gottlosigkeit bzw. Ruchlosigkeit. In diesem Bild schwingt die Ablehnung des Göttinnenkultes zumindest mit.

Andere Texte der hebräischen Bibel gehen einen anderen Weg. Sie weisen JHWH Eigenschaften und Funktionen zu, die traditionell mit Göttinnen verbunden gewesen sind: Er beschützt die Herden (Deuteronomium 7,13), ernährt die Menschen durch die Garantie von Aussaat und Ernte (1. Buch Mose/ Genesis 8,7), gebiert selbst (Deuteronomium 32,18; Jesaja 42,14), öffnet den unfruchtbaren Erzmüttern den Mutterschoß (1. Buch Mose/Genesis 29,31), wird mit einer Tiermutter verglichen (Hosea 13,8) und handelt wie eine menschliche Mutter (Jesaja 49,15). Der Schöpfungsbericht charakterisiert JHWH durch die Analogie zur Schöpfung des Menschen nach seinem Ebenbild (1. Buch Mose/Genesis 1,27) als männlich-weiblich. Wieder einen anderen Weg wählt die Weisheitsliteratur. Das Buch der Sprüche nimmt das Bild des heiligen Baumes als Symbol des geordneten Lebens auf (Sprüche 11,30; 15,4). Die weibliche Figur der Weisheit wird als Spenderin von Nahrung, Leben und Schutz geschildert (Sprüche 3,13-18; Jesus Sirach 14,26-27; 15,3). Sie übernimmt damit Eigenschaften der Baumgöttin. In diesen Texten der hebräischen Bibel verschmelzen in JHWH Gott und Göttin zur Gott-Göttin in einem (Keel und Uehlinger 2004, 451; Frevel 2004, 66–70; Maier 2006, 4 f.,10).

Literatur

Becking, Bob: Die Gottheiten der Juden in Elephantine, in: Oeming, Manfred u. a. (Hg.): Der eine Gott und die Götter. Polytheismus und Monotheismus im antiken Israel, Zürich 2003.

Cornelius, Izak; Niehr, Herbert: Götter und Kulte in Ugarit. Kultur und Religion einer nordsyrischen Stadt in der Spätbronzezeit, Mainz 2004.

Cornelius, Izak (Sakkie): Art. Anat, in: Das Wissenschaftliche Bibellexikon im Internet, 2008, URL: https://www.bibelwissenschaft.de/stichwort/13361/(18.02.2021).

Frevel, Christian: YHWH und die Göttin bei den Propheten. Eine Zwischenbilanz, in: Oeming, Manfred u. a. (Hg.): Der eine Gott und die Götter. Polytheismus und Monotheismus im antiken Israel, Zürich 2003.

Keel, Othmar; Uehlinger, Christoph: Göttinnen, Götter und Gottessymbole. Neue Erkenntnisse zur Religionsgeschichte Kanaans und Israels aufgrund bislang unerschlossener ikonographischer Quellen, 4., erw. Aufl., Freiburg 2004.

Knauf, Ernst Axel: Ist die Erste Bibel monotheisitisch?, in: Oeming, Manfred u. a. (Hg.): Der eine Gott und die Götter. Polytheismus und Monotheismus im antiken Israel, Zürich 2003.

Maier, Christl M.: Art. Göttin, in: Das Wissenschaftliche Bibellexikon im Internet, 2006, URL: https://www.bibelwissenschaft.de/stichwort/19772/ (18.02.2021).

Maier, Christl M.: Art. Himmelskönigin, in: Das Wissenschaftliche Bibellexikon im Internet, 2010, URL: https://www.bibelwissenschaft.de/stichwort/21218/ (18.02.2021).

Ornan, Tallay: Sketches and Final Works of Art: The Drawings and Wall Paintings of Kuntillet ʻAjrud Revisited, Tel Aviv Journal of the Institute of Archaeology of Tel Aviv University 43, 2016, S. 3–26, DOI: 10.1080/03344355.2016.1161374.

Rohrmoser, Angela: Art. Elephantine, in: Das Wissenschaftliche Bibellexikon im Internet, 2010, URL: https://www.bibelwissenschaft.de/stichwort/17256/ (18.02.2021).

Nackte Frau oder Göttin
Pfeilerfigurinen in Judäa

Jürgen Schefzyk

Aus der Zeit vom Ende des 8. Jahrhunderts bis 586 v. Chr. (Eisenzeit IIC) wurden in der Region Judäas zahlreiche sog. Pfeilerfigurinen (eng. *Judean Pillar Figurines*) gefunden. Die Schätzung aus offiziellen Grabungen beläuft sich auf über 1.500 Exemplare. Sowohl die Gründe für das Aufkommen dieser neuen Gattung von Figurinen als auch die für deren Verschwinden sind nach wie vor unklar und in der Forschung umstritten. In ihrem Aufbau ähneln sich die Figurinen sehr: Sie repräsentieren grundsätzlich eine Frauengestalt aus einem säulenförmigen Körper, der nach unten ausgeweitet wird und ihr die Standfestigkeit verleiht. Die Anmutung eines glatten Stoffes bis zur Hüfte verdeckt die Scham und lenkt den Blick so auf den Oberkörper, der von stark ausgeprägten Brüsten beherrscht wird, die mithilfe der angewinkelten Arme gestützt und dadurch betont werden. Der Kopf ist entweder grob mit der Hand aus der Terrakotta geformt oder wurde mithilfe eines Models (Form) hergestellt (Abb. 1).

Seit 1865 besteht durch den Fund einer Pfeilerfigurine in einem Grab in der Nähe von Bethlehem, die anschließend zum British Museum nach London gebracht wurde, ein großes Interesse an der Erforschung der Standfigurinen einer nackten Frau, die eine Vielzahl von Fragen für die Wissenschaft bis in die Gegenwart aufwirft: Wen bildet die Figurine ab, eine menschliche Figur oder eine Göttin? Betont die Darstellung einer Frau mit nacktem Oberkörper die Fruchtbarkeit oder die Erotik oder beides? Wie wurden die Figurinen hergestellt und was bedeutet es, dass sie sowohl im häuslichen Kontext als auch in der Nähe von Kultorten gefunden wurden? Warum tauchen diese Figurinen zu einem bestimmten Zeitpunkt in Judäa auf und wieso verschwinden sie nach

Abb. 1: Unterschiedliche Judäische Pfeilerfigurinen aus Jerusalem, Beer-Sheva und Tel Erani (8.–6. Jahrhundert v. Chr.).

rund 150 Jahren wieder von der Bildfläche? Wenn sie eine nackte Göttin darstellen, wie stehen sie dann zu den mit Namen benannten Göttinnen des engeren levantinischen Umfeldes, die Anat, Astarte oder Aschera genannt werden? Sind sie Ausläufer der bildlichen Darstellungen nackter Frauen auf Siegeln, flachen Figurinen und anderen Trägern der vorlaufenden Geschichte? Gibt es Textfunde, die helfen, den kultischen Umgang mit den Pfeilerfigurinen zu klären? Sind sie als Kultsymbol, Kultobjekt oder Votivgabe zu verstehen? In welchem Verhältnis stehen sie zum biblischen Gott Jahwe?

Die Quellenlage der nun 150-jährigen Forschungsgeschichte zu diesen Fragestellungen hat sich durch die Jahrzehnte deutlich verbessert. Eine Vielzahl offizieller Grabungen hat die Fundsituation verändert, die Textforschung ist differenzierter geworden und die religionsgeschichtlichen Aspekte wurden immer stärker berücksichtigt. Aussagen stützen sich neben den Figurinenfunden auf die Ikonographie der Glyptik und berücksichtigen somit Vergleiche mit den bildlichen Darstellungen auf Siegeln, Skarabäen, Amuletten oder auch Bauwerken und Inventar. So sind heute zwar längst nicht alle Fragen beantwortet, aber doch Grundlagen geklärt, und Perspektiven können verdeutlicht werden.

Herstellung

Pfeilerfigurinen sind antike Töpferwaren. Zur Produktion ist ein entsprechender Brennofen erforderlich, dessen Herstellung einen größeren Aufwand bedeutet und der deshalb nur in Töpfereien nachgewiesen werden kann (Abb. 2). Der vielfache Nachweis von Werkstätten, sehr gut erhalten z. B. in Tel Michal, zeigt, dass zumindest der Brennvorgang von Töpferwaren als Handwerk betrieben wurde, mit dessen Produkten die umliegenden Märkte bewirtschaftet wurden. Liegt die Werkstatt in einem Kultbezirk wie in Nahariya (Mittlere Bronzezeit) oder Hazor (Späte Bronzezeit), liegt die Vermutung nahe, dass auch die Anhänger des Kults zum Kundenkreis gehörten, die so Devotionalien mit nach Hause nehmen konnten.

Eine aktuelle Grabung in Tell es-Safi – wohl das biblische Gath – mit Funden aus der frühen Bronzezeit verdeutlicht, dass das Töpferhandwerk mit hoher Professionalität betrieben wurde. Darüber hinaus erlauben sie, Aussagen über das soziale Geschlecht der Handwerker*innen zu treffen. So waren in den Werkstätten der frühen Bronzezeit Männer, Frauen und auch junge Menschen beiden Geschlechts tätig. Im letzten Abschnitt des Herstellungsverfahrens drücken die Handwerker*innen ihren Fingerabdruck in die feuchte Masse. Eine aktuelle Analyse der Fingerabdrücke – in Gath auf zwei Dritteln der Ware – kann das Geschlecht genau und das Alter in einer Zeitspanne ermitteln.

Voraussetzung für die Herstellung von Figurinen und allgemein von Terrakotta ist der Besitz eines Brennofens, der zum Grundbestand einer Keramikwerkstatt gehört und über Jahre benutzt wird. Wie bei jedem Handwerk ist auch bei der Herstellung der Figurinen der Ausgangsstoff entscheidend für das Ergebnis. Der Ton wird zunächst geschlämmt und auf diese Weise gereinigt. Anschließend werden bei der Magerung mineralische oder auch organische Stoffe zugegeben, die den fetten Ton zur weiteren Verarbeitung vorbereiten. Hierbei muss durch intensives und langwieriges Zerstampfen mit den Füßen und Kneten mit den Händen die richtige Konsistenz der

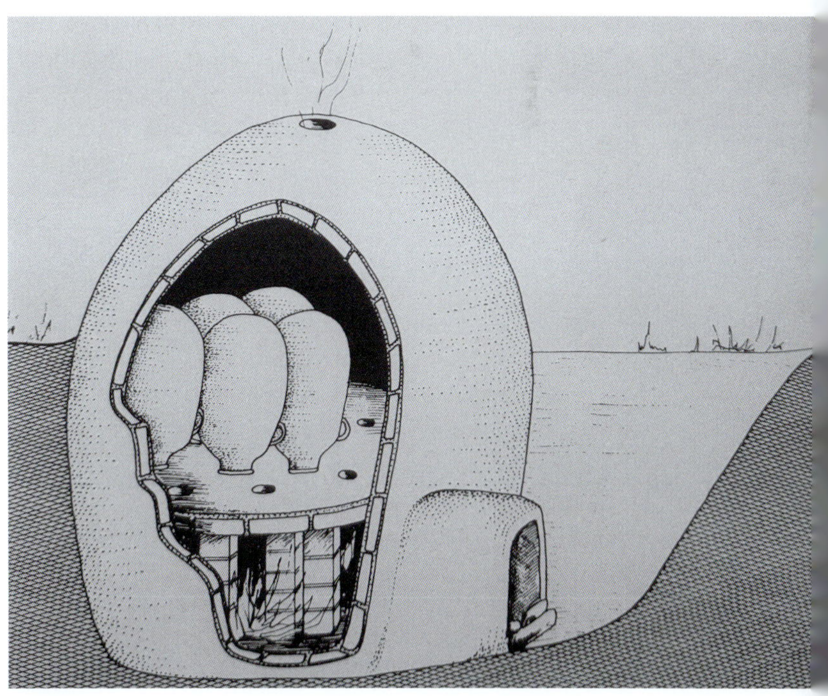

Abb. 2: Töpferofen von Tel Michal. Unter einer Zwischendecke lodert ein Feuer, das die Töpferwaren brennt.

Masse hergestellt werden, um daraus optimal und feingliedrig modellieren zu können.

Die Produktion von größeren Stückzahlen von Figurinen erfolgt in zwei getrennten Arbeitsschritten. Der Körper wird grundsätzlich mit der Hand geformt. Dazu wird eine Art Konus gedreht. Damit die Figurine eigenständig sicher steht, wird sie am unteren Rand tellerartig ausgezogen oder die Rolle einfach aufgestampft. Brüste und Arme werden anmodelliert, wobei die Arme unter der Brust platziert werden. In einfachen Varianten wird auch der Kopf mit der Hand aus einer Kugel geformt und die Nase einfach durch ein Zusammendrücken des Tons erstellt. Ein Kopf mit einer besser herausgearbeiteten Kontur wird mittels einem Model erstellt. Dafür wird zunächst ein Muster als Matrix gefertigt. Der Kopf für die Matrix und damit die Individualität der Figur wird durch die Konturen geprägt, die mit feinen spitzen Gegenständen herausgearbeitet werden. Ist die Matrix erstellt und gebrannt, kann daraus die Form produziert werden, so dass bei der Massenherstellung der Kopf nur noch in das Model gedrückt werden muss. Zum Schluss wird der Kopf auf den vorbereiteten Hals gesetzt und angeglättet. Bevor die Figurinen in dem Brennofen zur Keramik gebrannt werden können, müssen sie über einen längeren Zeitraum, der je nach Wetterlage mehrere Wochen dauern kann, getrocknet werden. Bemerkenswert ist, dass neben einer Vielzahl von Pfeilerfigurinen und auch einigen Brennöfen nur sehr wenige Formen für die Herstellung gefunden wurden und auch diese nur annähernd die prägenden Züge für den Kopf einer Figurine aufweisen.

Inwieweit die Bemalung der *Judean Pillar Figurines* verbreitet war, ist in der Forschung umstritten. In der Zeit, in der *Judean Pillar Figurines* hergestellt worden sind, ist die Polychromie nichts Unbekanntes. Seit dem Aufkommen von Keramik war es üblich, diese durch Ritzen oder durch Bemalung zu dekorieren. Farbige Göttinnen und Götter sind seit der Frühgeschichte in Ägypten, Palästina und Mesopotamien nachweisbar und auch die griechische Kultur greift später diese Tradition der bunten Götter auf. Durch die immer wieder auftretenden Wanderbewegungen, die vielfältigen Handelsbeziehungen und auch durch Umsiedlungsprozesse wie unter der Herrschaft der Assyrer wird es Aspekte einer gegenseitigen kulturellen Beeinflussung gegeben haben,

Abb. 3: Kolorierte Replik aus dem Bibel und Orient Museum, Fribourg.

ein kultureller Internationalismus, in den auch die Levante eingeschlossen ist.

Bei der Mehrzahl der Funde ist eine farbliche Gestaltung nicht mehr nachweisbar. Nur bei rund 10 % der Funde aus Judäa können Reste einer Kolorierung festgestellt werden: Ein Grundanstrich mit Bürsten- oder Pinseltechnik in Weiß und darüber liegend eine überwiegend rote und gelbe Bemalung, die auch Hals- und Armschmuck andeuten kann. Eine Kolorierung ist mit wenigen Pinselstrichen und ohne großen Aufwand in der Farbherstellung zu leisten. Das Bibel und Orient Museum Fribourg hat kleinste Farbreste einer Pfeilerfigurine, deren Provenienz unklar ist, aus der Sammlung des Museums analysiert. Auf der Basis einer Kopie der Pfeilerfigurine wurde eine farbige Gestaltung rekonstruiert (Abb. 3). Solche Maßnahmen müssen in ihrem experimentellen und aufgrund der Provenienzfrage vorläufigen Charakter bewertet werden. Auch kann keine Aussage darüber gemacht werden, wo die Bemalung stattgefunden hat, ob auf professioneller Ebene in den Werkstätten oder als individuelle kreative Gestaltung in der häuslichen Umgebung. Bei dieser Pfeilerfigurine geht das Bibel und Orient Museum von einer weißen Grundierung und einer einfachen mit roten und gelben Strichen durchgeführten Kolorierung aus.

Die Fundsituation

Von den Pfeilerfigurinen aus dem Gebiet Judäas wurden die meisten in Jerusalem gefunden, was sicher dadurch begründet werden kann, dass das ausgeprägte Interesse an der Geschichte Jerusalems zu einer überproportional hohen Zahl von Grabungen dort geführt hat. Zu den weiteren Fundstätten in Judäa mit höherer Fundzahl gehören Tel en-Nasbeh, Tel Beer Sheba, Tel Beit Mirsim, Beth Shemesh, Lachish, Gibeon und Arad. Von mindestens 20 weiteren Fundstätten sind Einzelstücke dokumentiert. Gefunden wurden die Figurinen in häuslichen Wohnräumen und Höfen, in Zisternen und Wassersystemen, Höhlen und Gräbern, Stadttoren und Warenhäusern sowie auf Straßen und Feldern. Diese weit gestreute Fundsituation, die bisher keine Funde in Tempelbezirken ausweist, deutet darauf hin, dass es sich bei den Figurinen nicht um Kultobjekte des offiziellen Kultes, sondern um Kultsymbole der privaten Frömmigkeit handelt.

Die verschiedenen Typen

Bei der Ausformung der nackten Frau lassen sich zwei Grundtypen unterscheiden, die dann wiederum weiter ausdifferenziert werden können: der von Hand modellierte und der aus der Form gepresste Kopf. Bei beiden wird der Körper grundsätzlich manuell hergestellt.

Die von Hand hergestellten *Judean Pillar Figurines* stellen eine einfache, kostengünstige Variante dar, die schnell, unkompliziert und in großer Zahl produziert werden konnten. Die Ausgangsmasse für Körper und Kopf ist ein einfacher Ton der unteren Qualitätsstufe. Trotzdem sind sie solide geformt, Körperform

Abb. 4: Der einfache Typ: ein Beispiel vom Tel Beer Sheba. Ausstellungsobjekt Nr. 022, S. 185.

und Gesichtsausdruck sind dagegen grob gestaltet mit einer simplen Erscheinungsweise. Auf dem Körper und dem Kopf können noch heute die Prägungen der Finger des Töpfers nachvollzogen werden. Die Brüste sind stark nach außen gedrückt, die Arme ähnlich entweder kleiner Würste oder in Form eines durchgehenden Bandes unter die Brüste gelegt, Hände sowie Finger fehlen in der Regel. Zwei tiefere Eindruckstellen markieren die Augen, die Nase wird einfach nach außen gedrückt. Die Größe dieses Typs liegt zwischen 10 und 16 cm (Abb. 4).

Eine zweite Variante mit einem aus der Form gepressten Kopf weist nicht nur durch den Kopf, sondern im gesamten Erscheinungsbild eine höhere Qualitätsstufe und damit sicher auch einen anderen Preis auf. Die Größe dieses Typs bewegt sich zwischen 14 und 21 cm und liegt damit mehr als 25 % über der einfachen Variante. Der Kopf wird in einem Loch auf dem Oberkörper verzapft und dann werden Hals und Nacken so nachgearbeitet, dass ein ansprechender Ausdruck entsteht. Für den Kopf wird eine Tonkugel in eine halboffene Form gepresst, die den Gesichtsausdruck mit großen Augen, oft lachendem Mund, gebogenen Augenlidern sowie dem Haar wiedergibt. Die Haartracht bildet das markanteste Merkmal zur Unterscheidung der Gesichter. Die Haare sind in Lockenform als Kurzhaarfrisur ausgeprägt und entsprechen der Haartracht judäischer Frauen in der Eisenzeit II. Die Ohren sind nicht ausgebildet. Nach dem Ausformen wird die Rückseite des Kopfes mit der Hand geglättet (Abb. 5).

Abb. 5: Der elegante Typ: ein Beispiel vom Tel Lachisch. Ausstellungsobjekt Nr. 023, S. 185.

Neben der Repräsentation einer nackten Frau sind in annähernd gleicher Stückzahl aus derselben Zeit in Judäa Figurinen mit anderen Ausformungen gefunden worden. Unter ihnen befinden sich Tier- und Vogeldarstellungen sowie Pferd und Reiterkombinationen, die in gleicher Technik und wahrscheinlich auch gleicher Kolorierungsweise erstellt und gemeinsam mit den Pfeilerfigurinen der nackten Frau gefunden wurden. Darunter befinden sich allein circa 50 Figuren einer Taube auf einer Säule. Während die nackte Frau als Symbol dem nicht offiziellen Kult zuzuordnen ist und damit in die Deutungsnähe einer Göttin gerät, ist eine solche Bestimmung bei der Tierdarstellung schwierig und eher unwahrscheinlich. Auch ihre Fundsituation deckt sich nicht mit offiziellen Kultorten. Fundsituationen im häuslichen Kontext geben keine Auskünfte darüber, wer im Haushalt diese Tier-Pfeiler-Figurinen zu welchem Zweck benutzt hat (Abb. 6).

Abb. 6: Pfeilerfigurine mit Taube vom Tel Lachish.

Die Entwicklung im Kontext der Ikonographie

Um die Darstellung von nackten Frauen in Form der *Judean Pillar Figurines* in dem abzugrenzenden Zeitraum von gut 150 Jahren während der Eisenzeit interpretieren zu können, muss zunächst das ikonographische Motiv der nackten Frau im vorlaufenden Zeitraum der mittleren und späten Bronzezeit untersucht werden. Die zur Verfügung stehende Bildgebung in Kanaan/Israel übersteigt mit den Fundobjekten der Glyptik alle weiteren Quellen. Gerade in der Frage nach der Identifikation von Aschera, Anat und Astarte übersteigt das ikonographische Material geradezu inflationär die Textquellen einschließlich der biblischen Texte. Auch bezüglich der Primärquellen sind die Antworten nicht in den biblischen

Texten, sondern in den archäologischen Funden zu suchen.

Die nackte Göttin ist ein Kennzeichen vorderasiatischer Ikonographie. Vielfältige Funde dieser Bildgestaltung befinden sich auf Rollsiegeln und Skarabäen, aber auch auf wertvollen, aus Metall gegossenen oder geschnittenen Figurinen und flachen Terrakottaprodukten, wobei die Göttin allein oder auch in Gegenwart eines Gottes dargestellt ist. Die Fundorte sind Kanaan/Israel der Mittelbronzezeit (2000–1550 v. Chr.) zuzuordnen. Die Flankierung der nackten Frau durch Zweige, die ihre Verbindung zur Vegetation darstellen, oder ihre Darstellung mit einem Partnergott wie Baal, definiert sie uneingeschränkt als Göttin. Welchen Charakter die Darstellung zum Ausdruck bringen soll und welchem Funktionsbereich die nackte Göttin zuzuordnen ist, wird durch die Haltung der Arme verdeutlicht: Sind die Arme stützend unter die Brüste geführt, so decken sie den Themenbereich der Fruchtbarkeit ab und weisen die nackte Götting als deren Schutzherrin aus. Hängen die Arme leicht angewinkelt nach unten auf dem Bauch, direkt über der Scham, so verweisen sie gerade im Gegenüber mit Baal als Götterpaar auf eine Kopulation hin und senden erotische Signale. Die partnerschaftliche Darstellung der nackten Göttin mit dem Wettergott Baal zeigt, wie Göttin und Gott auf einer Ebene stehen. Darüber hinaus betonen die *Stand-Alone*-Varianten die Eigenständigkeit und volle Funktionsverantwortung von Göttinnen. Zusammenfassend kann gesagt werden, dass in der Mittelbronzezeit keine Unterordnung der Göttinnen unter die Götter aufgrund ihrer Geschlechtlichkeit zu erkennen ist.

Dieses Verhältnis ändert sich in der Spätbronzezeit (1550–1200 v. Chr.). Die in der Ikonographie dargestellte gleichberechtigte Partnerschaft von Göttern und Göttinnen wie auch ihre gegenseitige Loyalität wandelt sich zu einem untergeordneten Verhältnis, bei dem der weibliche Part dem männlichen in einer dienenden Funktion untersteht. Der kriegerische Part wird nunmehr allein den maskulinen Göttern zugeordnet, wobei der Streitwagen zum wichtigsten Symbol aufsteigt und die Waffenhandhabung betont wird. Dieses Phänomen kommuniziert mit der Wandlung auf menschlicher Ebene. Die kriegerische Schutzfunktion wird – wahrscheinlich aufgrund der aktuellen politischen Situation – stärker betont und deshalb im männlichen Part gewichtet. Die siegreiche Heimkehr des kriegerischen Fürsten wird in einer Festdarstellung gefeiert und lässt ihn als den eigentlichen und allein notwendigen Herrscherpart, der das Überleben sichert, erscheinen. Der weiblichen Rolle bleibt nun die Bewunderung männlicher Kraft und siegreicher Stärke und deren Ausdruck durch dienende Gesten übrig, wie sie auf Elfenbeinritzungen aus einem Hortfund von Megiddo mit Material aus der Zeit von 1350 bis 1150 gezeigt wird. Diese veränderte Rollenzuweisung auf menschlicher und göttlicher Ebene wird auf kostenbaren Materialien festgehalten und auf der Herrscherebene domestiziert.

Zur gleichen Zeit (späte Bronzezeit) dominiert nördlich des Karmel bei der Produktion einfacher, flacher

Abb. 7: Durch Schenkung gelangte diese Pfeilerfigurine aus dem Antikenhandel in die Sammlung des Bibelhauses. Ihre Herkunft ist damit nicht mehr zu bestimmen; ; Ausstellungsobjekt Nr. 104, S. 185.

Terrakottafiguren für die breite Bevölkerung das Motiv nackter Göttinnen, die ihre Brüste halten. Es ist möglich, dass zwischen beiden Entwicklungen ein Zusammenhang besteht. Während auf der Ebene der politischen und wirtschaftlichen Elite in der Ikonographie die Eigenständigkeit der weiblichen Gottheit aufgegeben und diese zur dienenden Funktion für den männlichen Gottheitspart degradiert wird, erhält und verstärkt sich die eigenständige weibliche Gottheit auf der Ebene der breiten und sozial niedriger stehenden Bevölkerung. Denkbar aber nicht belegbar ist, dass es sich hierbei um ein *empowerment* einfacher Bevölkerungsschichten handelt, die mit der Unterordnung der Frau im System der Gottheiten nicht konform gingen und die über 1.000 Jahre alte Tradition der eigenständigen (*Stand-Alone*) nackten Göttin weiterführen, in dem durch verstärkte Produktion niedrigpreisiger bis hin zu simplen Figurinen breite Bevölkerungsschichten in die Lage versetzt werden, den Kult der nackten Göttin im häuslichen Bereich aufrecht zu erhalten oder wenigsten die Figurinen als traditionelles Kultsymbol zu bewahren.

Die Textbezüge und Inschriften

Religiöse Bezüge sind sowohl regional wie überregional zu bedenken. Durch Handel wie durch kriegerisch bedingte Wanderbewegungen und strategische Maßnahmen bekommt die Begegnung mit dem Neuen eine Dynamik, die zu Veränderungen und zur Bereicherung der eigenen religiösen Vorstellungen führen kann. Tauchen im Judäa des späten 8. Jahrhundert bis 586 v. Chr. Pfeilerfigurinen mit nackten Frauen auf, so zeigt die o. g. kontextuelle Betrachtung den weiten Horizont solcher Vorstellungen. Das Vorkommen an sich gibt aber noch keine Auskunft darüber, wie diese im religiösen Kontext gehandhabt wurden, zumal viele Objekte aus dem Antikenhandel stammen und ihr Kontext am Fundort damit verloren gegangen ist (Abb. 7). Hierzu sind Textquellen erforderlich, die einen Einblick in eine Art liturgischer Rituale geben.

Texte der hebräischen Bibel vermitteln, dass im Jerusalemer Tempel Jahwes eine Darstellung der Aschera, womöglich in der Form eines heiligen Baumes oder einer menschengestaltigen Darstellung, vorhanden gewesen ist (Dtn 16,21; 2 Kön 21,1.7). Dazu können auch Kultgeräte gehört haben und damit verbunden kultisches Personal (Abb. 8). Diese Situation verweist auf eine mögliche kultische Verehrung der Göttin Aschera in Jerusalem und sie wirft dadurch Fragen nach der Art der Beziehung zwischen Jahwe und Aschera auf, nach der Option einer Kultform und den damit verbundenen liturgischen Handlungen. Die immer bedeutender werdende Orthodoxie mit der Betonung des Bilderverbotes mag einer der Gründe sein, warum liturgische Handlungen im Zusammenhang mit der Aschera in biblischen Texten nicht überliefert werden und die Schriften zunehmend und radikaler werdend eine Ablehnung gegenüber der Aschera als weiblicher Göttin neben Jahwe

Abb. 8: Model des Salomonischen Tempels aus dem Bibelhaus. Die Rekonstruktion basiert auf den alttestamentlichen Texten, nicht auf archäologischen Funden.

zum Ausdruck bringen. Außerbiblische Inschriften aus dem 9. und 8. Jahrhundert v. Chr. bieten konkretere Hinweise, wenn von Jahwe und seiner Aschera gesprochen wird, die beide Segen spenden, wie z. B. in Kuntillet Agrud (siehe Lichtenecker, dieser Band S. 43). Dies betont die Wirkmächtigkeit einer Gottheit oder eines göttlichen Paares. Sie trifft aber keine Aussage zu der Frage, in welcher Form und mit welchem Inhalt der Segen als liturgische Handlung vollzogen wurde. Textliche Belege aus der Religion Ugarits geben zwar vielfältige liturgische Beispiele zur religiösen Verehrung weiblicher Gottheiten, diese Textquellen sind aber um Jahrhunderte älter, und es ist fraglich, ob sie sich in der hebräischen Bibel abbilden.

Das breite Spektrum an Deutungsmöglichkeiten

Die Festlegung auf ein einzelnes, exklusives Verständnis der Pfeilerfigurinen wird der archäologischen Fundsituation, dem Textbestand und der historischen wie geographischen Situation der Figurinen nackter Frauen nicht gerecht. Quellen suggerieren, dass sie in breiten Bevölkerungsschichten für eine häusliche Verehrung einer im Tempel in Jerusalem präsenten Göttin genutzt wurden. Biblische wie außerbiblische Texte lassen vermuten, dass Jahwe und Aschera in einem bestimmten Zeitfenster als Götterpaar verstanden wurden. Diese Konstellation stellt sich als eine Selbstverständlichkeit in der Götterwelt dar, wie sich von der über lange Zeit praktizierte ikonographischen Darstellungen im religiösen Internationalismus ablesen lässt. Da die Volksfrömmigkeit bei radikalen Veränderungen im offiziellen Kult ihre eigenen Wege geht und politisch motivierte Änderungen im Rollenverhalten von Männern und Frauen nicht automatisiert von breiten Bevölkerungsschichten umgesetzt werden, kann das massenhafte Vorkommen als *empowerment* breiter Bevölkerungsschichten gegen die Degradierung der weiblichen Rolle in der Götterwelt und ihren Ausschluss aus dem kultisch-religiösen Bereich durch die religiös-politische Elite verstanden werden. Die *Stand-Alone*-Göttin wäre dann auch eine kultische Protestfigur gegen politisch-religiöse Abwertung Jahrtausende alter selbständiger weiblicher Gottheiten, die eine wertvolle Funktion in wichtigen Bereichen menschlichen Lebens erfüllt haben, von der Fruchtbarkeit und deren Schutz bis zur Erotik. Eine Kultfigur, die in ihren simplen Ausformungen auch von der ärmeren Bevölkerungsschicht erwerbbar ist, in ihren höherwertigen Varianten aber auch in wohlhabenden Häusern ihren Platz gefunden haben wird.

Literatur

Frevel, Christian: Eisenzeitliche Kultständer als Medien in Israel/Palästina, in: Lehr- und Forschungszentrum für die antiken Kulturen des Mittelmeerraumes (Hg.): Medien in der Antike. Kommunikative Qualität und normative Wirkung, ZAKMIRA 1, Köln 2003, S. 147–201.

Keel, Othmar; Uehlinger, Christoph: Götter, Göttinnen und Gottessymbole (QD 134), 5. Aufl., Freiburg 2001.

Keel, Othmar: Gott weiblich, Gütersloh 2008.

Kletter, Raz: The Judean Pillar-Figurines and the Archaeology of Asherah, Oxford 1996.

Maier, Christl M.: Art. Göttin, in: Das Wissenschaftliche Bibellexikon im Internet, 2006, URL: https://www.bibelwissenschaft.de/stichwort/19772/ (01.03.2021).

Götzendienst als Hurerei!?
Gender-Polemik in der hebräischen Bibel

Melanie Köhlmoos

In der Hebräischen Bibel wird rund hundertmal ein Sachverhalt erwähnt, den man am besten mit „sexuelles Fehlverhalten" übersetzt. Der hebräische Wortstamm lautet *zānāh*. Damit sind weder bestimmte Sexualpraktiken gemeint noch gleichgeschlechtliche Sexualität oder Inzest. Vielmehr zielt *zānāh* auf eine sexuelle Betätigung, die sich außerhalb der Ehe abspielt. Vom Ehebruch unterscheidet sich *zānāh* jedoch dadurch, dass es keinen Straftatbestand darstellt und außerdem regelhaft durchgeführt wird. Soweit die etwas umständliche sprachwissenschaftliche Annäherung. Die Wörterbücher und deutschen Bibelausgaben übersetzen *zānāh* teils mit „huren", teils mit „Unzucht treiben" und einigen weiteren Begriffen. Tatsächlich ist die genaue Übersetzung nicht immer ganz trennscharf durchzuführen: *zānāh* bezeichnet je nach Kontext Unzucht, Schamlosigkeit, Ausschweifung, Promiskuität, Prostitution und – Götzendienst. Eine nach wie vor umstrittene Frage der Bibelwissenschaft ist, wie sich ein bestimmtes Sexualverhalten zum Götzendienst verhält.

Abb. 1: Rahab ist eine Bewohnerin Jerichos und gilt als Heldin in der hebräischen Bibel, da sie zwei Israeliten bei der Flucht über die Stadtmauern von Jericho hilft. Es heißt, sie sei eine „Hure" (Josua 2,6). Im Neuen Testament gilt Rahab ausdrücklich als Vorfahrin des Jesus von Nazaret (Matthäus 1,5).

Sexualnormen im Alten Israel

Die vorherrschende Übersetzung des hebräischen Begriffs *zānāh* lautet „huren"; das Substantiv *zônāh* wird in der Luther- und der Zürcher Bibel mit „Hure" übersetzt, in der Einheitsübersetzung meist mit „Dirne". Es wird somit eindeutig ein Bezug zur Prostitution hergestellt. Ist also alles, was als *zānāh* bezeichnet wird, auch immer Prostitution?

Im Alten Israel gab es zweifelsfrei Prostituierte. Erwähnt werden Rahab (Josua 2,6, Abb. 1), die Mutter Jephthas (Richter 11,1), die Partnerin Simsons in Gaza (Richter 16,1) und die beiden Frauen vor König Salomo (1. Könige 3,16). Hinzu kommen namenlose Prostituierte in 1. Könige 22,39; Sprüche 6,26; 7,10; 23,27; 29,3 und Josua 4,3. Judas Schwiegertochter Tamar verkleidet sich als Prostituierte und schläft unter diesem Vorwand mit ihm (1. Buch Mose/Genesis 38). An diesen Stellen bezeichnet *zānāh* eindeutig die berufs- bzw. gewerbsmäßige Prostitution: Eine Frau hat mit Männern sexuellen Verkehr und wird dafür bezahlt. Alle genannten Prostituierten der Hebräischen Bibel sind Frauen, von männlicher Prostitution ist nicht die Rede. Es ist bemerkenswert, dass an sämtlichen Stellen kein erkennbares moralisches oder gar rechtliches Urteil über diese Frauen gefällt wird. Eine Diskriminierung von Prostituierten aufgrund ihres Berufs scheint an keiner Stelle durch. Besonders aufschlussreich ist hier: *„Denn eine Hure kostet nicht mehr als einen Laib Brot, die Frau eines anderen Mannes aber trachtet nach dem kostbaren Leben“* (Sprüche 6,26) – demzufolge ist eine Ehebrecherin viel schlimmer als eine Prostituierte. Allerdings weiß Sprüche 29,3 auch, dass der gewohnheitsmäßige Besuch bei Prostituierten einen Mann um sein Vermögen bringen kann. Die Texte, die sich mit realer Prostitution befassen, sehen das Problem eher auf Seiten der Kunden oder in den juristisch relevanten Konsequenzen: Die angebliche Prostituierte Tamar muss mit ihrem Kunden Juda – der in Wirklichkeit ihr Schwiegervater ist – ein Pfand aushandeln, das als Garantie für ihren Lohn gelten kann (1. Buch Mose/Genesis 38,16–21, Abb. 2). Das heißt, Prostitution hat keine geregelten Tarife, und anscheinend muss die Prostituierte befürchten, um ihren Lohn – und damit ihren Lebensunterhalt – geprellt zu werden. Nach dem Tod von Jephthas Vater ergibt sich das Problem, ob Jephtha, dessen Mutter eine Prostituierte war, erbberechtigt ist (Richter 11,1–3). Immerhin stellt sich die Frage überhaupt – d.h. der Sohn einer Prostituierten ist anscheinend nicht automatisch illegitim.

Auf der anderen Seite gibt es durchaus Vorbehalte im Zusammenhang mit der Prostitution: Das 3. Buch Mose/Levitikus 19,19 verbietet allen israelitischen Vätern, dass sich ihre Töchter prostituieren. Priester dürfen keine Prostituierten zur Frau nehmen (3. Buch Mose/Levitikus 21,7.14 – das Eheverbot nennt auch Vergewaltigte, Verstoßene und Geschiedene), und eine Priestertochter, die sich prostituiert, unterliegt der Todesstrafe (3. Buch Mose/Levitikus21,9). Männer, die mit Prostituierten verkehren, geben ihren Töchtern und Schwiegertöchtern einen Anlass, ihren Männern untreu zu werden (Hosea 4); und schließlich taugt Geld, das durch Prostitution erwirtschaftet wurde, nicht zur Abgabe am Tempel (5. Buch Mose/Deuteronomium 23,19). Es lässt sich also sagen, dass die Prostituierte an sich allenfalls unterschwellig mit Missbilligung behandelt wurde und diejenigen, die sich als Zuhälter betätigten, offen verurteilt wurden.

Abb. 2: „Juda und Tamar“ (1840) von Horace Vernet. Mit einer List kommt Tamar zu ihrem Recht. Allerdings muss sie sich dazu als Hure verkleiden, um ihren Schwiegervater Juda zu täuschen (1. Buch Mose/Genesis 38,15–18). Im Neuen Testament sind in der Liste von 60 Vorfahr*innen des Jesus von Nazaret nur vier Frauen genannt. Tamar ist eine von ihnen (Matthäus 1,3). Horace Vernet stellt Tamar als Verführerin dar: mit Gesichtsschleier, aber offenem Busen.

Die Wertung des Kunden ist unterschiedlich: Während Jephthas Vater neutral behandelt wird, scheint Juda dadurch entschuldigt zu sein, dass er Witwer ist.

Wie wird man Prostituierte in den Königreichen Israel und Juda? Wir wissen es nicht. Sehr wahrscheinlich ist es ein Gewerbe für Frauen, die keinerlei familiäre

Unterstützung haben und aus dem sozialen Netz Israels herausfallen. Wie das 1. Buch Mose/Genesis 38 zeigt, arbeiten Prostituierte auf eigene Rechnung und auf eigene Gefahr. Dass die beiden Frauen von König Salomo (1. Könige 3) zusammen wohnen, kann eine Art Bordellbetrieb andeuten, vielleicht aber auch nur ein Zusammenleben zu gegenseitigem Schutz und Nutzen. Allem Anschein nach ist es eine Art von Notmaßnahme von Frauen, die sonst völlig unversorgt sind. Es scheint, dass dies im Alten Israel geduldet oder sogar akzeptiert wurde, wenn auch um den Preis, dass eine Prostituierte niemanden hat, der sie rechtlich vertritt oder vor Misshandlung schützt.

Verbot der Zuhälterei

Wie schon angedeutet, ist nicht die Prostitution problematisch, sondern die Zuhälterei bzw. der Sachverhalt, dass andere vom Lohn der Prostituierten leben. Wenn eine Frau mit mehreren Männern Verkehr hat, verletzt der jeweils nächste die Intimsphäre des Vorherigen auf gesellschaftlich unzulässige Weise – das biblische Hebräisch nennt das *„die Blöße eines Mannes aufdecken"*. Es handelt sich um ein schweres gesellschaftliches Tabu. Darunter fällt, Männer oder Frauen nackt zu betrachten (vgl. 1. Buch Mose/Genesis 9,20–29; siehe Abb. 3), wie auch der Verkehr bzw. die Ehe mit näheren und ferneren Verwandten (3. Buch Mose/Levitikus 18). Wer sich als Zuhälter betätigt, lässt daher zu, dass dieses Tabu ständig verletzt wird und damit – nach altorientalischem Denken – dieser Tabubruch die Gesellschaft vergiftet. Dies wird durch Zuhälterei gefördert. Demzufolge dürften, zumindest in der Theorie, Prostituierte auch nur einen eher kleinen Kundenkreis gehabt haben. Da der Durchschnittsmann im Alten Israel in der Regel mindestens eine Ehefrau hatte, bestand für ihn keine Notwendigkeit zu einer Prostituierten zu gehen. Daher kommen eigentlich nur Witwer, Reisende und Fremde dafür in Frage. Nimmt man die Warnungen des Sprüchebuchs hinzu, gehören auch junge, unverheiratete Männer zum Kundenkreis von Prostituierten.

Gender Bias: geschlechtsbezogene Verzerrung

Von den rund hundert Belegstellen für den Begriff *zānāh* befassen sich 20 mit realer Prostitution. An

Abb. 3: „Die Trunkenheit Noahs" (1515) von Giovanni Bellini (1437–1516). Nach altem Recht galt das Zeigen und das Betrachten von Nacktheit als „Unzucht". Nach der Sintflut betrinkt sich Noah und wird von seinen Söhnen Sem, Ham, Japhet nackt aufgefunden (1. Buch Mose/Genesis 9,20–29).

fünf weiteren Stellen muss *zānāh* mit „Schamlosigkeit“ oder „Unzucht“ übersetzt werden. Aufschlussreich ist das 5. Buch Mose/Deuteronomium 22: Wird eine Braut von ihrem Bräutigam angeklagt, vorehelichen Verkehr gehabt zu haben, muss der Fall untersucht werden, und die Brauteltern müssen den Nachweis führen. Stellt sich die Anschuldigung als wahr heraus, unterliegt die Frau der Todesstrafe durch öffentliche Steinigung, *„weil sie eine Schandtat in Israel begangen und im Haus ihres Vaters Unzucht getrieben hat“* (5. Buch Mose/Deuteronomium 22,21, Zürcher Bibel). Die junge Frau hat sich nicht prostituiert, sondern lediglich mit einem anderen jungen Mann Verkehr gehabt. Hier geht es nur in zweiter Linie um den Sex an sich. Vielmehr hat sich die Frau, durch ihr Verhalten, der Autorität ihrer Eltern widersetzt, indem sie, autonom und außerhalb einer Ehe, über ihre Sexualität entschieden hat. Dies ist das Vergehen, das man mit *„Schamlosigkeit“* bzw. *„Unzucht“* übersetzen sollte und für das die Täterin bestraft werden soll. Auch im 1. Buch Mose/Genesis 38,24 ist von *„Unzucht“* bzw. *„Schamlosigkeit“* die Rede. Möglicherweise muss man auch das 3. Buch Mose/Levitikus 19,29; 21,9 so verstehen – hier sind die Grenzen fließend. In diesen Fällen ist tatsächlich ein Gender-Bias zu verzeichnen: Anders als die Prostituierte macht sich die Frau in diesen Texten schuldig und wird bestraft. Obwohl ihre Eltern zumindest nachlässig waren, haben sie nur die öffentliche Demütigung zu erdulden, und vom Partner der Frau ist gar nicht die Rede. Männliches Sexualverhalten wird niemals als Unzucht oder Schamlosigkeit behandelt. Selbst vom Vergewaltiger der Jakobstochter Dina wird gesagt: *„Sie aber sagten: Soll man unsere Schwester wie eine Hure behandeln dürfen?“* (1. Buch Mose/Genesis 34,31, Zürcher Bibel) Also: Eine Frau, die außerehelichen Sex hat, ist ein Teil des „Bösen“ in Israel; es sei denn, sie ist eine Prostituierte. Nach altisraelitischer Vorstellung ist die Frau kein rechtlich selbständiges Wesen, deswegen verfügen Männer über sie, soweit es ihren sozialen und rechtlichen Status betrifft. Widersetzt sich eine Frau dieser Verfügungsgewalt – als Ehefrau, als Tochter oder als Schwester –, dann wird sie dafür bestraft. Es wird jedoch bereits an dem 5. Buch Mose/Deuteronomium 22 deutlich, dass Eltern dafür verantwortlich sind, ihre Töchter zur Befolgung gesellschaftlicher Normen und Werte anzuleiten. Hosea 4 wird noch deutlicher: Wenn Väter/Schwiegerväter Ehebruch begehen und/oder Prostituierte besuchen, dann geben sie ihren Töchtern und Schwiegertöchtern einen Anlass, sich ebenfalls schamlos zu verhalten. Dieses Verhalten der Männer zieht nach dem Buch Hosea zufolge JHWHs Zorn auf sich, d. h. auch männliche Unzucht bleibt nicht folgenlos.

Abb. 4: „Sermon Hoseas“ aus einem Gemälde-Zyklus zur Bibel (1681) von der Empore der Katharinenkirche in Frankfurt am Main. Der Prophet Hosea hat mit der „Hure“ Gomer drei Kinder (Hosea 1–2). Die Beziehung zwischen Hosea und Gomer steht im Hosea-Buch für das Verhältnis Gottes zum Volk Israel. Am Ende siegt die Liebe Gottes. Im Bild trägt der „Prophet“ die Gesichtszüge des Frankfurter Pfarrers und Kirchenvaters Philipp Jakob Spener. Im Bildvordergrund Gomer als Ehefrau mit Haube und die Kinder.

Götzendienst als „Hurerei“ in der Hebräischen Bibel

Ca. 27 Mal in der Hebräischen Bibel bedeutet *zānāh* eindeutig „Götzendienst treiben“. Der Standardausdruck dafür ist „hinter anderen Göttern herhuren“, d. h. das Verhältnis der Angesprochenen zu JHWH ist als ein besonders schwerer Treuebruch gefasst: Schamlosigkeit, Unzucht oder Prostitution. Hier fällt auf, dass die Subjekte dieses Verhaltens, ebenso wie die Gottheiten, denen sie folgen, grammatisch maskulin sind. Sprachlich betrachtet sind es also Männer, die mit männlichen Gottheiten verkehren. Frauen begegnen einem in diesem Kontext meist auf eigenartige Weise. In Jesaja 1,21; Jeremia 2; Ezechiel 16 wird Jerusalem als Frau angesprochen, die zur Hure geworden ist. In Jeremia 3; Ezechiel 23 sind es Israel, Juda und Jerusalem. In Hosea 1–3 schließlich soll der Prophet Hosea eine Hure heiraten, um das Verhältnis Israels zu JHWH abzubilden (Abb. 4). Vor allem aus Texten wie Jeremia 3,9 („*Und so führte ihr lärmendes Huren dazu, dass sie das Land entweihte; und mit Stein und Holz trieb sie Ehebruch*“ – Zürcher Bibel) wurde schon in der traditionellen Exegese abgeleitet, dass die kultische Verehrung der kanaanäischen Gottheiten Baal und Astarte (oder Aschera) mit Sexualriten einherging. Die Annahme wurde zusätzlich mit einem Abschnitt aus Herodots Historien belegt (Herodot, Historien. I, 199, Abb. 5), nach dem jede babylonische Frau einmal in ihrem Leben im Tempel der „Aphrodite“ gegen Bezahlung mit einem Fremden schlafen muss. Der Mann deklariert dies als Dienst an der Göttin, der Erlös kommt dem Tempel zugute. Auch Strabo und Lukian haben ähnliche Berichte überliefert. Lukian hat dabei die Variante, dass die Phönizier ihre heiratsfähigen Töchter einmal am Tempel der „Aphrodite“ mit fremden Männern schlafen lassen.

Abb. 5: Büste des griechischen Historikers Herodot (484–425 v. Chr.), 2. Jahrhundert n. Chr., römische Kopie nach einem griechischen Original, Museum der Antiken Agora, Athen. Herodot hat die Auffassung verbreitet, dass im Orient „Tempelprostitution“ üblich war.

Tempel-Prostitution: eine antike und moderne Fiktion

Im späten 19. Jahrhundert bekam diese Hypothese eine enorme Stützkraft von religionswissenschaftlicher und archäologischer Seite. Der Religionswissenschaftler James Frazer (1854–1941) versammelte in seinem Grundlagenwerk „Der Goldene Zweig“ (1906–1915) unter der Überschrift „*Sacred Prostitution*“ („sakrale“ oder „kultische“ Prostitution) sowohl antike Quellen als auch völkerkundliche Beschreibungen religiös-kultischer Sexualität aller späteren Zeiten und ferneren Regionen. Seine Schlussfolgerung lautete, dass Sexualität im kultischen oder sakralen Raum der Sicherung des Lebens und der Fruchtbarkeit der Kultgemeinde dienen sollte. Eine Variante davon ist die „*Sacred Marriage*“ („Heilige Hochzeit“). Hierbei vollziehen zwei Menschen die Vereinigung von Gottheiten bzw. von Gottheit und Mensch öffentlich nach, um die Fruchtbarkeit für das Land heraufzubeschwören.

Frazers Hypothese war äußerst erfolgreich und wird auch heute noch vielfach rezipiert. Für die Bibelwissenschaften bekam sie auf archäologischem Weg eine Stütze, als seit der Mitte des 19. Jahrhunderts vielfach bildliche Darstellungen nackter oder sich entschleiernder Göttinnen gefunden wurden und daneben – aber in viel geringerem Umfang – auch Bildwerke, die Sexualverkehr zeigen. Unter Bezugnahme auf Frazer und die Ikonographie galt für die Bibelwissenschaft bis in die 1980/90er Jahre unhinterfragt das Paradigma, dass die Israeliten vor und neben der Verehrung JHWHs eine sexualisierte Verehrung der Gottheiten Baal und Astarte sowie weiterer phönizischer und assyrisch-babylonischer Gottheiten ausübten. Der Standardkommentar zum Buch Hosea von Hans Walter Wolff (1961) hält fest, dass die Hure, die Hosea heiraten soll, ein ganz normales israelitisches Mädchen war, sich aber dem kanaanäischen Deflorationsritus unterzogen hätte und somit in den Augen eines JHWH-Verehrers als Hure oder zumindest als unzüchtig zu gelten hätte. An anderen Stellen wurde der Ritus der „Heiligen Hochzeit" gefunden, für dessen Liturgie zuletzt von Hartmut Schmökel (1956) das Hohelied in Dienst genommen wurde. Überblicksdarstellungen gingen aufgrund der biblischen Texte ganz selbstverständlich davon aus, dass an judäischen und israelitischen Heiligtümern regelhaft Frauen für religiös konnotierten Sex zur Verfügung standen. Auch in die Literatur hat diese Annahme Eingang gefunden; sie findet sich sowohl in James A. Micheners „Die Quelle" (1965) als auch in Christa Wolffs „Kassandra" (1983). Auffallenderweise wird dabei seit Herodot vor allem gegen die weiblichen Teilnehmer dieser Riten der Vorwurf der „Prostitution" bzw. der Unzucht erhoben. Sowohl weibliche Kultbedienstete, die Sexualriten durchführen, als auch Frauen, die wie bei Herodot und Lukian als Teilnehmerinnen einen religiös konnotierten Sexualakt durchführen, werden pauschal als „Tempelhuren" bezeichnet. Über die männlichen Beteiligten fällt kein Wort, und die Frage, ob auch Männer mit anderen Männern kultisch-sexuell verkehrten, wird in der Regel nicht diskutiert. Die Annahme kultischer Prostitution in der Welt der Hebräischen Bibel ist also mit einem merklichen Gender Bias versehen.

Im Zuge gendersensibler Forschung seit den 1980er Jahren ist dieser Hypothesenkomplex von mehreren Seiten aus in Frage gestellt worden. Erstens gelten die antiken Quellen wie Herodot und Lukian inzwischen nicht mehr als verlässlich. Zweitens ist der Zusammenhang zwischen Religion und Sexualität viel zu komplex, als dass er mit dem simplen Verweis auf „Fruchtbarkeit" pauschal erfasst werden könnte. Drittens ist der Begriff der „Prostitution" in diesem Zusammenhang nicht zulässig, insofern Prostitution ein ökonomischer Begriff ist. Vor allem Christiane Stark hat in ihrem Standardwerk zum Thema herausgearbeitet, dass die Annahme „kultischer Prostitution" für den Alten Orient im Gefolge Frazers sehr stark von den Denkformen des späten 19. Jahrhunderts geprägt ist, sowohl im Hinblick auf Sexualität als auch auf Geschlechterrollen, auf nicht-europäische Kulturen – hier vor allem der „Orient" – und schließlich auch auf vor-biblische Religionen.

Machtanspruch und sexualisierte Polemik

Dies entlastet die Bibelwissenschaft indes nicht davon zu fragen, warum und wozu der Begriff der Hurerei bzw. Unzucht oder Schamlosigkeit in der Hebräischen Bibel in Zusammenhang mit dem Götzendienst gebracht wird. Es dürfte deutlich sein, dass die im ersten Abschnitt genannten Texte nichts mit Sexualität im engeren religiös-kultischen Kontext zu tun haben. Hier geht es um Fragen der Moral, des Rechts und des sozialen Gefüges. Wenn die Annahme der kultischen Sexualität wegfällt, stellt sich die Frage, bei welchen Texten man ansetzen soll, um die Verbindung von Sexualität und Götzendienst klären zu können. Hier hilft die hebräische Sprache weiter. Im Hebräischen tragen Länder und Städte das feminine Genus, d. h. Israel, Juda, Jerusalem und Samaria sind grammatisch weiblich. Wenn also wie bei Jeremia und Ezechiel gesagt wird, dass diese Länder oder Städte sich „hurerisch" verhalten hätten, liegt metaphorische Sprache vor.

Loyalität und Untreue

Das heißt, dass das Verhältnis zwischen JHWH und dem Land/der Stadt in einer Weise imaginiert oder inszeniert wird, die mit dem sexuellen Verhältnis zwischen einem Mann und einer Frau vergleichbar ist. Tatsächlich ist Jesaja 1,21 hier noch am ehesten aufschlussreich, denn dieser Vers gibt den Horizont der Interpretation vor: *„Wie ist sie zur Hure geworden, die treue Stadt, die erfüllt war von Recht; Gerechtigkeit war da in der Nacht, und nun Mörder!"* (Zürcher Bibel). Das Wesen einer Hure ist demnach Untreue. Damit geht es in den entsprechenden Texten überhaupt nicht um Prostitution, sondern darum, dass das exklusive Verhältnis zwischen JHWH und seiner Partnerin von dieser regelhaft und vielfach gebrochen wird. Insofern sollte man die entsprechenden Texte nicht mit „Hurerei", sondern mit „Untreue", „Unzucht" oder „Schamlosigkeit" wiedergeben. Die der Untreue Bezichtigten verhalten sich wie eine Person in 5. Buch Mose/Deuteronomium 22, die ihre(n) Sexualpartner selbst wählt und die Autorität ihres Vaters oder (künftigen) Ehemanns missachtet. Vor allem in Hosea 1–3; Jeremia 3; Ezechiel 16; 23 liegt eine doppelte Metaphorik vor. Erstens wird JHWH als Mann imaginiert und Juda/Israel/Jerusalem/Samaria als Frau. Zweitens wird das Verhältnis zwischen JHWH und seiner Partnerin in den Formen der exklusiven Partnerschaft vorgestellt, die keine Untreue zulässt: Elternschaft und Ehe. Bei Hosea und in Ezechiel 16 wird vor allem über das Verhältnis JHWHs zu Israel zwischen Vaterschaft und Ehe geschrieben, bei Jeremia und in Ezechiel 23 steht die Ehe im Vordergrund.

Es ist vielfach gezeigt worden, dass die Wurzel dieser metaphorischen Sprechweise in politischen Verhältnissen zu suchen ist. Die assyrischen und babylonischen Eroberer Israels und Judas seit dem 8. Jahrhundert v. Chr. verwendeten in ihren Loyalitätsverträgen mit den Eroberten die Begriffe „Liebe" und „Treue", um die geforderte Loyalität zu umschreiben. Im Alten Orient bedeutet die Anerkennung einer politischen Herrschaft auch immer die Anerkennung der Gottheiten, die diese Herrschaft begründen. Die Assyrer und Babylonier fordern also Treue gegenüber Assur oder Marduk – und dies steht der Treue, die JHWH fordert, diametral entgegen. In den Staatsverträgen und auch im Deuteronomium, das diese Theologie biblisch umsetzt, ist diese Liebe völlig asexuell. Es sind erst Hosea, Jeremia und Ezechiel, von denen diese Sprache politischer Theologie sexualisiert wird. Das heißt, auch vor dem historischen Hintergrund der assyrischen und babylonischen Zeit geht es um Israels Treue oder Untreue, nicht um die damit verbundenen Sexualriten. Jeremia 3,20 macht dies unmissverständlich deutlich: *„Wahrlich, wie eine Frau ihrem Freund die Treue bricht, so habt ihr mir die Treue gebrochen, Haus Israel! Spruch des HERRN"* (Zürcher Bibel).

Es ist im Grunde vor allem der Prophet Ezechiel, und darin nur die Kapitel 16 und 23, die eine direkte Verbindung zwischen Götzendienst und weiblicher Prostitution herstellen. Nur hier wird detailliert und drastisch geschildert, wie die Frau um eines materiellen Vorteils willen wahllos und hemmungslos mit sexuell attraktiven Männern Verkehr hat. Indes wird auch hier keine bestimmte religiöse Praxis erwähnt. Es sind Text-Bilder, die auf die eindringlichste Weise schildern, dass und wie Israel die Treue zu JHWH gebrochen hat.

„Hurerei" als polemische Metapher

Die Rede von Götzendienst als „Hurerei" in einigen Texten der Hebräischen Bibel hat vermutlich nichts mit konkreten religiös-kultischen Vorgängen zu tun. Vielmehr handelt es sich um theologische Metaphern, die JHWHs Liebe und Israels Untreue mög-

Abb. 6: „Die Hure Babylon" von Lucas Cranach (Septembertestament 1522). In der „Offenbarung des Johannes" im Neuen Testament ist die Personifikation des Bösen eine Frau auf einem siebenköpfigen Monster – sie wird die „Hure Babylon" genannt (Offenbarung 17). Außerdem gilt sie als Personifikation des Kaisers in Rom und wurde zur Zeit Luthers als Karikatur von Kaiser und Papst genutzt.

lichst eindringlich verdeutlichen wollen. Am Beispiel der hemmungslosen Frau Jerusalem, die sich jedem an den Hals wirft, der ein wenig Luxus verspricht, wird die ganze Ungeheuerlichkeit des Treuebruchs deutlich, den Israel als Volk begangen hat.

Gerade wenn es keinen realen Hintergrund dieser Metaphorik im Sinne von Sexualriten gibt, wecken diese Texte Unbehagen. Zum einen werden Geschlechterrollen festgeschrieben, die sich immer wieder schwer aufbrechen lassen: Hier der bedingungslos treue, liebende Ehemann, dort die notorisch lüsterne Ehefrau, die sich nicht mit einem Mann zufriedengibt. Inwieweit diese Bilder realistisch sind, lässt sich mit Recht fragen. Angesichts der patriarchalen Gesellschaftsstruktur des Alten Israel sind Frauen, die sich wie in Ezechiel oder Hosea beschrieben aufführen, eher schwer vorstellbar. Insofern handelt es sich um Gender-Polemik, die auch theologisch zu kritisieren ist. Ferner werden diese Geschlechterrollen religiös in einer Weise inszeniert, die nicht leicht zu ertragen ist: JHWH/Gott ist exklusiv männlich gedacht und hat in dieser Rolle den Anspruch auf unbedingte Treue und auch das Gewaltmonopol bei Treuebruch. Menschen dagegen sind exklusiv weiblich gedacht und als solche ebenso schwach wie verführbar. Lassen sich diese Bilder in irgendeiner Weise aufbrechen, so dass das Gottesbild Raum gibt für Beziehungen jenseits der Geschlechterpolarität?

Politische Travestie in der Bibel

Tatsächlich ist es gerade die metaphorische Redeweise, die hier ebenso verderblich wie hilfreich sein kann. Die Götzendienst-als-Unzucht-Metapher stellt Untreue und Schamlosigkeit als Frauensache dar. Angesprochen sind mit diesen Texten aber auch und vielleicht überwiegend Männer als Hörer/Leser dieser Texte. Sie sind Jerusalem, sie sind Israel. Das heißt, zumindest in der Ursprungssituation der Texte sind Männer gezwungen, sich in die Rolle einer Frau zu versetzen, die geliebt und beschenkt wird, aber sich davon abwendet. Es findet eine Art von Travestie statt, bei der Männer in eine Frauenrolle gedrängt werden, die vor allem bei Ezechiel mit extremen Bilden von Sexualität und Gewalt arbeitet. Das Bild als Bild bricht paradoxerweise die einseitigen Geschlechterrollen auf, von denen es lebt.

Literatur

Bird, Phyllis A.: To Play the Harlot. An Inquiry into an Old Testament Metaphor, in: Day, Peggy L. (Hg.): Gender and Difference in Ancient Israel, Minneapolis 1989, S. 75–94.

Jost, Renate: Von „Huren und Heiligen". Ein sozialgeschichtlicher Beitrag, in: Jahnow, Hedwig u. a. (Hg.): Feministische Hermeneutik und Erstes Testament, Stuttgart 1994, S. 126–137.

Jost, Renate: Art. Hure/Hurerei (AT), in: Das Wissenschaftliche Bibellexikon im Internet, 2007, URL: https://www.bibelwissenschaft.de/stichwort/21670/ (24.02.2021).

Köhlmoos, Melanie: Töchter meines Volkes. Israel und das Problem der Prostitution in exilischer und nachexilischer Zeit, in: Hartenstein, Friedhelm; Pietsch, Michael (Hg.): Sieben Augen auf einem Stein. Festschrift Ina Willi-Plein, Neukirchen-Vluyn 2007, S. 213–228.

Köhlmoos, Melanie: „Was bleibt ihr denn übrig?" Krieg und Prostitution im Alten Testament, in: Pistor-Hatam, Anja; Richter, Antje (Hg.): Bettler, Prostituierte, Paria: Randgruppen in asiatischen Gesellschaften, Beiträge des Zentrums für Asiatische und Afrikanische Studien (ZAAS) der Christian-Albrechts-Universität zu Kiel Bd. 11, Hamburg 2008.

Stark, Christine: „Kultprostitution" im Alten Testament? Die Qedeschen der Hebräischen Bibel und das Motiv der Hurerei, OBO 221, Fribourg/Göttingen 2006.

Die Tempelsteuer und die Himmelskönigin

Gött*innen im Alltagsleben: die Jüd*innen von Elephantine im Perserreich

Veit Dinkelaker

Ein vorbiblisches Judentum in Ägypten

Auf der Nilinsel Elephantine bei Assuan in Ägypten sind bei Ausgrabungen eines antiken Siedlungshügels Texte einer judäo-aramäischen Gemeinde der Perserzeit gefunden worden. Sie zeichnen ein überraschendes Bild an Vielfalt, das im Kontrast zu den Erzählungen der Bibel über Juda und Jerusalem in der Perserzeit steht. Folgendes wäre im biblischen Buch Esra-Nehemia unmöglich: auf einer Tempelinsel wohnen „Jüd*innen" (aramäisch *Jehudin*) Tür an Tür mit anderen Volksgruppen, mit denen sie Ehen eingehen. Sie schwören im Namen anderer Gött*innen. Frauen scheinen als Teil der Besatzung dieses Militärpostens in Oberägypten überraschend eigenständig zu handeln. Neben den Papyrusurkunden dieser Gruppe aus Juda sind zahlreiche ägyptisch-demotische Urkunden der einheimischen Bevölkerung geborgen worden und zeichnen das bunte Bild von kulturübergreifenden Kontakten (Porten 1996). Nur einzelne Aspekte dieses überaus reichen Befundes in Text und Kultur können hier behandelt werden, insbesondere was mit den Funden über das äußerst unerwartete religiöse Alltagsleben der Menschen, die aus Juda stammen, zu sagen ist.

Es sei gleich vorweggenommen: Trotz der in den Urkunden vorkommenden und aus der Bibel bekannten Begriffe wie „Passah/Pessach" oder „Sabbat/Shabbat", scheint das religiöse Leben der Jüd*innen

Abb. 1: Die Südspitze der Insel Elephantine bei Assuan mit dem antiken Siedlungshügel. Erkennbar ist das wieder aufgerichtete Portal des ägyptischen Khnum-Tempels, in dessen Nähe die Grundmauern des jüdischen Jaho-Tempels liegen. Dieser wird in den aramäischen Elephantine-Urkunden des 5. Jahrhunderts v. Chr. mehrfach erwähnt.

von Elephantine nicht biblisch geprägt zu sein (Kratz 2013). Im Gegenteil, es unterscheidet sich im Detail eklatant. So sehr, dass in der Forschung in Frage steht, ob diese Gruppe als im engeren Sinne jüdisch bezeichnet werden kann. Dennoch gilt für diese Gruppe Jüd*innen ohne Tora oder andere biblische Schriften: Die Verfasser*innen der Urkunden tragen hebräische Namen. Ihre Familien stammen aus Juda. Sie schreiben wie ihre Zeitgenoss*innen in Jerusalem Aramäisch. Sie haben einen eigenen Tempel. Sie verstehen sich als Gruppe mit einer eigenen Identität der „Jüd*innen in der Festung Elephantine". Wie kaum ein anderer Fund außerhalb der Bibel geben sie Einblick in das Leben von Jüd*innen jener Zeit.

Eine Spendenliste, Gott Jaho und die Göttin Anat

Aus den Ruinen der Tempelinsel Elephantine vis-a-vis der oberägyptischen Stadt Assuan stammen 52 Papyrusurkunden auf Aramäisch, darunter drei Textsammlungen, auch „Archive" genannt (Rohrmoser 2014). Zwei davon enthalten familiäre Privatverträge und sind äußerst aufschlussreich, was das Alltagsleben betrifft. Die Dokumente in aramäischer Schrift nennen den jüdischen G*tt mit drei Buchstaben: YHW (sprich: Jaho). In der hebräischen Bibel hat der Name G*ttes einen vierten Buchstaben: YHWH. Eine der drei Textsammlungen hat offizielleren Charakter: Darunter ist eine bemerkenswerte Liste mit Spenden an den G*tt Jaho. Eine Liste in sieben Spalten (Abb. 2) mit 132 Namen beginnt in der ersten Zeile mit den Worten:

> *Dritter Tag im Monat Phamenoth im Jahr 5. Dies sind die Namen der jüdischen Garnison, die Silber* ***für den G*tt Jaho*** *gegeben haben, jede[r zwei Schekel] Silber.* (TAD C3.15)

In der letzten Spalte steht folgende Notiz mit den Gewichtseinheiten/Währungen (1 Karsch = 10 Schekel):

> *[Die Summe] Silber im Monat Phamenoth in der Hand von Jedania ben Gemariah: 31 Karsh, 8 Schekel von Silber. Davon 12 Karsh und 6 Schekel* ***für Jaho,*** *7 Karsh* ***für Eshem-Bethel,*** *12 Karsch für* ***Anat-Bethel.***

Die erhaltenen Dokumente lassen keinen Zweifel, dass es einen Tempel des jüdischen Gottes Jaho auf Elephantine im 6. und 5. Jahrhundert v. Chr. gab. Diese Liste mit Namen und Währungen gilt möglicherweise als „Tempelsteuerliste" zum Wiederaufbau des Tempels auf Elephantine im 5. Jahr von König Amyrtäus.

Neben dem G*tt Jaho sind weitere Gött*innen-Namen erwähnt, die im Bezug zum „Haus G*ttes", hebräisch/aramäisch „Beth-el" stehen: Eshem-Bethel, Anat-Bethel. Es liegt nahe zu vermuten, dass die Jüd*innen von Elephantine mehrere Gottheiten hatten und diesen in ihrem Heiligtum vor Ort opferten. Auf einem weiteren Papyrusfragment scheint die Gottheit Anat sowohl in einem eindeutigen Bezug zum G*tt Jaho zu stehen als auch zu einem Heiligtum: *„[...] beim G*tt H[erem] im Heiligtum und bei Anat-Jaho schwörte er [...]"* (TAD B2.7,3).

Anat ist eine Gottheit aus dem syrischen Kulturraum, bekannt als Tochter des G*ttes El und der Gottheit Aschera und als jugendliche Schwester des G*ttes Baal. Auch in Ägypten gibt es spätestens seit dem Pharao Ramses II. Heiligtümer für Anat in den Städten Tanis und Theben. Sie gilt als eine Kriegsgött*in: Anat kämpft wie ein Mann. In Bet Shean im Jordantal und in Dendera in Ägypten wird sie auf Inschriften als „Himmelskönig*in" verehrt. Dieser Titel taucht in einem aramäischen Papyrusbrief aus Memphis auf, einer weiteren von fünf bekannten aramäischen Garnisonen in Ägypten. Ein Söldner schreibt an seine Familie in Syene, der Stadt gegenüber der Insel Elephantine: *„Grüße an den Tempel Bethels und den Tempel der Himmelskönig*in"* (TAD A2.1,7) – auch hier liegt nahe, dass es sich um die Gottheit Anat handelt. In der Bibel warnt der Prophet Jeremia Jüd*innen in Ägypten vor der Verehrung der „Himmelskönig*in" (Jeremia 44, 15–29). Die Spendenliste von Elephantine aus dem Jahr 400 v. Chr. ist einer der Hinweise, dass unter den Jüd*innen dort verschiedene Gött*innen verehrt wurden. Es ist unsicher, wozu das Silber in Karsh und Schekel benutzt worden ist: für Inventar des Tempels oder für Standbilder?

Die Spendenliste ist noch in anderer Hinsicht aufschlussreich: Der erste genannte Name ist eine Frau, „Meshullemeth, Tochter des Gemariah ben Mahseiah". Weitere 31 Namen von Frauen sind aufgelistet.

Abb. 2: „Tempelsteuerliste“ der judäo-aramäischen Garnison mit Nennung der Gött*innen Jaho, Anat-Bethel und Eshem-Bethel aus dem Jahr 400 v. Chr., aramäische Papyrusurkunde, Berlin, P. 13488 (TAD C 3.15) Ausstellungsobjekt Nr. 032, S. 189.

Anders als in der Bibel werden die Frauen nicht nach ihrem Ehemann benannt, sondern nach ihrem Vater.

In dem Briefwechsel der jüdischen Garnison mit dem Statthalter Bagohi in Jerusalem wird die Rolle der Frauen einmal mehr betont. Es wird beschrieben, dass sie zusammen mit den Männern die Zerstörung des Tempels ihres G*ttes Jaho auf Elephantine beweinen: *„unsere Frauen sind zu Witwen gemacht worden“* (TAD A4.7,15;20). Falls Statthalter Bagohi den Wiederaufbau des Tempels unterstütze, *„werden wir für dich alle Zeiten beten, wir, unsere Ehefrauen und unsere Kinder, alle Jüd*innen, die hier leben“* (TAD A4.7,26-27). Einige der Textsammlungen mit Privaturkunden von der Insel Elephantine geben weitere Einblicke in die Lebenswelt des 5. Jahrhunderts v. Chr. in Ägypten unter persischer Herrschaft.

Leben und Lieben in persischer Zeit: die Lebensstationen einer Jüd*in auf Elephantine

Ein ganzes Leben ist ausgebreitet in elf uralten Papyrusurkunden aus der Zeit der persischen Herrschaft in Ägypten vor etwa 2.500 Jahren: Mibtahiah, eine Jüd*in auf der Nilinsel Elephantine, überlebt zwei Männer und hinterlässt ihren Söhnen mindestens drei Häuser, vier Sklav*innen, viele Reichtümer und ein Bündel Dokumente. Text und Archäologie lassen hier ein bemerkenswert authentisches und detailliertes Bild von den Lebensumständen jener Epoche entstehen.

Da die Urkunden von den antiken Schreiber*innen mit der Angabe von Tag, Monat und Jahr versehen sind, können wir genau sagen, in welchem Zeitraum wir Ereignisse im Leben von Mibtahiah, der Tochter des Mahseiah, verfolgen können: 61 Jahre zwischen 471 und 410 v. Chr. Die ersten beiden Urkunden sind nach den Regierungsjahren des persischen Königs Xerxes gezählt. Fünf Urkunden nennen die Regierungszeit des Artaxerxes. Drei weitere zählen die Jahre nach König Darius. Nicht alle Schriften sind nach 2.500 Jahren vollständig erhalten. Die Detailarbeit an den aramäischen Dokumenten entfaltet eine ganze Familiengeschichte. Es geht um Nachbarschaftsstreitigkeiten und Besitzansprüche, um Hausbau, Hochzeit, Scheidung und Brautgeld, Wohnrecht, um Verwandtschaft und Nachkommen und um das Aufteilen eines Erbes. Da es sich um Rechtsurkunden handelt, ist unter den genannten Personen die Vielfalt der Bevölkerung am Nil abzulesen. Neben aramäischen Namen tauchen auch babylonische und ägyptische Namen auf. Der Vater der Mibtahiah wird einmal als „Jude der Festung Elephantine“ bezeichnet und ein anderes Mal als „Aramäer aus Syene“. Unter den Aramäer*innen, also denen, die Aramäisch sprechen, scheinen nicht alle Jüd*innen gewesen zu sein.

Ein Schwur im Namen des G*ttes Jaho rettet der Familie den Besitz

Die ersten drei Urkunden machen deutlich: Mahseiah sorgt für seine Tochter! Wohl aus Anlass ihrer Hochzeit lässt er für seine Tochter Mibtahiah ein Dokument erstellen, in dem er ihr ein Grundstück schenkt (TAD B2.3, 459 v. Chr.). Wir kennen die Namen der Nachbar*innen und die Maße dieses Grundstücks: Von Norden nach Süden 13 Ellen und eine Handbreit (etwa 7 m), von Osten nach Westen 11 Ellen (etwa 5,5 m). Diese Daten sind später bei der Entdeckung des Grundstücks durch Archäolog*innen 1983/96 von Bedeutung (siehe Abb. 3). Der Bräutigam bekommt in einer Urkunde ein Nutznießungsrecht für das Grundstück. Selbst nach einer Scheidung soll ihm und den gemeinsamen Kindern dieses Recht bestehen bleiben. All das wird von einer großen Zahl von Zeug*innen unterschrieben. Der Papyrus ist versiegelt und soll nur im Fall, dass der Besitz angezweifelt wird, geöffnet werden.

Dass es nicht selbstverständlich war, dort ein Grundstück zu besitzen, zeigt eine weitere Urkunde, die zur Sammlung gehört (TAD B2.2, 464 v. Chr.): Ein Nachbar mit dem Namen Dargama hatte fünf Jahre zuvor angezweifelt, dass dieses Grundstück überhaupt im Besitz der Familie des Mahseiah sei. Der Streit landete vor einem persischen Gericht in der Stadt Syene. Nur ein Schwur des Mahseiah, seiner Frau und seines Sohnes vor ihrem G*tt Jaho rettete vor Gericht den Besitz. Der Nachbar musste auf alle Ansprüche verzichten. Das wird beurkundet und gesiegelt. Dem Namen nach ist der Nachbar Dargama kein Jude, sondern gehört dem altpersischen Volk der Choresmier*innen an. Dennoch akzeptiert er es, dass Mahseiah seinen eigenen G*tt Jaho im Schwur anruft. In mehreren Urkunden von Elephantine wird deutlich, dass die verschiedenen Volksgruppen gegenseitig ihre Gött*innen als wirkmächtig anerkennen. Im Schwur „leiht“ man sich gegenseitig die Gottheiten, um Gewissheit zu gewinnen (Becking 2017, 43).

Ein fortschrittlicher Ehevertrag mit einem ägyptischen Beamten

Die Ehe Mibtahiahs mit Jezaniah ist von kurzer Dauer. Er scheint bald gestorben zu sein, denn in späteren Urkunden tritt Mibtahiah als Erbin seines Grundstücks auf (TAD B2.10). Die zweite Ehe ist eine gute Partie: Eshor, der Baumeister des Königs, hält um die Hand der verwitweten Mibtahiah an. Der Ehevertrag wird zwar zwischen Brautvater und Bräutigam geregelt, aber im Vergleich mit anderen antiken und jüdischen Heiratsurkunden gelten die gleichen Rechte für Mann und Frau. Es ist der älteste Ehevertrag auf Aramäisch einer judäischen Person (TAD B 2.6, 14.10.449 v. Chr.). Anders als in der Bibel und im rabbinischen Brauchtum hat Mibtahiah das freie Recht, sich von ihrem angesehenen Mann scheiden zu lassen. Im Falle des Todes beerbt sie ihren Mann voll und ganz. Mibtahiahs Häuser liegen mitten auf der Tempelinsel an der höchsten Stelle, in unmittelbarer Nachbarschaft verschiedener Heiligtümer: bei dem kleinen Tempel des jüdischen Gottes Jaho und neben mehreren imposanten ägyptischen Tempelbauten.

Ihr zweiter Ehemann Eshor trägt einen ägyptischen Namen. Das Amt des „Baumeisters des Königs“ ist einflussreich. Trotzdem gibt Mibtahiah den gemeinsamen Söhnen keine ägyptischen, sondern hebräische Namen. Ihr Mann Eshor selbst taucht in späteren Dokumenten unter dem hebräischen Namen „Nathan“ als Vater seiner beiden Söhne auf (TAD B2.10). Auch das ist mitten in Ägypten bemerkenswert.

Der Angriff auf das Erbe der Mibtahiah und die Gött*in der Nilflut

Die Insel Elephantine ist besonders im antiken Ägypten von großer Bedeutung als Handelsplatz. Auf Elephantine steht derjenige Nilometer, mit dem die steigende Nilflut im Frühjahr angezeigt wird. Das hat große Bedeutung für die Landwirtschaft und die Steuern, die der Pharao erheben kann. Hier wird die Gottheit Satet seit frühester Zeit in einem Heiligtum als Personifikation der Nilüberschwemmung verehrt. Dort steht auch eine Stele der Schwester der Satet, Gött*in Anuket, zu deren Ehren auf Elephantine eine Prozession zu Beginn der Nilschwemme

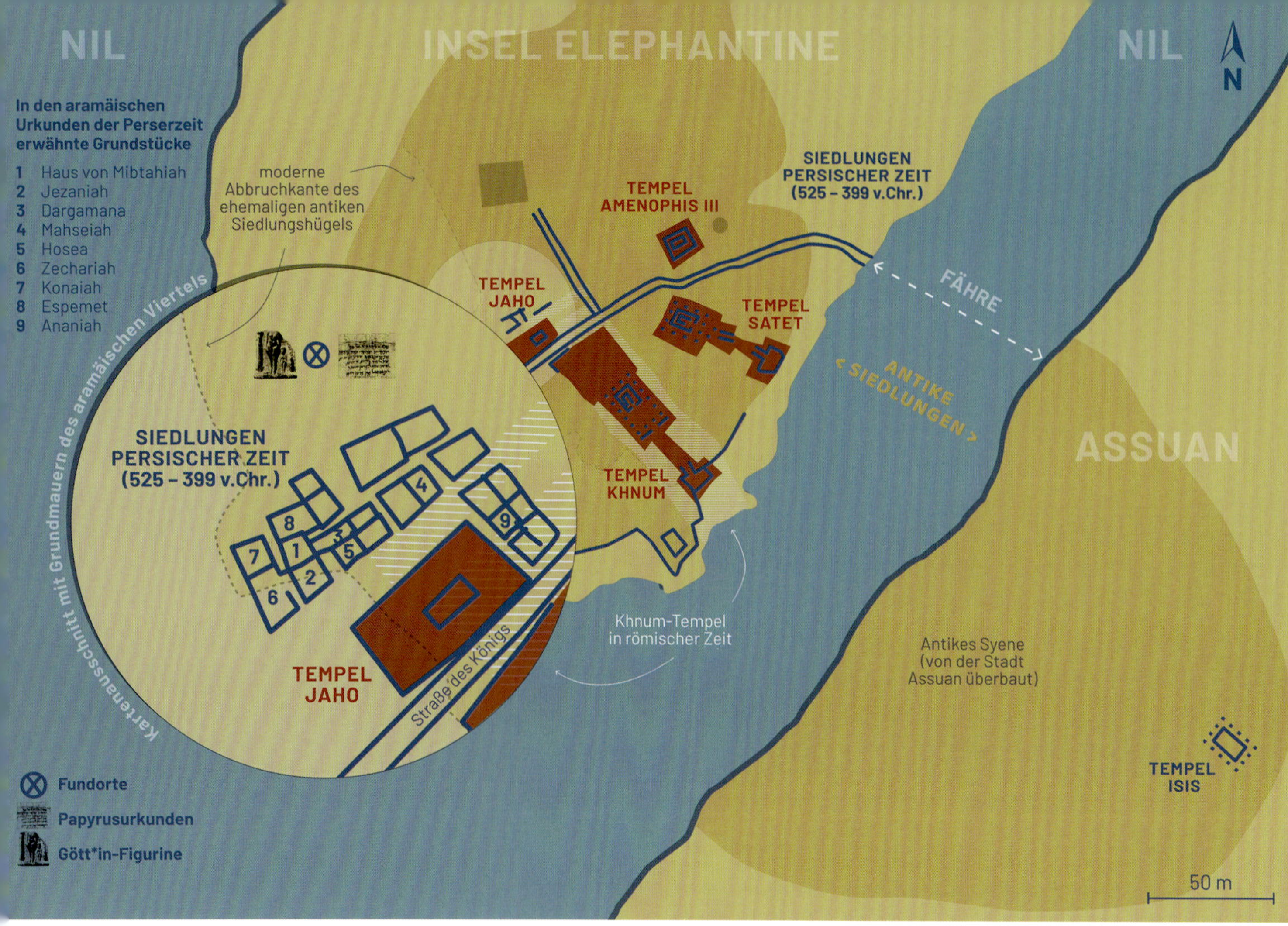

Abb. 3: Projektion der Heiligtümer in der Siedlung auf der Nilinsel Elephantine zur persischen Zeit (525–400 v. Chr.). Die Hervorhebung zeigt die archäologisch erschlossenen und aus den aramäischen Papyrusurkunden ergänzten Grundmauern der Grundstücke im sog. aramäischen Viertel beim judäischen Jaho-Tempel. Siehe Pilgrim 1999.

gefeiert wurde. Daneben befindet sich der Tempel des widderköpfigen Khnum. Die drei Gött*innen bilden eine Trias. Die Priesterschaft des G*ttes Khnum taucht auch in den Streitigkeiten um den jüdischen Tempel im Jahr 410 v. Chr. auf, die schließlich zu seiner Zerstörung führt. Gött*in Satet ist nachweislich an einer Lebensstation der Jüd*in Mibtahiah von Bedeutung.

Ein Dokument aus dem 25. Jahr des persischen Königs Artaxerxes beschreibt, wie Mibtahiah um ihren Besitz ringen muss. Ein Mann namens Pi, der als Baumeister des Königs auftritt, bestreitet ihren Besitz – und zwar alles (TAD B2.8, 440 v. Chr.). Dazu gehört ausdrücklich auch Mibtahiahs Ehevertrag, in dem das Erbrecht geregelt ist. Falls es sich um den fortschrittlichen Ehevertrag mit Eshor gehandelt haben soll, wäre das ein großer Verlust gewesen (s. o. TAD B2.6). Ist Eshor gestorben?

Ein späteres Dokument weist die Söhne von Mibtahiah als Erben von Eshor aus (TAD B2.9) – daraus kann man schließen, dass Eshor sich nicht hat scheiden lassen. Sonst hätte er den Besitz mitgenommen. Eventuell war auch die zweite Ehe nicht von langer Dauer und Eshor war schon im Jahr 440 v. Chr. tot.

Wie wird das Problem gelöst? Wieder kommt ein Schwur ins Spiel. Anders als ihr Vater, darf Mibtahiah nicht ihre eigene Gottheit, den G*tt Jaho, anrufen. Erst der Schwur bei der ägyptischen Gottheit Satet von Elephantine sichert ihren Besitz. Pi lässt ab von ihr und verzichtet in einer Urkunde auf seine Ansprüche.

Wie kann die Jüd*in Mibtahiah eine ägyptische Gottheit anrufen? Mibtahiah ist und bleibt ihr Leben lang Teil einer der führenden Familien der judäo-aramäischen Garnison von Elephantine. Diese Familie wird in der folgenden Generation eine entscheidende Rolle im Leben der Jüd*innen von Elephantine spielen (s. u., S. 74–75). Ihre Söhne tragen hebräische Namen und ihr ägyptischer Mann Eshor wird unter einem hebräischen Namen in den Urkunden genannt. Das zeigt, dass es beim Schwur im Namen der ägyptischen Gottheit Satet nicht um einen „Glaubenswechsel" geht. Die Vielfalt der Gött*innen-Welt ermöglicht einen gegenseitigen Respekt der jeweiligen Tempelgemeinden. Mibtahiah verleiht ihrem Besitzanspruch durch den Schwur im Namen der ägyptischen Gött*in erfolgreich Nachdruck. Ein Beispiel, wie noch in persischer Zeit mit der Vielfalt an Gött*innen umgegangen wurde – auch bei denen, die sich zum Tempel des jüdischen G*ttes Jaho rechnen.

„Geliehene" Gottheiten und eine Relieffigur

Funde von Holz- und Terrakottafiguren geben Rätsel auf (Rohrmoser 2014, 307–328). Beim Elephantine-Pionier Otto Rubensohn findet sich 1907 zum Fund einer Terrakotta-Schreinplakette die Notiz: *„Sind das aramäische Götter? Astarte?"* (Müller 1980, 83). Angela Rohrmoser hatte vorgeschlagen, es handle sich bei den männlichen Holzfiguren um den Schutzgott Bes. In einer neuen Studie untersucht Collin Cornell (2018) die figürlichen Darstellungen im Vergleich mit weiteren Funden aus Ägypten. Eine mögliche Nutzung von Figurinen durch die Jüd*innen von Elephantine kann erwogen werden. Zur Erklärung der Funktion dieser Relieffigur dienen einzelne Dokumente des Papyrusarchivs der Mibtahiah – auch wenn eine unmittelbare Nutzung freilich nicht nachweisbar ist.

Die Schreinplakette von Elephantine

Nach der Studie von Collin Cornell belegen jüngere Funde die Verbreitung von Terrakotta-Plaketten: Ein Terrakotta-Relief zeigt eine große und eine kleine weibliche Gottheit mit Kopfputz zwischen zwei Säulen, die als Stilisierung eines Tempels oder Schreins gedeutet werden (Abb. 4). Eine identische „Schreinplakette" befindet sich vollständig erhalten in der ägyptischen Sammlung in Berlin (siehe Ausstellungsobjekt Nr. 030, S. 189). Die Darstellung sei nicht typisch ägyptisch, sondern eher vorderorientalisch, vielleicht phönizisch (Rohrmoser 2014, 317 f.). Insbesondere die Kopftracht der kleinen Figur scheint für Ägypten untypisch zu sein. Nach Angaben des Ägyptischen Museums in Berlin ist die Schreinplakette von Elephantine aus Nil-Ton gefertigt, stammt also wohl aus einer Werkstatt auf Elephantine oder Syene.

Abb. 4: Fragment einer antiken Schreinplakette, Fundort: Insel Elephantine/Ägypten, aramäisches Viertel, ÄM 2156. Ausstellungsobjekt 029, S. 189.

Der Typus der stehenden nackten Frau zwischen Säulen ist in Ägypten in unterschiedlicher Form verbreitet. Die ägyptische Darstellung macht deutlich, dass hier ein Gött*innen-Bild in einem Schrein oder Tempel dargestellt ist (Abb. 5). Ganz gleich ob nach ägyptischer oder phönizischer Art, diese Plaketten wurden massenhaft hergestellt. Inzwischen meint die Forschung, dass unbeschriftete figürliche Darstellungen tatsächlich für die Anrufung verschiedener Gottheiten dienen konnten und nicht auf eine bestimmte Gottheit festgelegt waren. Allein auf Elephantine gab es mindestens elf ethnische Gruppen mit ihren verschiedenen Heiligtümern: Ägypter*innen, Menschen aus Persien, Phönizien, Lybien, Caspien, Baktrien, Karien, Choresmier*innen, Jüd*innen, Aramäer*innen, Araber*innen.

Cornell schlägt vor, dass sowohl der phönizische als auch der ägyptische Typ einen Bezug zu einem Heiligtum herstellt. Im Falle der Schreinplakette könnte es auch ein Platzhalter für einen weit entfernten Tempel sein, der gerade nicht zugänglich ist – eventuell sogar im Herkunftsland an der Küste. Falls es sich um eine Gottheit mit einem Bezug zu einem Heiligtum handeln sollte, dann kommen für die Insel Elephantine und die Stadt Syene verschiedene aramäische und ägyptische Gottheiten in Frage: Khnum, Satet, Anuket, Jaho, Anat, Eshembethel für Elephantine, Isis, Bethel, Banit und die Himmelskönigin für Syene. Cornell betont, es sei nicht entscheidend, ob eine figürliche Darstellung eine bestimmte Gottheit meint. Es ist anzunehmen, dass diese Figurinen jeweils von ihren Nutzer*innen mit der Gottheit in Verbindung gebracht wurden, die nötig war. Zur Anrufung bei einem Schwur in einem Prozess, wie den geschilderten, kann eine Figurine die Präsenz der Gottheit übernommen haben. Im Angesicht des Abbildes ist die Gottheit für diesen Moment präsent wie im Heiligtum. Aufgrund des Fundortes ist nicht auszuschließen, dass auch eine Jüd*in auf Elephantine an eine Gottheit gedacht hat, wenn sie diese Figurine angeschaut hat, sei es die Gottheit Anat-Jaho der jüdischen Garnison oder auch die Gött*in Satet von Elephantine, wie im Fall der Mibtahiah. Es ist deutlich, wie sehr dieser archäologische und textliche Befund im Kontrast zu den aus der Bibel bekannten Verboten steht, die die Anrufung anderer Gött*innen und die Nutzung von Abbildern untersagt (2. Buch Mose/Exodus 20,1 ff.).

Mibtahiahs Familie, die Zerstörung 410 v. Chr. und der Wiederaufbau des Tempels des Jaho

Um 416 v. Chr. stirbt Mibtahiah, etwa 60 Jahre alt. Zwei Dokumente aus dem Jahr 416 und 410 v. Chr. drehen sich um das Erbe der Mibtahiah. Wieder wird der Besitz der Familie in Zweifel gezogen. Ein Nef-

Abb. 5: Stele in Kappellenform mit nackter Frau, Ägypten, Spätzeit 550–330 v. Chr., ÄM 20676. Ausstellungsobjekt Nr. 031, S. 189.

fe von Jezaniah erhebt gegenüber den Söhnen der Mibtahiah Anspruch auf das Jezaniah-Grundstück gegenüber des Jaho-Tempels (Abb. 6). Nun greift ein Dokument, das in der Sammlung nicht mehr erhalten ist: der Ehevertrag mit ihrem ersten Mann Jezaniah. Der Neffe muss seine Anklage zurückziehen. Wahrscheinlich hat in diesem Fall der Ehevertrag die Besitzverhältnisse deutlich gemacht. Bis heute ist das Dokument erhalten, das nun die Söhne Mibtahiahs als gemeinsame Erben des Grundstücks benennt. Die jüngste Urkunde des Archivs regelt die Aufteilung der vier Sklav*innen der Mibtahiah (TAD B2.11) – ein deutliches Zeichen für ihren Wohlstand. Mibtahiah ist ein Beispiel für das reiche Leben in Vielfalt jener Zeit. In den Grenzen, die ihr als Jüd*in und Frau gesteckt sind, hat sie großen Erfolg. Der Schatz an Daten, der sich in den Urkunden ihres Familien-Archives verbirgt, führte schließlich dazu, dass Ägyptolog*innen auf dem Ausgrabungsgelände anhand der Besitzverhältnisse die Grundmauern der persischen Zeit den Personen in den Papyrusurkunden zuordnen konnten (von Pilgrim 1999). Nur von wenigen antiken Privatmenschen wissen wir so viel und kennen sogar ihre genaue Adresse.

Mit den Namen und Daten der Urkunden kann ein Stammbaum über drei Generationen dieser Familie erstellt werden. Mibtahiahs Neffe Jedaniah, benannt nach ihrem Großvater, leitet den Tempeldienst für den G*tt Jaho auf Elephantine. 410 v. Chr. ist das Jahr, in dem die Söhne Mibtahiahs das Erbe aufgeteilt haben. 410 v. Chr. ist eine Zäsur im Leben der Jüd*innen von Elephantine. Unweit der Fundstelle von Mibtahiahs Archiv fanden die Forscher 1906 eine weitere Sammlung an Schriften, darunter Briefe des Jedaniah, Neffe der Mibtahiah, an den persischen Statthalter in Jerusalem. Die Briefe schildern dramatisch die plötzliche Zerstörung des jüdäischen Tempels im Jahr 410 v. Chr. durch den persischen Kommandeur Widranga (TAD A4.7, 25.11.407 v. Chr.). Zwei Versionen der Briefe zeigen, wie die Leiter*innen der jüdischen Gemeinde in Elephantine versucht haben, die persischen Behörden von ihrem Anliegen zu überzeugen, dass ihr Tempel wieder aufgebaut werden muss. Es geht insbesondere darum, dass auf dem Altar wieder geopfert werden kann, wie es seit alters her üblich war: alle Arten des Opfers, insbesondere auch das „Ganzopfer", das Verbrennen des ganzen Tieres.

Abb. 6: Archäologischer Park auf der Insel Elephantine mit Blick zum Westufer. Lehmziegelpflaster des judäischen Jaho-Tempels auf der Tempelinsel am Nil in Ägypten, 400 v. Chr., archäologisch erschlossen seit 1996. Am oberen Bildrand die anhand der Papyrusurkunden identifizierten Grundmauern des aramäischen Viertels der Perserzeit.

Unter den Papyrusurkunden findet sich eine Notiz der persischen Behörden aus Jerusalem und Samaria, die den Wiederaufbau des Tempels erlauben, mit einer Einschränkung: Es dürfen keine Brandopfer und Ganzopfer mehr stattfinden (TAD A4.9). Eine Urkunde (TAD B3.12,18–19, 13.12.402 v. Chr.) und die Archäologie weisen nach: Die Jüd*innen von Elephantine haben auch unter diesen Bedingungen um 400 v. Chr. ihren Tempel wieder aufgebaut (von Pilgrim 1999, siehe Abb. 6). Inzwischen sind seine Grundmauern gefunden, wofür ebenfalls das besagte Grundstück der Mibtahiah den Ausschlag gegeben hat: Da alle Grundstücksangaben sich ins Verhältnis zu dem Tempelbezirks des Jaho setzen, konnte ein Plan der Siedlung auf Elephantine erstellt werden, der schließlich zur Entdeckung des Jaho-Tempels 1996 geführt hat (von Pilgrim 1999). So entsteht durch die Urkunden und die Archäologie eine einzigartige Topographie der Religiosität von Menschen aus Juda (s. Abb. 3).

Austauschbare soziale Geschlechter?

Ein Blick auf die soziale Rolle der Mibtahiah wäre ein eigenes Thema: Tochter, Ehefrau, Witwe, Mutter, Erb*in, Erblasser*in, Subjekt und Objekt von Rechtsstreitigkeiten.

Dass in biblischen Zeiten die sozialen Geschlechter (*gender*) mit dem Geschlecht der Person (*sex*) nicht immer im engen modernen Sinne übereinstimmen müssen, zeigen zwei einschlägige Beispiele aus den aramäischen Papyrusurkunden aus Ägypten vor 2.500 Jahren: Der Papyrusforscher Bezalel Porten hat in einer Gruppe von aramäischen Urkunden die Beobachtung gemacht, dass in Privatbriefen in der Anrede Verwandtschaftsgrade uneindeutig sind (Porten 1996, 76). Die Adresse auf der Vorderseite eines aramäischen Papyrusbriefs (TAD A2.7,1) lautet: *„An meine Schwester Atardi, von deinem Bruder Ami“*. Die Anrede am Beginn des Briefes aber lautet: *„An meine Mutter Atardimri, von deinem Bruder Ami“* (Zeile 5). Die Schwester scheint auch die soziale Rolle der Mutter zu haben. Auch die Rollen Sohn und Bruder werden in ein und demselben Papyrus vertauscht (TAD A3.3,1.14). Sind die Begriffe der Verwandtschaftsgrade gleichzeitig austauschbare soziale Rollen?

Noch verblüffender ist ein Name in der Tempelsteuerliste von Elephantine: Da ist der Name von „Abihi, Tochter des Hosea“ genannt. Ihr Name heißt übersetzt: *„Sie ist mein Vater“* (TAD A3.15,90). Kann „Vater“ (hebräisch *Ab*) neben der Bedeutung „Erzeuger“ auch ein soziales Geschlecht sein, das Frauen übernehmen können: Versorger*in, Vormund* usw. ? Moderne Kategorien greifen hier zu kurz. Man könnte meinen: Es gibt soziale Umstände, da ist es wichtig, dass die sozialen Rollen besetzt sind – und da kann auch eine Frau eine „männliche“ Rolle übernehmen.

Literatur

Becking, Bob: Exchange, Replacement, or Acceptance? Two Examples of Lending Deities among Ethnic Groups in Elephantine, in: Popović, Mladen u. a. (Hg.): Jewish Cultural Encounters in the Ancient Mediterranean and Near Eastern World, JSJSup 178, Leiden 2017, S. 30–43.

Cornell, Collin: The forgotten Female Figurines of Elephantine, in: JANER 18, 2018, S. 111–132.

Kratz, Reinhard G.: Elephantine und Alexandria: Nicht-biblisches und biblisches Judentum in Ägypten, in: Georges, Tobias u. a. (Hg.), Alexandria. COMES 1, Tübingen 2013, S. 193–208.

Müller, Wolfgang: Die Papyrusgrabung auf Elephantine 1906–1908. Das Grabungstagebuch der 1. und 2. Kampagne, in: Forschungen und Berichte 20, 150 Jahre Staatliche Museen zu Berlin, Berlin 1980, S. 75–88.

von Pilgrim, Cornelius: Textzeugnis und archäologischer Befund: Zur Topographie Elephantines in der 27. Dynastie, in: Guksch, Heike; Polz, Daniel (Hg.): Stationen (Festschrift G. Stadelmann), Mainz 1999, S. 485–497.

Porten, Bezalel (Hg.): The Elephantine Papyri in English: Three Millenia of Cross Cultural Continuity and Change, DMOA 12, Leiden 1996.

Rohrmoser, Angela: Götter, Tempel und Kult der Judäo-Aramäer von Elephantine: archäologische und schriftliche Zeugnisse aus dem perserzeitlichen Ägypten, AOAT 396, Tübingen 2014.

TAD: Porten, Bezalel; Yardeni, Ada (Hg.): Textbook of Aramaic Documents (4 Bd.), Jerusalem 1986–1999.

Göttliche Geschlechterrollen in Metall geprägt

Münzen als neuer Bildträger seit dem späten 6. Jahrhundert v. Chr.

Patrick Wyssmann

Geprägtes Silber nach griechischem Vorbild

Im Jahr 539 v. Chr. eroberte der Perserkönig Kyros die Stadt Babylon und das Weltreich der Babylonier. Auf seine Veranlassung hin sollen – gemäß biblischem Bericht – etwa 50.000 deportierte Judäer*innen den Rückweg in ihre Heimat angetreten und sogleich den Wiederaufbau des Tempels in Jerusalem in Angriff genommen haben. Fertiggestellt worden sei dieser schließlich im Jahre 515 v. Chr. Ungefähr in die gleiche Zeit datieren die ersten Funde eines neuen Bildträgers in Palästina, der sich schnell zum wichtigsten Massenmedium der Antike entwickelte: die Münze.

Im ausgehenden 6. und in der 1. Hälfte des 5. Jahrhunderts v. Chr. waren es in erster Linie griechische Silberprägungen, die über den Handel nach Palästina gelangten und hier aufgrund ihres hochwertigen Metalls geschätzt wurden (Abb. 1). Erst mit der Zeit erkannte man auch im östlichen Mittelmeerraum die Vorteile einer eigenen Münzprägung, die durch die Standardisierung von Edelmetall (vor allem Silber) viele alltägliche Geschäfte, wie das Bezahlen von Gütern oder die Abgabe von Steuern, vereinfachte. Durch das Stempeln der Edelmetallstücke wurde in erster Linie die Qualität des Materials garantiert. Die Münzbilder selbst dienten dann aber auch dazu, bestimmte Botschaften unters Volk zu bringen. Diese Botschaften sind es, die uns heute ganz besonders interessieren, denn sie können uns Informationen über das Selbstverständnis und die Werte der Menschen in der Antike geben. Dazu gehören insbesondere auch religiöse Vorstellungen, denn häufig wurden Gött*innen und ihre Symbole auf Münzen dargestellt. Es ist Absicht dieses Beitrags, die in der Ausstellung präsentierten Münzen mit Verweis auf ihre Objektnummern einzuordnen und darüber hinaus weitere Stücke zu diskutieren.

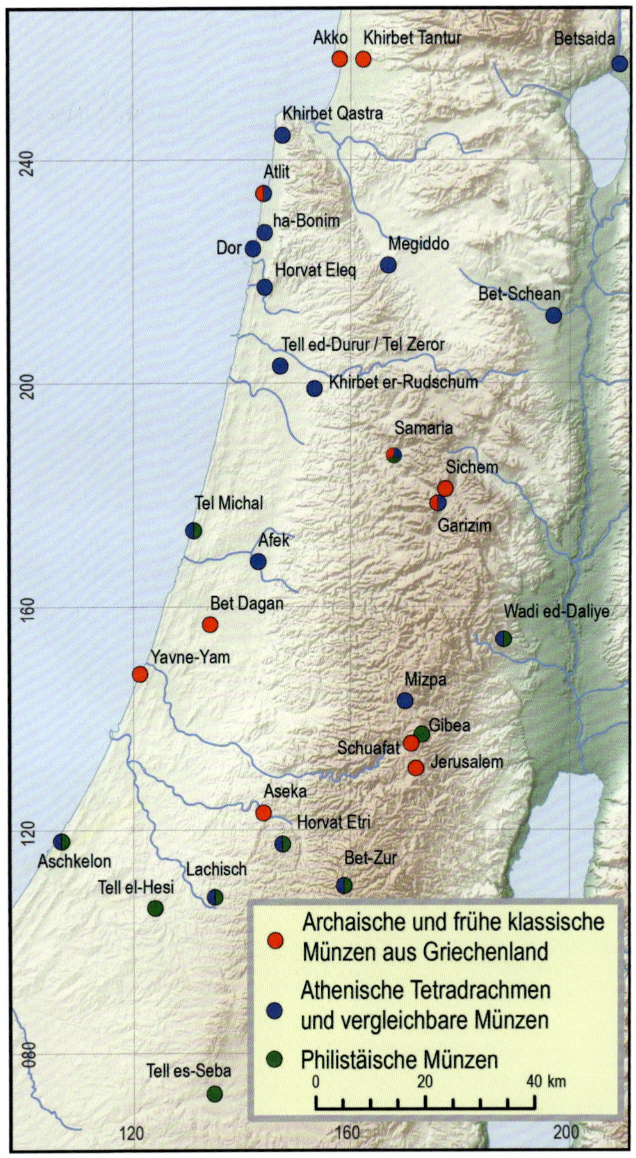

Abb. 1: Karte der Region mit den Fundorten griechischer und philistäischer Münzen.

Münzen aus den persischen Provinzen Philistäa, Samaria und Jehud

In der Levante begann die eigene Prägetätigkeit in der Mitte des 5. Jahrhunderts v. Chr. und zwar in den phönizischen Küsten- und Handelszentren Byblos, Sidon und Tyros. Ungefähr zeitgleich wurden auch in Palästina die ersten Münzen geprägt, sicher in Gaza, vielleicht auch in Aschkelon und Aschdod. Ans Ende des 5. Jahrhunderts v. Chr. datieren die ersten Prägungen der Provinz Samaria, dicht gefolgt von den frühesten Münzen aus Judäa, dem persischen Jehud, vom Beginn des 4. Jahrhunderts v. Chr. In Samaria setzte sich die Prägetätigkeit das ganze 4. Jahrhundert v. Chr. hindurch fort und brach dann mit dem Ende der persischen Herrschaft ab. In Judäa dagegen wurden auch nach der Eroberung durch Alexander den Großen noch Münzen geprägt, und zwar bis weit in die Zeit der Ptolemäer hinein. Spätestens in der Mitte des 3. Jahrhunderts v. Chr. war damit dann aber Schluss. Erst unter den Hasmonäern kam es wieder zu einer länger andauernden Prägephase: Johannes Hyrkan I. (135–104 v. Chr.) war der erste Herrscher dieser jüdischen Dynastie, der eigene Münzen prägen ließ.

Abb. 2: Tetradrachme, Silber, Aschkelon, 5. Jh. v. Chr.; Kopf und Eule der Göttin Athena; Ausstellungsobjekt Nr. 033, S. 190.

Abb. 3: Drachme, Silber, Samaria, 353-332 v. Chr.; Kopf und Eule der Göttin Athena; Ausstellungsobjekt Nr. 041, S. 191.

Abb. 4: Gerah, Silber, Jerusalem, 353-332 v. Chr.; Kopf und Eule der Göttin Athena; Ausstellungsobjekt Nr. 037, S. 191.

Zwischen den Prägungen von Hyrkan I. und den ersten Münzen Palästinas liegen rund 300 Jahre. Eine lange Zeit, in der sich die Münzbilder in Philistäa, Samaria und Judäa in ganz unterschiedliche Richtungen entwickelt haben. Gerade hinsichtlich der Darstellung von G*ttheiten treten Gemeinsamkeiten und Unterschiede hervor, die uns zeigen, wie Gött*innen vorgestellt und mit welchen Rollen sie in Verbindung gebracht wurden. Dies soll im Folgenden mithilfe eines Vergleichs der Münzbilder aus den drei Regionen in groben Zügen aufgezeigt und nachgezeichnet werden.

Spielerischer Umgang mit Geschlecht

Betrachten wir die Münzprägungen von Philistäa, Samaria und Judäa in der Perserzeit, so fällt auf, dass während der ganzen Epoche als Vorbild immer wieder auf Münzen aus Athen zurückgegriffen wurde, die auf der Vorderseite den Kopf der Göttin Athena und auf der Rückseite eine Eule zeigen. Der Grund für diesen Rückgriff liegt in der Beliebtheit der attischen Währung seit dem 2. Viertel des 5. Jahrhunderts v. Chr. (Abb. 1). Aufgrund der Reinheit ihres Silbers wurde sie zum Inbegriff für „gutes Geld" und in der südlichen Levante häufig imitiert. Beispiele dafür finden sich in Philistäa (Abb. 2), Samaria (Abb. 3) und Jehud (Abb. 4). Die Imitationen kopieren ihr Vorbild aus Athen oft detailgetreu.

Es kommt aber auch vor, dass das Vorbild modifiziert, also abgeändert, wurde. So bspw. auf einer Drachme aus Philistäa (Abb. 5). Sie zeigt vorderseitig den Kopf einer Athena, der zwar ganz nach attischer Art gestaltet ist, nun aber überraschenderweise einen Bart trägt. Mit einfachen Mitteln wurde aus einer kriegerischen Frau ein kriegerischer Mann gemacht. Ob dies vor dem Hintergrund bestimmter Vorstellungen von Geschlechterrollen geschah, lässt sich heute nicht mehr sagen. Gerade Münzbilder aus Philistäa zeigen aber, dass mit dem Thema „Geschlecht" spielerisch umgegangen wurde. So ist auf der Rückseite einer zweiten Drachme ein Januskopf zu sehen, der aus einem bärtigen Mann mit Krone und einer Athena zusammengesetzt ist (Abb. 6). Eine spannende Kombination, die aus heutiger Sicht als Symbol für die Dichotomie von altorientalisch-östlicher und griechisch-westlicher Kultur stehen könnte. Im Kontext anderer philistäischer Münzen lässt sich das Motiv aber als Darstellung eines Götterpaares deuten, das aus einem königlichen Gott und seiner kriegerischen Partnerin besteht. Ein weiterer Beleg für ein solches Götterpaar findet sich auf einer dritten Drachme: Sie zeigt auf ihrer Vorderseite ein sich anblickendes Paar (Abb. 7). Aufgrund der Kopfbedeckungen lassen sie sich als G*ttheiten identifizieren: Auf gut zentrierten Münzbildern ist erkennbar, dass beide eine Art Kappe in Form eines Löwenkopfes tragen, genau wie der Bärtige auf der Rückseite der Münze. Die Kopfbedeckung ist als Verweis auf das Attributtier des Paares zu verstehen und unterstreicht ihre herrschaftlichen bzw. kämpferischen Züge. Das Tragen eines Löwenskalps erinnert uns zudem an den griechischen Helden Herakles. An Darstellungen von ihm mögen sich die philistäischen Prägemeister hier orientiert haben, wobei sie das Motiv in altorientalischem Stil umsetzten.

Abb. 5: Philistäa, Drachme (3.46 g, 05 h). Obv.: Bärtiger Kopf im attischen Helm mit Scheibenohrring nach rechts, auf der Helmkalotte Blütenornament und drei Lorbeerblätter. Gitler und Tal 2006, 188 no. XIII.22D; pl. 53,XIIIDb.

Abb. 6: Philistäa, Drachme (3.35 g, 09 h). Rev.: Janus-Kopf zusammengesetzt aus dem Kopf eines Bärtigen mit Krone (persischer Großkönig?) links und einem Athena-Kopf rechts. Gitler und Tal 2006, 208 no. XIV.36D; pl. 63,XIV.36Da.

Eine Fruchtbarkeitsgöttin auf einer Münze aus Jehud um 400 v. Chr.?

Der kreative Umgang mit Griechischem und Altorientalischem ist auch auf den frühesten Münzen Jehuds erkennbar. Dabei handelt es sich um zwei Drachmen, die wohl an den Beginn des 4. Jahrhunderts v. Chr. zu datieren sind. Die eine von ihnen zeigt auf ihrer Vorderseite einen frontal abgebildeten weiblichen Kopf, während auf der Rückseite ein stilisierter Tierkampf zwischen einem Löwen und einem Stier zu sehen ist (Abb. 8). In unserem Zusammenhang von besonderem Interesse ist der Kopf der Frau. Sie trägt Ohrringe und Halsschmuck sowie eine speziel-

Abb. 7: Philistäa, Drachme (3.58 g, 08 h). Obv.: Zwei sich anblickende Köpfe, ein bärtiger männlicher links sowie ein weiblicher rechts. Rev.: Bärtiger Kopf nach rechts mit Mütze in Form eines Löwenkopfes; links dahinter aramäisches ś/š (Sin oder Schin). CHL: 222 no. 258; pl. 182,258.

le Haartracht, die das Gesicht rahmt. Das Motiv erinnert an ein Frauengesicht auf Münzen aus Kilikien (Abb. 9). Es ist von Syrakus entlehnt worden, wo es als Porträt der Nymphe Arethusa identifiziert werden kann. Welche Bedeutung es im östlichen Mittelmeerraum hatte, bleibt ungewiss. Wesentlich ist jedoch, dass ein junges, hübsches Frauengesicht als Motiv gewählt wurde, dessen Darstellung wahrscheinlich auch erotisch konnotiert war. In Jehud wurde dieser Aspekt noch durch die Haartracht unterstrichen, deren Form an eine Hathorfrisur erinnert. Hathor war die ägyptische Göttin der Liebe und der Schönheit. Vor dem Hintergrund des Ein-Gott-Glaubens, der für Jehud in dieser Zeit vorausgesetzt werden kann, mag die Wahl des Motivs überraschen. Doch wissen wir zum einen nicht genau, von wem die Prägung veranlasst wurde, zum anderen ist unbekannt, ob das Münzbild nicht einfach als Segensbild zu verstehen ist. Das Münzbild passt jedoch bestens in die ikonographische Umwelt der perserzeitlichen Levante, in der das weiblich Göttliche gut belegt ist.

Abb. 8: Jehud, Drachme (0.54 g, 10 h). Obv.: Frauengesicht mit Hathorfrisur und Ohr- und Halsschmuck. Rev.: Schreitender Löwe nach links über einem liegenden Stier mit zurückgewandtem Kopf nach links; darüber aramäisch *yhd*. Gitler 2011, Abb. 6.

Abb. 9: Kilikien, Tarsos, Stater (10.60 g, 06 h). Obv.: Weiblicher Kopf in Vorderansicht („Arethusa") mit bewegtem Haar, Ohrringen und Halsschmuck. Rev.: Bärtiger Kopf mit attischem Helm nach links; rechts davor Zeichen, links dahinter aramäisch *frnbzw* (Pharnabazos, Kilikien). BMC Cilicia, 165 no. 17, pl. 29.3.

Himmelsgötter auf Münzbildern aus Samaria und Jehud

Breit belegt sind auch Darstellungen des männlich Göttlichen. Ein Schlaglicht darauf wirft die andere Drachme, die der Provinz Jehud zugeordnet werden kann (Abb. 10). Sie zeigt auf der Rückseite eine männliche Figur auf einem Flügelrad. Sie trägt ein griechisches Himation, wobei der Oberkörper entblößt ist und den Blick auf eine muskulöse Brustpartie freigibt. Die Gestaltung des Körpers ist in diesem Punkt stark griechisch beeinflusst und erinnert an den Göttervater Zeus auf seinem Thron. Ein vergleichbares zeitgenössisches Münzbild findet sich auf Prägungen aus Kilikien, wo der tarsische Baal in ganz ähnlicher Pose abgebildet ist (Abb. 11). Sein Zepter wird von einem Adler gekrönt, dem Attributtier des Himmelsgottes. Auch der Thronende auf der Jehud-Drachme ist mit einem Greifvogel, möglicherweise einem Falken, abgebildet, der ihn zusammen mit dem Flügelrad eindeutig als uranische Gottheit kennzeichnet. Vor dem Hintergrund des Buches Esra, in dem Jhwh als *„Gott des Himmels"* (Esra 7,21) bezeichnet wird, kann der Dargestellte mit dem biblischen G*tt identifiziert werden. Das sog. Bilderverbot richtete sich in dieser Zeit nur gegen Kultbilder, nicht aber bspw. gegen Münzbilder. Die Münzbilder sind denn auch nicht als Darstellungen von realexistierenden Kultbildern zu verstehen. Sie zeigen lediglich die Kategorie an, zu welcher der lokal verehrte G*tt Jhwh gehörte, nämlich zu den höchsten Himmelsgöttern.

Einen etwas anders gestalteten Himmelsgott zeigen Münzen aus Samaria, die um das Jahr 340 v. Chr. geprägt wurden. Auf ihnen finden wir eine vierflüglige G*ttheit, die aus dem Oberkörper eines bärtigen Mannes mit Krone und den Flügeln sowie dem Schwanz eines Vogels zusammengesetzt ist (vgl. Abb. 2). Die Komposition lehnt sich an die Darstellung des persischen Gottes Ahuramazda an, bei der eine menschliche Halbfigur auf einer geflügelten Sonnenscheibe aufsitzt. Es ist die altorientalische Art, einen *„Gott des Himmels"* abzubilden. Wieder handelt es sich um eine klar männliche Gestalt, die durch ihren Ornat nun aber deutlich der höfischen Welt zugeordnet werden kann: Nicht körperliche Kraft strahlt sie aus, sondern majestätische Würde.

Dies ist auch beim Thronenden der Fall, der auf der Vorderseite des gleichen Münztyps abgebildet ist. Häufig wird die Darstellung als Idealbild des persischen Großkönigs interpretiert. Es ist aber auch möglich, den Thronenden als Gott zu deuten, denn das Motiv der thronenden Gottheit ist gut belegt in der Levante der Perserzeit. Sie ist dann weniger ein Gott des Himmels als ein Herrscher über die Erde, der regiert und richtet.

Das Pendant in griechischem Stil haben wir bereits kennengelernt: Es ist Zeus im Himation, der auf seinem Diphros sitzt (vgl. Abb. 10). Dieses Motiv wird um die Mitte des 4. Jahrhunderts v. Chr. auch in Samaria adaptiert und zwar von einem Prägeherrn mit Namen Hananja (*ḥnnyh*) (Abb. 12). Während der Baal von Tarsos eine Kornähre und eine Weintraube hält, präsentiert der Gott auf der samarischen Münze eine große Blüte in der Hand. Beide zeichnen sich also als lebensspendende Gottheiten der Vegetation aus. Dies ist ein Aspekt, der natürlich durchaus auch auf den biblischen G*tt zutrifft, sodass sich das Bild auf der samarischen Münze ohne weiteres als Jhwh identifizieren lässt.

Abb. 10: Jehud, Drachme (3.29 g, 11 h). Rev.: Bärtige Figur in Himation nach rechts, auf einem geflügelten Rad sitzend und einen Greifvogel haltend (Falke?); unten rechts Gesicht eines Bärtigen (Bes?) nach links; darüber aramäisch *yhd* (Jehud). BMC Palestine, Pl. 19,29.

Abb. 11: Kilikien, Tarsos, Stater (10.69 g, 11 h). Obv.: Sitzender Bärtiger in Himation mit Kornähre und Weintraube in der linken, ein Adler-Zepter in der rechten Hand haltend; rechts dahinter Thymiaterion; links aramäisch *bʿltrz* (Baal von Tarsos). Die Szene wird umgeben von einem Rund von Mauerzinnen. Rev.: Stehender Nackter mit ausgestrecktem rechtem Arm, gegenüber Stehender in Himation mit Hand vor dem Gesicht; dazwischen Thymiaterion; jeweils links der beiden Figuren: aramäisch *ʾnʾ* (An/Anu) bzw. *trkmw* (Tarkumuwa). Die Szene wird umgeben von einem Quadrat, das oben mit halbrunden Bauornamenten (Antefixen) versehen ist. SNG von Aulock: no. 5946.

Ein Gott und eine Göttin auf den Münzen des Jerobeam aus Samaria

Ein Schlaglicht auf die religiösen Verhältnisse in Samaria werfen noch zwei weitere Münztypen. Beide wurden Mitte des 4. Jahrhunderts v. Chr. von einem Münzherrn namens Jerobeam (*yrbʿm*) verantwortet und zeigen je eine Verehrungsszene. Auf der einen (Abb. 13) stehen sich zwei männliche Figuren gegenüber. Die Rechte trägt einen Zweig, die Linke ist in ein griechisches Gewand gehüllt und hält eine Blüte in der Hand. Im Raum zwischen ihnen findet sich der Schriftzug *yrbʿm* (Jerobeam). Das Münzbild zeigt also wahrscheinlich, wie Jerobeam seiner Gottheit huldigt.

Dass wir es hier tatsächlich mit einer kultischen Szene zu tun haben, kann von einer kilikischen Münze abgeleitet werden, die Jerobeam als Vorbild diente. Es handelt sich um einen Stater, der zwischen 378 und 372 v. Chr. vom kilikischen Lokalfürsten Tarkumuwa ausgegeben wurde und auf seiner Rückseite zwei sich gegenüberstehende Männer zeigt (vgl. Abb. 11). Aufgrund der beigegebenen Legenden können die beiden als Gott Anu (*ʾnʾ*) und Tarkumuwa identifiziert werden. Tarkumuwa steht also in Adorations- oder Beterhaltung (mit vor den Mund gehaltener Hand) seinem Gott gegenüber und zwar in einem Gebäude, das aufgrund des Inventars (Weihrauchständer) und der angegebenen Bauelemente (Antefixe) als Tempel angesprochen werden kann. Bemerkenswert ist, dass der Gott Anu hier gänzlich nackt dargestellt ist, sodass sein muskulös gebauter Körper gut zur Geltung kommt. Er wird so zum Sinnbild für göttliche Souveränität und Kraft.

Diese kilikische Verehrungsszene wurde von Jerobeam in Samaria adaptiert: Auch auf seiner Münze stehen sich zwei Männer gegenüber – ein nackter links, ein in ein Himation gehüllter rechts. Bemerkenswerterweise wird den beiden Figuren nun ein Zweig und eine Blüte in die Hände gegeben. Die Blüte symbolisiert Regeneration, der Zweig ist ein Zeichen für Vegetation. Beide unterstreichen den lebensförderlichen Charakter des dargestellten G*ttes, bei dem es sich möglicherweise um Jhwh handelt.

Das Motiv der Verehrung war Jerobeam so wichtig, dass er es noch ein zweites Mal adaptierte (Abb. 14). Wieder ist es ähnlich komponiert wie in Kilikien, enthält nun aber interessante Hinweise im Blick auf die Verteilung der göttlichen Geschlechterrollen. Nun stehen sich nämlich nicht zwei Männer gegenüber, sondern zwei Frauen. Beide sind ganz nach persischer Tradition gestaltet, tragen ein Faltengewand und in einen Zopf gebundenes Haar. Von Nacktheit kann keine Rede sein, eher zeichnen sich die Frauen durch anmutige Schönheit aus, was durch ihre Körperhaltung unterstrichen wird: Die Linke der beiden erhebt ihre Hand vor den Mund, die Rechte hält eine Lotosblüte. Die Begegnung spielt sich vor einem Kubus ab, der als Tempel oder Schrein gedeutet werden kann, sodass wir es auch hier mit einer Verehrungsszene zu tun haben. Doch wer genau wird verehrt? In Analogie zum Vorbild aus Kilikien ist anzunehmen, dass es sich um eine Göttin handelt. Eindeutig zu identifizieren ist sie aufgrund fehlender Attribute nicht, als einziger Hinweis dient ein Zweiglein, dass links am Schrein zu erkennen ist und das wie bereits oben in Richtung Vegetationsgottheit weist.

Dass Göttinnen durchaus ihren Platz im perserzeitlichen Samaria hatten, legen zahlreiche weitere Münzbilder nahe. Sie zeigen auf ihren Vorderseiten unterschiedlich geartete Frauenköpfe, die als Verweis auf weibliche Gottheiten zu verstehen sind (vgl. Abb. 12, 13, 15). Welche Göttinnen sie genau abbilden, ist schwer zu sagen. Einige von ihnen sind mit einem Löwenkopf auf der Rückseite kombiniert (Abb. 16), könnten also auf kriegerische Göttinnen verweisen, wie wir sie bereits auf philistäischen Münzen angetroffen haben. In anderen Fällen muss die Möglichkeit in Betracht gezogen werden, dass die Frauen als Personifikation einer Stadt anzusprechen sind. Dies insbesondere dann, wenn die Köpfe eine Mauerkrone tragen und ihnen bspw. die Legende *šmr* (für Samaria) beigegeben ist (vgl. Abb. 12, 13, 15). Wie wir noch sehen werden, findet die Verkörperung einer Stadt in Form einer Frau in späterer Zeit weite Verbreitung.

Späte Jehud-Münzen zeigen ein ganz eigenes Bildrepertoire.

Wenden wir unseren Blick von Samaria nun wieder in den Süden nach Judäa. Dort werden nach den frühen Jehud-Drachmen erst wieder ab der Mitte des 4. Jahrhunderts v. Chr. eigene Münzen ausgegeben. Diese späteren Prägungen unterscheiden sich im Vergleich zu den früheren deutlich: Zum einen handelt es sich nun nicht mehr um Drachmen, sondern nur noch um Obolen und Halbobolen, also um kleine und kleinste Silbermünzen. Zum anderen weisen sie ein gänzlich anderes Bildrepertoire auf.

Eine Gruppe (wohl die früheste) imitiert die attische Währung mit Athenakopf und Eule (vgl. Abb. 4). Eine weitere trägt einen Greifvogel (wahrscheinlich einen Falken) auf der Rückseite, der mit unterschiedlichen Motiven kombiniert ist. Klar zu identifizieren ist der Kopf eines Bärtigen mit Krone (ein Idealbild des persischen Großkönigs) (Abb. 17), eine Lilie (Abb. 18) und ein Ohr. Weitere Typen, deren Münzbilder allerdings

Abb. 16: Samaria, Obole (0.72 g, 12 h). Obv.: Weiblicher Kopf nach rechts mit Diadem und Halsschmuck. Rev.: Löwenkopf in Vorderansicht. CHL, 220 no. 225; pl. 180,220.

Abb. 12: Obole, Silber, Samaria, Mitte 4. Jh. v. Chr.; weiblicher Kopf, sitzende männliche Gestalt; Ausstellungsobjekt Nr. 039, S. 190.

Abb. 13: Obole, Silber, Samaria, Mitte 4. Jh. v. Chr.; weiblicher Kopf, Kultszene mit zwei männlichen Gestalten; Ausstellungsobjekt Nr. 040, S. 190.

Abb. 14: Obole, Silber, Samaria, Mitte 4. Jh. v. Chr.; sitzender Krieger, Kultszene mit zwei weiblichen Gestalten; Ausstellungsobjekt Nr. 042, S. 191.

Abb. 15: Obole, Silber, Samaria, Mitte 4. Jh. v. Chr.; weiblicher Kopf, bärtiger männlicher Kopf; Ausstellungsobjekt Nr. 036, S. 190.

nicht deutlich zu erkennen sind, zeigen ein Schofarhorn und eine Weihrauch- oder Feuerschale.

Im Gegensatz zu den Münzbildern aus Philistäa und Samaria ist das Bildrepertoire dieser Jehud-Münzen auffällig restriktiv. Bei den Motiven handelt es sich um Symbole, deren Bedeutung nicht eindeutig geklärt werden kann. Bezüge zum biblischen G*tt und seinem Heiligtum in Jerusalem lassen sich zwar herstellen, sind aber nicht zwingend. Der Falke kann als Attributtier des Himmelsgottes gedeutet werden, das Ohr als Organ des (er-)hörenden Jhwhs und der Kopf des Königs als der von Jhwh eingesetzte Herrscher. Die Lilie ist möglicherweise als Symbol für das Volk zu verstehen, die Schale und das Horn als Verweis auf Tempel, Kult und Priesterschaft. Dies bleiben aber alles Vermutungen, die sich nicht abschließend klären lassen. Deutlich wird aber, dass das Bildrepertoire nicht auf eine dezidiert männliche oder weibliche Göttlichkeit angelegt ist.

In diesem Zusammenhang interessant sind die Münzen von Hiskija, dem Statthalter (*yḥzqyh hpḥh*, Abb. 19), und Johanan, dem Priester (*ywḥnn hkwhn*). Auf der Vorderseite ihrer Prägungen ist ein Gesicht in Vorderansicht zu sehen, das aufgrund seiner Gestaltung keinerlei Rückschlüsse auf ein bestimmtes Geschlecht zulässt. Es ist weder männlich noch weiblich und lässt sich folglich weder mit einem Gott noch mit einer Göttin in Beziehung bringen. War vielleicht gerade dies die Absicht der Motivwahl?

Könige als Götter – Judäa unter der Herrschaft der Ptolemäer und Seleukiden

Ein Aspekt, der bei den Münzbildern aus Judäa immer mitschwingt, ist die Herrschaftsikonographie. Sowohl die Perser als auch die Griechen (zuerst die Diadochen, dann die Ptolemäer) haben die Lokalprägungen beeinflusst. Dies machen imperiale Symbole wie der persische Falke oder der ptolemäische Adler deutlich, insbesondere aber die Herrscherköpfe (vgl. Abb. 17, 20–21). Diese Einflussnahme setzte sich in hellenistischer Zeit fort, wobei unter den Ptolemäern neben die Köpfe der Könige auch die ihrer Gattinnen traten. Sie erscheinen gleichsam als Götterpaar, das sich wie Vater und Mutter um die Untertanen kümmert.

Mit den Münzen der Ptolemäer und Seleukiden fanden erstmals Darstellungen von griechischen Göttinnen und Göttern weite Verbreitung in ganz Palästina. Sie dienten auch als Vorbilder für die im Laufe des 2. Jahrhunderts v. Chr. entstehenden städtischen Münzprägungen. Ein besonders beliebtes Motiv hier war die Göttin Tyche (Abb. 22), die mit einer Mauerkrone auf dem Kopf und einem Füllhorn im Arm die erhoffte Wohlfahrt einer Stadt und ihrer Bewohner*innen verkörpert.

Die Münzbilder der Hasmonäer – Legenden und Symbole statt Köpfe und Figuren

Neben die anthropomorph gestalteten G*ttheiten auf Münzen traten unter den Seleukiden vermehrt Göttersymbole wie der Dreifuss des Apollo, die Isis-Krone oder die Keule des Herakles. Auch andere zeichenhafte Motive wie der Helm, die Palme oder das Füllhorn finden sich häufig. Genau für solche Motive entschied sich der Hasmonäer Johannes Hyrkan I. (134–104 v. Chr.), als sich ihm die Möglichkeit einer eigenen Münzprägung bot. Die ersten Münzen wurden noch in den letzten Jahren des Seleukiden Antiochos VII. ausgegeben und zeigen auf ihrer Vorderseite eine Lilie, auf der Rückseite den seleukidischen Anker (Abb. 23). Auf Herrscher- oder Göttergestalten wurde also verzichtet, und zwar u. a. zugunsten eines Blütenkelchs, der an das Münzbild aus der Perserzeit erinnert.

Auch auf den Münzen, die Hyrkan I. und seine Nachfolger als unabhängige Herrscher prägen ließen, finden sich keine menschen- oder tiergestaltigen Motive. Das Bildrepertoire umfasst Füllhörner, Palmzweige und Blüten sowie Kränze, Helme und Anker (Abb. 23–26), also größtenteils Symbole, wie sie bereits auf der seleukidischen Münzprägung erscheinen. Die hasmonäischen Dynasten entlehnten sie und setzten sie als Teil ihrer Segens- oder Herrschaftsikonographie ein. Diese Symbolik steht natürlich in Beziehung zu ihrem Königtum, einen direkten Verweis auf Jhwh enthält sie aber nicht. Ähnlich wie bei der Bildsprache der späten Jehud-Münzen ist die Beziehung nur indirekt zu erschließen und bleibt vage. Eindeutig einer männlichen oder weiblichen Göttlichkeit zuzuordnen, sind die Motive jedenfalls nicht.

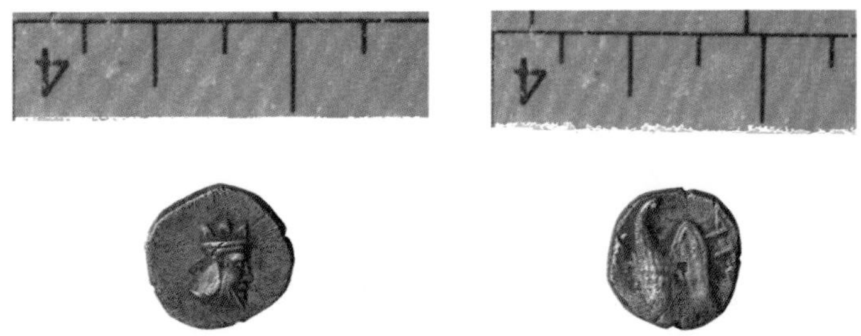

Abb. 17: Halber Gerah, Silber, Jerusalem, 353–332 v. Chr.; Kopf eines persischen Großkönigs, Falke; Ausstellungsobjekt Nr. 038, S. 191.

Abb. 18: Halber Gerah, Silber, Jerusalem, 351–347 v. Chr.; Lilie, Falke; Ausstellungsobjekt Nr. 043, S. 192.

Abb. 19: Halber Gerah, Silber, Jerusalem, 332–302 v. Chr.; geschlechtsneutrales Gesicht, Eule; Ausstellungsobjekt Nr. 053, S. 192.

Abb. 20: Halber Gerah, Silber, Jerusalem, 350–332 v. Chr.; bartloser männlicher Kopf, Mischwesen aus geflügelter Raubkatze mit Menschenkopf; Ausstellungsobjekt Nr. 047, S. 192.

Abb. 21: Viertel-Obole, Silber, Jerusalem, ca. 302/301–295/294 v. Chr.; bartloser männlicher Kopf, Adler; Ausstellungsobjekt Nr. 055, S. 193.

Abb. 22: Städtische Münze, Bronze, Gaza, 148–147 v. Chr.; Kopf der Göttin Tyche mit Mauerkrone, stehender Gott Zeus; Ausstellungsobjekt Nr. 049, Nr. 193.

Abb. 23: Münze Antiochus VII., Bronze, Jerusalem, 130 v. Chr., Anker, Lilie; Ausstellungsobjekt Nr. 050, Nr. 193.

Abb. 24: Prutah von Alexander Jannaeus, Bronze, Jerusalem, 102–76 v. Chr.; Anker, achtstrahliger Stern in einem Königsdiadem; Ausstellungsobjekt Nr. 052, Nr. 193..

Abb. 25: Doppel-Prutah von Johannes Hyrcanus I., Buntmetall, Jerusalem, 129–104 v. Chr.; Paläohebräische Inschrift, gekreuzte Füllhörner mit Granatapfel dazwischen; Ausstellungsobjekt Nr. 057, S. 193.

Abb. 26: Halb-Prutah von Johannes Hyrcanus I., Buntmetall, Jerusalem, 129–104 v. Chr.; Palmzweig und Paläohebräische Inschrift, Blüte zwischen Kornähren; Ausstellungsobjekt Nr. 059, S. 193.

Mit den Münzen der Hasmonäer sind wir am Ende einer Entwicklung angekommen, die zu Beginn des 4. Jahrhunderts v. Chr. mit den beiden Jehud-Drachmen begonnen hat. Ihre Münzbilder zeigen einen vor Männlichkeit strotzenden Himmelsgott und eine anmutige Schönheit in Form eines Frauengesichts und lassen hintergründig noch bestimmte Geschlechterrollen vermuten, wie sie deutlicher auf den Münzen aus Philistäa und Samaria zu Tage treten. Götter sind hier als Herrscher dargestellt, die sich entweder aufgrund ihrer majestätischen Würde oder ihrer körperlichen Kraft auszeichnen. Göttinnen hingegen werden eher mit Schönheit, Anmut und Vornehmheit verbunden, können aber durchaus auch eine gefährliche, kriegerisch-kämpferische Seite haben. Sowohl für Götter als auch für Göttinnen gilt, dass sie als Garant*innen für Regeneration und Wohlergehen gezeigt werden. Auf diesen lebensförderlichen Aspekt greifen dann später auch die Hasmonäer bei der Wahl von Segensbildern wieder zurück. Es sind Segensbilder, die ihren einen G*tt als sowohl männlich als auch weiblich auszeichnen.

Literatur

von Aulock, Hans: Sylloge Nummorum Graecorum Deutschland, Berlin 1957–1967.

Gitler, Haim; Tal, Oren: The Coins of Philistia in the Fifth and Fourth Century BC. A Study of the Earliest Coins of Palestine (Collezioni Numismatiche 6), Milan 2006.

Gitler, Haim: The Earliest Coin of Judah, in: Israel Numismatic Research 6, 2011, S. 21–33.

Hendin, David; Meadows, Andrews (Hg.): Coins of the Holy Land. The Abraham and Marian Sofaer Collection at the American Numismatic Society and The Israel Museum (American Numismatic Society. Ancient Coins in North American Collections 8), New York 2013.

Hill, George Francis: A Catalogue of the Greek Coins in the British Museum: Lycaonia, Isauria, and Cilicia, London 1900.

Hill, George Francis: A Catalogue of the Greek Coins in the British Museum: Palestine, London 1914.

Weiblich, männlich, divers (?)
Zu Genderforschung und Diversität in der biblischen Archäologie

Martin Peilstöcker

Einführung: worum es geht

Bei Einführungsveranstaltungen zur biblischen Archäologie, die traditionell an den theologischen Fachbereichen oder Seminaren der Universitäten verortet sind, fällt auf, dass zumindest zwei Drittel der Studierenden Frauen sind. Auch wenn diese Beobachtung nicht auf einer statistischen Erhebung basiert, so scheint gerade unter Studentinnen das Interesse an diesem exotischen Teilgebiet der Archäologie und der Theologie besonders groß. Auch in Seminarveranstaltungen und Übungen setzt sich diese Beobachtung fort. Bei einer Exkursion der Humboldt Universität Berlin 2018 nach Jordanien gab es neben acht Teilnehmern 14 Teilnehmerinnen und für eine Israel-Exkursion im Frühjahr 2020 hatten sich sechs männliche, aber 17 weibliche Studierende angemeldet. Auch bei der Verteilung der Teilnehmer*innen an archäologischen Ausgrabungen in der Region ist ein ähnliches Bild zu verzeichnen (Abb. 1). Da die Einschreibungen, zumindest bisher, nur eine

Abb. 1: Archäologinnen bei den Ausgrabungen in Jaffa.

Abb. 2: Die Ausgrabungen in Qumran. Bis heute erklären die Tafeln, dass es eine Essener-Siedlung sei. Im Hintergrund der Friedhof.

binäre Geschlechtsangabe zulassen, ist eine weitere Differenzierung nicht möglich. Könnte daraus geschlossen werden, dass Gender kein Thema in der Archäologie ist?

Der folgende Beitrag – zugegebenermaßen von einem Mann verfasst – versucht die Entwicklung der Genderforschung in der biblischen Archäologie nachzuzeichnen. Dabei folge ich der Überzeugung der amerikanischen Archäologin Carol Meyers, dass die Genderarchäologie nicht darauf beschränkt werden sollte, dass nur Frauen das Leben von Frauen untersuchen könnten. Denn, obwohl der Begriff „Gender" manchmal als Codewort für Frauen verwendet wird, erforscht die Archäologie das vergangene Leben von Männern wie Frauen. Da Menschen selten ein geschlechtsgetrenntes Leben gelebt haben, bietet die Beschäftigung mit einem Geschlecht immer auch Informationen über das andere. Insofern kann eine „gegenderte" Archäologie einen Zugang zu einer Archäologie des Menschen liefern, eine Archäologie, die über die Artefakte und Strukturen hinausgeht und versucht, die Struktur des Lebens derer, die diese Artefakte und Strukturen benutzt haben, wiederherzustellen.

Ein archäologischer Fund ist per se stumm und geschlechtsneutral und bedarf der Interpretation. Diese Interpretation ist natürlich von der Sozialisierung der Forscherin oder des Forschers abhängig, nicht nur was deren bzw. dessen Geschlecht angeht. Es liegt am Thema der Ausstellung, dass hier die biblische Archäologie der Gegenstand der Betrachtung ist, wozu das Verständnis des Autors von biblischer Archäologie kurz erläutert werden soll.

Moderne biblische Archäologie konzentriert sich auf die Länder der Bibel, zu denen neben dem modernen Staat Israel mit den palästinensischen Autonomiegebieten auch Jordanien und zumindest Teile Syriens, des Libanons und Ägyptens gehören. Biblische Archäologie sollte die erzählte Zeit wie die Erzählzeit der alt- und neutestamentlichen Schriften im Auge haben und dabei auch die frühen Perioden untersuchen, in denen vielfach die Wurzeln für das Leben in der biblischen Zeit zu suchen sind. Die biblischen Texte und andere Quellen dürfen dabei nur unabhängig vom archäologischen Befund zu Rate gezogen werden. Die biblische Archäologie hat nicht die Aufgabe, die Bibel zu be- oder widerlegen.

Die Frauen von Qumran

Wie sehr die Beurteilung archäologischer Befunde vom Geschlecht (Gender) des Archäologen abhängt, soll am Beispiel Qumran gezeigt werden.

Roland de Vaux war ein französischer Dominikaner, Bibelwissenschaftler und Archäologe. Als solcher grub er von 1951 bis 1956 große Teile der Siedlung von Khirbet Qumran am Toten Meer aus, unweit der Höhlen, in denen die berühmten Schriftrollen gefunden wurden. Die Entdeckung der Schriftrollen und seine Ausgrabungen 1949 in der „Höhle 1" waren der Grund, sich mit diesem Siedlungsplatz zu beschäftigen, da er einen Zusammenhang vermutete. Als Ergebnis seiner Arbeiten meinte de Vaux, die schon vom Entdecker der Schriftrollen aufgestellte „Essener-Hypothese" bestätigen zu können, was er an der Lage, den Funden und dem Gräberfeld der Siedlung festmachte.

Die Essener sind eine schwer zu erfassende jüdische Gruppierung, die sich um 150 v. Chr. in Ablehnung der Hellenisierungstendenzen gründete. Unser Wissen über sie beruht in erster Linie auf den antiken Berichten, die bei Flavius Josephus (Bell. 2,119–166; Ant. 13,171–173; 15,371 f.; 18,11–25), Plinius dem Älteren (Naturalis historia 5,73) und Philo von Alexandrien (prob. 72–91) zu finden sind, und auf der Auswertung der Schriftrollen (insbesondere die Gemeinderegel [1QS]). Wichtig hier ist die Einschätzung der Gruppe der Essener als eine männlich dominierte, praktisch zölibatär lebendende, asketische, geschlossene Gemeinschaft mit strengen Regeln.

Als Dominikanermönch war de Vaux diese Lebensweise bekannt, und so fand er bei seinen Ausgrabungen, was er suchte: Er interpretierte Qumran als eine Art Kloster der Essener zur Erschaffung der anschließend in die Höhlen verbrachten Schriften. Archäologisch stützte er seine Theorie insbesondere auf drei Befunde. Zum einen auf die Bauform der Siedlung selbst, die er für singulär und abgelegen hielt, zum

Abb. 3: Idealtypisches Modell eines eisenzeitlichen Vierraumhauses.

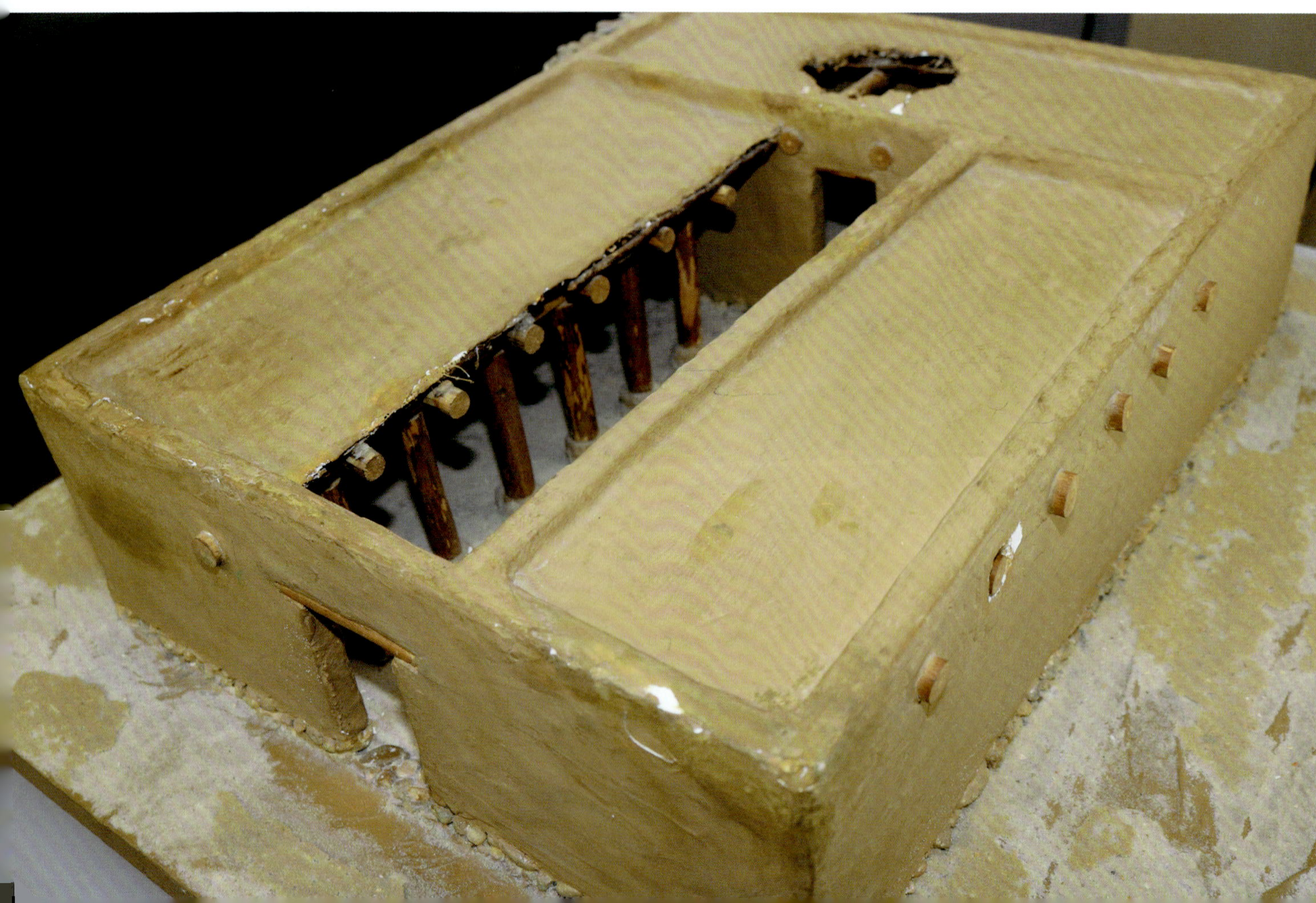

anderen den Friedhof der Siedlung mit fast ausschließlich männlichen Bestattungen und schließlich die Funde, z. B. von Krügen, die in den Höhlen gefunden wurden, oder auch Tintengefäße. Die Thesen von de Vaux wurden zur Mehrheitsmeinung in der Qumranforschung, obwohl er selbst bis zu seinem Tod 1971 keinen Endbericht der Grabungen vorlegte, der es erlaubt hätte, Einzelheiten zu prüfen.

Erst in den 1990er Jahren kamen Zweifel an der Eindeutigkeit der Essener-These auf. Nachgrabungen in Qumran, eine genauere Analyse – z. B. der menschlichen Überreste – und eine sich ständig erweiternde Datenbasis von anderen Grabungen in der Region des Toten Meeres zeigen ein differenzierteres Bild, auch wenn Einzelheiten nicht zuletzt wegen der überhasteten Grabungstätigkeit von de Vaux und der teils lückenhaften Grabungsdokumentation unklar bleiben.

Die Siedlung von Qumran liegt keineswegs abgeschieden, sondern ist eine landwirtschaftliche Siedlung, die wie andere auch die Produkte der Region, wie z. B. Datteln, verarbeitet. Die Funde entsprechen der materiellen Kultur der Region. „Qumrankrüge" wurden inzwischen auch anderswo, z. B. in En Gedi, gefunden. Auch die Bewertung des Gräberfeldes hat sich geändert: Der Grabtyp (Schachtgrab) ist inzwischen u. a. von Hirbet Qazone im heutigen Jordanien bekannt. Von den 1.200 erhaltenen Gräbern in Qumran sind weiter nur etwa 100 untersucht und dabei durchaus – wenn auch in kleiner Zahl – weibliche Bestattungen anthropologisch nachgewiesen worden. Auch weisen Schmuckstücke auf Frauen hin, die hier begraben wurden. Auch wenn die Frage nach der Belegung des Friedhofs noch nicht endgültig geklärt ist, da es sich teilweise um späte, beduinische Bestattungen handeln könnte, so wird die Frage nach dem Geschlecht der Bewohner jetzt diskutiert.

Forscherinnen wie Katharina Galor, die explizit zu Frauen in Qumran gearbeitet hat, oder Joan E. Taylor, die sich mit der Frage nach den Essenern beschäftigt hat, korrigieren langsam die bisher von männlicher Sichtweise dominierte Forschung (Abb. 2).

Wie es begann und wo wir stehen

Seit etwa 150 Jahren existiert die biblische Archäologie als Wissenschaft, erst seit etwa 40 Jahren spielen Untersuchungen zur archäologischen Geschlechterforschung eine Rolle. Bis dahin war die Archäologie von einer androzentrischen Sichtweise geprägt, die den Mann als Zentrum, Maßstab und Norm versteht, wie an der Interpretation der Funde deutlich wird. Schnell wurde klar: Es ist nicht immer möglich, Funde geschlechtsspezifisch zuzuordnen. Ein weiteres,

Abb. 4: Eisenzeitliche Figurine. Trommlerin oder kuchenbackende Frau? Ausstellungsobjekt Nr. 063, S. 188.

entscheidendes Problem besteht darin, dass die Forscher*innen tendenziell von ihrem ideologischen Standpunkt oder von der Gesellschaft beeinflusst werden, zu der sie gehören und die die jeweiligen sozialen Funktionen von Männern und Frauen definiert.

Feministische Studien im Bereich von Soziologie und Anthropologie führten dazu, dass in der Archäologie versucht wurde, die Rolle der Frau in der Antike in einer Weise zu ermitteln, die nicht durch männliche Stereotype verzerrt wird. Die „Sichtbarkeit" von Frauen wurde zu einem zentralen Ziel der Gender-Studien. 1984 veröffentlichten Margaret Conkey und Janet Spector den Essay „Archaeology and the Study of Gender", in dem sie die Notwendigkeit einer Diskussion über Geschlechterfragen in der Archäologie erklärten und gleichzeitig Linien für zukünftige Forschung vorschlugen. Er gilt als Grundlage der Genderforschung in der Archäologie.

In den 1990er Jahren fand die Genderforschung in der postprozessualen Archäologie eine Heimat. Die postprozessuale Archäologie, auch interpretative Archäologie genannt, betont die Subjektivität der archäologischen Interpretationen. Hier war die Diskussion über Frauen und Geschlecht möglich, da sich dieser Ansatz auf den Einzelnen bezieht und die Aufgaben des Einzelnen innerhalb des sozialen Rahmens betont und Geschlechterkategorien in Bezug auf Zeit und Raum unter Berücksichtigung des spezifischen historischen und kulturellen Kontexts analysiert.

In der Einleitung zu ihren Untersuchungen zu den *Drummer Figurines*, einer besonderen Gattung von eisenzeitlichen Figurinen, schreibt Sarit Paz dazu zusammenfassend:

> *„Gender archaeology has thus produced a theoretical model concerned with the identification of gender structures in various societies — their dynamics, the relations between them, and their participation in the construction of other social structures. It recognizes that women comprise a decisive and influential factor in society, both as a class and as individuals, and acknowledges their potential and their ability to join fully in the social enterprise."* (Paz 2007, 6)

> *„Die Geschlechterarchäologie hat somit ein theoretisches Modell hervorgebracht, das sich mit der Identifizierung von Geschlechterstrukturen in verschiedenen Gesellschaften befasst - ihrer Dynamik, der Beziehungen zwischen ihnen und ihrer Beteiligung am Aufbau anderer sozialer Strukturen. Sie erkennt an, dass Frauen sowohl als Klasse als auch als Individuen einen entscheidenden und einflussreichen Faktor in der Gesellschaft ausmachen, und erkennt ihr Potenzial und ihre Fähigkeit an, sich voll und ganz dem sozialen Unternehmen anzuschließen."* (Übersetzung M. Peilstöcker)

Dies fasst den gegenwärtigen Stand gut zusammen. Die theoretischen Aspekte und ihre Formulierungen werden dabei meist aus dem angelsächsischen Raum übernommen.

Abb. 5: Eisenzeitliche Figurine mit weiblichen wie männlichen Attributen vom Tel 'Ira. Ausstellungsobjekt Nr. 064, S. 194.

Abb. 6: Umzeichnung einer eisenzeitlichen Figurine in Gestalt eines Zentauren vom Tel Beer Sheva. Ausstellungsobjekt Nr. 062, S. 194.

Gender und *Household-Archaeology*

In Anwendung auf den Bereich der biblischen Archäologie fasst die schon erwähnte Amerikanerin Carol Meyers 2002 – noch heute gültig – den Stand in ihrem Aufsatz „Engendering Syro-Palestinian Archaeology: Reasons and Resources" zusammen (Meyers 2003). Sie ruft in diesem Aufsatz auch dazu auf, das Potential zu nutzen, das die sog. *Household-Archeology* bietet, auf Deutsch etwa die Archäologie des Haushalts, in dem sich das Leben großteils abspielte. In einem weiteren Aufsatz (Meyers 2009) weist sie darauf hin, dass das frühe Israel eine Agrargesellschaft war und der Haushalt die grundlegende wirtschaftliche, religiöse, politische und natürlich soziale Einheit darstellte.

Ein vormoderner Agrarhaushalt war nicht einfach nur eine Familie, noch war er nur eine Wohnung (Abb. 3). Er war beides und hatte mehrere Funktionen. Arbeitsplatz und Wohnraum waren nicht getrennt, wie in der heutigen, modernen, industrialisierten Welt. Dieser Haushalt wird im Alten Testament gewöhnlich mit „Haus des Vaters" bezeichnet (בא תיב), aber es findet sich auch die Bezeichnung „Haus der Mutter" (Hoheslied 8,2; םא תיב).

Das gewöhnliche Wohnhaus der Familie in der Eisenzeit, also der Periode, von der die biblischen Erzählungen berichten, war das sog. Vierraumhaus, wegen seiner Nutzung von Pfeilern auch *Pillared-House* genannt. Meyers weist darauf hin, dass Frauen in Agrargesellschaften für *maintenance activities* (Instandhaltungstätigkeiten) verantwortlich waren. Dazu gehörte die Verarbeitung von Pflanzen und Tieren in

Nahrungsmittel sowie Textilien. Auch wenn diese Tätigkeiten dominierten, gehörten religiöse Aktivitäten auch zum Haushalt und die soziale Welt der Frauen umfasste die Interaktionen auf Festen, die in und außerhalb des Haushalts gefeiert wurden. Nicht immer ist geschlechterspezifische Nutzung von Geräten, die dem religiösen Leben im Haus zugeschrieben werden können, eindeutig. Allerdings werden diese Objekte oft in dem Bereich der Häuser gefunden, in dem auch Nahrungsmittel verarbeitet wurden. Wie in den meisten Agrargesellschaften hatte das alte Israel Feste, die mit den Zyklen der Ernte und der Aufzucht von Herdentieren verbunden waren, jedoch werden diese Ereignisse in der Bibel historisiert, wie in der Verbindung von Pessach mit Geschichten an den Exodus aus Ägypten. Sie werden jedoch ihren Ursprung im privaten Umfeld gehabt haben – womit Frauen maßgeblich an ihrer Durchführung beteiligt gewesen sein werden.

Ein in der Archäologie weit schwieriger zu fassender Aspekt ist die Rolle und die Funktion der Frauen in den staatlichen Tempeln des alttestamentlichen Israels in Dan, Bethel und Jerusalem, die Susan Ackerman untersucht (Ackerman 2012). Das Weben war, folgt man 2. Könige 23, eine am Tempel verortete Tätigkeit von Frauen. Eine zweite Tätigkeit ist das (kultische) Musizieren, bei dem in Psalm 68 von jungen Frauen als Trommlerinnen die Rede ist. Während das Weben durch Webgewichte gut belegt ist, sind es nach allgemeiner Forschungsmeinung die Handtrommeln haltenden weiblichen Figurinen, die *Drummer Figurines*, die auf Frauen beim Musizieren hinweisen.

Zwischen Theologie und Archäologie: Forschung im deutschsprachigen Raum

Wie eingangs erwähnt, wird im deutschsprachigen Raum die biblische Archäologie meist an den theologischen Fakultäten betrieben. Sie begegnet daher hier der feministischen Theologie und feministischen Exegese, die sich zwar per definitionem auf die Frau konzentriert, aber damit durchaus die Tür für Genderforschung öffnete, die sich nun mit der Vielzahl und Vielfalt geschlechtlicher Identitäten beschäftigt. Die feministische Theologie versuchte, ausgehend von den Vereinigten Staaten, ebenfalls in den 1980er Jahren, die Anliegen des säkularen Feminismus in die einzelnen theologischen Disziplinen einzubringen. Auf die Einzelheiten einzugehen, würde hier zu weit führen, jedoch ist anzumerken, dass sich in der Theologie Feminismus und Genderforschung auch institutionell etabliert haben, was in der biblischen Archäologie nicht der Fall ist. Das mag auch daran liegen, dass – gerade im deutschsprachigen Raum – Theologen und Theologinnen eher Archäologie betreiben als Archäologen und Archäologinnen Theologie. Ein Verständnis für die Notwendigkeit einer fachspezifischen Ausbildung ist oft schwer erkennbar oder soll „durch Erfahrung" wettgemacht werden.

Eine positive Ausnahme stellen die Arbeiten der katholischen Theologin Silvia Schroer dar, insbesondere ihre 1987 leider nur auf Deutsch publizierte Dissertation „In Israel gab es Bilder". In der Frauenbewegung und der feministischen Exegese verwurzelt, versucht sie, ausgehend von der These *„wenn es ein Bilderverbot gab, muss es Bilder gegeben haben"*, einen Beitrag zu einem *„allmählich entstehenden Gebäude einer Kunstgeschichte Israels"* zu leisten (Schroer 1987, 23). Neben Figurinen behandelt sie auch Keramik als Bildträger sowie Textilien, Siegel und Amulette. Obwohl sich die Zahl der Objekte inzwischen ungemein vergrößert hat, bemerkte sie schon damals, dass *„der Textbefund in eklatantem Gegensatz zu den archäologischen Befunden steht: Den Hauptanteil aller Ausgrabungsfunde in Israel stellt ja die Keramik, und darunter sind Figürchen, besonders die Göttinnenfigürchen, Tierskulpturen, theriomorphe Gefäße, Tonständer und Gefäße mit figürlichen Appliken, reliefierte Tonsarkophage und bemalte oder geritzte Scherben in den eisenzeitlichen Schichten erstaunlich häufig"* (Schroer 1987, 387).

Auch wenn leider eine große Zahl der von ihr diskutierten Objekte nicht aus einem klaren archäologischen Kontext stammen und somit auch nicht im oben genannten Sinne ihres Fundzusammenhangs untersucht werden konnten, so ist Schroers Idee zu Teig und Backen interessant, der aber in der weiteren Forschung meines Wissens keine Resonanz fand. Sie weist auf alttestamentliche Stellen hin, z. B. auf Jeremia 44,19, in denen vom Backen „für die Himmelsgöttin" die Rede ist und schlägt vor, dass zumindest einige der Model, die für die Herstellung von (Göttinnen-) Figurinen dienten, zum Backen dersel-

Abb. 7: „The bearded Goddess“ aus Zypern.

ben aus Teig gedient haben könnten. In diesem Zusammenhang weist sie darauf hin, dass schon für das 18. Jahrhundert v.Chr. Backformen in einem Nebenraum der Bäckerei des Palastes von Mari im heutigen Syrien nachgewiesen sind. Auch für die *Drummer Figurines* hat sie eine, allerdings von der Mehrzahl der Forscher nicht weiterverfolgte, abweichende Interpretation: Sie hält die Scheiben, die die Frauen halten, für Kuchen, nicht für Handtrommeln oder Tamburine (Abb.4).

Betreut wurde die Arbeit Schroers von Othmar Keel. Angeregt von einer Konferenz und in Zusammenarbeit mit Christoph Uehlinger veröffentlichten sie in erster Auflage 1992 den Band „Göttinnen, Götter und Gottessymbole". Sie weisen im Vorwort auf Schroers Vorarbeit hin und ziehen für ihre Untersuchungen (nur) die Funde aus Palästina/Israel heran, wobei sie die biblische Archäologie für den zuverlässigsten Weg zu einer Rekonstruktion der Religionsgeschichte halten. Es wird dabei deutlich, dass sie weniger genderbezogene Fragen im Sinn hatten, als vielmehr einen Beitrag zur Diskussion über die Entwicklung des Monotheismus zu leisten. Nichtsdestotrotz erwuchs aus dem Thema – und hier schließt sich der Kreis – eine Ausstellung.

2007 eröffnete Othmar Keel am Bibel und Orient Museum Fribourg in der Schweiz die Sonderausstellung „Gott weiblich: Eine verborgene Seite des biblischen Gottes". Die erfolgreiche Ausstellung wurde im weiteren Verlauf dann in Rottenburg, Amsterdam, Bamberg, Heidelberg und Würzburg gezeigt. Die Exponate stammten zum überwiegenden Teil aus der Sammlung des Museums, die wiederum aus Ankäufen aus dem Antikenhandel und aus Schenkungen bestand. Damit ist der geforderte Abgleich mit den Fundzusammenhängen der Objekte nicht möglich, oft ist sogar ihr Fundort unklar. Neben dieser Einschränkung gehen alle bisher erwähnten Ansätze von einem binären System von Gott/Göttern und Göttin/Göttinnen aus.

Erwähnenswert ist auch die Ausstellung „Die weibliche Seite Gottes", die zu geringem Teil mit archäologischen Objekten arbeitet, aber den Blick insbesondere auf die Frage der Stellung der Frau in antikem und modernen Judentum richtet. Diese Ausstellung war im jüdischen Museum Hohenems (Österreich) zu sehen und kürzlich in einer überarbeiteten Fassung im jüdischen Museum in Frankfurt.

Divers?

Ausgesprochen wenige Studien beschäftigen sich in der Archäologie mit dem Phänomen der Diversität, auch wenn z.B. Darstellungen von Hermaphroditen seit langem bekannt sind, aber für den Bereich der biblischen Archäologie eine zweitrangige Rolle spielen. Bei näherer Betrachtung wird allerdings deutlich, dass sehr wohl das Thema des Androgynen, Diversen eine Rolle spielt, immer dann, wenn entsprechende Funde zu diskutieren sind – dies kommt jedoch selten vor. Zwei Beispiele seien genannt, beide sind in der Ausstellung zu sehen.

Ein Beispiel bringt uns erneut in Kontakt mit den *Drummer Figurines*. In den Ausgrabungen am Tel 'Ira im Negev im Süden Israels wurde eine Figurine gefunden, die ein rundes Objekt (Handtrommel?) vor der Brust hält (Beck 1995). Die Figurine hat eine weibliche Brust und Frisur, trägt aber auch männliche Attribute (Phallus, Bart). Ausführlicher wird die Figurine von Sarit Paz diskutiert, die auch ihren androgynen Charakter aufgreift (Abb. 5). Sie widmet dem Objekt eine ausführliche Diskussion unter Bezugnahme auf anthropologische Studien der Moderne, wie des Altertums aus Regionen wie Amerika, Asien oder Mesopotamien. Sie meint, dass diese Figurinen Personen widerspiegeln, deren sexuelle Identität keineswegs eindeutig ist. Sie konnten auch als alternatives Geschlecht geschätzt werden. Es ist sicherlich denkbar, dass sie mit besonderen Befugnissen ausgestattet wurden, die ihnen eine Rolle in verschiedenen Riten verliehen. Paz nimmt u.a. an, dass aufgrund des Besitzes sowohl männlicher und weiblicher Genitalien als auch anderer Eigenschaften angenommen wurde, dass sie einen Einfluss auf dem Gebiet der Fruchtbarkeit ausübten (Paz 2007, 78).

Das zweite Beispiel ist ein Mischwesen, das bei den Ausgrabungen am Tel Beer Sheva gefunden wurde. Es wurde noch vor der Endpublikation veröffentlicht (Kletter und Herzog 2003), was die Bedeutung des Objekts unterstreicht. Es handelt sich um einen vierbeinigen Zentauren aus Ton, Teile sind abgebrochen. Der Körper der Figur ist zoomorph, bestehend aus einem Pferdekörper und anthropomorphen Oberkörper mit einem menschlichen Kopf. An den Hinterbeinen ist ein männliches Glied zu erkennen, das Gesicht erinnert jedoch an die „Judäischen Pfeiler Figurinen“, ist also weiblich (Abb. 6). Das Objekt war mit rot und grau bemalt.

Kletter und Herzog weisen auf Parallelen im zyprischen Raum hin, ohne jedoch die Frage der Bedeutung eines Mischwesens zu erörtern, da sie es für „importiert“ halten. Tatsächlich sind solche Figurinen aus demselben zeitlichen Horizont (7. Jahrhundert v. Chr.) aus Zypern bekannt und zeigen oft männliche und weibliche Merkmale, wie auch die anthropomorphen Figurinen, die ebenfalls mehrgeschlechtlich auftreten. Die bekannteste Figurine dieser Art ist sicherlich die „Bärtige Göttin“, die sich heute im Medelhavsmuseet in Stockholm befindet (Abb. 7). Sie wurde ausführlich von Marie-Louise Winbladh diskutiert (Winbladh 2012). Auch wenn sich diese Publikation mit der Archäologie Zyperns befasst, so hören sich die Worte der Herausgeberin in der Einleitung zu dem Band wie eine Aufforderung an, der Diversität auch in der biblischen Archäologie einen breiteren Raum zu geben:

> *„Der moderne Mensch hat viel von der Vorgeschichte zu lernen, als die Menschen keine Probleme hatten Grenzen zu überschreiten und vielleicht weniger voreingenommen waren. Ihre Abhängigkeit und Verehrung von der sie umgebenden Natur ließ sie im Einklang mit der Umwelt leben und arbeiten. Im prähistorischen Mittelmeerraum könnten die vielen bisexuellen Figuren vielleicht darauf hindeuten, dass die Wahrnehmung von Androgynen sich von heute unterschied. In der modernen Gesellschaft werden queere Persönlichkeiten mit Verachtung und Argwohn betrachtet. In der Antike scheint es, dass sie als Halbgötter mit Ehrfurcht betrachtet wurden.“* (Winbladh 2012, 10; übers. von M. Peilstöcker).

Literatur

Ackerman, Susan: Women and the religious culture of state temples of the ancient Levant, or: Priestesses, purity, and parturition, in: Kamlah, Jens (Hg. in cooperation with Henrike Michelau): Temple Building and Temple Cult. Architecture and Cultic Paraphernalia of Temples in the Levant (2.–1. Mill. B. C. E.), Abhandlungen des Deutschen Palästina-Vereins 41, Wiesbaden 2012, S. 259–289.

Beck, Pirhiyah: Clay figurines. Human Figurine with Tambourine, in: Beit-Arieh, Itzhaq: Ḥorvat Qitmit. An Edomite shrine in the biblical Negev, Tel Aviv 1995.

Beck, Pirhiyah: Clay figurines. Human Figurine with Tambourine, in: Beit-Arieh, Itzhaq (Hg.): Tel ’Ira: A Stronghold in the Biblical Negev, Tel-Aviv 1999, S. 386–394.

Keel, Othmar; Uehlinger, Christoph: Göttinnen, Götter und Gottessymbole. Neue Erkenntnisse zur Religionsgeschichte Kanaans und Israels aufgrund bislang unerschlossener ikonographischer Quellen, Freiburg 2010.

Kletter, Raz; Herzog, Zeev: An Iron Age Hermaphrodite Centaur from Tel Beer Sheba, Israel, in: Bulletin of the American Schools of Oriental Research No. 331, 2003, S. 27–38.

Meyers, Carol: Engendering Syro-Palestinian Archaeology: Reasons and Resources, in: Near Eastern Archaeology 66.4, 2003, S. 185–197.

Meyers, Carol: In the Household and Beyond, in: Studia Theologica – Nordic Journal of Theology 63, 2009, S. 19–41.

Paz, Sarit: Drums, Women, and Goddesses: Drumming and Gender in Iron Age II Israel, Fribourg 2007.

Schroer, Silvia: In Israel gab es Bilder: Nachrichten von darstellender Kunst im Alten Testament, Freiburg 1987.

G*ttes Ebenbild, männlich und weiblich

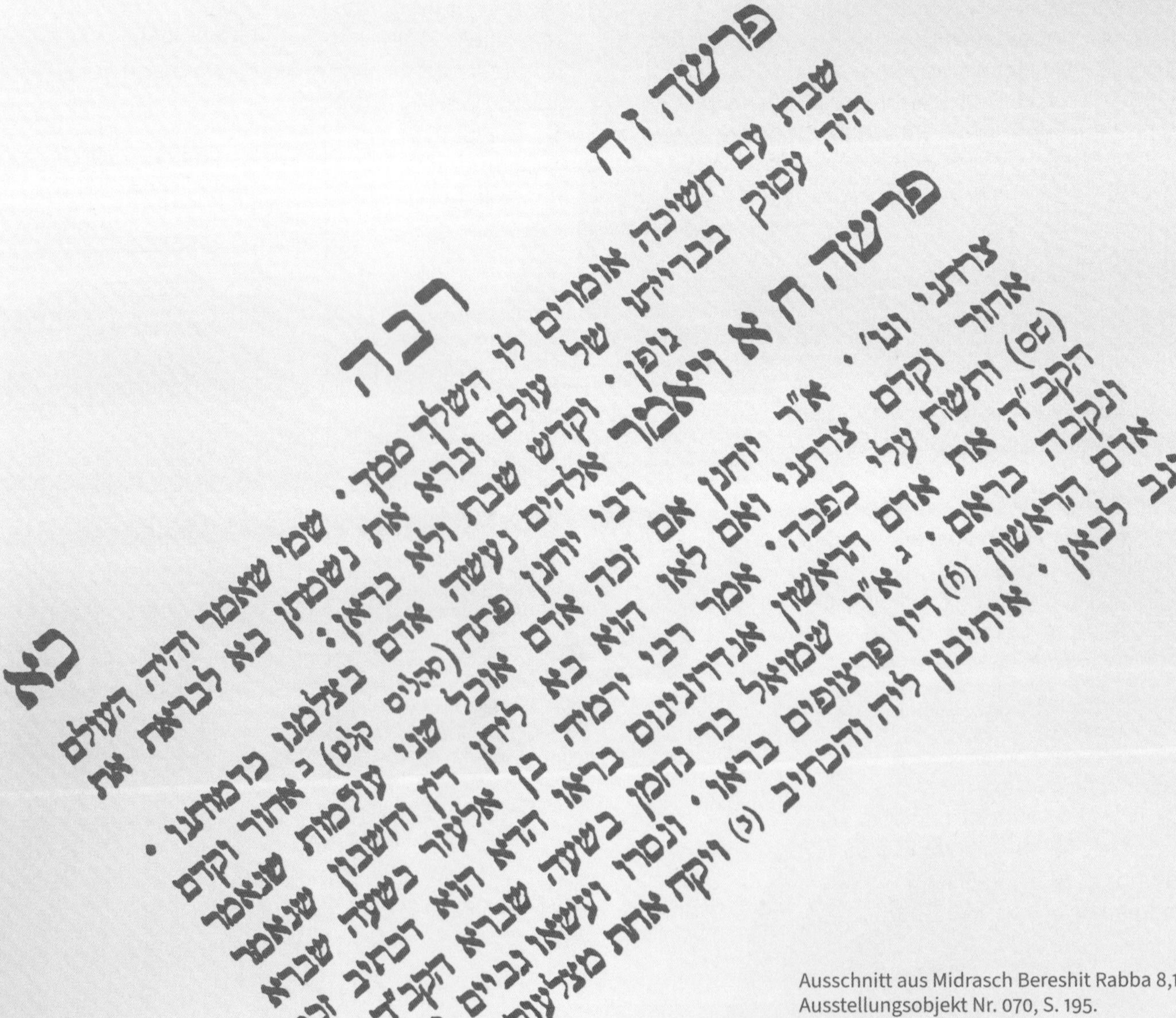

Ausschnitt aus Midrasch Bereshit Rabba 8,1,
Ausstellungsobjekt Nr. 070, S. 195.

G*tt bin ich – und kein Mann

Einleitung zur Vielfalt von Geschlechtlichkeit im biblischen G*ttesbild

Veit Dinkelaker

I met God. She is black.

„Ich habe Gott getroffen. Sie ist schwarz."– 2014 machte ein New Yorker Designer diesen Spruch auf Englisch zu einem Verkaufsschlager auf T-Shirts. Ursprünglich stammt er aus der antirassistischen Bürgerrechtsbewegung aus den USA, der *Black Theology,* und der darin erstarkenden Emanzipationsbewegung der Frauen (McIntosh 2017). Welches Bild haben wir vor Augen, wenn wir von Gott reden, und warum scheint es eine doppelte Provokation zu sein, von „ihr" als „schwarz" zu sprechen? Wo es noch eine Gottesvorstellung gibt, ist sie a-personal gedacht, und Gott wird als höheres Wesen oder geistige Macht verstanden, so bereits in einer Studie der Forschungsgruppe Weltanschauung in Deutschland im Jahr 2002 (fowid 2002). Ist das Nachdenken über eine Geschlechtlichkeit Gottes überhaupt sinnvoll? Wäre G*tt entsprechend seinem Ebenbild ebenfalls männlich *und* weiblich? Welche Rolle hat die Geschlechtlichkeit beim Nachdenken über G*tt?

Du sollst Dir kein Bildnis machen, männlich oder weiblich

Bei den G*ttheiten der Antike wechseln die Rollen, und weibliche G*ttheiten übernehmen „männliche" Aufgaben und umgekehrt. Als Schöpfergott kann auch der griechische G*ttinnen-Vater Zeus als omnipotent gedacht werden, der Apoll zeugt, aber Athene oder Dionysos gebiert. Viele Kulturen entwickeln die Auffassung von einem doppelgeschlechtlichen Gott, nicht zuletzt in der Gestalt des *Hermaphroditos*, Kind von Gott Hermes und Göttin Aphrodite. Hermaphroditos wird doppelgeschlechtlich mit weiblichen und männlichen Merkmalen dargestellt (Abb. S. 100). Der römische Schriftsteller Ovid erzählt einen Mythos dazu in der Schrift „Metarmophosen" (Buch 4, 274–388).

Abb. 1: „I met God. She is black." Laura Mvula auf der Bühne des Bestival auf der Isle of Wight/Vereinigtes Königreich im September 2014.

„Lauft nicht in euer Verderben und macht euch kein Kultbild, das irgendetwas darstellt, keine Statue, kein Abbild eines männlichen oder weiblichen Wesens."

5. Buch Mose/Deuteronomium 4,16; Einheitsübersetzung 2016

In der Antike gibt es viele Abbilder von G*ttinnen, sei es als Standbilder oder auch als G*tt-Könige, also Menschen mit Macht, die von sich behaupten, sie wären das Ebenbild G*ttes, z. B. die ägpytischen Pharaonen oder später die römischen Caesaren. Diese „Abbilder" haben geschlechtliche Merkmale. Der Name des biblischen G*ttes, JHWH, wird abgeleitet von einer vorderorientalischen männlichen G*ttheit mit Namen JHW oder JHWH. Auch der biblische G*tt JHWH hat männliche Züge. Der archäologische Befund aus biblischen Zeiten zeigt uns, dass Figurinen mit geschlechtlichen Merkmalen, insbesondere auch erkennbar weibliche, in den Ländern Juda und Israel eine Rolle gespielt haben (siehe den Beitrag von Sven Lichtenecker, S. 47) – anders lässt sich das ausdrücklich ergänzte Bilderverbot nicht erklären: *„Lauft nicht in euer Verderben und macht euch kein Kultbild, das irgendetwas darstellt, keine Statue, kein Abbild eines männlichen oder weiblichen Wesens."* (5. Buch Mose/Deuteronomium 4,16; Einheitsübersetzung 2016).

In der Antike gab es nur ein Geschlecht

Die Warnung vor einer allzu körperlichen Vorstellung G*ttes ist in der Bibel immer wieder Thema. Sie kommt nicht von ungefähr. Christof Markschies (2016) hat die überraschende Bildlichkeit auch der jüdischen und christlich-biblischen Antike mit ihren sehr realen Vorstellungen von einer Körperlichkeit G*ttes reich belegt. Markschies erklärt auch, wie es im Laufe der Jahrhunderte dazu kam, dass sich Theolog*innen in einem breiten Spektrum jüdischer, christlicher und muslimischer Gelehrsamkeit darin einig geworden sind, dass von G*tt eigentlich nur *unkörperlich* zu sprechen sei (Markschies 2016, 19–31). Er leitet allerdings auch die wirksamen biblischen Bilder von einem Körper Gottes aus Visionen später Texte der biblischen Tradition her, die männlich geprägt sind (Markschies 2016, 180–184). Im Buch Daniel heißt es in einer Vision: *„Throne wurden aufgestellt und einer, der uralt war, setzte sich. Sein Kleid war weiß wie Schnee und das Haar auf seinem Haupt wie reine Wolle."* (Daniel 7,9). Es mag an einer seit der Antike weit verbreiteten Vorstellung liegen, die besagt, der Prototyp des Menschen sei männlich, dass wir auch in den biblischen Beschreibungen ein männliches G*ttesbild vor Augen haben.

Abb. 2: Die griechische Sagengestalt „Hermaphroditos", Kind des Gottes Hermes und der Göttin Aphrodite, spiegelt den Fakt, dass es immer doppelgeschlechtliche Menschen gegeben hat. Die Statue aus römischer Zeit (2. Jahrhundert n. Chr.) deutet die Doppelgeschlechtlichkeit nur an: Der Oberkörper ist weiblich, der Unterkörper männlich. Die „Mitra", ursprünglich eine Kopfbedeckung für Mädchen, gilt kunstgeschichtlich als eindeutiger Hinweis, dass es sich hier um einen Hermaphroditen handelt. Ausstellungsobjekt Nr. 084, S. 194.

Abb. 3: Michelangelo Buonarotti (1475–1564), „Die Erschaffung des Menschen", Sixtinische Kapelle, Rom, 1508–1512 (Detail). G*tt ist die einzige Gestalt, die bei der Erschaffung des Menschen nicht nackt ist, sondern ein Kleid trägt, das eine Übergeschlechtlichkeit G*ttes verhüllend anzudeuten scheint. Bei der Restaurierung des Deckenfreskos im 20. Jahrhundert war die Überraschung groß, als für alle Augen eine weibliche Gestalt bei der Erschaffung Adams an G*ttes Seite erschien, die über Jahrhunderte unter Schmutz und Ruß verborgen war.

Dennoch ist eine binäre Vorstellung von biologisch distinkten Geschlechtern für die Antike nicht anzunehmen. Thomas Laqueur (1990) stellt die These auf, dass es bis um das Jahr 1700 nach philosophischer und antik-medizinischer Vorstellung nur *ein* Geschlecht gab, das sich in Abstufungen zu verschiedenen Formen von Weiblichkeit und Männlichkeit ausbildet. Das ist eine weitreichende These, die eine moderne binäre Geschlechtlichkeit als gesellschaftliche Konstruktion entlarvt. Wie sind Menschen durch alle Zeiten mit dem Fakt umgegangen, dass es heranwachsende Kinder gibt, deren Geschlechtlichkeit nicht eindeutig bleibt – auch im Erwachsenenalter? Leon Beus (S. 134–136) kurze Geschichte der Intergeschlechtlichkeit gibt einen Überblick, wie unterschiedlich damit seit der Antike umgegangen worden ist. Im Interview geben Jehoshua Ahrens und Mira Sievers (S. 126–133) einen kenntnisreichen Einblick in die Denkweise von jüdischen und muslimischen Rechtssystemen, die weit zurückreichen und selbstverständlich ein großes Spektrum an Geschlechtlichkeit kennen.

Binäre Geschlechtlichkeit als Konstruktion

Auch wenn es nicht darum geht, in vormoderne anatomische Muster zu verfallen: Es ist notwendig zu überprüfen, wie sehr die Geschlechtlichkeit unter den Bedingungen der Moderne konstruiert worden ist – die Unterdrückung der Frau oder die Missachtung nicht-binärer Lebensformen muss uns nachdenklich machen. Trifft Laqueurs These zu, dass der vormoderne Mensch vom Menschen an sich als einem Wesen gesprochen hat, dass in Abstufungen weiblich und männlich sei, liegt es nahe, dass selbst bei vordergründig männlichen Merkmalen des G*ttesbildes eine weibliche Seite nicht nur angedeutet ist. Sven Limbeck stellt in seinem Beitrag über die Denkweise der Alchemie die Bedeutung des Hermaphroditen in Mittelalter und Früher Neuzeit dar und kann von einer Art „Bisexualität" G*ttes sprechen (siehe S. 124–125).

Wir gehen der Spur nach, wo sich eine Übergeschlechtlichkeit G*ttes im biblischen Text in Körper-Wortbildern und Metaphern niederschlägt. Auch wenn es Konsens zu sein scheint, dass es unzulässig ist, von einer Geschlechtlichkeit G*ttes zu sprechen: Wie ließe sich eine Übergeschlechtlichkeit G*ttes besser ausdrücken, als in der Vereinigung zentraler Merkmale männlicher und weiblicher Geschlechtlichkeit in der Rede von G*tt? Es ist damit zu rechnen, dass es gelehrten Widerspruch dazu gibt. Es ist notwendig, sich an den Gedanken zu gewöhnen, dass die Vielfalt von Geschlechtlichkeit sich auch im G*ttesbild zeigt – und der Mensch sich von dieser Vielfalt in der Einheit G*ttes transformieren lassen kann. Die Diskussion darüber beginnt gerade erst wieder.

Zeugungskraft und Mutterschössigkeit G*ttes

Es ist überraschend, dass eine zentrale Eigenschaft G*ttes sich wortgeschichtlich aus einem typisch weiblichen Organ herleitet. Das hebräische Wort für „Barmherzigkeit" (*rachamím*) leitet sich vom hebräischen Wort für Mutterschoß (Gebärmutter, *raechaem*) ab, wie auch im Arabischen – siehe den Beitrag von Mira Sievers (S. 129). Silvia Schroer mit Thomas Staubli übersetzen Barmherzigkeit mit „Mutterschössigkeit" G*ttes (Schroer/Staubli 1998, 86–89). Innerhalb des nicht-binären Weltbildes der Bibel ist es möglich zu sagen: *„Wie ein Vater sich über seine Kinder erbarmt, so erbarmt sich JHWH über die, die ihn fürchten."* (Psalm 103,13). In diesem Psalm-Vers können sich in einer Figur die Eigenschaften beider Elternteile vereinigen – im „Vater" und in G*tt. Denn Vaterschaft und Mutterschaft sind Teil eines Spektrums von männlich bis weiblich. Innerhalb des Spektrums Mensch können sich alle diese Eigenschaften teilen. In der Bildsprache der Bibel kann in einem einzigen Vers von G*tt gesagt werden, dass G*tt (1) zeugt und (2) gebiert:

> „Den Fels, der dich gezeugt hat, hast du außer Acht gelassen und hast vergessen den Gott, der dich geboren hat."
>
> 5. Buch Mose/Deuteronomium 32,18; Lutherübersetzung 2017

Es liegt nahe, in der Überschneidung beider Möglichkeiten, die wir sonst jeweils männlichen und weiblichen Gliedern zuweisen, die übergreifende Schöp-

Abb. 4: Andrej Rubljow, Dreifaltigkeit, russisch-orthodoxe Ikone, 1411, Tretjakow-Galerie, Moskau. Die christlich-orthodoxe Tradition kennt kein Bild von G*tt. Die seit dem Konzil von Nicäa 325 n. Chr. herrschende christliche Lehre von der Dreieinigkeit G*ttes in „Vater, Sohn, Heiligem Geist" ist in einem biblischen Bild dargestellt: G*tt erscheint Abraham und Sara in der Gestalt dreier Engel (1. Buch Mose/Genesis 18,1–33). In drei bartlosen Gestalten ist die „Trinität" keinem Geschlecht zu zuordnen.

Abb. 5: Das Sechstagewerk Gottes (1. Buch Mose/Genesis 1,1–2,4a). Die Schöpfung der Welt nach Melchior Schwarzenberg in der deutschen Lutherbibel 1545; Privatsammlung; Ausstellungsobjekt Nr. 071, S. 198. Gott-Vater ist dargestellt mit einem Bart, und mitten in den Schöpfungswerken steht das Ebenbild Gottes, der Mensch als Menschenpaar, *„und schuf sie menlin und frewlin“* (1. Buch Mose/Genesis 1,27) – eine für die Neuzeit wirksame Deutung.

fungskraft G*ttes zu erkennen. Es mag das Bild etwas überreizen, aber hier ist an zentraler Stelle in der Tora von einer Androgynität G*ttes in voller Potenz die Rede. Dieses Bild lässt sich aus den antiken Vorstellungen von menschlichen Körpern als einem Spektrum von weiblich bis männlich entlehnen. Zur Mutterschössigkeit, also der Barmherzigkeit G*ttes, fassen Silvia Schroer und Thomas Staubli zusammen:

> *„Mann und Frau sind nach dem ersten Schöpfungsbericht Gott ebenbildlich, und so ist es nur konsequent, wenn ein weibliches Organ nicht nur viel über das biblische Menschenbild, sondern auch über Gottes Wesen enthüllt."*
> Schroer/Staubli 1998, 89; siehe dazu den folgenden Beitrag zur Erschaffung des Menschen in diesem Band.

Dass in der Bibel von G*tt in Bildern der Geschlechtlichkeit gesprochen wird, ist schwer zu bestreiten. Die metaphorische Rede von G*tt mag sich geschlechtlicher Bilder bedienen. Ein G*ttesbild, das sich auf eines der Geschlechter festlegen würde, scheint nicht zutreffend zu sein. Durch das Kultbild-Verbot, Männliches oder Weibliches darzustellen, gibt es ein kritisches Element, das zwingt, jede Vorstellung von G*tt immer wieder in Frage zu stellen.

Deus non masculinus est – Gott ist nicht männlich

Im hebräischen Text des Buches Hosea findet sich eine zugespitzte Aussage. G*tt versichert den Menschen, barmherzig zu sein, mit dem Hinweis: *„Denn Gott bin ich und nicht ein Mann."* (Hosea 11,9; Bibel in gerechter Sprache 2006). Die meisten Übersetzungen dieses Verses folgen bis heute der griechischen Bibel, die an dieser Stelle das hebräische Wort für „Mann" (*'isch*) mit dem griechischen Wort für „Mensch" (*anthropos*) übersetzt. Doch nicht nur die Bibel lehnt es ab, G*tt als eindeutig männlich zu kategorisieren. Der Historiker Christof Rolker hat in seinem Blog „intersex.hypotheses.org" darauf hingewiesen, dass ein männlicher Gott in der Antike als unvollkommen gilt. Der christliche Schriftsteller Arnobius der Ältere (um 300 n. Chr.) verteidigt die christliche Gottesvorstellung auf Latein mit einem bemerkenswerten Argument:

> „non sexum sed usu [...] non enim deus mas[culinus] est, sed nomen eius generis masculini est"
>
> Arnobius der Ältere, Adversis Nationes III.8.1-2

> „Das Wort *deus* definiert nicht sein Geschlecht [*sexus*], sondern folgt dem Sprachgebrauch: ‚Nicht Gott ist männlich, sondern das ihn bezeichnende Wort ist männlichen Geschlechts [*genus*].'"
>
> Übersetzung nach Christof Rolker, intersex.hypotheses.org

Die Frage der Unterscheidung zwischen *gender* und *sex* entzündet sich schon in der Antike an der Frage, ob denn nun G*tt männlich sei. Klare Antwort: nein! Die Lektion aus der Antike lautet: Schon damals gab es das Missverständnis, dass das „grammatikalische" Geschlecht identisch sei mit dem „biologischen" Geschlecht, das für einen Gott sowieso unsinnig ist. Man merke sich: Das eine muss nicht dem anderen entsprechen!

*„G*tt bin ich und kein Mann."* (Hosea 11,9)

Marie Theres Wacker (2011) entfaltet in einer Neubetrachtung der G*ttesrede in Hosea 11 eine Blaupause, wie biblische Texte eingefahrene Muster auch im Blick auf die Geschlechter aufbrechen können. Dabei können unglückliche Strukturen und Beziehungen sich zum Guten wenden. Das Hosea-Buch ist eigentlich ein Alptraum: Vom ersten Kapitel des Buches Hosea an sind es Bilder einer gescheiterten Beziehung zwischen G*tt und seinem Volk. Der hebräische Prophet Hosea zur Zeit des Königs Jerobeam ist der Protagonist, der über dem Volk Israel die Schuldzuweisungen G*ttes ausschüttet. Es ist besonders unerträglich, da es sexualisierte Rede ist, und Israel fortgesetzt Hurerei vorgeworfen wird. Dann aber plötzlich kommt der abrupte Wechsel: Die G*ttesrede in Hosea 11 führt uns vor, dass das biblische Denken es ermöglicht, dass G*tt sich selbst in Frage stellt und die Perspektive wechselt. Die biblische Bildwelt durchbricht dabei eingefahrene Muster. Die behutsame Neuübersetzung von Hosea 11 zeigt, dass in dem Lied in Kapitel 11 G*tt in sich nicht nur väterliche, sondern auch mütterliche Züge entdeckt – eben beides. Angesichts der Schuldzuweisungen der Kapitel 3–10 besinnt sich G*tt eines besseren und bekennt in einem Selbstgespräch: *„Mein Herz wendet sich gegen mich, all mein Mitleid ist entbrannt. Ich will nicht tun nach meinem grimmigen Zorn noch Ephraim verderben. Denn ich bin Gott und nicht ein Mann, heilig in deiner Mitte. Darum komme ich nicht in Zorn.“* (Hosea 11,9). In ihrer bahnbrechenden Untersuchung hatte Helen Schüngel-Straumann (1986) die vielen mütterlichen Züge, die die G*ttesrede in Hosea 11 enthält, herausgearbeitet. Marie Theres Wacker ergänzt diese Beobachtungen, indem sie darauf hinweist, dass hier G*tt sich nicht lediglich als Mutter, sondern auch als Vater, also als beides, sprich gender-übergreifend, darstellt.

Von dem versöhnlichen Kapitel 11 aus gesehen, erscheint das patriarchalische G*ttesbild der Kapitel Hosea 1–10 als Karikatur, insbesondere auch die Zeichenhandlung des Propheten, eine Hure zu schwängern und zwei Töchter mit den hebräischen Namen *LoRuhama* („Nicht-Barmherzigkeit“) und *LoAmmi* („Nicht-Mein-Volk“) zu versehen. Das Hosea-Buch scheint den Männern, insbesondere den Priestern, einen Spiegel vorzuhalten. Mit heutigen Worten ausgedrückt: *„Ihr denkt, ich sei wie ein gekränkter Ehemann, der Frauen nur als Huren und Ehebrecherinnen versteht und überhaupt die ganze Welt nur als Ausbund von Geilheit und Unzucht sieht.“* Es ist, als ob das Kapitel 11 diese Art des G*ttesbildes als grotesk und falsch entlarvt: *„– so bin ich nicht“*, sagt G*tt, *„Ich bin G*tt und kein Mann!“* (Hosea 11,9). Es wäre eine Chance, mit einem barmherzigen Blick auf die Dinge eben Sexualität und Geschlechtlichkeit positiv zu sehen – und die vielen Aspekte von Geschlechtlichkeit und Sexualität in ihrer Vielfalt zu feiern, wie das im Hosea-Buch am Schluss passiert. In Kapitel 14 versammeln sich alle paradiesisch unter Bäumen – eben jenen Bäumen, die in Kapitel 1–10 als Ort der Hurerei und des Götzendienstes galten, jetzt aber als Ort des Segens und der Fülle. Dass eventuell in dem vorletzten Vers (Hosea 14,9) zwischen den hebräischen Buchstaben die Namen der Gött*innen Anat und Astarte verborgen sein könnten, ist eine Spur, die Julius Wellhausen schon 1905 gelegt hatte: *„Ephraim, was sollen ihm noch Götzen? Ich will ihn erhören und ihn anschauen.* Ich bin seine Anat und seine Astarte. *Wer ist weise, der dies versteht und klug, dass er dies einsieht?“* (Hosea 14,9–10a; Hervorhebung mit dem Übersetzungsvorschlag von Julius Wellhausen, siehe Wacker 1988, 47). G*tt ist als (männlicher) JHWH auch (weibliche) Anat und Astarte?!

Gender-swap in der Bibel?

Im Neuen Testament findet eine dem Hosea ähnliche Verwandlung an mindestens zwei Stellen auch im Horizont der Genderfrage statt (siehe dazu den Beitrag zu Geschlechtervielfalt im Neuen Testa-

Abb. 6: „I met God. They‘re queer, y‘all“. In Abwandlung des T-Shirts „I met God. She is black.“ entstehen verschiedene andere Slogans. Der Bezug auf G*tt ist auch hier ein Akt des *empowerment*. Das englische Wort *queer* (ursprüngliche Bedeutung auf Deutsch: „schräg“) ist eine selbstbewusste Eigenbezeichnung von manchen nicht-binären Menschen weltweit. Nicht-binäre Menschen bevorzugen hin und wieder statt eines männlichen oder weiblichen Pronomens ein gender-neutrales Pronomen. In Ermangelung eines nicht-sächlichen, gender-übergreifenden Pronomens im Deutschen wird das englische Plural Pronomen *they* auch singularisch benutzt. Ausstellungsobjekt Nr. 134, S. 199

ment und im frühen Christentum in diesem Band, S. 139 ff.). Paulus erinnert die Gemeinde in Galatien, dass in Christus die Unterschiede übertroffen sind: *„Hier gilt … nicht männlich, nicht weiblich“* (Galater 3,28), um sich dann als Mann selbst weibliche Geschlechtsrollen zuzuweisen (Galater 4,19), in dem er von sich selbst als jemandem spricht, der die Gemeinde *„unter Wehen gebiert“*. Ein metaphorischer Geschlechtswechsel (englisch *gender-swap*) als Sprachmuster in der Bibel, ob in der Tora, beim Prophet Hosea oder im Neuen Testament! Dass es darum geht, eingefahrene Geschlechterrollen regelrecht zu sprengen, ist schließlich besonders deutlich, als Jesus ausdrücklich das dritte Geschlecht, die Eunuchen, würdigt, als er um seine Meinung zu Ehe und Scheidung gefragt wird (Matthäus 19,11–12). Dass Jesus dabei nicht ohne weiteres mit Verständnis rechnet, zeigt sein einleitender Satz zum Eunuchen-Wort: *„Dies Wort fassen nicht alle, sondern die, denen es gegeben ist.“* (Matthäus 19,11, siehe dazu mehr auf S. 143).

Ein Phänomen der biblischen Religionen ist, dass in einer ihrer Hauptformen, dem Christentum, G*tt einen Körper hat, der gezeugt und geboren wird, isst und trinkt, liebt und trauert, leidet und stirbt: Jesus Christus. Jesus von Nazaret ist ein Mann, das scheint eindeutig zu sein. Wir halten es für vorschnell, damit die Diskussion um eine Vielfalt der Geschlechtlichkeit im G*ttesbild aufzugeben. Dass es Christ*innen besonders schwer fällt, entgegen gängiger Sprachformen und Bilder von „Gottvater“ und seinem Sohn zu dem biblischen Gedanken einer Übergeschlechtlichkeit G*ttes zurückzufinden, mag nicht verwundern. Die feministische Theologie hat da die Bresche geschlagen und uns die Augen geöffnet für eine Vielfalt der G*ttesbilder (siehe umfassend für die hebräische Bibel schon Wacker 1988 mit Literatur). Denkformen, wie die Idee der Dreieinigkeit G*ttes, die die heilige Geistkraft von Anfang an dazu denkt, wären Anknüpfungspunkte, zu verstehen, dass selbst die Alten nicht eindimensional gedacht haben. Der biblische Gedanke, dass G*tt sich im Menschen wiedererkennt, *„männlich und weiblich“* (1. Buch Mose/Genesis 1,27, siehe den folgenden Beitrag in diesem Band), öffnet die Perspektive für ein Spektrum, das neu zu entdecken ist, obwohl es schon immer da war.

Literatur

Laqueur, Thomas: Making Sex. Body and Gender from the Greeks to Freud, Massachusetts/London 1990.

Markschies, Christoph: Gottes Körper. Jüdische, christliche und pagane Gottesvorstellungen, München 2016.

McIntosh, Esther: ‚I Met God, She‘s Black‘: Racial, Gender and Sexual Equalities in Public Theology, in: Kim, Sebastian; Day, Katie (Hg.): A Companion to Public Theology, Leiden 2017, 298–324.

Religiosität nach Religionszugehörigkeit – 2002, in: fowid – Forschungsgruppe Weltanschauuungen in Deutschland, 2002, URL: https://fowid.de/meldung/religiositaet-nach-religionszugehoerigkeit-2002 (17.03.2021).

Rolker, Christof: Der hermaphroditische Adam und die ungeschlechtliche Seele, in: Männlich-weiblich-zwischen, 2015, URL: https://intersex.hypotheses.org/137 (28.08.2020).

Schroer, Silvia; Staubli, Thomas: Die Körpersymbolik der Bibel, Darmstadt 1998.

Schüngel-Straumann, Helen: Gott als Mutter in Hosea 11, in: ThQ 166, 1986, S. 119–134.

Wacker, Marie-Theres: Gefährliche Erinnerungen. Feministische Blicke auf die hebräische Bibel, in: Wacker, Marie-Theres; Albrecht, Ruth (Hg.): Theologie feministisch. Disziplinen, Schwerpunkte, Richtungen, Düsseldorf 1988, 14–58.

Wacker, Marie-Theres: Gott Vater, Gott Mutter – und weiter? Exegese und Genderforschung im Disput über biblische Gottes-Bilder am Beispiel von Hosea 11, in: Qualbrink, Andrea; Pithan, Annabelle; Wischer, Mariele (Hg.): Geschlechter bilden. Perspektiven für einen genderbewussten Religionsunterricht, Gütersloh 2011, 136–157.

Platons Androgynos und Philos bessere Hälfte

G*ttes Ebenbild w/m/d

Veit Dinkelaker

Es geht um die Liebe

Ein uralter Vorwurf gegenüber der Religion ist, dass Menschen sich ihre G*ttheiten zu menschlich vorstellen, eben „antropomorph“: *anthropos*, griechisch für „Mensch“, und *morphē*, griechisch für „Form, Gestalt“. Schon die alten griechischen Philosophen haben sich über die Vorstellung von G*ttheiten mit menschlichen Eigenschaften lustig gemacht, und es ist bis heute eine gängige Form der Religionskritik. Allerdings herrscht auch unter religiösen Menschen schnell Einigkeit, wenn festgestellt wird, dass alle Vergleiche G*ttes mit menschlichen Eigenschaften zu kurz greifen. G*tt ist mehr als die Summe all dessen, was über den Menschen oder die Welt zu sagen ist. Wer sich darauf geeinigt hat, dass unsere Sprache von G*tt immer nur Stückwerk ist, wird nicht aufhören es dennoch zu versuchen. Allen biblischen Autor*innen und Leser*innen ist bewusst: Das Bild, das sich Menschen von G*tt machen, ist nach dem Menschen gebildet.

> „G*tt schuf den Menschen nach G*ttes Bild … männlich und weiblich.“
>
> 1. Buch Mose/Genesis 1,27

Abb. 1: Daniel Thielen (1623–1711), „Gensesis“, Bilderzyklus aus der Katharinenkirche Frankfurt. Die Bibel beginnt mit zwei Schöpfungserzählungen. Zunächst wird im Sechstagewerk der Mensch als „Ebenbild“ G*ttes geschaffen, „männlich und weiblich“ (1. Buch Mose/Genesis 1,27), dann wird im Garten Eden eine „Seite“ des Menschen entnommen: Frau und Mann stehen sich gegenüber (1. Buch Mose/Genesis 2,22). Es folgt die Erzählung vom Baum der Erkenntnis und der Vertreibung aus dem Garten Eden. Dies war das erste von 83 Gemälden, die in der Katharinenkirche von 1681 bis zur Zerstörung 1944 als eine Art Bilderbibel der Stadt Frankfurt zu sehen waren. Die Kriegsschäden sind am Bild zu erkennen.

Es ist keine Neuigkeit, darauf hinzuweisen, dass die Bibel von Anfang an den Spieß umdreht. Gleich am Anfang heißt es: *„G*tt schuf den Menschen nach G*ttes Bild“* (1. Buch Mose/Genesis 1,27). Diesen Gedanken gibt es auch außerhalb der Bibel. Der römische Dichter Ovid (43 v. Chr. bis um 17 n. Chr., siehe Markschies 2016, 115) schreibt, der Mensch sei *„geformt nach dem Bild der alles lenkenden Götter“* (Metamorphosen I,83). Es macht einen Unterschied, ob ich damit rechne, dass der Mensch „theomorph“ ist, also ähnlich dem Bilde G*ttes (griechisch *theos*).

*„G*tt ist nicht anthropomorph, sondern der Mensch ist theomorph!“* Das versucht die Bibel zu ergründen, immer aufs Neue. Es lässt sich nicht einmal in Ansätzen darstellen, was zur Gottebenbildlichkeit des Menschen durch die Jahrtausende gedacht und geschrieben wurde. Die Bibel ist eindeutig, wenn es darum geht, wie das Verhältnis von G*tt und Mensch auszusehen hat: Es ist „Liebe“ in all ihren Formen. Schlicht gesagt: Der Mensch wird G*tt ähnlich, wenn der Mensch liebt. Dass dabei Geschlechtlichkeit im Spektrum von „männlich und weiblich“ (1. Buch Mose/Genesis 1,27) für das Ebenbild G*ttes eine hervorgehobene, positive Rolle spielt, ist deutlich in den ersten Sätzen der Bibel bei der Erschaffung des Menschen – auch hier ergibt sich eine erstaunliche Parallele zu anderen antiken Erzählungen.

Platon und Philo: Das Idealbild des Menschen ist „männlich und weiblich“

Zwei Schöpfungserzählungen entfalten in der Geistesgeschichte des Vorderen Orients, der Levante und der europäischen Kulturen eine große Wirkung. Beide scheinen zunächst nicht miteinander verwandt zu sein: Im Laufe der Geschichte ist das sog. Kugelmenschen-Gleichnis aus der Schrift „Das Gastmahl (Symposion)“ von Platon immer wieder verglichen worden mit der biblischen Erzählung von der Erschaffung des Menschen im 1. Buch Mose/Genesis (Kapitel 1 und 2). Der Vergleichspunkt ist die Idee der ersten Menschen als doppelgeschlechtlich.

Hier muss der Hinweis genügen: In heutigen, gängigen Auslegungen der biblischen Schöpfungserzählungen spielt die antik-griechische Parallele bei Platon so gut wie keine Rolle. In den Lehrbüchern werden Quellenschriften thematisiert, vor allem die „Priesterschrift“, im Vergleich mit Schöpfungsmythen des Alten Orients (Bell 2012). In diesem Beitrag geht es darum, wie Menschen in der Antike, z. B. Jüd*innen und Christ*innen vor knapp 2.000 Jahren, ihre Bibel gelesen haben.

Das Thema der Gespräche in Platons „Das Gastmahl“ (siehe Abb. 2) ist ein Rede-Wettbewerb zum Thema „Eros“ (griechisch für „Liebe“). Das Kugelmenschen-Gleichnis hat als Beitrag zu diesem Thema humorvolle, wenn nicht groteske Züge. Platon legt es dem Komödiendichter Aristophanes in den Mund, der beim Gastmahl unter einem Schluckauf leidet und schließlich erzählt:

„Unsere ehemalige Naturbeschaffenheit nämlich war nicht dieselbe wie jetzt, sondern von ganz anderer Art. ***Denn zunächst gab es damals drei Geschlechter unter den Menschen,*** *[…] Mannweib ‚Androgynos‘ war damals nicht bloß ein Name, aus beidem, Mann und Weib, zusammengesetzt, sondern auch ein wirkliches ebenso gestaltetes Geschlecht; […]*

Ferner war damals die ganze Gestalt jedes Menschen rund, *[…] und ein jeder hatte […] zu den beiden nach der entgegengesetzten Seite voneinander stehenden Gesichter aber einen gemeinschaftlichen Kopf, [...] weil das Männliche ursprünglich von der Sonne stammte, das Weibliche von der Erde, das beiden gemischte vom Monde, da ja auch der Mond an der Beschaffenheit der beiden anderen Weltkörper teil hat; eben deshalb waren sie selber und ihr Gang kreisförmig, um so ihren Erzeugern zu gleichen. […] Sie waren aber von gewaltiger Kraft und Stärke […], dass sie sich einen Zugang zum Himmel bahnen wollten, um die Götter anzugreifen. […]*

Zeus sprach: ‚[…] ***Ich will jetzt jeden von ihnen in zwei Hälften zerschneiden,*** *und so werden sie zugleich schwächer und uns nützlicher werden‘ […]. Als so nun ihr Körper in zwei Teile zerschnitten war, da trat jede Hälfte mit sehnsüchtigem Verlangen an ihre andere Hälfte heran, und sie schlangen die Arme um einander und hielten sich umfasst. […] Seit so langer Zeit ist demnach die Liebe zu einander den Menschen eingeboren und sucht die alte Natur zurückzuführen und aus zweien eins zu machen […].* ***Daher sucht denn jeder beständig seine andere Hälfte.*** *“*

aus: Platons Symposion, 189–190; aus dem Griechischen von Franz Susemihl, 1855

Kurz zusammengefasst: Die (erotische) Liebe erklärt Aristophanes damit, dass ursprünglich die Menschen in einem Körper zu zweit geschaffen waren. Sie waren „rund", hatten also die ideale Form einer Kugel mit dann insgesamt acht Gliedmaßen. Dieses ideale Menschenwesen, von dem es auch ausdrücklich „androgyne" (griechisch „mann-weibliche") Versionen gibt, wird den Göttern zur Gefahr. Die Götter beschließen, die Kugeln zu teilen. So entstehen zwei Hälften, die sich dann ein Leben lang suchen, um sich in der (erotischen) Liebe zu vereinigen. In dieser Schrift Platons wird eigens ausgeführt, dass die Kugelmenschen verschiedene Zusammensetzungen hatten: mann-weiblich, mann-männlich, frau-weiblich. Innerhalb von Platons „Das Gastmahl" spielt die Homoerotik eine eigene Rolle. 1469 gab Marsilio Ficino in Florenz eine Übersetzung von Platons „Symposion" mit einem wirkmächtigen Kommentar heraus (Horn/Müller/Söder 2017, 266–276). Er blendete die (homo-) erotische Dimension aus. Die seit Humanismus und Renaissance um 1500 entstehende Vorstellung einer platonischen Liebe folgt nicht so sehr der Rede des Aristophanes in „Das Gastmahl", sondern interpretiert die später in der Schrift folgende Rede des Sokrates mit Bezug auf die weise Diotima. Ob die Rede des Aristophanes und das Kugelmenschen-Gleichnis nun tatsächlich die Überzeugung von Platon selbst trifft, ist angesichts der Wirkungsgeschichte des Mythos hier nicht entscheidend (Horn 2012).

Wo ist der Vergleichspunkt zum biblischen Schöpfungsbericht? Er erscheint uns Heutigen erst auf den zweiten Blick. Es gibt mehr als eine Spur, die zeigt, dass Platon und die Bibel früh aufeinander bezogen wurden. Philo von Alexandria (gest. um 50 n. Chr.) schreibt als ägyptischer Jude auf Griechisch mehrere Abhandlungen über seine Bibel, die Fünf Bücher Mose: Das ist der „Pentateuch" (*penta*, zu Deutsch „fünf"). Seine Interpretation der jüdischen Heiligen Schrift mit griechischer Denkweise hat eine große Wirkungsgeschichte, insbesondere in der beginnenden antiken christlichen Literatur: Nicht nur die urchristlichen Autor*innen sind ebenfalls Jüd*innen, die auf Griechisch schreiben. Sie verfassen ihre biblisch geprägten Schriften für eine vom griechischen Denken beeinflusste Welt.

Hier sei an das Denkmodell in den Schriften des Philo von Alexandrien erinnert. Für eine*n in griechischer Sprache Gebildete*n gab es vor 2.000 Jahren in erster Linie den griechischen Denkraum, der in sich sehr vielfältig und anschlussfähig ist. Philo betont in seiner Auslegung des biblischen Schöpfungsberichtes einerseits die Unterschiede zu der griechischen Weltsicht, andererseits bedient er sich griechischer Denkmuster. Das zeigt, dass er die biblischen Schriften im Zusammenhang mit anderer Literatur seiner

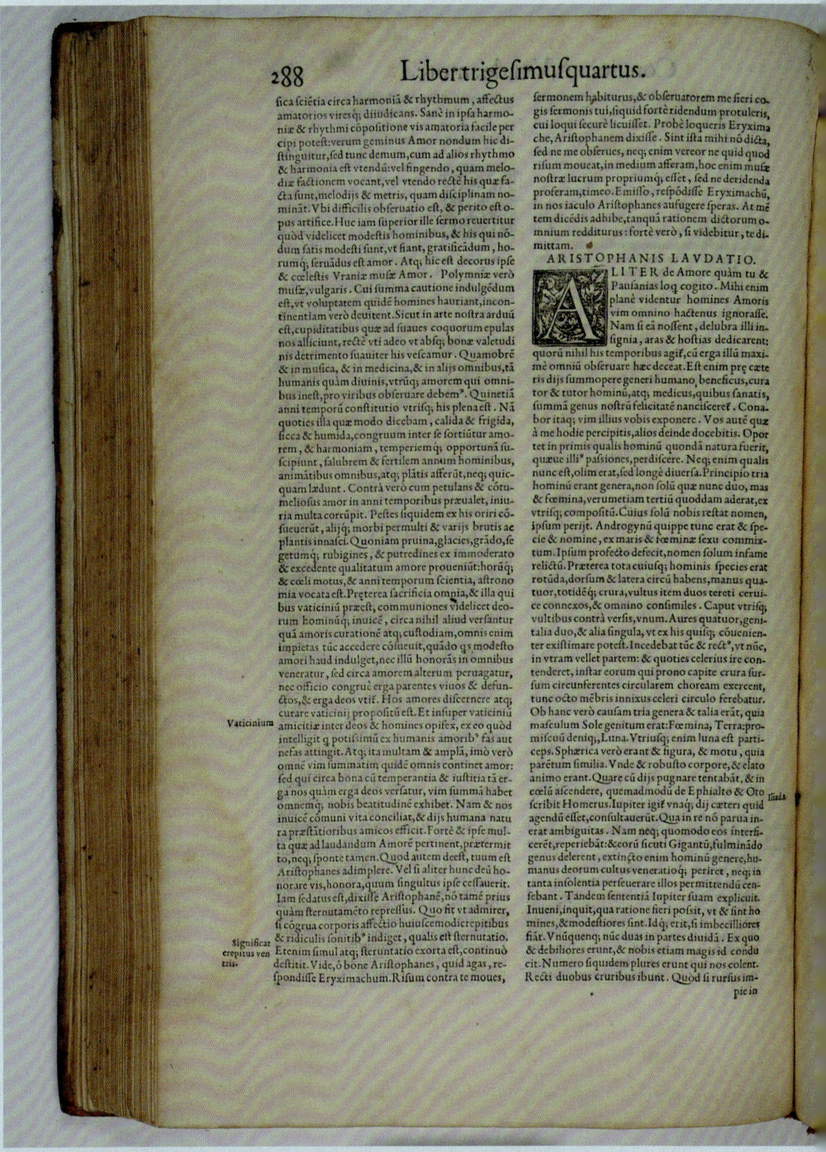
288 Liber trigeſimusquartus.

ſica ſciẽtia circa harmoniā & rhythmum, affectus amatorios viresq; diiudicans. Sanè in ipſa harmoniæ & rhythmi cōpoſitione vis amatoria facile percipi poteſt: verum geminus Amor nondum hic diſtinguitur, ſed tunc demum, cum ad alios rhythmo & harmonia eſt vtendū: vel fingendo, quam melodiæ factionem vocant, vel vtendo rectè his quæ facta ſunt, melodijs & metris, quam diſciplinam nomināt. Vbi difficilis obſeruatio eſt, & perito eſt opus artifice. Huc iam ſuperior ille ſermo reuertitur quòd videlicet modeſtis hominibus, & his qui nōdum ſatis modeſti ſunt, vt fiant, gratificādum, horumq; ſeruādus eſt amor. Atq; hic eſt decorus ipſe & cœleſtis Vraniæ muſæ Amor. Polymniæ verò muſæ, vulgaris. Cui ſumma cautione indulgēdum eſt, vt voluptatem quidē homines hauriant, incontinentiam verò deuitent. Sicut in arte noſtra arduū eſt, cupiditatibus quæ ad ſuaues coquorum epulas nos alliciunt, rectè vti adeo vt abſq; bonæ valetudinis detrimento ſuauiter his veſcamur. Quamobrē & in muſica, & in medicina, & in alijs omnibus, tā humanis quàm diuinis, vtrūq; amorem qui omnibus ineſt, pro viribus obſeruare debem⁹. Quinetiā anni temporū conſtitutio vtriſq; his plena eſt. Nā quoties illa quæ modo dicebam, calida & frigida, ſicca & humida, congruum inter ſe ſortiūtur amorem, & harmoniam, temperiemq; opportunā ſuſcipiunt, ſalubrem & fertilem annum hominibus, animātibus omnibus, atq; plātis afferūt, neq; quicquam lædunt. Contrà verò cum petulans & cōtumelioſus amor in anni temporibus præualet, iniuria multa corrūpit. Peſtes ſiquidem ex his oriri cōſueuerūt, alijq; morbi permulti & varijs brutis ac plantis innaſci. Quoniam pruina, glacies, grādo, ſegetumq; rubigines, & putredines ex immoderato & excedente qualitatum amore proueniūt: horūq; & cœli motus, & anni temporum ſcientia, aſtronomia vocata eſt. Pręterea ſacrificia omnia, & illa quibus vaticiniū præeſt, communiones videlicet deorum hominūq; inuicē, circa nihil aliud verſantur quā amoris curationē atq; cuſtodiam, omnis enim impietas tūc accedere cōſueuit, quādo qs modeſto amori haud indulget, nec illū honorās in omnibus veneratur, ſed circa amorem alterum peruagatur, nec officio congruè erga parentes viuos & defunctos, & erga deos vtiṫ. Hos amores diſcernere atq; curare vaticinij propoſitū eſt. Et inſuper vaticiniū
Vaticinium amicitiæ inter deos & homines opifex, ex eo quòd intelligit q potiſsimū ex humanis amorib⁹ fas aut nefas attingit. Atq; ita multam & amplā, imò verò omnē vim ſummatim quidē omnis continet amor: ſed qui circa bona cū temperantia & iuſtitia tā erga nos quàm erga deos verſatur, vim ſummā habet omnemq; nobis beatitudinē exhibet. Nam & nos inuicē cōmuni vita conciliat, & dijs humana natura præſtātioribus amicos efficit. Fortè & ipſe multa quæ ad laudandum Amorē pertinent, prætermitto, neq; ſponte tamen. Quod autem deeſt, tuum eſt Ariſtophanes adimplere. Vel ſi aliter hunc deū honorare vis, honora, quum ſingultus ipſe ceſſauerit. Iam ſedatus eſt, dixiſſe Ariſtophanē, nō tamē prius quàm ſternutamēto repreſſus. Quo fit vt admirer, ſi cōgrua corporis affectio huiuſcemodi crepitibus
Significat crepitus ventris. & ridiculis ſonitib⁹ indiget, qualis eſt ſternutatio. Etenim ſimul atq; ſteruntatio exorta eſt, continuò deſtitit. Vide, ô bone Ariſtophanes, quid agas, reſpondiſſe Eryximachum. Riſum contra te moues, ſermonem habiturus, & obſeruatorem me fieri cogis ſermonis tui, ſiquid fortè ridendum protuleris, cui loqui ſecurè licuiſſet. Probè loqueris Eryximache, Ariſtophanem dixiſſe. Sint iſta mihi nō dicta, ſed ne me obſerues, neq; enim vereor ne quid quod riſum moueat, in medium afferam, hoc enim muſæ noſtræ lucrum propriumq; eſſet, ſed ne deridenda proferam, timeo. Emiſſo, reſpōdiſſe Eryximachū, in nos iaculo Ariſtophanes aufugere ſperas. At mētem dicēdis adhibe, tanquā rationem dictorum omnium redditurus: fortè verò, ſi videbitur, te dimittam.

ARISTOPHANIS LAVDATIO.

ALITER de Amore quàm tu & Pauſanias loq cogito. Mihi enim planè videntur homines Amoris vim omnino hactenus ignoraſſe. Nam ſi eā noſſent, delubra illi inſignia, aras & hoſtias dedicarent: quorū nihil his temporibus agiṫ, cū erga illū maximè omniū obſeruare hæc deceat. Eſt enim prę cæteris dijs ſummopere generi humano beneficus, curator & tutor hominū, atq; medicus, quibus ſanatis, ſummā genus noſtrū felicitatē nanciſcereṫ. Conabor itaq; vim illius vobis exponere. Vos autē quæ à me hodie percipitis, alios deinde docebitis. Oportet in primis qualis hominū quondā natura fuerit, quæue illi⁹ paſsiones, perdiſcere. Neq; enim qualis nunc eſt, olim erat, ſed longè diuerſa. Principio tria hominū erant genera, non ſolū quæ nunc duo, mas & fœmina, verumetiam tertiū quoddam aderat, ex vtriſq; compoſitū. Cuius ſolū nobis reſtat nomen, ipſum perijt. Androgynū quippe tunc erat & ſpecie & nomine, ex maris & fœminæ ſexu commixtum. Ipſum profectò defecit, nomen ſolum infame relictū. Præterea tota cuiuſq; hominis ſpecies erat rotūda, dorſum & latera circū habens, manus quatuor, totidēq; crura, vultus item duos tereti ceruice connexos, & omnino conſimiles. Caput vtriſq; vultibus contrà verſis, vnum. Aures quatuor, genitalia duo, & alia ſingula, vt ex his quiſq; cōuenienter exiſtimare poteſt. Incedebat tūc & rect⁹, vt nūc, in vtram vellet partem: & quoties celerius ire contenderet, inſtar eorum qui prono capite crura ſurſum circunferentes circularem choream exercent, tunc octo mēbris innixus celeri circulo ferebatur. Ob hanc verò cauſam tria genera & talia erāt, quia maſculum Sole genitum erat: Fœmina, Terra: promiſcuū deniq;, Luna. Vtriuſq; enim luna eſt particeps. Sphærica verò erant & figura, & motu, quia parētum ſimilia. Vnde & robuſto corpore, & elato animo erant. Quare cū dijs pugnare tentabāt, & in cœlū aſcendere, quemadmodū de Ephialto & Oto ſcribit Homerus. Iliada Iupiter igiṫ vnaq; dij cæteri quid agendū eſſet, conſultauerūt. Qua in re nō parua inerat ambiguitas. Nam neq; quomodo eos interficerēt, reperiebāt: & eorū ſicuti Gigantū, fulminādo genus delerent, extincto enim hominū genere, humanus deorum cultus veneratioq; periret, neq; in tanta inſolentia perſeuerare illos permittendū cenſebant. Tandem ſententiā Iupiter ſuam explicuit. Inueni, inquit, qua ratione fieri poſsit, vt & ſint homines, & modeſtiores ſint. Idq; erit, ſi imbecilliores fiāt. Vnūquenq; nūc duas in partes diuidā. Ex quo & debiliores erunt, & nobis etiam magis id conducit. Numero ſiquidem plures erunt qui nos colent. Recti duobus cruribus ibunt. Quòd ſi rurſus impie in

Abb. 2: Die Rede des Aristophanes (in Platons „Symposion") in der lateinischen Übersetzung des Marsilio Ficino aus Florenz (1469/1557) mit dem sog. Kugelmenschen-Gleichnis und der Erwähnung androgyner/doppelgeschlechtlicher und doppelgesichtiger Ur-Menschen. Ausstellungsobjekt Nr. 066, S. 195.

Zeit sieht und diskutiert. Die Schriften von Philo von Alexandrien geben uns Einblick, wie antike Menschen Texte erfasst und erklärt haben – und wie zur Zeitenwende Jüd*innen und dann später diejenigen, die sich auf Jesus Christus berufen, ihre Heiligen Schriften verstehen. Der Bezug zu Platon ist dabei offensichtlich.

Philo hat das „Das Gastmahl“ Platons gelesen. Das wissen wir, da er es in einer Schrift ausdrücklich kritisiert (Philo, de vita contemplativa 61; Harrison 1995, 521–522). Bei aller Kritik: Philo folgt einer gängigen Auffassung, wie wir sie aus eben jener Schrift, Platons „Das Gastmahl“, kennen: Für Philo ist der erste Mensch (hebräisch „Adam“ – in der Bibel von G*tt erschaffen) zunächst beides, „männlich und weiblich“ in einem. Philo erschließt uns auf seine Art, warum die Erschaffung des Menschen in den ersten beiden Kapiteln der Bibel zweimal und auf unterschiedliche Art erzählt wird.

Philo von Alexandrien: De opificio mundi
(Über die Weltschöpfung), 151–152
aus dem Griechischen (Cohn/Heinemann/Adler/Theiler 1962, 81–82)

„Solange er [der Mensch] nämlich für sich allein war, glich er in seinem Alleinsein der Welt und Gott und ***prägte in seiner Seele die Wesenscharaktere beider [Geschlechter] aus,*** *nicht alle, aber so viel davon ein sterbliches Wesen in sich aufzunehmen vermag.*

Als aber auch das Weib gebildet war, sah er in ihm gleiches Gesicht und eine verwandte Gestalt; er freute sich des Anblicks, trat an sie heran und begrüsste sie. Da sie aber kein Lebewesen wahrnahm, das ihr ähnlicher war als er, freute sie sich ebenfalls und erwiderte züchtig seinen Gruss. ***Nun trat die Liebe hinzu, die sie wie zwei getrennte Hälften eines Wesens vereinigte und zusammenfügte,*** *indem sie beiden das Verlangen nach inniger Gemeinschaft einflösste zur Erzeugung eines ähnlichen Wesens.“*

Philo von Alexandrien: ein platonisches Schema der Erschaffung der Welt und der Menschen (1. Buch Mose/Genesis 1–2)

1. Buch Mose/Genesis 1,1–2,4a:
Innerhalb des sechstägigen Schöpfungswerkes macht sich Gott (hebräisch *Elohim*) zunächst einen idealen Plan für seine Schöpfung, zu der ein idealer, **doppelgeschlechtlicher „Mensch“** gehört (1. Buch Mose/Genesis 1,26–29). Dann folgt der siebte Tag, der Sabbat.

1. Buch Mose/Genesis 2,4b–23:
In der folgenden Erzählung vom Garten Eden, formt Gott „der HERR“ (hebräisch *JHWH*) den (doppelgeschlechtlichen) Menschen tatsächlich aus Materie/Erde (hebräisch *adama*) und haucht ihm den Lebensatem ein. **Ein Teil des Menschen wird entnommen und ihm gegenübergesetzt**: Da stehen sich Mann (hebräisch *'isch*) und Frau (hebräisch *'ischa*) gegenüber. Wie bei Platon ist es bei Philo die Liebe, die *„beide wie zwei getrennte Hälften eines Wesens vereinigte“* (Philo, de opificio 151–152).

Biblisches und griechisches Gedankengut lassen sich miteinander verbinden. Philo (De opificio mundi 151/152) versteht den männlich-weiblichen Ur-Adam der Bibel aus 1. Buch Mose/Genesis 1 als die von Gott erschaffene menschliche „Seele“, die beides ist, männlich und weiblich (siehe Ausstellungsobjekt

Abb. 3 (rechts): Die erste Seite der Bibel des Matteo de Planisio (Codex Vat. lat. 3550 fol. 5, Neapel, 1362) mit der Darstellung Gottes in doppelgesichtiger Gestalt: ein bärtiges und ein bartloses Gesicht. Kunstgeschichtlich handelt es sich um den Versuch der Darstellung der „Dreieinigkeit“ von Vater, Sohn und Heiligem Geist, im Bild als Taube auf der Schulter erkennbar. Geistesgeschichtlich ist hier die platonische Vorstellung vom Doppelgesicht erkennbar. Ausstellungsobjekt Nr. 082, S. 196.

Nr. 067, S. 195). Doch auch der in 1. Buch Mose/Genesis 2 von JHWH-G*tt aus „Lehm“ geschaffene Körper des Menschen sei doppelgeschlechtlich, bis Eva geschaffen ist – erst dann stehen sich Mann und Frau gegenüber. Die biblische Schöpfungserzählung zielt nach dieser Auffassung auf die Einheit des Menschen im Gegenüber zu G*tt. Sie kann dabei die Doppelgeschlechtlichkeit als vollkommenen Urzustand und Bestimmung verstehen – und adelt diesen Zustand mit dem Begriff der „G*ttebenbildlichkeit“. Denn eins ist klar: G*tt ist weder männlich noch weiblich festzulegen.

G*tt mit Sophia und Christus

An anderer Stelle wäre darauf einzugehen, dass G*tt bei der Erschaffung des Menschen in eine Art Selbstgespräch vertieft zu sein scheint: *„Lasset uns Menschen machen, ein Bild das uns gleich sei.“* (1. Buch Mose/Genesis 1,26). Was dieser Plural an dieser Stelle bedeutet, darüber ist viel geschrieben worden. Auf zwei Spuren, die „weiblich und männlich“ im Akt der Schöpfung zusammen denken, die wir aber hier nicht verfolgen können, sei verwiesen (zum folgenden siehe Maier 2017).

In der Weisheitsliteratur der hebräischen Bibel hat G*tt bei der Schöpfung eine Partnerin, die „Weisheit“ (hebräisch *hokhma*, griechisch *sophia*). Frau Weisheit spricht: G*tt *„hat mich schon gehabt im Anfang seiner Wege, ehe er etwas schuf, von Anbeginn her“* (siehe Sprüche Salomos 8,22–32 und öfter). Im hebräischen, jüdischen Denken kann die „Weisheit“ mit der Tora gleichgesetzt werden, ebenso wie mit der „Schekhina“, d. h. so viel wie: „G*ttes Gegenwart in der Welt“. Tora und Schekhina sind weiblich gedacht.

Im jüdisch-griechischen Denken der Antike findet eine eigenartige Verwandlung statt: Die „Weisheit“ der Bibel wird mit dem griechisch-philosophischen Wort *logos* gleich gesetzt, nicht zuletzt bei Philo (Miletto 2009). Im Neuen Testament wird dieser Gedanke aufgenommen: Der Christus ist der Logos, der bei der Schöpfung schon dabei war (Johannes 1,1). In christlicher Literatur ist es später dann die Dreieinigkeit G*ttes in „Vater, Sohn und Heiligem Geist“, die bei der Schöpfung ins Gespräch vertieft ist. Es ist früh festgestellt worden, dass der Christus im Neuen Testament die Eigenschaften der „Frau Weisheit“ der hebräischen Bibel verkörpert, die ursprünglich weiblich gedacht sind.

Der androgyne Vor-Mensch in rabbinischer, christlicher und muslimischer Auslegung

Rabbinisch-jüdische und frühchristliche Texte zeigen, dass sie die Schöpfungsgeschichte vielfältig auslegen (Klinghardt 2012, 3). Es zeigt sich, dass nicht nur Philo platonisch denkt. In der rabbinischen Auslegung (Midrasch) zum 1. Buch Mose/Genesis und der Erschaffung des Menschen auf Hebräisch erscheinen griechische Lehnworte, von denen eins bis heute im Hebräischen gebräuchlich ist: Der Ur-Mensch ist wie bei Platon „androgynos“. Rabbi Shmuel bar Nahman ist der Überzeugung, dass das hebräische Wort bei der Erschaffung Evas nicht notwendig als „Rippe“, sondern auch als „Seite“ zu verstehen ist:

> „Rabbi Jirmeja ben Leazar sagte: ‚Als der Heilige, der gesegnet ist, den ersten Menschen schuf – androgynos schuf er ihn, denn es ist gesagt: männlich und weiblich schuf er sie.‘ (1. Buch Mose/Genesis 5,2)
>
> Rabbi Shmuel bar Nahman sagte: ‚Als der Heilige, der gesegnet ist, den ersten Menschen schuf, schuf er ihn zweigesichtig (diprosopon). Dann teilte er ihn, machte ihm zwei Rücken, eins für diese Seite, eine für die andere.‘ Sie antworteten ihm: ‚Steht es nicht geschrieben: ‚Er nahm eine von seiner Rippe‘?‘ (1. Buch Mose/Genesis 2,21) Er antwortete: ‚von seiner Seite‘, so wie ihr sagt: ‚und für die andere Seite der Stiftshütte‘ (Exodus 26,20).“
>
> aus: Bereshit Rabba 8,1; siehe Ausstellungsobjekt Nr. 70, Abb. auf S. 129

Diese deutsche Übertragung kann die Wortspiele des Hebräischen nicht wiedergeben, insbesondere wenn es um die dort ähnlich lautenden Worte „Rippe“ oder „Seite“ geht. Es muss der Hinweis reichen, dass durch zwei griechische Lehnworte im Hebräischen Rabbi Jirmeja und Rabbi Shmuel auf Platons Schrift „Das Gastmahl“ verweisen: Der erste Mensch ist *androgynos* und *diprosopon*, doppelgeschlechtlich und doppelgesichtig. Wie in der rabbinischen Literatur üblich, haben andere Rabbinen sofort widersprochen. Dennoch: Die Diskussion ist eröffnet! Sie bleibt lebendig in vielen mystisch-esoterischen Strömungen, besonders in der Kabbala, in der in manchen Formen eine Art ideeller Vor-Mensch als „Adam Kadmon“ eine besonders große Rolle spielt (Ginzberg 1906). Die Auseinandersetzung um einen androgynen Vor-Menschen reißt seit der Spätantike nicht ab. Immer neu wird sie diskutiert. Das zeigt sich besonders in den Kommentaren und Glossen der mittelalterlichen Bibeln, z. B. bei Nikolaus von Lyra (Bunte 1994, 54 Anm. 23; siehe Abb. 4 und Ausstellungsobjekt Nr. 068).

Wie weit verbreitet in der Spätantike diese Auffassung der Einheit der Geschlechter, die dann getrennt wird, war, zeigt auch die Heilige Schrift des Islam:

> „Und Er ist es, der euch aus einer einzigen Seele erschaffen hat und der aus ihr ihren Partner/zweiten Teil erschaffen hat, damit er bei diesem Ruhe finde/wohne.“
>
> Koran, Sure 7,189

Wiebke Walther übersetzt so im Anschluss an Adel Khoury das Arabische der Sure 7,189 des Koran. Sure 4,1 mit ähnlichem Inhalt wird in jedem Freitagsgebet zitiert. Eine Hierarchie der Geschlechter ist hier im Arabischen nicht zu erkennen – auch wenn die Tradition meint, aus dieser Stelle eine Unterordnung der Frau ableiten zu können (Walther 2001, 212; siehe den Beitrag von Jehoshua Ahrens und Mira Sievers in diesem Band, S. 126–133).

G*tt doppelgesichtig, doppelgeschlechtlich?

In der Bibelhandschrift des Matteo de Planisio von 1362 aus Neapel (Codex Vat. lat. 3550 fol. 5; Bräm 2007) ist der Schöpfergott ein Ebenbild des platoni-

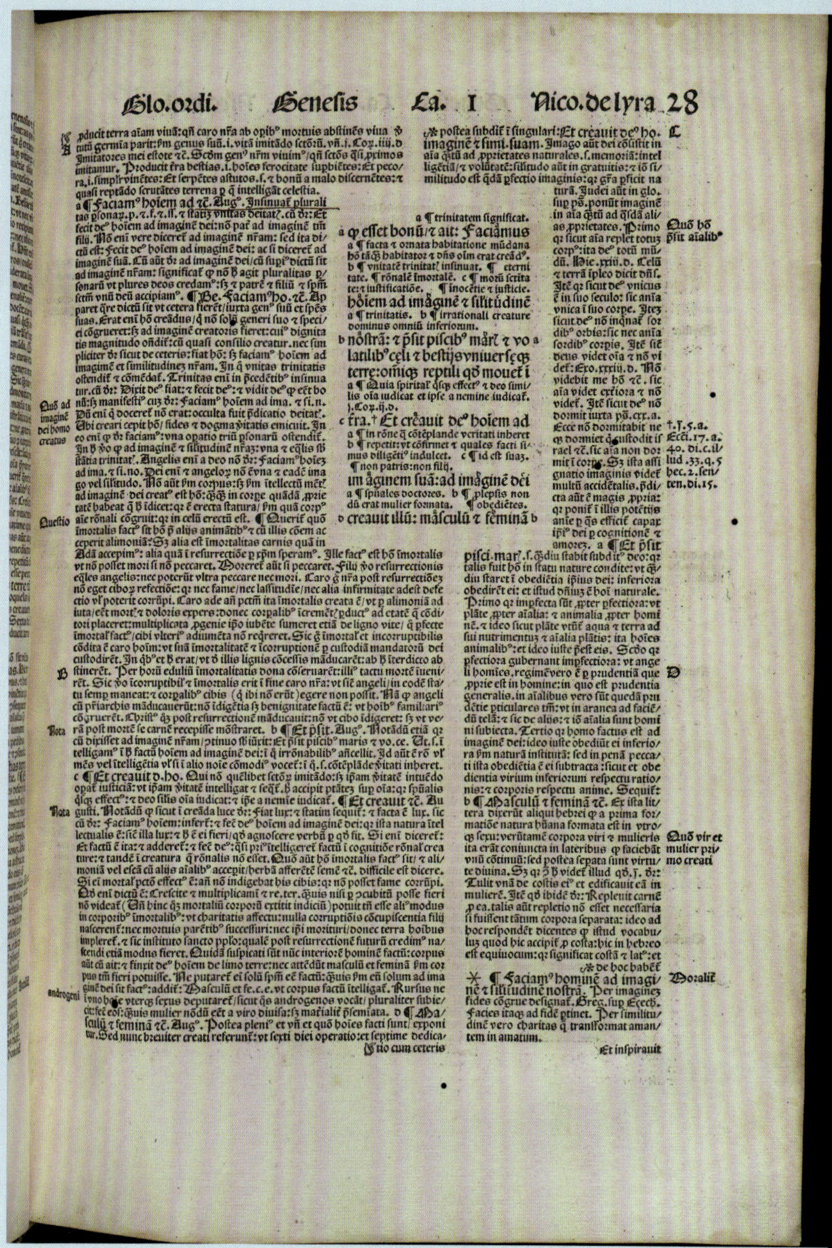

Abb. 4: Eine mittelalterliche Bibelausgabe, die sog. Glossa Ordinaria. In der Mitte der biblische Text in der lateinischen Übersetzung des Hieronymus (1. Buch Mose/Genesis 1,26-27), umgeben von „Scholien“ mit Kommentaren der christlichen Schriftsteller, u. a. Augustin und Nikolaus von Lyra. Das griechische Lehnwort „Androgynos“ als Gegenstand der Diskussion um den Ur-Adam kommt mehrfach vor. Ausstellungsobjekt Nr. 068, S. 198.

schen Ur-Menschen, denn er hat einen Januskopf, also zwei Gesichter. Kunstgeschichtlich kann so die Lehre von der Dreieinigkeit Gottes dargestellt werden: „Vater, Sohn und Heiliger Geist“ – in einer Gestalt – erschaffen gemeinsam die Welt. Der Heilige Geist sitzt einem doppelgesichtigen G*tt als Taube auf der Schulter. Die Trinitätslehre der Alten Kirche mit dem bis heute gültigen ökumenischen CREDO von Nicäa-Konstantinopel ist ohne die Gedankenwelt Platons und Philos nicht zu denken – die Kunstgeschichte gibt mit dem doppelgesichtigen Gott einen kuriosen Verweis auf eine lange Tradition. Ist der 1362 dargestellt Schöpferg*tt männlich? Verweist der Bart nur auf eine ikonographische Tradition, die Rolle des „Vaters“ mit Bart darzustellen, den „Sohn“ – das Kind – hier aber bartlos zu lassen? Bartlosigkeit steht für Jugend, aber auch für Weiblichkeit (Abb. 5).

Die mittelalterliche Buchmalerei nimmt so auf ihre Weise die theologischen Debatten auf: Es ist erstaunlich, wie ungeschlechtlich gerade im Mittelalter sowohl Adam als auch Eva wirken. In manch einer Darstellung der Erschaffung Evas erscheint ikonographisch eine zweigeschlechtliche Gestalt: Wie ein siamesischer Zwilling hat der Mensch zwei Oberkörper, einen männlichen und einen weiblichen, der aus Adams Seite wächst. So sieht ein Hermaphrodit aus (Abb.6, siehe Ausstellungsobjekt Nr. 069)!

Die vielen antiken Geistesströmungen, die sich auch in jüdisch-rabbinischen und verschiedenen frühchristlichen Texten spiegeln, spielen mit der Doppelgeschlechtlichkeit, ob nun der Seele oder des Körpers. Es ist bemerkenswert, dass besonders

Abb. 5: Die Erschaffung des Menschen im Garten Eden (1. Buch Mose/Genesis 2), Detail aus der Bibel des Matteo de Planisio (Codex Vat. lat. 3550 fol. 5, Neapel, 1362): die Erschaffung des Menschen aus Lehm im Hintergrund und die Erschaffung Evas aus der Seite des Menschen im Vordergrund, G*tt mit einem Doppelgesicht. Ausstellungsobjekt 082, S. 196.

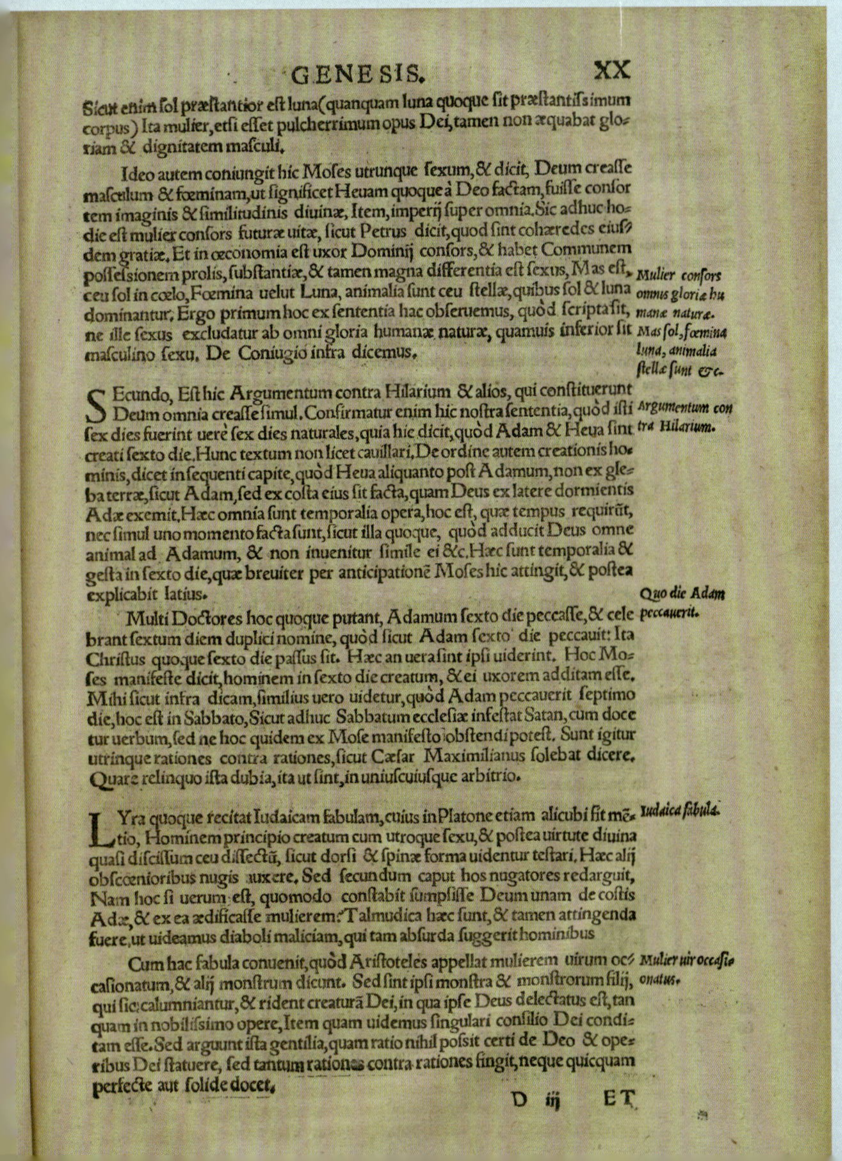

GENESIS. XX

Sicut enim ſol præſtantior eſt luna(quanquam luna quoque ſit præſtantiſsimum corpus) Ita mulier, etſi eſſet pulcherrimum opus Dei, tamen non æquabat gloriam & dignitatem maſculi.

Ideo autem coniungit hic Moſes utrunque ſexum, & dicit, Deum creaſſe maſculum & fœminam, ut ſignificet Heuam quoque à Deo factam, fuiſſe conſortem imaginis & ſimilitudinis diuinæ, Item, imperij ſuper omnia. Sic adhuc hodie eſt mulier conſors futuræ uitæ, ſicut Petrus dicit, quod ſint cohæredes eiuſdem gratiæ, Et in œconomia eſt uxor Dominij conſors, & habet Communem poſſeſsionem prolis, ſubſtantiæ, & tamen magna differentia eſt ſexus, Mas eſt, ceu ſol in cœlo, Fœmina uelut Luna, animalia ſunt ceu ſtellæ, quibus ſol & luna dominantur, Ergo primum hoc ex ſententia hac obſeruemus, quòd ſcripta ſit, ne ille ſexus excludatur ab omni gloria humanæ naturæ, quamuis inferior ſit maſculino ſexu, De Coniugio infra dicemus.

Mulier conſors omnus gloriæ humanæ naturæ. Mas ſol, fœmina luna, animalia ſtellæ ſunt &c.

SEcundo, Eſt hic Argumentum contra Hilarium & alios, qui conſtituerunt Deum omnia creaſſe ſimul. Confirmatur enim hic noſtra ſententia, quòd iſti ſex dies fuerint uerè ſex dies naturales, quia hic dicit, quòd Adam & Heua ſint creati ſexto die. Hunc textum non licet cauillari, De ordine autem creationis hominis, dicet in ſequenti capite, quòd Heua aliquanto poſt Adamum, non ex gleba terræ, ſicut Adam, ſed ex coſta eius ſit facta, quam Deus ex latere dormientis Adæ exemit, Hæc omnia ſunt temporalia opera, hoc eſt, quæ tempus requirũt, nec ſimul uno momento facta ſunt, ſicut illa quoque, quòd adducit Deus omne animal ad Adamum, & non inuenitur ſimile ei &c. Hæc ſunt temporalia & geſta in ſexto die, quæ breuiter per anticipationẽ Moſes hic attingit, & poſtea explicabit latius.

Argumentum contra Hilarium.

Quo die Adam peccauerit.

Multi Doctores hoc quoque putant, Adamum ſexto die peccaſſe, & celebrant ſextum diem duplici nomine, quòd ſicut Adam ſexto die peccauit: Ita Chriſtus quoque ſexto die paſſus ſit. Hæc an uera ſint ipſi uiderint. Hoc Moſes manifeſte dicit, hominem in ſexto die creatum, & ei uxorem additam eſſe. Mihi ſicut infra dicam, ſimilius uero uidetur, quòd Adam peccauerit ſeptimo die, hoc eſt in Sabbato, Sicut adhuc Sabbatum eccleſiæ infeſtat Satan, cum docetur uerbum, ſed ne hoc quidem ex Moſe manifeſto obſtendi poteſt. Sunt igitur utrinque rationes contra rationes, ſicut Cæſar Maximilianus ſolebat dicere. Quare relinquo iſta dubia, ita ut ſint, in uniuſcuiuſque arbitrio.

LYra quoque recitat Iudaicam fabulam, cuius in Platone etiam alicubi fit mẽtio, Hominem principio creatum cum utroque ſexu, & poſtea uirtute diuina quaſi diſciſſum ceu diſſectũ, ſicut dorſi & ſpinæ forma uidentur teſtari, Hæc alij obſcœnioribus nugis auxere, Sed ſecundum caput hos nugatores redarguit, Nam hoc ſi uerum eſt, quomodo conſtabit ſumpſiſſe Deum unam de coſtis Adæ, & ex ea ædificaſſe mulierem? Talmudica hæc ſunt, & tamen attingenda fuere, ut uideamus diaboli maliciam, qui tam abſurda ſuggerit hominibus

Iudaica fabula.

Cum hac fabula conuenit, quòd Ariſtoteles appellat mulierem uirum occaſionatum, & alij monſtrum dicunt. Sed ſint ipſi monſtra & monſtrorum filij, qui ſic calumniantur, & rident creaturã Dei, in qua ipſe Deus delectatus eſt, tanquam in nobiliſsimo opere, Item quam uidemus ſingulari conſilio Dei conditam eſſe. Sed arguunt iſta gentilia, quam ratio nihil poſsit certi de Deo & operibus Dei ſtatuere, ſed tantum rationes contra rationes fingit, neque quicquam perfecte aut ſolide docet.

Mulier uir occaſionatus.

D iij ET

Abb. 7: „[Nicloaus von] Lyra zitiert ein jüdisches Märchen, das irgendwo bei Platon erwähnt ist“ (*Lyra quoque recitat Iudaicam fabulam, cuius in Platone etiam alicubi fit mentio*). In einer Vorlesung über das 1. Buch Mose und die Schöpfung wettert Martin Luther in Wittenberg gegen die Auffassung, dass der Ur-Mensch „doppelgeschlechtlich“ (*utroque sexu*) zugleich gewesen sei. Er nennt das eine *Iudaica fabula* (vgl. die Randglosse im Druck). Martin Luther, Genesis-Kommentar, 1535, Theol.fol.1094-1_ Bl. XXr. Ausstellungsobjekt Nr. 072, S. 198.

Leib-feindliche Haltungen, wie die neuplatonisch esoterische Gnosis den Hermaphroditen als ein ungeschlechtliches Wesen verstehen und den Geschlechtsverkehr generell ablehnen. In jüdischen und christlichen Strömungen hingegen wird gerade die Vereinigung von Mann und Frau, gedacht als „Ehe“, als Wiederherstellung des androgynen Urzustands verstanden. Diese beiden Interpretationen stoßen einander ab (Klinghardt 2012, 4).

In der hitzigen Debatte um einen doppelgeschlechtlichen Adam sind anti-judaistische Muster zu erkennen, die mit dem Verweis auf die jüdische Quelle versuchen, den Gedanken als abwegig zu markieren. Auch Martin Luther kannte die Vorstellung vom androgynen Adam und lehnt ihn in seiner Vorlesung zum Buch Genesis unter Verdrehung der Tatsachen als *Iudaica fabula*, „jüdische Fabel“, die „irgendwo bei Platon“ zu finden sei, ab (Abb. 7). In der deutschen Übersetzung Martin Luthers von 1534/45 stehen nicht mehr die Adjektive, sondern zwei Nomen: *„Und Gott schuf den Mensch, ihm zum Bilde, zum Bilde Gottes schuf er ihn und schuf ihn ein Männlein und Fräulein [‚ein menlin und frewlin‘]“*. Sprachlich entwickelt sich schließlich im 20. Jahrhundert dann die Version *„und schuf sie als Mann und Weib“* (1. Buch Mose/Genesis 1,27, Lutherbibel seit 1912, seit 1984: *„als Mann und Frau“*). Vor 100 Jahren ist das binäre Weltbild erkennbar voll ausgeprägt. Das ist schon im Jahr 1900 im Bürgerlichen Gesetzbuch im Deutschen Kaiserreich abzulesen, das nur noch zwei Geschlechter kennt. In der bis dahin gültigen Rechtsprechung des Allgemeinen Preußischen Landrecht (1794/1806) hatten Kinder mit uneindeutigem Geschlecht zumindest einen Rechtsstatus, auch wenn sie dann in männliche oder weibliche Rollen gezwungen werden konnten (siehe Ausstellungsobjekt Nr. 078, Abb. S. 158).

Sexualität und Geschlechtlichkeit im Ebenbild G*ttes

Dass in Platons „Das Gastmahl“ und in der Bibel die Liebe in allen möglichen Spielarten im Zentrum der Debatte steht, ist bemerkenswert, auch wenn es auf je eigene Art erzählt wird. Es ist überraschend, wie unterschiedlich und vielfältig antike Literatur die Vielfalt von Geschlechtlichkeit andeutet, darstellt oder beurteilt. Platon hat in seiner Schrift „Das Gastmahl“ als Grieche aus Athen verschiedene Formen von ausgeübter Geschlechtlichkeit im Blick, darunter auch die gleichgeschlechtliche Liebe (zum Umgang mit biblischen Texten, die auf gleichgeschlechtliche Liebe Bezug zu nehmen scheinen, siehe den Beitrag von Kerstin Söderblom in diesem Band). Bei Platon ist die Teilung des Urmenschen in zwei Hälften eine Bestrafung der Götter und die (erotische) Liebe die Folge davon. Geschlechtlichkeit erscheint geradezu als Defekt des Menschen, der vergeblich versucht, den verlorenen Urzustand wieder herzustellen. Im Garten Eden in der Bibel hingegen treten sich zwei Exemplare des Menschen gegenüber, damit sie nicht allein bleiben, und es wird betont, dass sie aufeinander bezogen sind (1. Buch Mose/Genesis 2,22–24). Der sog. Sündenfall kommt danach (1. Buch Mose/Genesis 3). Die Auslegung der Geschichte vom Garten Eden hat eine fatale Wirkungsgeschichte.

Abb. 6: Der Mensch im Garten Eden – Eva ist „die weibliche Seite“ des Menschen (1. Buch Mose/Genesis 2,22) in der Darstellung der Koberger Bibel, Nürnberg 1483; Sammlung Zeppetzauer; Ausstellungsobjekt Nr. 069, S. 195. Diese Darstellung eines Menschen mit einem doppelten Oberkörper, männlich und weiblich, entspricht zeitgenössischen Darstellungen von doppelgeschlechtlichen Hermaphroditen.

Antike Philosophie und Theologie teilen bis heute eine sehr wirksame Spur der negativen Sicht von Geschlechtlichkeit, die sich auf Philo von Alexandrien und jüdische und christliche Denker*innen zurückverfolgen lässt – verbunden mit einer besonders negativen Darstellung des Weiblichen, nicht zuletzt in den Kirchen. Wir setzen hier dagegen und sagen: Die biblischen Texte selbst sind für eine positive Sicht von Geschlechtlichkeit in all ihren Formen offen (siehe dazu auch den Beitrag zur Vielfalt der Geschlechtlichkeit im Neuen Testament und Frühchristentum in diesem Band, S. 139–147). Der Mensch als Ebenbild G*ttes trägt nach biblischem Verständnis alle Möglichkeiten in sich. Geschlechtlichkeit gehört zum paradiesischen Urzustand dazu – daraus lassen sich auch Sehnsuchtsbilder für eine bessere Welt entwickeln, wie das zu allen Zeiten geschehen ist. Es wäre entscheidend, in ihnen auch mit modernen Maßstäben religiös die positiven Aspekte von Sexualität und Geschlechtlichkeit stark zu machen, in all ihrer Vielfalt. Es mag zu denken geben, dass der*die Hermaphrodit*in als doppelgeschlechtliches Wesen durch die Zeiten hindurch ein Symbol für die Besserung der Welt gilt (siehe dazu den Beitrag von Sven Limbeck in diesem Band, S. 117–125). Der Gedanke, dass die Menschen dazu geschaffen sind, G*tt zu entsprechen, schließt von Anfang an männliche und weibliche Geschlechtlichkeiten ein.

Literatur

Bell, Desmond: Wie ‚gendergerecht' ist die Schöpfungstheologie?, in: Altmeyer, Stefan u. a. (Hg.): Schöpfung, JRP 34, 2018, S. 60–70.

Bräm, Andreas: Neapolitanische Bilderbibeln des Trecento. Anjou-Buchmalerei von Robert dem Weisen bis zu Johanna I, Wiesbaden 2007.

Bunte, Wolfgang: Rabbinische Traditionen bei Nikolaus von Lyra. Ein Beitrag zur Schriftauslegung des Spätmittelalters, Frankfurt am Main 1994.

Cohn, Leopold; Heinemann, Isaak; Adler, Maximilian; Theiler, Willy (Hg.): Philo von Alexandria. Die Werke in deutscher Übersetzung, Bd. 1, 2. Aufl., Berlin 1962.

Ginzberg, Louis: Art. Adam Kadmon, in: Jewish Encyclopedia 1, 1906, S. 181–183.

Harrison, Verna E. F.: The Allegorization of Gender. Plato and Philo on Spiritual Childbearing, in: Wimbush, Vincent L.; Valantasis, Richard (Hg.): Asceticism, Oxford 1995, S. 520–534.

Horn, Christoph (Hg.): Platon. Symposion, Berlin 2012.

Horn, Christoph; Müller, Jörn; Söder, Joachim (Hg.): Platon-Handbuch. Leben–Werk–Wirkung, 2. Aufl., Stuttgart 2017.

Klinghardt, Matthias: Androgyne Gleichheit – sexuelle Hierarchie. Die Kultur der Geschlechtskörper im frühen Christentum, in: ZNT 30, 2012, S. 3–11.

Maier, Christl: Art. Weisheit (Personifikation) (AT), in: Das Wissenschaftliche Bibellexikon im Internet, 2017, URL: http://www.bibelwissenschaft.de/stichwort/34659/ (15.03.2021).

Markschies, Christoph: Gottes Körper. Jüdische, christliche und pagane Gottesvorstellungen in der Antike, München 2016.

Miletto, Gianfranco: Art. Philo von Alexandrien, in: Das Wissenschaftliche Bibellexikon im Internet, 2009, URL: https://www.bibelwissenschaft.de/stichwort/30916/ (15.03.2021).

Walther, Wiebke: Die Stellung der Frau im Islam, in: Islam in Deutschland, LpB 4, 2004, S. 212–220.

Adam androgyn

Entgrenzung der Geschlechter in der christlichen Alchemie des Mittelalters und der Frühen Neuzeit

Sven Limbeck

Wie jeder Verfasser einer Einführung in sein Fachgebiet zitiert Joachim Tanck in seiner „Succincta et brevis Artis Chemiae Instructio“ (Leipzig 1605) aus der älteren Literatur eine Definition seines Gegenstands:

> *„Alchemie nennen wir die Wissenschaft von der Verwandlung der Dinge im Hinblick auf ihre Gestalten und Eigenschaften; […] Und es ist ganz gewiss, dass die alchemische Kunst, das heißt, die Verwandlung der Metalle, an sich durchaus wahrhaft, aber durch falsche Ansichten verkehrt worden ist, sie steht in der Macht Gottes und ist eine Gabe des Heiligen Geistes, wird aber nur ganz wenigen verliehen und nur aus besonderer Gnade. […] Sie ahmt die Natur nach.“*

> „ALCHIMIAM dicimus scientiam esse transmutationis rerum, a suis formis, et speciebus; […] Et hoc est certissimum, quod ars Alchimia, id est, Metallorum transmutatio, per se quidem est verissima, sed falsis opinionibus depravata, in potentia Dei reservata, et donum Spiritus Sancti, paucissimis vero detur, et non nisi ex peculiari gratia. […] Imitatur vero naturam.“

Abb. 1: Rebis-Bild im „Buch der Heiligen Dreifaltigkeit“ (HAB Wolfenbüttel, Cod. Guelf. 433 Helmst., fol. 103v).

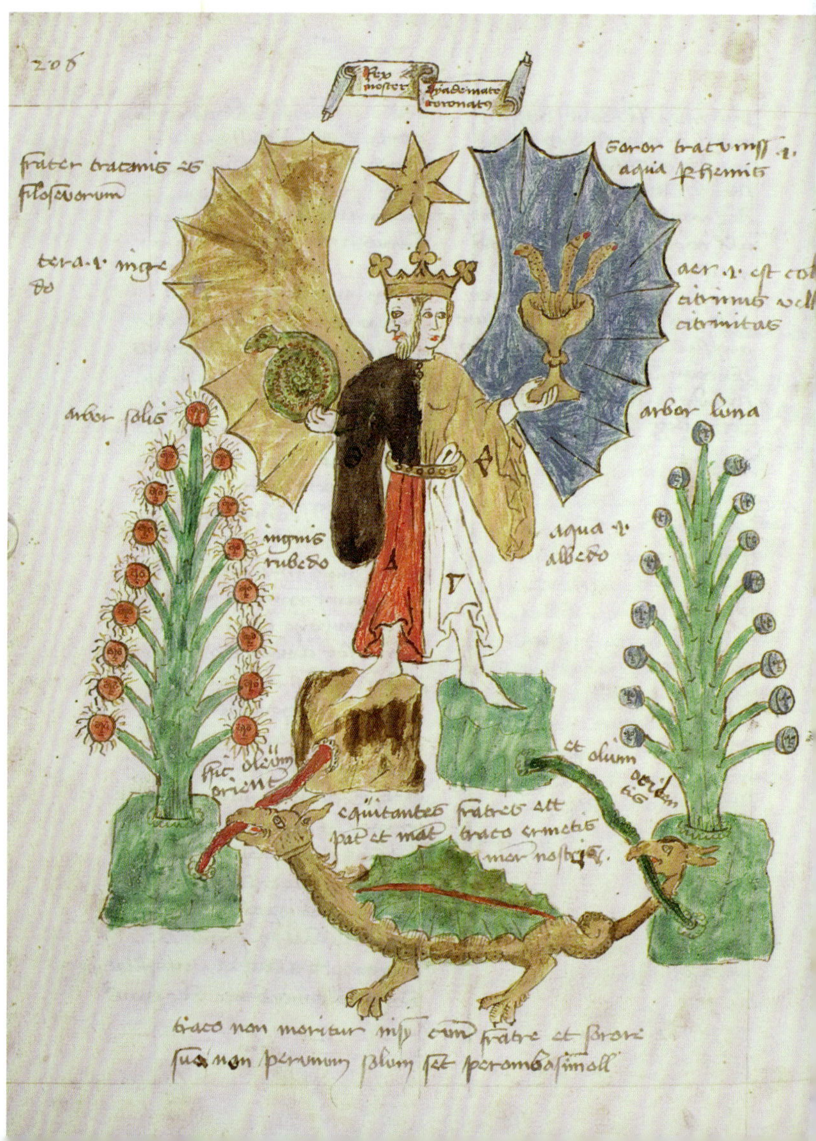

Diese Definition nennt aus zeitgenössischer Perspektive einige wesentliche Gesichtspunkte, auf die es ankommt, will man die Alchemie recht verstehen: Alchemie ist das theoretische und praktische, spekulative und experimentelle Wissen um die Verwandlung der Materie, besonders der Metalle, wie sie in Gottes Schöpfung per se geschieht und wie sie im Labor bewerkstelligt werden kann. Das alchemische Wissen ist ein Geschenk und eine Gnade Gottes, die wenigen Auserwählten vorbehalten ist, und damit der mystischen Theologie enger verwandt als der modernen Chemie. Missverstanden und missbraucht wird sie als aussichtslose oder – im schlimmeren Falle – betrügerische Goldmacherei. Alchemie ist aber Nachahmung der Natur. Sie will durch Beobachtung die Wirkweisen der natürlichen Stoffeswelt begreifen und im experimentellen Nachvollzug produktiv machen. Man darf wohl mit einem etwas aus der

Mode gekommenen Begriff die Denkweise der Alchemie als ein holistisches Weltbild bezeichnen. Charakteristisch für die alchemische Überlieferung in Text und Bild ist daher ein im Wesentlichen auf Analogien beruhender allegorischer Darstellungsstil, der den Versuch bildet, durch Vieldeutigkeit, wie sie sonst der Poesie eignet, die Komplexität alchemischer Erkenntnis adäquat wiederzugeben.

Zu den faszinierendsten Aspekten dieser Bildsprache zählt der die Geschlechterdichotomie überwindende Hermaphrodit (auch Rebis), der im Laufe des Mittelalters und der Frühen Neuzeit zu einem zentralen Sinnbild der Alchemie wird. Seit etwa 1400, einer Zeit der allgemeinen Schrift- und Bildexplosion, werden alchemische Hermaphroditen zunächst in der Buchmalerei, dann in der druckgraphischen Illustration visualisiert und bilden bei aller Variabilität eine ikonographische Tradition.

Hermaphroditenbilder in ausgewählten Handschriften und Drucken

Das „Buch der Heiligen Dreifaltigkeit", hinter dessen Titel man ein theologisches Werk vermuten würde, stellt eines der ältesten deutschsprachigen Zeugnisse einer dezidiert christlichen Alchemie dar. Der einem Frater Ulmannus zugeschriebene Text aus dem frühen 15. Jahrhundert verbindet mystische Spiritualität, alchemische Theorie und Laborpraxis. Der Verfasser ist überzeugt, dass man Alchemie nach theologischen Maßgaben betreiben kann, weil die Wahrheiten des Glaubens den Tatsachen der natürlichen Welt entsprechen, so dass sich Heilsgeschichte und Naturgeschehen ineinander spiegeln und gegenseitig abbilden.

Das „Buch der Heiligen Dreifaltigkeit" ist in zehn vollständigen Handschriften des 15. Jahrhunderts und weiteren Abschriften und Auszügen bis zum 18. Jahrhundert überliefert. Einen integralen Bestandteil bildet ein Zyklus von Illustrationen, darunter ein „christlicher" Hermaphrodit. In mehreren Handschriften des Werks findet sich eine komplexe allegorische Bildkomposition (Abb. 1): Zwischen zwei Bäumen, die unterhalb durch einen doppelhäuptigen Drachen verbunden werden, steht eine janusköpfige, gekrönte und Flügel tragende Gestalt. Sie teilt sich vertikal in eine heraldisch rechte männliche und linke weibliche Hälfte, die durch unterschiedliche Kleidung und sekundäre Geschlechtsmerkmale unterschieden werden.

Der alchemische Sinn dieser Darstellung wird im Text freilich nur unzureichend erklärt, vielmehr stellt das Bild ein dem Text komplementäres und gleichwertiges Medium der Vermittlung alchemischer Lehre dar – wenn man so will, ein Meditationsbild, dessen Entschlüsselung den Lesenden überlassen bleibt. In der Wolfenbütteler Handschrift gibt es immerhin Bildbeischriften, Textversatzstücke, die das Bild mit konventionellen alchemischen Doktrinen in Verbindung bringen und erlauben, es als symbolische Visualisierung des „opus magnum" zu verstehen, der Herstellung des Steins der Weisen im Labor. Dabei geht es um einen Läuterungsprozess der Materie:

Abb. 2: „Solutio"-Phase des „opus magnum" in der Bilderserie des „Donum dei" (HAB Wolfenbüttel, Cod. Guelf. 77.2 Aug. 8°, fol. 5r). Ausstellungsobjekt Nr. 083, S. 196.

Abb. 3: Alchemischer Hermaphrodit als Symbol des „opus magnum“ (Hieronymus Reusner, Hg., Pandora, Das ist/Die Edleste Gab Gottes, Basel 1582, S. 247; BSB München, Res/Alch. 88).

Eine Urmaterie („materia prima“), in der zwar alle Elemente enthalten sind, aber in einer vermischten, unreinen Form, wird in einem vielstufigen Prozess der Trennung und Zusammensetzung der elementischen Bestandteile in eine reine und vollkommene Form überführt. Der Drache ist ein konventionelles Symbol der „materia prima“, die männliche und die weibliche Hälfte der Figur steht für die alchemischen Prinzipien Sulfur (Schwefel) und Mercurius (Quecksilber), die Attribute in ihren Händen – links eine Schlange, die sich zusammenrollt, rechts ein Kelch, aus dem sich drei Schlangenhäupter erheben – symbolisieren die gegenläufigen Prozesse von Auflösung („solutio“) und Verfestigung („coagulatio“). Eine Bildbeischrift unter dem Drachen lautet:

> *„Der Drache stirbt nur zusammen mit seinem Bruder und seiner Schwester, nicht durch einen allein, sondern durch beide zusammen“*

> „traco non moritur nisy cum fratre et sorore sua, non per unum solum set per ambo simoll.“

Es ist ein in der alchemischen Texttradition seit dem Mittelalter mehrfach bezeugtes Zitat. Noch Joachim Tanck führt es in seiner eingangs genannten Einführung in die Alchemie im Zusammenhang mit der Benennung des Steins der Weisen an:

> *„Besagter Stein heißt Rebis, das heißt, zweifaches Ding, das aus zwei Dingen entsteht, nämlich aus Körper und Geist oder aus Sonne und Mond.“*

> „Lapis autem praedictus dicitur REBIS, id est bina res, quae fit ex duabus rebus, id est, corpore et spiritu, vel ex Sole et Luna.”

Unser Bild erzählt: Für die Herstellung des Steins der Weisen, muss der Drache getötet, d.h., die Ausgangsmaterie vernichtet werden, so dass aus ihm Bruder und Schwester, die Prinzipien Sulfur und Mercurius, hervorgehen können, die ihrerseits aber auch sterben müssen, weil sie in ihrer Vereinigung vergehen und zu etwas Neuem werden, nicht mehr getrennt, männlich und weiblich, weiterexistieren können, sondern zu einer vollkommenen, mann-weiblichen Gestalt werden müssen. Der Hermaphrodit steht für die stoffliche Vollkommenheit und ist somit Sinnbild für das Ziel der Alchemie schlechthin.

Ganz ähnlich lautet die bildliche Erzählung in dem seit dem 15. Jahrhundert in Handschriften und Drucken weit verbreiteten lateinischen Traktat „Donum dei“. Er ist mit einer Serie von zwölf Bildern zum „opus

magnum“ ausgestattet. Die Phase der Auflösung („solutio“) wird durch das Bild einer Phiole dargestellt (Abb. 2): Im Bauch des Gefäßes symbolisiert ein Paar beim Geschlechtsakt die Ausgangsstoffe Schwefel und Quecksilber, die sich in ihre elementaren Bestandteile auflösen, die in den vier Köpfen kenntlich werden. Währenddessen ist im Hals des Gefäßes eine kleine geflügelte Gestalt zu erkennen, die als Hermaphrodit zu identifizieren ist und die „aqua permanens“, das gegenüber dem Ausgangsstoff geläuterte philosophische Quecksilber, repräsentiert.

Ikonographisch mit dem „Buch der Heiligen Dreifaltigkeit“ weitgehend deckungsgleiche Darstellungen wanderten in der Folge in verschiedene textuelle Umgebungen. Der Holzschnitt, der das Rebis-Bild in der „Pandora“ des Hieronymus Reusner (Basel 1582) wiedergibt, geht, wie auch die Beischriften zeigen, direkt oder indirekt auf eine Überlieferung des Dreifaltigkeitsbuches zurück (Abb. 3). Zuvor schon findet es sich in dem deutschsprachigen Gedicht von „Sol und Luna“, das ebenfalls in einer Bildserie die Phasen des „opus magnum“ illustriert. Dieses Bildgedicht ist in der Überlieferung mit dem „Rosarium philosophorum“, einer Sammlung lateinischer Zitate aus der alchemischen Literatur, verbunden. In der Holzschnitt-Bilderserie in dessen Frankfurter Erstdruck von 1550 tritt der Hermaphrodit vielfach in Erscheinung und ist an den verschiedenen Phasen des alchemischen Prozesses beteiligt. Auch hier ist das Rebis-Bild eine „Darstellung der Vollkommenheit“ („perfectionis ostensio“) am Ende des alchemischen Prozesses (Abb. 4 und Ausstellungsobjekt Nr. 075, S. 197).

Die visuelle Symbolsprache der spätmittelalterlichen und frühneuzeitlichen Alchemie bildete je nach Kontext eine Reihe ikonographischer Varianten des Hermaphroditen aus, dessen Grundmuster jedoch gleichblieb: Zu den schönsten Beispielen zählt zweifellos der Hermaphrodit aus dem Text-Bild-Traktat „Splendor solis“, der in einer Reihe hochwertig illuminierter Handschriften des 16. Jahrhunderts überliefert ist (Abb. 5). Die aufrechtstehende menschliche Gestalt mit zwei Köpfen, zwei verschiedenfarbigen Flügeln und zwei Attributen in den Händen teilt sich der Länge nach in zwei Hälften, die durch die unterschiedliche Physiognomie und Haartracht geschlechtlich definiert werden: Die heraldisch rechte Seite ist männlich, die linke weiblich. Der Begleittext im „Splendor solis“ erläutert den Hermaphroditen als Sinnbild der Vereinigung von Gegensätzen, aus welcher die vier Elemente hervorgehen:

Abb. 5 (links): Alchemischer Hermaphrodit im „Splendor Solis“ (GNM Nürnberg, Hs 146766, fol. 15v). Ausstellungsobjekt Nr. 073, S. 196.

Abb. 4: „Perfectio“-Phase des „opus magnum“ in der Bilderserie des „Rosarium philosophorum“ (Rosarium philosophorum. Secunda Pars Alchimiae De Lapide Philosophico Vero Modo praeparando, Frankfurt a. M. 1550, S. X iii v; UB Leipzig, Phys.663/2).

„Zwen Cörper. Nemblich Sonn vnnd Mon welches sein Erd vnd wasser, die haissens auch Man vnd Weib vnd die geberen vier Kinder“

Nürnberg, Germanisches Nationalmuseum, Hs 146766, fol. 14v

Die „Symbola Aureae Mensae Duodecim Nationum“ (Frankfurt a. M. 1617) des Arztes und Alchemisten Michael Maier sind ein früher und überaus origineller Versuch einer Gesamtgeschichte der Alchemie vom Altertum bis zur Gegenwart, wobei jeweils eine Autorität für das alchemische Wissen einer Nation bürgt: Der Theologe und Naturkundige Albertus Magnus vertritt hier die Deutschen und wird in einem Emblem porträtiert (Abb. 6). Der querformatige Kupferstich zeigt in der rechten Bildhälfte den Heiligen im Bischofsornat, der mit ausgestrecktem Arm und Finger zur Linken weist, wo ein doppelköpfiger Hermaphrodit mit der nun konventionellen Teilung in eine heraldisch rechte männliche und linke weibliche Hälfte dargestellt ist. Im Gegensatz zu den bisherigen Beispielen ist dieser Hermaphrodit nackt, so dass seine nebeneinander angeordneten männlichen und weiblichen Genitalien zu sehen sind. Außerdem trägt er den Buchstaben Y in der rechten Hand. Diese Ikonographie entspricht den zeitgenössischen emblematischen Aufbereitungen des Mythos von Hermaphroditus aus Ovids „Metamorphosen“, etwa der 1580 erschienenen „Picta Poesis Ovidiana“ von Nikolaus Reusner, wo im linken Mittelgrund in der Gestalt mit dem doppelten Oberkörper der Augenblick der Verschmelzung des Hermaphroditus mit der Nymphe Salmacis dargestellt ist (Abb. 7). Durch diese Rückbindung an den Mythos lässt sich die Ikonographie als Verbildlichung des Augenblicks der Vereinigung von ursprünglich Getrenntem deuten. Dem entspricht auch das Y-Zeichen: Das Y galt als von Pythagoras erfundener Buchstabe, der aufgrund seiner Ähnlichkeit mit einer Weggabelung symbolhaft für die Entscheidung des Menschen auf seinem Lebensweg zwischen Tugend und Laster steht. Es fand aber auch als Symbol geschlechtlicher Unentschiedenheit und Unordnung Verwendung: Im 16. Jahrhundert wurde auf mehreren Flugschriften die Nachricht von einem Monstrum zu Ravenna verbreitet, das angeblich beiderlei Geschlecht gehabt habe und auf der Brust mit einem Y bezeichnet war (Abb. 8).

Wie aber konnte der Hermaphrodit das alchemische Emblem des Albertus Magnus und der deutschen Nation werden? Hier führt der Weg wieder zurück zum Rebis-Bild aus „Sol und Luna“, denn im Text selbst berichtet Michael Maier ausgiebig über das „Rosarium philosophorum“, die Bilder und deutschen Verse darin, die das Werk als das eines Deutschen kenntlich machen. Das Rebis-Bild preist Maier als die

Abb. 6: Autorenemblem des Albertus Magnus (Michael Maier, Symbola Aureae Mensae, Frankfurt a. M. 1617, S. 238; UB Frankfurt, 8° P 192.5055 Nr. 3). Ausstellungsobjekt Nr. 076, S. 196.

238 SYMBOLA

OMNES CONCORDANT IN VNO, QVI est bifidus.

ALBERTVS, *cognomento honoris*, MAGNVS *appellatus fuit*, non à se ipso (quod arrogantiæ non tolerandæ indicium foret) sed cõsensu omnium literatorum, quicunq; eius vitam, mores, facta & scripta inspexerint; Quod nomen ipsi commune saltem cum duobus, in nostris monumentis sui memoria celeberrimis extitit, nempe cum *Alexandro Magno* & *Carolo Magno*: Quemadmodum enim illi rerum gestarum magnitudine omnes alios superarunt, Martiaque virtute & fælicitate victoriæ

semicue-

Albertus non à se ipso Magnus vocatus.

Alb. Magni cognomen cõmune saltem cũ duobus.

Abb. 7: Hermaphroditus und Salmacis (Nikolaus Reusner (Hg.), Picta Poesis Ovidiana, Frankfurt a. M. 1580, S. 43v; HAB Wolfenbüttel, 136.1 Poet. [1]).

„Summa" aller allegorischen Kunst. Er beschreibt die *„doppelköpfige Gestalt mit männlichem und weiblichem Antlitz, die drei Schlangen in der Rechten und eine in der Linken hält"* („figuram bicipitem masculinae & foemineae faciei, in dextra ternos angues, in sinistra vnum tenentem"), also genau den Holzschnitt des „Rosarium", und gibt die dazugehörigen deutschen Verse in lateinischer Übersetzung wieder.

Das Bild des Hermaphroditen oder Rebis gehört zum Kernbestand der alchemischen Ikonographie des späten Mittelalters und der Frühen Neuzeit. Wesentlich für die Alchemie ist ein Denken in Analogien, wonach der gesamte Kosmos geschlechtlich definiert ist und somit auch das Werden und Vergehen der Materie in Begriffen der Sexualität und Fortpflanzung gedacht werden kann. Aus der Vereinigung geschlechtlicher Gegensätze etwa gehen die vier Elemente Feuer, Wasser, Luft und Erde hervor. Festzuhalten ist, dass der Hermaphrodit in der Alchemie nicht nur als Veranschaulichung zentraler Prozesse dient, sondern in sich ein spezifisch alchemisches Weltbild beinhaltet.

Ikonographische Vorbilder

Die klassische Ikonographie des Hermaphroditen, wie sie in antiken Kunstwerken bezeugt ist, kennt eine horizontale Körperteilung in einen Oberkörper mit weiblichen Brüsten und einen Unterleib mit männlichem Genitale. Der alchemische Hermaphrodit indessen ist ikonographisch eine Ausprägung der hybriden Gestalten, wie sie in der Bildwelt des späten Mittelalters und der Frühen Neuzeit weit verbreitet waren. Dazu zählt die „Figura mundi" als Allegorie, eine einbeinige und geflügelte Gestalt, deren Glieder und Attribute auf die Todsünden hingedeutet werden (Abb. 9). Nach dem gleichen allegorischen Prinzip funktionieren die Sensationsnachrichten und Bilder angeblicher Monster, die als gottgesandte Schreckbilder die sündigen Menschen zur Umkehr bewegen sollen. Die doppelgeschlechtlichen Prodigien – dazu zählt das erwähnte Monstrum von Ravenna – stehen für sexuelle Verderbnis. Die Hybridität dieser Wesen ist eine symbolische Visualisierung gesellschaftlicher und moralischer Unordnung. Auch im „Buch der Heiligen Dreifaltigkeit" erscheint als Gegenbild zum christlichen Hermaphroditen ein zweiter, ähnlich komponierter, aber luziferischer Hermaphrodit mit Drachenflügeln, Schwert und Krone, der als Sinnbild einer falschen und betrügerischen Alchemie zu verstehen ist (Abb. 10). Wie aber verhält sich dazu die völlig gegenteilige positive Bewertung von Zweigeschlechtlichkeit und Hybridität im Weltbild der Alchemie?

Abb. 8: Das Monstrum von Ravenna (Hebammen Buch, Frankfurt a. M. 1580, S. 122; HAB Wolfenbüttel, 218.9 Quod.).

Dafür lässt sich ein ganz anderer Bildbereich in Anschlag bringen: In Gebet- und Andachtsbüchern wird die Erschaffung Evas so ins Bild gesetzt, dass Gottvater Eva gleichsam wie bei einem Geburtsakt seitlich aus dem Oberkörper Adams herauszieht. Dargestellt wird der Moment,

Abb. 9: „Figura mundi“ (Holzschnitt-Einblattdruck, 15. Jahrhundert; London, British Museum, Prints & Drawings, No.1865,0708.92).

Abb. 10: Luziferischer Hermaphrodit im „Buch der Heiligen Dreifaltigkeit“ (HAB Wolfenbüttel, Cod. Guelf. 433 Helmst., fol. 104v).

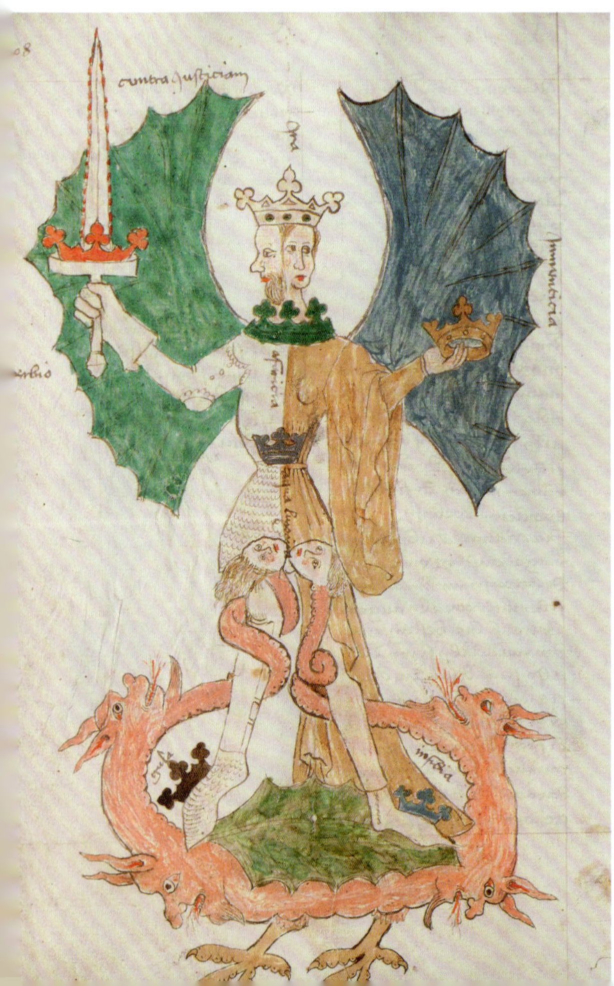

in dem Eva mit der unteren Körperhälfte noch einen Teil Adams bildet, ihr Oberkörper aber schon aus ihm herausragt – ein Wesen, das einen gemeinsamen Unterleib hat und sich in zwei, einen männlichen und einen weiblichen Oberkörper teilt. Besonders eindrücklich ist dieses Motiv in einer Ausgabe der „Orationes et meditationes de vita Christi“ des Thomas von Kempen, die 1520 in Augsburg erschien (Abb. 11). Durch die stehende Darstellung auf dem kolorierten Holzschnitt bildet der Vorgang, wie aus dem ersten Menschen das erste Menschenpaar hervorgeht, eine Y-förmige Gabelung, in der Einheit und Trennung nicht zu unterscheiden sind. Wenn die Einheit getrennt wird in einen männlichen und einen weiblichen Teil, dann muss sie ursprünglich androgyn gewesen sein. Der doppelköpfige Hermaphrodit ist die Antwort auf die Erschaffung Evas – als Vereinigung getrennter Teile ist er die Wiederherstellung der ursprünglichen androgynen Einheit. Visuell sind die alchemischen Hermaphroditen so mit der biblischen Schöpfungsgeschichte verknüpft. Dieser Zusammenhang lässt sich auch in alchemischen Texten nachweisen.

Exegetische Tradition und Gegentradition

Die zur Herstellung des Steins der Weisen notwendige Materie verhält sich nach alchemischer Auffassung analog zu dem androgynen Adam der Schöpfungsgeschichte: Deswegen bezeichnet bspw. die Paracelsus zugeschriebene Schrift „Aurora Philosophorum“ das Quecksilber auch als *„Adam[,] der seine vnsichtbare Euam verborgen in seinem Leibe“* trägt (Paracelsus, Chirurgische Bücher vnd Schrifften, Straßburg 1605). Die Alchemie im Labor ist nicht nur ein experimenteller Nachvollzug der Schöpfung, sondern mehr noch Wiederherstellung der gefallenen Natur, die materielle Vorwegnahme ihres heilsgeschichtlichen Ziels. Demnach ist und heißt nicht nur die „materia prima“, sondern auch das Ziel des alchemischen Prozesses wie der Urmensch: *„Schlüßlichen so ist die Materi vnsers Philosophischen Steins anders nichts/ als [...] der warhafftige Hermaphroditische Adam“.*

Dabei gründet sich die Vorstellung vom androgynen Urmenschen auf eine in der Geschichte der christlichen Kirchen durchaus umstrittene exegetische Tradition. Anders als die moderne Bibelexegese, die die beiden verschiedenen Berichte von der Erschaffung des Menschen im ersten und zweiten Kapitel des Buches Genesis auf verschiedene Quellen zurückführt, erkannten jüdische Ausleger in den Abweichungen die Absicht eines einzigen Verfassers. Wenn es in der Bibel heißt, Gott habe den Menschen *„als sein Bild, als Bild Gottes [...] [m]ännlich und weiblich“* (1. Buch Mose/Genesis 1,27) geschaffen, dann bedeute dies, der erste Mensch Adam habe beide Geschlechter in sich vereint. Die Erschaffung Evas aus der Rippe oder Seite Adams (1. Buch Mose/Genesis 2,18–25) stellt demgemäß lediglich eine Trennung der ursprünglichen Einheit dar. In der Kabbala, der jüdischen Mystik, wird die Zweigeschlechtlichkeit des Urmenschen konsequent weitergedacht: Die Männlichkeit und Weiblichkeit des Menschen als „Bild Gottes“ sagt etwas aus über die *„Bisexualität“* Gottes. Die sexuelle Polarität ist demzufolge ein Grundgesetz des göttlichen und des menschlichen Lebens.

Solche Vorstellungen stießen im christlichen Kontext mitunter auf Ablehnung. Der Kirchenvater Augustinus etwa bestritt in seinem Kommentar zur Schöpfungsgeschichte die Erschaffung Adams als androgynes Wesen. Der Mensch sei nicht so geschaffen, *„daß in einem einzelnen beide Geschlechter ausgeprägt gewesen wären, so wie hie und da Menschen zur Welt kommen, die man Androgynen nennt“* (De Genesi ad litteram III, 22). Die Doppelgeschlechtlichkeit gehört zu den monströsen Missbildungen, die im Widerspruch zur Vollkommenheit der göttlichen Schöpfung stehen.

Abb. 11: Die Erschaffung Evas (Thomas von Kempen, Deuotissime Meditationes de vita: beneficiis: et passione saluatoris Jesu Christi, Augsburg 1520, S. A iii v; HAB Wolfenbüttel, 1173.17 Theol. [1]).

Dass die christliche Alchemie sich fortwährend genötigt sah, ihre Rechtgläubigkeit zu verteidigen, hat indessen damit zu tun, dass sich ihr Weltbild aus anderen Traditionen speist, die von der Spätantike bis in die Neuzeit neben den autoritativen theologischen Positionen virulent waren: die Hermetik, die Kabbala und die neuplatonisch geprägte christliche Mystik. Sie erzählen die Schöpfung als eine Geschichte ursprünglicher Einheit und Vollkommenheit, die sich dann als kosmologisch-historisches Ereignis in partikulare Objekte teilt. Die ganze Schöpfung zielt daher auch darauf, dass sie im Sinne einer Wiederherstellung der ursprünglichen Einheit erlöst wird. Das zentrale Bild der Vollkommenheit ist der androgyne Adam. Der alchemische Prozess, der vom androgynen Adam als „materia prima“ seinen Ausgang nimmt und über die Trennung und Wiedervereinigung der Geschlechter zur Vollkommenheit des Hermaphroditen gelangt, ist nichts anderes als eine Spiegelung der Heilsgeschichte in der Materie.

Literatur

Aurnhammer, Achim: Zum Hermaphroditen in der Sinnbildkunst der Alchemisten, in: Meinel, Christoph (Hg.): Die Alchemie in der europäischen Kultur- und Wissenschaftsgeschichte, Wiesbaden 1986, S. 179–200.

Dietrich, Ernst Ludwig: Der Urmensch als Androgyn, in: Zeitschrift für Kirchengeschichte 58, 1939, S. 297–343.

Limbeck, Sven: Rebis. Bilder von Hermaphroditen als Medien alchemischer Erkenntnis, in: Sexuologie 24, 2017, S. 125–138.

„Und G*tt sah an, was G*tt geschaffen hat und siehe, es war sehr gut"

Jüdische und muslimische Perspektiven auf Geschlechtervielfalt in den Heiligen Schriften

Jehoshua Ahrens und Mira Sievers

Die verschiedenen Strömungen von Judentum, Christentum und Islam teilen sich die Herkunft aus der Gedankenwelt der antiken Levante zwischen Mittelmeer, Nil, Jordan und Persischem Golf. Die Diskussionen der jüdischen Rabbinen, christlichen Kirchenväter und der muslimischen Gelehrten, damals meist männlich, schöpfen aus ähnlichen Quellen und spiegeln gemeinsame (spät-)antike Diskurse, die mitunter überraschend aktuell wirken. Der Bezug zum Schöpfer der Welt ist DIE zentrale Aussage in den Heiligen Schriften von Judentum, Christentum und Islam. Wäre es möglich, diesen gemeinsamen Bezug auf den Ursprung im Blick auf die Diskussion um die Geschlechtervielfalt fruchtbar zu machen? Fragen zur Sache an Mira Sievers, Juniorprofessorin für Islamische Glaubensgrundlagen, Philosophie und Ethik in Berlin, und Rabbiner Jehoshua Ahrens.

Die westliche Moderne arbeitete lange mit einer binären Geschlechtervorstellung – wie viele Geschlechter gibt es traditionell im Judentum mit welcher Begründung?

Jehoshua Ahrens: Das ist gar nicht so leicht zu beantworten. Es sind sicherlich mehr als zwei, auch wenn natürlich traditionellerweise im Judentum die beiden wichtigsten Geschlechter „männlich" und „weiblich" sind und sich vieles, was unsere Traditionen betrifft, an diesen beiden Geschlechtern orientiert. Da aber das Judentum eine Religion der Tat ist, also dem Handeln viel Bedeutung beigemessen wird, und es immer schon Menschen gab, die nicht den beiden klassischen Geschlechtern zugeordnet werden konnten, hat sich die rabbinische Literatur natürlich auch mit diesen Menschen beschäftigt und der Frage, ob sie die Religion wie ein Mann oder wie eine Frau praktizieren sollen. Im Judentum gibt es bis zu sechs Geschlechter, also neben männlich und weiblich noch den *Androgynos*, eine doppelgeschlechtliche Person; *Tumtum*, eine Person, deren sexuelle Eigenschaften unbestimmt oder verdeckt sind; *Ajlonit*, eine Person, die bei der Geburt als weiblich identifiziert wird, aber in der Pubertät männliche Merkmale entwickelt und unfruchtbar ist und *Saris*, eine Person, die bei der Geburt als männlich identifiziert wird, aber in der Pubertät weibliche Merkmale entwickelt und/oder keinen Penis hat.

> „Im Judentum gibt es bis zu sechs Geschlechter."
> Jehoshua Ahrens

Wie sieht das im Islam aus?

Mira Sievers: Auch in der islamischen Tradition sind die beiden Geschlechter „männlich" und „weiblich" sicherlich am wichtigsten. Bereits der Koran betont an mehreren Stellen diesen Gegensatz und stellt ihn neben andere Gegensätze wie „Leben und Tod" und „Tag und Nacht". Diese Verse verweisen jedoch vor allem auf die von Gott gewollte ausbalancierte Schöpfung. Im sozialen Bereich werden durch den Koran Regelungen für Heirat, Scheidung und Erbe aufgestellt, die ebenfalls auf der Unterscheidung von Männern und Frauen basieren. Es gibt daneben aber auch Koranstellen, die auf weitere Möglichkeiten hindeuten. In der späteren Tradition des Islamischen Rechts wird schließlich klar von einer dritten Geschlechtskategorie ausgegangen: Unter der Überschrift *ḫunṯā* werden die rechtlichen Angelegenheiten von Menschen diskutiert, die sowohl männliche als auch weibliche Geschlechtsmerkmale aufweisen.

> „Die Bibel verbietet sogar die Diskriminierung aufgrund eines uneindeutigen Geschlechts."
>
> Jehoshua Ahrens

Gibt es aus jüdischer Sicht Personen mit uneindeutigem Geschlecht im Tanach, der Hebräischen Bibel?

Jehoshua Ahrens: Die gibt es. Ein Beispiel sind zwei Kinder von Jakobs Frauen Rachel und Lea. Als beide Frauen schwanger wurden, hatte Lea die Befürchtung, dass ihre Schwester Rachel wieder keinen Sohn gebären würde und betete zu Gott. So passierte das Wunder und das Baby in Leas Mutterleib – ursprünglich als Junge gedacht – wurde ein Mädchen und entsprechend umgekehrt bei Rachel. Das nimmt die rabbinische Literatur später auf, um zu erklären, warum das Verhalten von Dina (Leas Tochter) und Josef (Rachels Sohn) nicht den klassischen Geschlechternormen entsprach. Dina war kein zurückhaltendes Heimchen, sondern kontaktfreudig und neugierig und Josef kein Krieger, sondern eher auf sein Aussehen, wie Kleidung und Frisur, bedacht. Auch Michal, die Tochter König Sauls und Frau von König David, hatte nach einer kabbalistischen Tradition männliche Charaktereigenschaften, weil sie eine Seele hatte, die in einer früheren Inkarnation männlich war. Das Interessante an diesen Personen: Trotzdem werden sie äußerst positiv rezipiert. Die Bibel verbietet sogar die Diskriminierung aufgrund eines uneindeutigen Geschlechts (Jesaja 56,3).

Gibt es Hinweise auf Personen mit uneindeutigem Geschlecht im Koran?

Mira Sievers: Das kommt darauf an, wie man den Koran liest – nach verschiedenen klassischen Exegeten finden sich aber tatsächlich solche Hinweise. So werden in Sure 24, Vers 31, die gläubigen Frauen aufgefordert, ihre Scham zu bewahren und ihre Reize zu verbergen, womit durch die Rechtsgelehrten auch das Gebot zur Verhüllung begründet wurde. Dann folgt jedoch eine Aufzählung von Personen, vor denen dies nicht notwendig ist, u. a. vor *„denjenigen unter ihren männlichen Gefolgsleuten, die keinen Geschlechtstrieb haben"*. Nach den Exegeten lässt sich

Abb. 1: Dr. Jehoshua Ahrens, *Director Central Europe* des *Center for Jewish-Christian Understanding and Cooperation* und Mitglied der Orthodoxen Rabbinerkonferenz Deutschland.

dieser Vers auf die *muḫannaṯūn* beziehen, eine Gruppe von Männern in der altarabischen Gesellschaft mit einem eher weiblichen Geschlechtsausdruck. Insofern für diese Gruppe spezielle Vorschriften jenseits von den Männern und Frauen gelten, stellt der Vers binäre Geschlechtervorstellungen in Frage.

Entspricht das in etwa dem Begriff des „Eunuchen", der in der hebräischen Bibel, aber auch im Neuen Testament für ein drittes Geschlecht verwendet wird? Jehoshua Ahrens hat auf die Würdigung dieser Gruppe in Jesaja 56,3 hingewiesen. Im Neuen Testament spielen die „Eunuchen" u.a. in Matthäus 18,11–12 oder Apostelgeschichte 8,26–39 eine besondere Rolle.

Mira Sievers: Tatsächlich steht in der deutschen Koranübersetzung von Hartmut Bobzin an dieser Stelle in Sure 24, Vers 31 das Wort „Eunuchen". Die klassischen Koranexegeten haben hier aber an eine größere Gruppe von Personen gedacht, zu denen laut den Koranauslegungen bspw. von aṭ-Ṭabarī (gest. 923) und al-Qurṭubī (gest. 1272) sehr alte Männer, kleine Jungen vor der Geschlechtsreife, Männer mit geistiger Behinderung, oder eben die Gruppe der *muḫannaṯūn* als drittes Geschlecht in der altarabischen Gesellschaft zählen.

Im Christentum gibt es die Rede vom Schöpfer als G*tt „dem Vater", jedoch weist G*tt an manchen Stellen der Bibel auch mütterliche Züge auf – was sagen Judentum und Islam zu einer geschlechtlichen Rede von G*tt?

Jehoshua Ahrens: Die Bibel spricht die Sprache der Menschen. Demnach wird Gott darin – und auch in der rabbinischen Literatur – so dargestellt, dass wir ihn begreifen und mit ihm in Verbindung stehen können. Das hat übrigens nicht nur einen sprachlichen Aspekt. Wenn ich mir Gott als König vorstelle, wie bspw. im Hauptgebet in der jüdischen Liturgie, dann mache ich kleine Schritte nach vorne und hinten und verbeuge mich, so wie ich mich eben gegenüber einem König verhalten würde. Manchmal ist Gott ein Vater, manchmal hat er mütterliche oder generell eher „weibliche" Eigenschaften. Manchmal bin ich Gott gegenüber eher distanziert und spreche von ihm in der dritten Person, manchmal ist er mir nahe wie ein guter Freund und ich „duze" ihn, in den meisten jüdischen Segenssprüchen und Gebeten habe ich sogar einen Mix von all dem. Aber nochmals, das ist eher eine Projektion von mir oder von meiner limitierten menschlichen Vorstellungskraft auf Gott. Gott ist ja nicht wirklich König oder Vater oder Mutter.

> „Die koranische Barmherzigkeit ist stark weiblich assoziiert."
>
> Mira Sievers

Abb. 2: Prof. Dr. Mira Sievers, Juniorprofessorin für Islamische Glaubensgrundlagen, Philosophie und Ethik am Berliner Institut für Islamische Theologie der Humboldt-Universität. Zuvor Studium der Islamischen Theologie in Frankfurt am Main und in London, Promotion zu der Schöpfungstheologie im Koran und der islamischen Tradition. Aktuell Forschungsschwerpunkte zu Islamischer Ethik, Systematischer Theologie (*Kalām*) und Gender.

Mira Sievers: Der Koran verwendet für Gott hauptsächlich maskuline Pronomen und auch männlich konnotierte Attribute, es finden sich daneben aber auch weiblich konnotierte Eigenschaften: Islamisch ist wohl die Barmherzigkeit am wichtigsten, im Arabischen *raḥma*, die auch theologisch einen hohen Stellenwert hat. Das Wort und seine Ableitungen stehen an mehr als 300 Stellen im Koran; durch die Formel *„Im Namen Gottes, des Gnädigen, des Barmherzigen"* werden nahezu alle Suren damit eingeleitet. Durch die sprachliche Verwandtschaft zu *raḥim* – Gebärmutter – ist die koranische Barmherzigkeit stark weiblich assoziiert. In diesem Lichte muss auch die Beziehung zwischen Gott und Mensch gesehen werden, die von Barmherzigkeit geprägt ist.

Die Bibel sagt *„G*tt schuf den Menschen zu G*ttes Bild, männlich und weiblich"* (1. Buch Mose/Genesis 1,27). Inwiefern vereint G*tt männliche und weibliche Züge?

Jehoshua Ahrens: Gott kann nicht nach unseren physischen Definitionen verstanden werden. Er besteht nicht aus Materie und ist daher für uns abstrakt. Demnach hat Gott natürlich auch keinerlei Geschlecht. Gott wird mal männlich, mal weiblich und mal im Plural dargestellt, aber nichts davon beschreibt ihn wirklich in seinem Sein. Wenn Gott den Menschen in seinem Ebenbild erschaffen hat, dann bezieht sich diese Aussage auf unsere spirituelle Dimension, die wir auch Seele nennen. Das ist das Fünkchen Göttlichkeit in uns, durch das wir mit Gott verbunden sind. Wichtig sind seine Eigenschaften, wie Gnade, Barmherzigkeit und Gerechtigkeit. Danach sollen wir alle streben. Geschlecht spielt da überhaupt keine Rolle. Gott wollte aber eine plurale Welt, deshalb erschafft er mehr als ein Geschlecht, deshalb erschafft er mehr als ein Volk, eine Sprache und Kultur, und deshalb erschafft er uns individuell mit ganz unterschiedlichen Talenten und Eigenschaften. Wir sollen als Menschen in einer Einheit der Vielfalt leben.

Mira Sievers: Erst einmal ist festzuhalten, dass dieser biblische Satz nicht im Koran zu finden ist. Und dies ist sicher kein Zufall: In vielen Fällen setzt sich die koranische Offenbarung kritisch mit der biblischen Tradition auseinander, auch und gerade durch Auslassungen. Während nach Sure 2, Vers 30 das Verhältnis des Menschen zu Gott als die eines Statthalters,

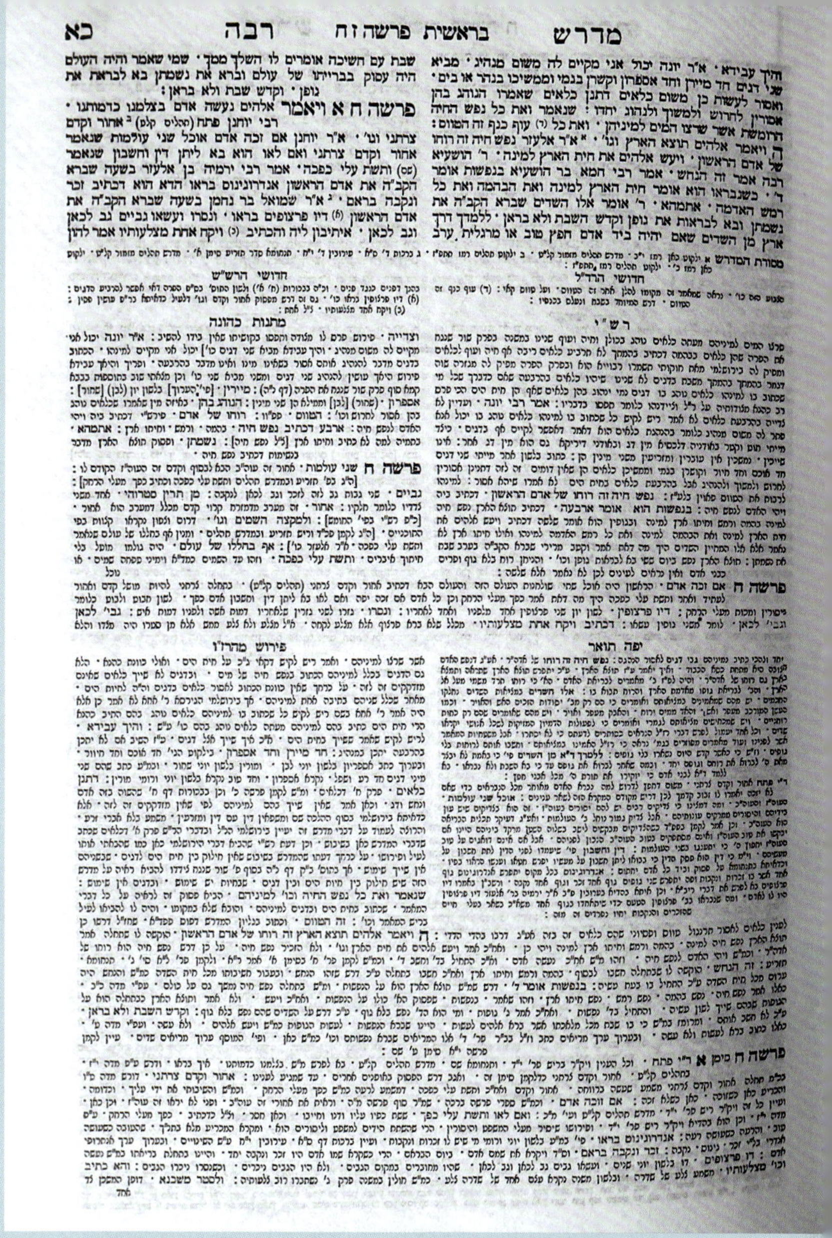

Abb. 3: Rabbinische Auslegungen zur Erschaffung des Menschen im 1. Buch Mose/Genesis 1,26–27 im Midrasch Bereshit Rabba 8,1. Es wird die Meinung diskutiert, der erste Mensch sei beides, „männlich und weiblich", gewesen. Im Hebräischen Text steht das griechische Lehnwort *androgynos*. Ausstellungsobjekt Nr. 070, S. 195, deutsche Teilübersetzung auf S. 112.

ḫalīfa, mit entsprechender Verantwortung beschrieben wird, können aus der Natur des Menschen mitsamt seiner Geschlechtlichkeit keine Rückschlüsse auf eine Ähnlichkeit mit Gott gezogen werden.

Ein gewisses Gegengewicht zu den erwähnten maskulinen und femininen Beschreibungen bietet ein bekannter Vers, nämlich Sure 42, Vers 11, in dem es über Gott heißt: *„Nichts ist Ihm gleich."* Die Tatsache, dass dieser Satz in direktem Zusammenhang mit einer Aussage über die Geschlechterpaare steht, verweist auf die absolute Unzulänglichkeit einer vergeschlechtlichten Beschreibung Gottes.

Antike und mittelalterliche Traditionen können sich vorstellen, dass Adam ursprünglich doppelgeschlechtlich bzw. „androgyn" war, ehe dann Frau und Mann entstanden sind. Gibt es diese Spur auch im rabbinischen Judentum und im Islam?

Jehoshua Ahrens: Diese Vorstellung kommt sicherlich direkt aus der rabbinischen Literatur. Dort heißt es zur Schöpfungsgeschichte, dass der weibliche und männliche Teil des Menschen anfangs zusammen erschaffen wurde, in einem Körper, mit einer Seele, also doppelgeschlechtlich. Erst dann wurden beide Teile getrennt. Im 1. Buch Mose/Genesis 1,27 wird vom Menschen entsprechend im gleichen Vers sowohl in der Einzahl als auch in der Mehrzahl gesprochen. Das ist übrigens die Basis der Gleichberechtigung der Geschlechter im Judentum. Männer und Frauen mögen verschiedene Rollen haben, aber sie sind völlig gleichwertig, da sie denselben Ursprung haben. Zusammen geben sie dann eine Einheit. Die Frau soll auch dem Mann keine „Gehilfin" im Sinne von Dienerin sein, wie das Hebräische oft fälschlicherweise übersetzt wird, sondern gleichgestellte Partnerin. Übrigens gibt es Unterschiede in der Bibel nicht nur zwischen Geschlechtern. Auch Priester, Nasir oder König haben eine andere Rolle als ein „normaler" Jude und trotzdem sind alle „Adam", also Mensch.

Mira Sievers: Auch im Islam ist es der Bereich der Schöpfungstheologie, in dem sich solche Hinweise finden. So lässt sich bspw. Sure 4, Vers 1 nennen, wo die Rede davon ist, dass die Menschen aus einem einzigen Wesen (*nafs wāḥida*) erschaffen worden seien. Aus diesem sei dann ein Partnerwesen und aus beiden viele Männer und Frauen erschaffen. Zwar lässt sich dieser Vers vor dem Hintergrund der biblischen Tradition im Sinne der Geschlechterbinarität auf Adam und Eva beziehen. Im Kontext der Vorstellungen in der Umwelt des Korans lässt sich der Vers auch so verstehen, dass ein erstes Wesen gemeint ist, das ursprünglich beide Geschlechter in sich vereinigte – das wäre der *Androgynos* der rabbinischen Texte, die zeitlich und örtlich nicht allzu entfernt verbreitet waren.

Wie sieht das Verhältnis der Geschlechter im Jenseits aus, im „Paradies"? Wie schlägt sich das für das Verhältnis der Geschlechter hier und heute nieder?

Jehoshua Ahrens: Das Judentum und unsere Heiligen Schriften konzentrieren sich vor allem auf das Diesseits. Natürlich glauben wir an die Auferstehung der Toten und ein ewiges Leben, aber wie das genau aussieht, wissen wir nicht, weil die Bibel darüber mehr oder weniger schweigt. Da nun aber der Körper hier in dieser Welt bleibt und nur der spirituelle Teil unseres Seins, also die Seele, wieder zurück zu ihrer Quelle, ihrem Schöpfer – also Gott – zurückkehrt, glaube ich nicht, dass im Jenseits Geschlechter irgendeine Rolle spielen.

Ja, genau. Entspricht das in etwa der Sichtweise des Paulus, einem antiken jüdischen Schriftgelehrten? Paulus zitiert in einem Konflikt die biblische Schöpfungsgeschichte und weist daraufhin, dass vor G*tt schon jetzt, im Diesseits, eigentlich die Unterschiede, die wir Menschen machen, keine Rolle spielen: *„Hier gilt nicht mehr ‚männlich oder weiblich'"* (Galater 3,28; 1. Buch Mose/Genesis 1,27) – von dort kommen wir, dahin gehen wir, aber schon jetzt ist es da.

Jehoshua Ahrens: Ja, ich denke es ist wichtig zu verstehen, dass Paulus hier keine ganz neue Position formuliert, sondern sich explizit auf jüdische Konzepte seiner Zeit bezieht. Das unterstreicht nochmals eindrücklich, dass Paulus, der sich auch selbst als Pharisäer bezeichnete (Apostelgeschichte 23,6), zeitlebens ein gläubiger Jude war und seine Überzeugungen aus jüdischen Quellen schöpfte. Gerade seine eschatologische Auffassung bringt ihn damit fast automatisch zu diesem Verständnis.

Mira Sievers: Tatsächlich verweist der Koran sowohl im Hinblick auf die Schöpfung als auch auf das Jenseits recht klar auf ein gleichberechtigtes Geschlechterverhältnis. Dies ist durch die feministische Koranexegese deutlich herausgearbeitet worden. Während für die Gegenwart der Offenbarungszeit im sozialen Kontext teils sehr unterschiedliche Vorschriften für Männer und Frauen gelten und die patriarchalischen Verhältnisse deutlichen Niederschlag gefunden haben, wird für den Gerichtstag die Gleichbehandlung

Abb. 4: Marc Chagall, Hommage à Apollinaire (1913), Van Abbe Museum, Eindhoven, Niederlande. Im Freundeskreis um den Dichter Apollinaire schuf Chagall dieses Werk und nahm dabei rabbinisch-kabbalistische Gedanken auf. Der erste Mensch als männlich-weibliches Wesen, dessen eine Seite Eva (mit dem Apfel) ist.

der Geschlechter durch Gott betont. Mehrere Koranverse machen deutlich, dass Glaube und gute Handlungen sowohl für Frauen als auch für Männer als Weg zum jenseitigen Heil zu verstehen sind.

> „Tatsächlich verweist der Koran sowohl im Hinblick auf die Schöpfung als auch auf das Jenseits recht deutlich auf ein gleichberechtigtes Geschlechterverhältnis."
>
> Mira Sievers

Wie sollten die Religionen ihr Verhältnis zu trans*- oder inter*-Menschen entwickeln, die in vielen Gesellschaften nach wie vor stigmatisiert sind?

Jehoshua Ahrens: Viele Rabbiner, gerade auch innerhalb der Orthodoxie, sind trans*- oder inter*-Menschen gegenüber offen und versuchen, ihnen ein – auch im religiösen Sinne – gutes und erfülltes Leben zu ermöglichen. Der britische Oberrabbiner Mirvis bspw. hat kürzlich einen Leitfaden für orthodoxe jüdische Schulen in Bezug auf LGBTQ+ Schüler herausgegeben. In den USA setzten sich verschiedene Rabbiner und Verbände, auch aus dem ultraorthodoxen Spektrum, für Transmenschen ein. In Israel hat sich der ultraorthodoxe Rabbiner Elieser Waldenberg, die vielleicht wichtigste Autorität in medizinethischen Fragen im Judentum, für eine Geschlechtsanpassung bei transidenten Menschen ausgesprochen, weil der Mensch nicht vom Körper, sondern der Seele bestimmt wird. Er hat sogar eigens einen Segensspruch im Morgengebet für solche Männer geschrieben: *„Gepriesen seist du, Ewiger unser Gott, König der Welt, der mich zum Mann verändert hat."* Das heißt aber natürlich nicht, dass diese Haltung überall an der Basis angekommen ist.

Abb. 5: Osmanische Koran-Handschrift; Ausstellungsobjekt 088, S. 195. In Sure 7 Vers 189 (ähnlich Sure 4 Vers 1) heißt es: *„Und Er ist es, der euch aus einer einzigen Seele erschaffen hat und der aus ihr ihren Partner/zweiten Teil erschaffen hat, damit er bei diesem Ruhe finde/wohne."* Der Gedanke einer Ur-Seele, die in zwei Teile geteilt wird, steht der rabbinischen Tradition von der androgynen Adam-Eva nahe.

Mira Sievers: Nach dem Koran ist Gott *„derjenige, der alles, was er erschaffen hat, gut gemacht hat"* (*allaḏī aḥsana kulla šay'in ḫalaqahū*). Dies sollte auch für Religionen bei ihrem Umgang mit trans*- und inter*-Menschen leitend sein und kann speziell Religionsvertreter*innen, aber auch Gläubige im Allgemeinen zu einer offenen und akzeptierenden Haltung führen. Tatsächlich ist aber heute gesellschaftlich die Situation häufig schwierig; trans*- und inter*-Personen sind oft marginalisiert.

Im islamischen Kontext existiert jedoch bereits eine Fülle von vielversprechenden theologischen Ansätzen: Durch die Akzeptanz eines dritten Geschlechts in der vormodernen Islamischen Theologie bieten sich Anknüpfungspunkte für inter*-Menschen; im Hinblick auf trans*-Personen sind sowohl im schiitischen wie auch im sunnitischen Kontext Rechtsgutachten veröffentlicht worden, die auch geschlechtsangleichenden medizinischen Maßnahmen gegenüber aufgeschlossen sind. Allerdings gilt auch hier, dass an der Basis noch oft Überzeugungsarbeit zu leisten ist.

Vielen Dank für das Gespräch. Sie zeigen uns, dass in den Heiligen Schriften und ihrer Auslegung in den Religionen ein überraschender Reichtum von Einsichten auch über die Geschlechtervielfalt zu finden ist im Bezug des Geschöpfes* zu seinem G*tt.

Die Fragen stellte Veit Dinkelaker, Pfarrer der Evangelischen Kirche in Hessen und Nassau, Vorstand der Frankfurter Bibelgesellschaft und Direktor des Bibelhaus Erlebnis Museums in Frankfurt.

Literatur

Ahrens, Jehoschua; Alsoufi, Rana; Sievers, Mira: Zwischen Leben und Tod: Medizinethik in Judentum und Islam, Ostfildern (voraussichtlich Januar 2022).

Sievers, Mira: Schöpfung zwischen Koran und Kalām. Ansätze einer Koranischen Theologie, Berlin 2019.

Sievers, Mira: Gottgewollte Geschlechterordnung? Gender als Ausgangspunkt für eine Neubetrachtung der göttlichen Gerechtigkeit, Theologie – gendergerecht? Perspektiven für Islam und Christentum, Regensburg 2021 (im Druck).

Intergeschichtlich – Intersexualität in der Geschichte
Videoskript 4:09 Minuten

Leon Beu und Ferdinand Mayer

Im Jahr 2019 erstellten Studierende der TH Deggendorf ein Video zur langen Geschichte vielfältiger Geschlechtlichkeit. Die Filmemacher schreiben dazu:

Seit Januar 2019 ist das dritte Geschlecht ‚Divers' in allen deutschen Gesetzestexten festgeschrieben. Nicht immer waren Intersexuelle so akzeptiert, wie zum jetzigen Zeitpunkt. Im Laufe der Geschichte hatten sie mit verschieden starken Diskriminierungen umzugehen, wurden teils als ‚Exoten' missbraucht. Doch entgegen allen Erwartungen gab es auch vor hunderten Jahren bereits Phasen in der Geschichte, in denen Intersexualität überraschend toleriert wurden. Der Film „Intergeschichtlich" gibt einen kurzen Überblick über die Akzeptanz vielfältiger Geschlechtlichkeit in den vergangenen 2500 Jahren.

Einleitung

„Und Gott schuf den Menschen ihm zum Bilde, zum Bilde Gottes schuf er ihn; und schuf sie einen Mann und ein Weib." Zwischen Mann und Frau gibt es schon seit jeher ein weites Feld verschiedener Geschlechter. Ein Blick in die Geschichte zeigt, dass sich Menschen nicht kategorisieren lassen.

300 v. Chr.

Die alten Griechen verehrten den Gott Hermaphroditos, der sowohl männliche als auch weibliche Körpermerkmale aufwies. Die Toleranz der Griechen war offenbar größer als die der Römer, denn im Römischen Reich wurden zur selben Zeit sog. Zwitter verfolgt und getötet.

100 v. Chr.

Der römische Politiker Cicero erließ ein Gesetz, das **Kindstötung** erlaubte, wenn mindestens fünf Nachbarn zustimmten, dass das Kind ein „Monstrum" sei. Dieses Gesetz betraf auch jene Kinder, deren Geschlecht sich bei der Geburt nicht klar bestimmen ließ.

4. Jahrhundert n. Chr.

Zwar war die Tötung von Kindern, die nicht der Norm entsprachen, inzwischen vom römischen Kaiser **Konstantin dem Großen** verboten worden, jedoch bedeutete die Geburt solcher Kinder noch immer Schande und Unglück für ihre Familien.

500–1500 n. Chr.

Das **Mittelalter** gilt als dunkles Zeitalter. Umso überraschender: Intersexuelle Menschen waren in dieser Zeit grundsätzlich gesellschaftlich akzeptiert. Zwar wurde ihnen nicht die maximale Freiheit zugestanden; oft jedoch waren sie sogar bessergestellt als Frauen – so durften sie beispielsweise Priester werden.

1700–1800

Während die **Aufklärung** grundsätzlich für Vernunft und Fortschritt steht, bedeutete sie für zwischengeschlechtliche Menschen einen herben Rückschlag. Juristisch gab es nur noch die Unterscheidung von Mann und Frau. Zwischengeschlechtlich lebende Menschen wurden als „misslungene Personen“ eingestuft.

1794

Der neue **Zwitterparagraph** gab Eltern das Recht, im Zweifel das Geschlecht ihrer Kinder festzulegen. Mit 18 Jahren durften zwischengeschlechtliche Menschen dann selbst entscheiden, welchem Geschlecht sie angehören wollen – allerdings nur, solange kein Dritter gegen ihre Entscheidung Einspruch erhob. In diesem Fall musste ein Sachverständiger konsultiert werden; dessen Entscheidung war rechtsverbindlich,

Abb. 1: Video-Screenshot „Intergeschichtlich“ zum Abschnitt „500–1500 n. Chr.“. Intersexuelle Menschen waren im Mittelalter gesellschaftlich akzeptiert.

egal ob sie dem Wunsch der Eltern oder dem der betroffenen Person selbst entsprach.

1900

Dieser Zwitterparagraph verlor im **Jahr 1900** mit dem Inkrafttreten des **Bürgerlichen Gesetzbuches** seine Gültigkeit. Menschen wurden von nun an wieder in die zwei klassischen Geschlechter eingeteilt.

1939–1945

Im **Dritten Reich** erreichte die Diskriminierung und Verfolgung von ‚nicht der Norm entsprechenden Menschen' ihren Höhepunkt. Der NS-Arzt Josef Mengele experimentierte im Konzentrationslager Auschwitz mit chirurgischen Eingriffen an Häftlingen. Zwitter standen als exotische Art im Fokus seiner grausamen Experimente.

ab 1950

Methoden der Geschlechtsanpassung oder -umwandlung wurden bis zur „Serienreife" entwickelt. Inzwischen gehören geschlechtsangleichende Operationen zum chirurgischen Alltag.

1968

Die **Studentenproteste Ende der 1960er** Jahre lösten verschiedene Strömungen und Bewegungen aus, die sich gegen bestehende Regeln und Normen der Gesellschaft auflehnten. Aus der Bewegung für Gleich-

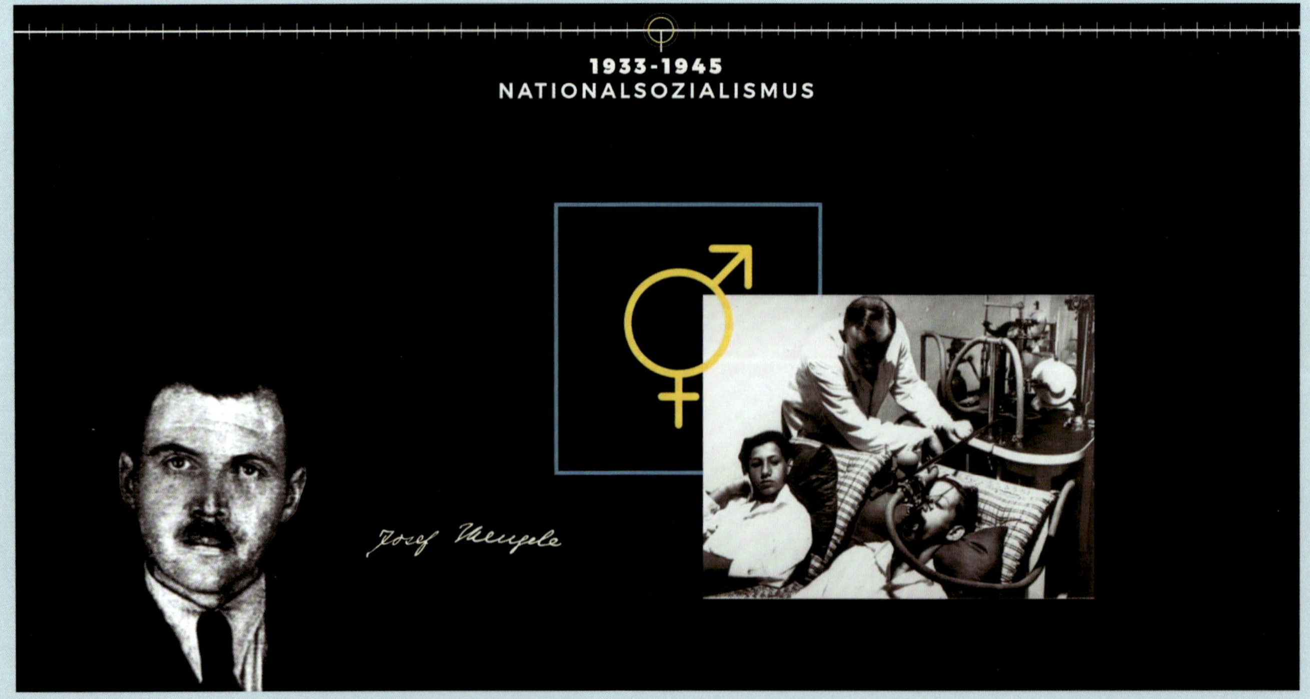

Abb. 2: Video-Screenshot „Intergeschichtlich" zum Abschnitt „1939–1945". Menschen, die nicht in das genormte Bild der nationalsozialistischen Ideologie passten, wurden in Hitler-Deutschland verfemt, verfolgt und getötet, darunter auch Menschen, deren Geschlecht nach der Nazi-Ideologie nicht „eindeutig" genug war.

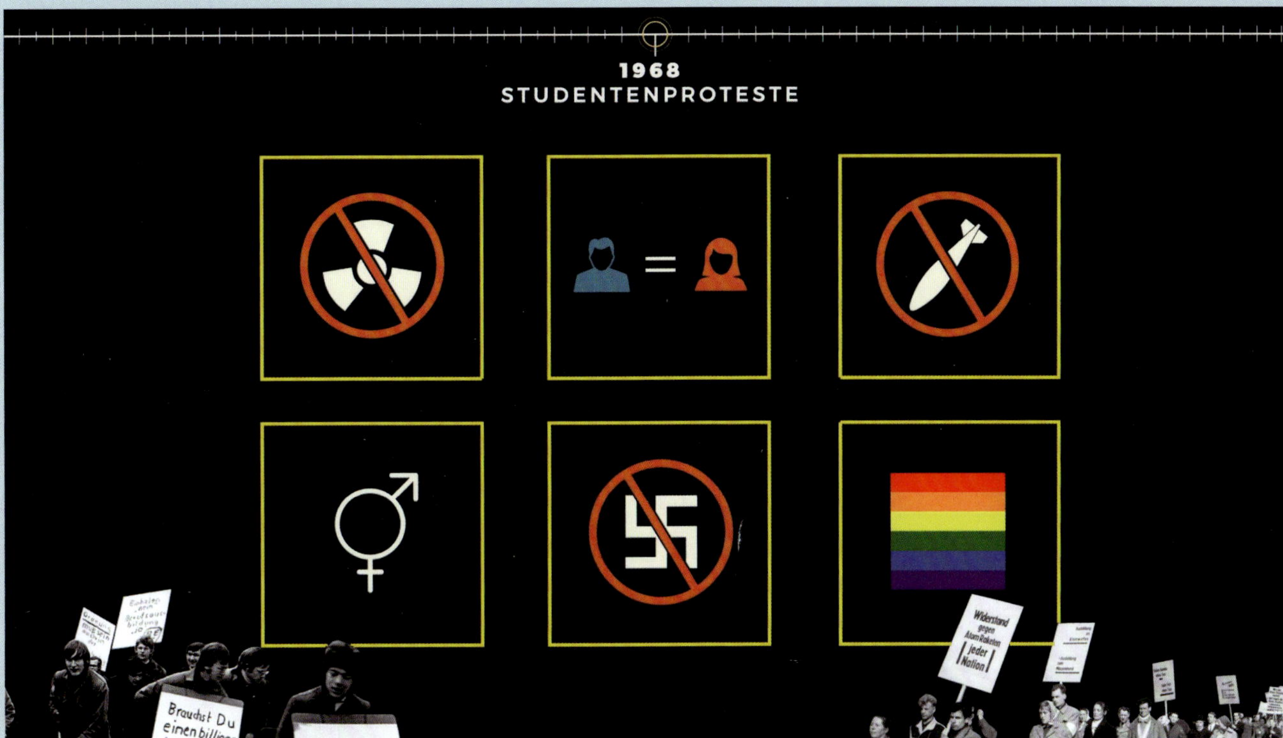

Abb. 3: Video-Screenshot „Intergeschichtlich“ zum Abschnitt „1968“, als begonnen wurde, die Genderfrage zu stellen.

berechtigung zwischen Männern und Frauen entwickelten sich Bestrebungen, auch mehreren Geschlechtern gesellschaftliche Akzeptanz zu verschaffen.

2018

Ende 2018 hat das Bundesverfassungsgericht festgestellt, dass das geltende Personenstandsgesetz dem im Grundgesetz festgeschriebenen Persönlichkeitsrecht widerspricht. In Zukunft muss neben männlich und weiblich auch die Angabe divers für alle anderen Geschlechtsidentitäten möglich sein. Ob dies nun für mehr gesellschaftliche Toleranz oder weitere Abgrenzung sorgt, wird sich noch zeigen.

Video (2019) „Intergeschichtlich – Intersexualität in der Geschichte“ 4:09 Minuten

Konzeption und Animation: Leon Beu, Ferdinand Mayer

Audio: Manuel Emrich

Projektleitung: Prof. Jens Schanze, Technische Hochschule Deggendorf

Besonderer Dank gilt Prof. Christof Rolker, Universität Bamberg

Nicht männlich, nicht weiblich, sondern eins

Hier gilt: Nicht mehr männlich und weiblich, sondern ihr seid eins in Christus

Vielfalt der Geschlechter im Neuen Testament und frühen Christentum

Veit Dinkelaker

Wo bleibt das dritte Geschlecht?

Im Jahr 2016 kam es in Brasilien zu massiven Anfeindungen, Bedrohungen und örtlichen Verboten des Theaterstücks „Queen Jesus“ (Jo Clifford 2009). Der wiedergekommene Christus wird darin von der Trans*-Person Renata Carvalho gespielt (vgl. Abb. 6). In diesem Einakter von Jo Clifford ist Christus die Stimme der Marginalisierten – insbesondere der LGBTQI+. Ein „queerer“ Jesus scheint ein Dorn im Auge vieler Menschen zu sein. Ein Blick in das Neue Testament und in die Kirchengeschichte zeigt: Es gibt eine feine Spur, in der uneindeutige Geschlechtlichkeit in Verbindung mit frühen Christ*innen gebracht wird – wie auch im Blick auf Christus, dem „neuen Adam“, vor dem der Unterschied der Geschlechter nicht mehr entscheidend ist. Zum Beispiel lautet der Spott der römischen Bevölkerung gegen die verfolgten frühen Christ*innen im 2. Jahrhundert n. Chr. folgendermaßen, aufgezeichnet vom christlichen Schriftsteller Tertullian (gest. 150 n. Chr.):

> „Und die Menge der Völker in der Zirkusarena brüllt: ‚Wo bleibt das dritte Geschlecht?‘“
>
> „et populos nationum cum suo quidem circo, ubi facile conclamant, ‚usque quo genus tertium?‘“
>
> Tertullian, Scorpiacae 10

Abb. 1: *„Und die Menge der Völker in der Zirkusarena brüllt: ‚Wo bleibt das dritte Geschlecht?‘“* Römische Silbermünze mit Blick in die voll besetzte Arena des Amphitheatrum Flavium in Rom und die Loge des Kaisers. Sog. Colosseum Sestertius des Titus, 81 n. Chr. Dauerausstellung des Bibelhaus Erlebnis Museums, Frankfurt.

Die wechselnden lateinischen Begriffe *genus* und *sexus* (englisch *gender* und *sex*, deutsch Geschlecht) sind ein Beispiel, wie vielfältig Geschlechtlichkeit in der Antike verstanden wird. Der lateinische Begriff *genus* hat mehrere Bedeutungsebenen – mal geht es um ethnische Zusammenhänge, mal um geschlechtliche. Tertullian bezeichnet selbst an anderer Stelle die Eunuchen, also die Kastrierten, mit beiden Begriffen *tertium genus* und *tertium sexus* (Tertullian, Ad Nationes 1,20). Wie konnte es dazu kommen, dass diese Christ*innen als „drittes Geschlecht“ wahrgenommen wurden? Erst auf den zweiten Blick kann im Neuen Testament geschlechtliche Vielfalt wahrgenommen werden. Für die Antike gilt: Kastraten und Hermaphroditen, männliche und weibliche Transvestiten und andere androgyne Erscheinungen waren wohl bekannt und wurden unterschiedlich gedeutet. Die Welt des Neuen Testaments ist geprägt von eben dieser schier unüberschaubaren Vielfalt des noch jungen römischen Kaiserreiches.

In der Bibel werden gängige Muster hinterfragt.

Die überlieferten Schriften der Antike sind keine wissenschaftlichen Abhandlungen, die darum bemüht sind, ein möglichst wirklichkeitsgetreues Abbild ihres Gegenstandes zu geben, wie das seit der Aufklärung in den empirischen Wissenschaften versucht wird. Auch die großen antiken Autor*innen und sog. Historiker*innen verfolgen in ihren Schilderungen bestimmte politische Interessen, nicht selten im Auftrag der Mächtigen. So sehr das Neue Testament Kind seiner Zeit bleibt, in dieser Hinsicht bildet es eine Ausnahme: Die neutestamentlichen Schriften sind keine Auftragsliteratur von Mächtigen, sondern Gelegenheitsschriften, die sich an die Gefährdeten, Verfolgten richten, an diejenigen, die um Anerkennung ringen. Sie geben Auskunft darüber, was Zeitgenoss*innen damals gedacht haben, die keine politische Macht hatten. Die Ohnmächtigen sind in ihnen die Haupt-Akteur*innen. Mit Sklav*innen, Eunuchen und Prostituierten in den frühchristlichen Gemeinden ist die Genderfrage gestellt.

Der Frankfurter Professor der Alten Geschichte Hartmut Leppin beschreibt die Eigenart der ersten Christ*innen:

> *„Weder ethnisch-religiöse Grenzen sollen gelten noch solche des sozialen Status noch die zwischen den Geschlechtern. Nichts von dem, was die Gesellschaft gliederte, sollte weitergelten, nein, alle sollten eins in Christus sein. Und das ist bemerkenswert. Denn in der antiken Welt hatte Religion viel mit sozialer Zugehörigkeit zu tun. Die meisten religiösen Praktiken waren an bestimmte Städte oder Völker gebunden.“* (Leppin 2018, 34–35)

Abb. 2: Alexander Ivanov (1806–1858). Die Auferstehung Jesu (1835). Darstellung der Begegnung Maria Magdalenas mit dem auferstandenen Christus am Ostermorgen (nach Johannes 20). Russisches Museum, St. Petersburg.

Wie dynamisch die urchristlichen Gemeinden im 1. Jahrhundert n. Chr. gewirkt haben, spiegelt sich in den Texten des Neuen Testamentes wider.

Das Spiel mit den sozialen Rollen im Neuen Testament

In der traditionellen Gesellschaft hat jede*r eine ihr/ihm von der Umgebung zugewiesene Aufgabe, ein „soziales Geschlecht", das je nach Stand angesehener oder weniger angesehen ist. Jedes „soziale Geschlecht" hat eine festgelegte Rolle zu besetzen, die nicht fehlen darf. Ein „Vater" versorgt alle, die zu seinem Haushalt gehören, ob sie mit ihm verwandt sind oder nicht, und welche ebensolche sozialen Rollen erfüllen: Ehefrau, Erben, Kinder, Jungfrauen, Sklavinnen und Sklaven, unverheiratete Frauen, die zum Haushalt gehören, Witwen, Angehörige, die sich nicht selbst versorgen können. Die einzelnen Rollen, insbesondere die Rolle der Ehefrau/des Ehemannes, der Mutter/des Vaters, hängen mit biologischen Merkmalen und daraus abgeleiteten Aufgaben zusammen – und wehe, sie erfüllen trotz ihrer biologischen Merkmale diese Rolle nicht. Aber nicht jede Frau ist Ehefrau und Mutter, nicht jeder Mann ist Ehemann und Vater. Vielen bleibt aus wirtschaftlichen, sozialen oder medizinischen Gründen diese Möglichkeit versperrt. Sie müssen andere Rollen übernehmen. Es scheint, dass in den Erzählungen von Jesus im Neuen Testament diese sozialen Rollen ihre Bedeutung verlieren: Der Christus lässt die sozialen Geschlechter nicht gelten, im Gegenteil, der Christus macht deutlich, dass im Reich Gottes alle diese Rechte und Pflichten aufgehoben sind und etwas Neues gilt.

Die eigentliche Rolle Jesu, sein „soziales Geschlecht", zeigt sich brutal am Kreuz: ein rechtloser Fremder, Gegner Roms, der vor aller Augen zu Tode gefoltert wird und stirbt. Aber auch diese Rolle wird durch die Erzählung von der Auferweckung aufgehoben. Der Christus erfüllt darüber hinaus in den im Neuen Testament überlieferten Evangelien nicht die typischen Rollen eines „Mannes": Er übt keinen Beruf aus, er ist kein Vater, er ist kein Ehemann, er durchbricht die sozialen Standards als Sohn gegenüber seiner Mutter und als Bruder gegenüber seinen Geschwistern, gegenüber Kindern, Frauen, Zöllnern, Kranken und Toten. Die übliche Ordnung scheint für den Christus – dem Symbol für die neue Welt in diesen Texten – nicht bindend zu sein: Jesus steht über den verschiedenen sozialen Geschlechtern. Das, was in der bisherigen Welt den Unterschied gemacht hat, spielt nun keine Rolle mehr: Herkunft, Abstammung, Geschlecht, sozialer Stand. *„Liebe deinen Nächsten wie Dich selbst, darin sind alle Gebote von Moses und den Propheten erfüllt"* (Matthäus 22,37–40), das ist der Konsens unter den jüdischen Schriftgelehrten, wie dem Rabbi Jesus von Nazareth.

Frauen als Hauptakteur*innen im Neuen Testament

So sehr die Schriften des Neuen Testamentes die patriarchale Gesellschaft der Antike im Römischen Reich wie auch im antiken Judentum spiegeln: Frauen übernehmen innerhalb der biblischen Texte – und sei es vorübergehend – Rollen, die ihnen eigentlich nicht zustehen. Vieles davon ist inzwischen allgemein bekannt und oft wiederholt. Ich begnüge mich hier mit ein paar Hinweisen. Die „Auferweckung Christi" als das zentrale Ereignis des Christentums ist bezeugt von Frauen, für die nach antikem und jüdischem Recht gar nicht die Rolle als Zeug*in vorgesehen ist (Johannes 20,11–18; Markus 16,6 und öfter; Abb. 2). Auch auf die Gefahr hin, dass die Urgemeinde sich den Vorwurf gefallen lassen musste, für die Auferweckung keine – nach antikem Verständnis – „relevanten", also männliche Zeugen zu haben: Die frühen Christ*innen betonen, dass es Frauen waren, die das leere Grab entdecken und denen der Auferstandene zuerst begegnet.

„Mit ihm unterwegs waren die Zwölf und einige Frauen." (Lukas 8,1–2). Nicht nur die Erwähnung von Frauen als Mitglieder der Gruppe um Jesus ist bemerkenswert, wenn auch häufig übersehen. Es wird beschrieben, dass diejenigen, die Jesus nachfolgen, ihren Beruf und ihre Familien verlassen. Sie geben also ihre Rollen als Ehepartner*in, Vater oder Mutter, Fischer, Zollbeamter auf, um dem Christus zu folgen. Wie Simon-Petrus und Andreas verließen auch Frauen ihren Platz, was umso bemerkenswerter ist, da Frauen damals außerhalb der Familie als schutzlos galten. In den Evangelien stellt Jesus selbst radikal und schroff alle bisherigen Verpflichtungen und Beziehungen infrage: *„Wenn jemand zu mir kommt und hasst nicht seinen*

Vater, seine Mutter, Frau, Kinder, Brüder, Schwestern und dazu sich selbst, der kann nicht mein Jünger sein.“ (Lukas 14,26). Jesus pflegt selbst unkonventionelle Beziehungen: z. B. die Freundschaft zu den Geschwistern Maria, Martha und Lazarus, die alle drei unverheiratet zusammen leben. Jesus diskutiert mit ihnen soziale Rollen und hebt Festlegungen auf (z. B. Lukas 10,38–42). Die Jüngerin Maria Magdalena regt die Phantasie besonders an, da sie als unverheiratete Frau Jesus folgt und zum engeren Kreis gehört. In ihrer Person finden sich noch weitere Randgruppen, deren soziale Rollen eindeutig waren: Sie soll *„von Dämonen besessen“* und eine *„Hure“* gewesen sein. Ganz gleich, ob das alles zutrifft: Nach der Überlieferung überwindet Jesus all diese Rollen und begegnet ihr auf Augenhöhe – sie bezeugt schließlich seine Auferstehung (Johannes 20,11–18; Abb. 2). Die Heilungen an Aussätzigen, Blinden, Tauben und Lahmen sind biblische Bilder für die Endzeit. Hier geht es aber nicht zuallererst um medizinische Gesundheit, sondern um die Aufhebung der mit diesen Handicaps verbundenen sozialen Rolle der Ausgestoßenen in der traditionellen Gesellschaft.

Abb. 3: Die Taufe Jesu. Miniatur um 1500. Mittelalterliche Darstellung der Erzählung der Taufe Jesu (Markus 1 und öfter) mit Johannes dem Täufer und dem Heiligen Geist in Gestalt einer Taube. Die mittelalterliche Kunst fügt einen Engel hinzu, der ein Gewand bereithält. Das verweist auf den kirchlichen Taufritus, zu dem ein Taufkleid gehört.

Erst verflucht, dann gesegnet: die Eunuchen – das „dritte Geschlecht“ – in der Bibel

Es gibt in der Bibel eine bestimmte Gruppe, die an einigen Stellen in den hebräischen Schriften und dann auch im Neuen Testament auftaucht: der Eunuch. In der lateinischen Literatur gelten Eunuchen als „das dritte Geschlecht“ (lateinisch *tertium sexus*, s. o. bei Tertullian und in den Scriptores historiae Augustae, Alexander Severus, 23.7). Das meint im engeren Sinne Menschen, die kastriert sind. Das Wort Eunuch stammt aus dem Griechischen und bedeutet wörtlich „(Ehe-)Bett-Hüter“, d. h. der Wächter über die Ehe. Das wird damit erklärt, dass häufig am Herrscherhof Eunuchen die Ehefrau(en) des Herrschers bewacht haben. Als Kastraten waren sie unverdächtig: Sie konnten keine Söhne zeugen, die dem Herrscher am Hof zur Gefahr hätten werden können. In biblischen Schriften gehen die Autor*innen selbstverständlich davon aus, dass an antiken Herrscherhöfen die meisten Beamten „Eunuchen“ (hebräisch *Saris*) waren oder zumindest als solche bezeichnet wurden: Potifar in Ägypten z. B. (1. Buch Mose/Genesis 37,36), obwohl er verheiratet war, aber auch Daniel und seine Freunde stehen am Hof König Nebukadnezars in Babylon in den Diensten des „obersten Kämmerers“ (Daniel 1,3; griechisch *Eunouchos*).

Der Eunuch steht auf der Grenze zwischen Männlichem und Weiblichem, insbesondere, was das Zeugen und Gebären betrifft: dem Anschein nach Männlich, unter Umständen aber ohne die sekundären Geschlechtsmerkmale, vielleicht sogar mit einer hohen (weiblichen) Stimme, ist der Eunuch eine Art Zwischenwesen. Die hebräische Tora verbietet die Kastration ausdrücklich und schließt Kastraten aus dem Kult Israels aus (5. Mose/Deuteronomium 23,2). Die Erklärung dafür ist häufig, dass in der nichtjüdischen Umwelt an Tempeln kastrierte Jungen und Männer bestimmte Aufgaben übernehmen. Der Eunuch scheint in dieser Vorstellungswelt eine Erscheinung des „Götzendienstes“ zu sein: Das passt nicht zur Verehrung des Einen Gottes Israels. In der Tora gilt der Eunuch als verflucht, in den hebräischen Prophetenbüchern ändert sich das Bild. Bei Jesaja beweist der Eine Gott Israels gerade an den Eunuchen, den Unfruchtbaren und Kinderlosen seine freie Gnade, indem er ihre Treue besonders würdigt (Jesaja 56,3–5). In einer Erzählung im Neuen Testament lässt sich ein Eunuch taufen (Apostelgeschichte 8,36–38): Es heißt, dass Philippus einem sog. *Kämmerer aus Äthiopien* das Buch Jesaja erklärt. Das griechische Wort für *Kämmerer* ist Eunuch. Wie bei Paulus (Galater 3,28) hebt die Taufe die Trennungen, auch die geschlechtlichen, auf.

Es scheint, dass insbesondere in der jüdischen und christlichen Tradition der Eunuch – in Umkehrung der Verfluchung in der Tora und im Anschluss an Jesaja – als das Beispiel des Ehelosen zum asketischen Vorbild wird: Die Ehelosigkeit des Eunuchen, der erzwungene oder selbst gewählte Verzicht auf Fortpflanzung, wird als sexuelle Enthaltsamkeit gedeutet. Der Eunuch kann verstanden werden als Wortbild für den Asketen, der weder Lust spürt noch übt. Besonders urchristliche Literatur, die nicht im Neuen Testament steht und als neuplatonisch-gnostische Literatur gilt, betont diese Askese (siehe Meeks 1973/74). Aber auch in der orthodoxen und katholischen christlichen Tradition hat ein in mehrfacher Hinsicht überraschendes Jesus-Wort aus dem Matthäusevangelium eine eigene Wirkungsgeschichte. Wörtlich übersetzt heißt es so: *„Es gibt Eunuchen …, die sich selbst wegen der Nähe Gottes dazu gemacht haben.“* (Matthäus 19,12; Bibel in gerechter Sprache). Das Zölibat in der römisch-katholischen Tradition beruft sich auf diese Bibelstelle und übersetzt das Wort „Eunuch“ hier mit „zur Ehe unfähig“ (so die Einheitsübersetzung 2016, siehe auch Novo incipiente 1979). Das Jesus-Wort aus dem Matthäusevangelium scheint ein wesentlich breiteres und für heutige Ohren erstaunlich vielfältiges Bild vom Eunuchen zu haben, das drei Arten der Vielfalt von Geschlechtlichkeit markiert:

> „Es gibt Eunuchen, die so aus der Mutter Leib geboren sind, es gibt andere Eunuchen, die sind von den Menschen dazu gemacht worden, und es gibt weiterhin Eunuchen, die sich selbst wegen der Nähe Gottes dazu gemacht haben. Wer fähig ist zu verstehen, soll verstehen.“
>
> Matthäus 19,12; Bibel in gerechter Sprache

Hier scheint der Eunuch zur Chiffre zu werden für ein ganzes Spektrum von männlich und weiblich:

1. Menschen, die von Geburt an keinem Geschlecht zugeordnet werden können,
2. Menschen, die – z. B. durch Zwangskastration oder Unfall – weder männlich noch weiblich sind,
3. Menschen, die selbst entscheiden, keine „Männer“ mehr zu sein.

Das Matthäusevangelium belegt hier einen weiteren Horizont, als die Diskussion um Scheidung, Ehebruch oder Ehelosigkeit in Matthäus 19 vermuten lässt. Diejenigen Menschen, die um der Verwandlung des Menschen willen ihr Geschlecht uneindeutig machen, scheinen eine besondere Nähe zu Gott zu haben. In der antiken Sprachwelt ist das klar: Sie sind nahe dran an der Aufhebung der Gegensätze, die besonders im Ausgleich von „männlich“ und „weiblich“ ein eindrückliches Beispiel findet.

Die Aufhebung der Unterschiede in der kommenden Welt: nicht männlich, nicht weiblich

Im Neuen Testament ist die Vision, dass in Zukunft die Unterschiede aufgehoben sind, eine ständige Begleiterin: Die „kommende Welt Gottes“ kennt weder die Trennung zwischen Gott und Mensch, noch das Trennende zwischen den Menschen. Die Unterschiede sind nicht mehr entscheidend. Das wird besonders deutlich in einem Vers, im dem der Apostel Paulus der Gemeinde in der römischen Provinz Galatien die Taufe erklärt. Religionsgeschichtlich entsteht die Taufe in einer Zeit, als in der antiken Gesellschaft das Reinigen des Körpers mit Wasser eine nie zuvor dagewesene Bedeutung bekommt, sei es in römischen Badeanlagen oder in jüdischen Mikwen. Die Reinigung bekommt eine starke symbolische Bedeutung. Im Neuen Testament wird aus dem Tauchbad ein eigener Ritus: die Taufe. Jesus selbst wird getauft (Markus 1, Abb. 3). Mit der Taufe beginnt für die Einzelnen bereits „die kommende Welt". Mit der Taufe sind die Unterschiede aufgehoben:

> „Denn ihr alle, die ihr auf Christus getauft seid, habt Christus angezogen. Es gibt nicht mehr Juden und Griechen, nicht Sklaven und Freie, nicht männlich und weiblich; denn ihr alle seid einer in Christus Jesus."
>
> Galater 3,27-28; Einheitsübersetzung 2016

Zum Untertauchen gehört das Ablegen der Kleidung, die Nacktheit. Paulus diskutiert im Brief an die Galater Nacktheit und Geschlechtlichkeit geradezu drastisch: Das Kennzeichen der biblischen Religion ist seit dem „Bund der Beschneidung" G*ttes mit Abraham (1. Buch Mose/Genesis 17) die Markierung des männlichen Geschlechts. Bis heute sind alle männlichen Angehörigen Israels an der Vorhaut beschnitten. Im Galaterbrief bestreitet Paulus nun vehement, dass dieser Marker eine Bedeutung hat. Es macht letztlich vor G*tt keinen Unterschied, ob jemand beschnittener Jude oder unbeschnittener Grieche ist, ebenso wenig ob (beschnittener) Mann oder Frau. Wer in der Taufe „Christus angezogen" hat, dessen leibliche Merkmale sind verdeckt und aufgehoben. Hartmut Thyen weist darauf hin, dass bei der Taufe das Ablegen der alten Kleidung, das entkleidete Untertauchen im Wasser, und die folgende Neu-Einkleidung in ein weißes Taufgewand eben all diese Unterschiede für alle Anwesenden sichtbar aufhebt (Thyen 1978, 138–145;

Abb. 4: Eine Gruppe von Menschen am Ziway-See in Äthiopien, die die christliche Taufe erhalten.

siehe Abb. 3–5). Äthiopische Christ*innen kleiden sich sonn- und feiertags zum Kirchgang bis heute in weißen Gewändern, wie auch lutherische Konfirmand*innen in Schweden oder den USA zum Fest der Konfirmation.

Abb. 5: Fototermin zum Konfirmationsfest an einem See in Schweden. Die Jugendlichen im Alter von 13 bis 15 Jahren tragen zur Konfirmation der evangelisch-lutherischen Staatskirche in Schweden traditionell weiße Roben, die an Taufgewänder erinnern. Die Jugendlichen bestätigen (lateinisch *confirmare*) das Taufversprechen, das Eltern und Pat*innen bei der Säuglingstaufe gegeben hatten.

Im Galaterbrief transformiert Paulus seine eigene Rolle und schreibt sich plötzlich weibliche Merkmale zu (Standhartinger 2003): *„Meine lieben Kinder, die ich abermals unter Wehen gebäre, bis Christus in euch Gestalt gewinne.“* (Galater 4,19) Im Hinblick auf die kommende Welt verschwimmt das, was als männlich und weiblich gilt, selbst in der Person der Apostel*. Es greift wohl zu kurz, die Aufhebung der Geschlechtlichkeit – wie häufig geschehen – lediglich mit Askese und Enthaltsamkeit gleich zu setzen (Klinghardt 2012). Auf diese Art ist diese grundstürzende Tauformel von Galater 3,28 in Vergessenheit geraten: *„Die Bekanntmachung, dass es mit Christus kein männlich oder weiblich mehr gibt, verblasste zu harmloser Metaphorik, vielleicht um das Kommen seines wahren Moments abzuwarten.“* (Meeks 1973/74, 208; Übersetzung von Autor*in).

Ein androgyner Christus: der neue Adam als Symbol der kommenden, verwandelten Welt

„Nicht männlich, nicht weiblich, sondern einer in Christus“ (Galater 3,28) – Hans Dieter Betz erkennt in dieser Formel die Vorstellung von einer androgynen Christus-Erlöserfigur (Betz 1979, 197–200), entsprechend der antiken Vorstellung von einem androgynen Adam, geschaffen nach *„G*ttes Ebenbild, männlich und weiblich“* (1. Buch Mose/Genesis 1,27; siehe in diesem Band die S. 107–116). Jesus Christus gilt in der neutestamentlichen Literatur als der „neue Adam“, der den „alten Adam“ erlöst. Nicht nur seine augenscheinliche Ehelosigkeit scheint ihn zu einem

Vorbild für die neue Welt zu machen. Dieser Christus hebt die Unterschiede zwischen den Menschen auf, so weit das eben im Neuen Testament in der Wort- und Gedankenwelt der patriarchalen Antike ausgedrückt werden konnte.

Ruth Hess (2005) hat herausgearbeitet, dass das Neue Testament mit einer Verwandlung nicht nur der Geschlechterverhältnisse, sondern auch der Geschlechtlichkeit jede*r Einzelnen rechnet, einer Erfüllung, die wir uns, ehe wir es erleben, nicht vorstellen können. Der Streit, wie eine künftige Welt Gottes vorzustellen sei, entzündet sich im Neuen Testament an einer Stelle am Beispiel der Geschlechterverhältnisse, in einer Diskussion um Ehe und Scheidung (Markus 12,18–27). Jesu Antwort ist als Kritik an den bestehenden Verhältnissen gemeint und also alles andere als idyllisch: *„Denn wenn sie von den Toten auferstehen, sind sie wie die Engel im Himmel“* (Markus 12,25 und öfter). Wie das genau sein wird, bleibt offen:

> „Es ist aber noch nicht offenbar geworden, was wir sein werden.“
>
> 1. Johannes 3,2

Das ist keine Vertröstung auf eine entfernte Zukunft oder ein Jenseits. *„Gott ist nicht ein Gott der Toten, sondern ein Gott der Lebenden.“* (Markus 12,27). Die Schriften des Neuen Testamentes gehen davon aus, dass die Kraft der Veränderung mit Christus schon eingesetzt hat und es Zeichen der kommenden Welt, die ganz anders sein wird, schon jetzt in der Gegenwart gibt. Diese Transformation betrifft auch die Geschlechtlichkeit des Menschen.

Abb. 6: Darsteller*in Renata Carvalho als „Queen Jesus“ im Jahr 2016 in Sao Paolo, Brasilien, in der umstrittenen Aufführung des Einakters „The gospel according to Jesus, Queen of Heaven“ von Jo Clifford in portugiesischer Übersetzung: der wieder gekommene Christus als Trans*-Person.

Die urchristlichen Schriften geben Beispiel, wie sich ein neues Denken der Veränderung durchsetzt – auch wenn die Texte nie ganz frei sind von den sozialen Zwängen, in denen die Autor*innen sich bewegen und denen sie sich auch immer wieder unterwerfen. Die patriarchiale soziale Wirklichkeit spiegelt sich in den urchristlichen Schriften und steht in eigenartiger Spannung zu manchen kritischen utopischen Sätzen des Neuen Testaments. Der Spott in der römischen Arena über die Christ*innen kann ein Hinweis darauf sein, dass in Rom und anderswo eine Unbestimmtheit der Geschlechterrollen in frühchristlichen Gemeinden als unkonventionelle Eigenart wahrgenommen wird: Christ*innen als „das dritte Geschlecht“.

Literatur

Betz, Hans Dieter: Galatians, Philadelphia 1979.

Clifford, Jo: The Gospel According to Jesus, the Queen of Heaven (2009), London 2019.

Heß, Ruth: „Es ist noch nicht erschienen, was wir sein werden.“ Biblisch-(de)konstruktivistische Anstöße zu einer entdualisierten Eschatologie der Geschlechterdifferenz, in: Heß, Ruth; Leiner, Martin: Alles in allem: eschatologische Anstöße – J. C. Janowski zum 60. Geburtstag, Neukirchen-Vluyn 2005, S. 291–323.

Klinghardt, Matthias: Androgyne Gleichheit – sexuelle Hierarchie. Die Kultur der Geschlechtskörper im frühen Christentum, in: ZNT 30, 2012, S. 3–11.

Leppin, Hartmut: Die frühen Christen. Von den Anfängen bis Konstantin, München 2018.

Meeks, Wayne A.: The Image of the Androgyne: Some Uses of a Symbol in Earliest Christianity, in: History of Religions 13, 1973/74, S. 165–208.

Standhartinger, Angela: Die Frau muss Vollmacht haben auf ihrem Haupt (1 Korinther 11,10). Zur Geschichte und Gegenwart feministischer Paulusauslegungen, in: Dingel, Irene (Hg.): Feministische Theologie und Gender-Forschung, Leipzig 2003, S. 43–66.

Thyen, Hartwig: „Nicht mehr männlich und weiblich …“. Eine Studie zu Galater 3,28, in: Crüsemann, Frank; Thyen, Hartwig: Als Mann und Frau geschaffen. Exegetische Studien zur Rolle der Frau. Kennzeichen 2, Gelnhausen 1978, S. 107–201.

Conchita Wurst aus Holz
Der museale Kosmos einer Skulptur

Jana Wittenzellner und Elisabeth Tietmeyer

Was macht ein Kunstwerk, das „Conchita Wurst auf der Mondsichel" heißt, im Museum Europäischer Kulturen der Staatlichen Museen zu Berlin (MEK)? Sammelt ein Museum der Alltagskultur nicht gewöhnliche Erzeugnisse unbekannter Urheber*innen statt Kunstwerke? Die Skulptur des Künstlers Gerhard Goder greift vergangene und gegenwärtige Alltagsthemen in Europa auf: In ihr kristallisieren sich die soziale Bedeutung medialer Events, ein jährlicher popkultureller Höhepunkt, aktuelle gesellschaftliche Diskurse, traditionelle handwerkliche Fähigkeiten, christliches Bildgedächtnis und sogar museale Institutionsgeschichte in einer einzigen Figur.

Abb. 1: „Conchita Wurst auf der Mondsichel" von Gerhard Goder (2014); Ausstellungsobjekt Nr. 077, S. 199.

Die fast lebensgroße, hölzerne Skulptur „Conchita Wurst auf der Mondsichel" zeigt eine Person mit langen schwarzen, gewellten Haaren und einem dunklen Bart (vgl. Abb. 1). Den Kopf ziert eine goldfarbene Krone, den Körper ein faltenreiches, eng anliegendes Gewand. Die dargestellte Person steht auf einer silberfarbenen Mondsichel, mit der rechten Hand ein goldfarben gefasstes Standmikrofon greifend. Der angedeutete Ausfallschritt mit dem linken Bein, auf dessen Oberschenkel die linke Hand liegt, verleiht der Skulptur einen dynamischen Charakter. Die Sichel befindet sich mittig auf einem gewölbten Fundament in Form eines unregelmäßigen Achtecks, dessen Seiten ebenfalls goldfarben gefasst sind.

Die Skulptur stammt von dem österreichischen Künstler Gerhard Goder (geb. 1956 in Salzburg). Er ist bekannt für seine märchenhaften und religiös konnotierten Figuren. Als Bildhauer arbeitet er mit Holz, Stein und Metall; seine Plastiken und Reliefs präsentierte er in verschiedenen Einzel- und Gruppenausstellungen in Europa. Der unerwartete Sieg des ebenfalls aus Österreich stammenden Thomas Neuwirth (geb. 1988 in Gmunden), auch bekannt als Conchita Wurst, beim Eurovision Song Contest 2014 in Kopenhagen/Dänemark inspirierte Goder zu diesem Kunstwerk. Das Museum Europäischer Kulturen der Staatlichen Museen zu Berlin (MEK) erwarb die Skulptur im Dezember 2014. Seit 2019 ist „Conchita Wurst auf der Mondsichel" dauerhaft in der Schausammlung des MEK zu sehen.

Alltagskultur im Museum

Die institutionelle Geschichte des MEK reicht bis in das Jahr 1889 zurück, als auf private Initiative hin ein „Museum für deutsche Volkstrachten und Erzeugnisse des Hausgewerbes“ geschaffen wurde. Der Grund war eine Sorge: Die Industrialisierung und Verstädterung schienen die traditionelle bäuerliche Kultur zu bedrohen, gar auszulöschen. Dementsprechend sammelten Volkskundler*innen Zeugnisse des als authentisch, ursprünglich und zeitlos wahrgenommenen ländlichen Lebens und bewahrten sie in Berlin wie andernorts in volkskundlichen Museen.

Auf diese Art trugen die Sammler*innen dazu bei, eine Vorstellung dessen herauszubilden, was später als Volkskultur bezeichnet wurde: Dazu gehörten Trachten, Bräuche und handwerkliche Erzeugnisse für den Hausgebrauch. Erst in der zweiten Hälfte des 20. Jahrhunderts begann eine Auseinandersetzung um die Verklärung ländlichen Lebens unter diesem Begriff. Die volkskundlichen Museen begannen ihr Gegenstandsfeld zu öffnen, zunächst hin zu den unteren Schichten generell. Auch das im Kalten Krieg zweigeteilte Berliner Museum für Volkskunde nahm im Ostteil wie im Westteil der Stadt Sonderausstellungen wie „Großstadtproletariat“ (1983–1989) und „Dienstbare Geister“ (1981) in sein Programm auf.

Abb. 2: Die Mondsichelmadonna *Virgen del Pino* in der Basilica Nuestra Señora del Pino auf Gran Canaria.

Nur wenig später wurde auch diese Beschränkung auf die Unterschichten aufgegeben. Das MEK, das 1999 aus der Zusammenlegung der wiedervereinigten Volkskundemuseen mit der Abteilung Europa des Museums für Völkerkunde hervorgegangen war, wendete sich allgemein der Alltagskultur zu. Darunter verstehen wir die Gegenstände, kulturellen Ausdrucksformen, Handlungsweisen und Fähigkeiten, mit denen wir alle unseren Alltag und unsere Umwelt gestalten, strukturieren und ihnen Sinn und Bedeutung verleihen. Dem nationalen Blickwinkel, den die Volkskunde im Laufe des 20. Jahrhundert zeitweise einnahm, wurde in den letzten zwei Jahrzehnten gezielt ein europäischer Fokus und ein Augenmerk auf kulturelle Verflechtungen seit dem 18. Jahrhundert entgegengesetzt.

In der Sammlung des MEK befinden sich über 285.000 Gegenstände, mit denen Menschen in Europa täglich umgingen bzw. umgehen; Dinge, die – ob industriell oder handwerklich gefertigt – ihren Alltag ausmachen. Das Spektrum reicht vom handgeschnitzten Löffel bis hin zur Plastiktüte aus dem Supermarkt, vom nur lokal üblichen Hochzeitsgeschenk bis hin zu den weltweit konsumierten Produkten einer globalen Massenkultur. In ihnen manifestierten sich stets auch Wissen, Können und Handeln, also ein immaterielles Kulturerbe. Die Skulptur „Conchita Wurst auf der Mondsichel“ spiegelt mit ihren verschiedenen Facetten all diese Ebenen.

Im Gedächtnis verankert: Die christliche Ikonographie von „Conchita Wurst auf der Mondsichel"

Für Betrachter*innen ohne ausgeprägte christliche Erziehung oder Lebenserfahrung erinnert „Conchita Wurst auf der Mondsichel" unspezifisch an andere religiöse Skulpturen. Wissende dagegen erkennen verschiedene christliche Bildtypen, die in der Skulptur anklingen. Lange Zeit waren diese im Bildgedächtnis der vor allem katholischen Bevölkerung fest verankert und bedurften keiner Erklärung. Dazu gehören die Mondsichelmadonna, die Heilige Kümmernis und der Heilige Rochus. Auch Traditionen der Jesusdarstellung klingen an.

Das Motiv der Mondsichelmadonna ist nicht nur durch den Titel „Conchita Wurst auf der Mondsichel" präsent. Auch in dem Stand der Figur auf einer Sichelform ist die ikonographische Parallele deutlich zu erkennen (vgl. Abb. 2). Hierbei handelt es sich um einen prägnanten christlichen Bildtypus, der die Muttergottes – häufig mit dem Jesuskind im Arm – auf einer Mondsichel stehend zeigt. Oft sieht man sie umgeben von Sternen oder Strahlen, weswegen dieses Motiv auch als sog. Madonna im Strahlenkranz bezeichnet wird. Es geht auf die Apokalyptische Frau in der Offenbarung des Johannes zurück. Vor allem im 15. und 16. Jahrhundert war die Mondsichelmadonna beliebt. Seit dem 17. Jahrhundert wurde sie zunehmend als Maria Immaculata mit einer Schlange zu ihren Füßen dargestellt. Abbildungen oder Skulpturen von Mondsichelmadonnen findet man bis heute in katholischen Regionen – etwa auf der Münchner Mariensäule.

Abb. 3: Die Heilige Kümmernis auf einer bayerischen Votivtafel von ca. 1860.

Weniger die Komposition der Skulptur als ihr Antlitz verweist auf die sog. Heilige Kümmernis (manchmal auch Kumernus oder Wilgefortis, vgl. Abb. 3). Der Legende nach konvertierte diese Prinzessin zum Christentum. Als ihr Vater sie mit einem Ungläubigen verheiraten wollte, bat sie Gott, die Ehe zu verhindern. Er half ihr, indem er ihr einen Bart wachsen ließ. Die Hochzeit wurde abgesagt, Kümmernis von ihrem Vater nach Art ihres Gottes gekreuzigt. In manchen Versionen der Legende verleiht Christus der jungen Frau selbst sein eigenes Aussehen. Die Geschichte hat mehrere Ursprünge in Europa: Zu einer niederländischen Traditionslinie (seit etwa 1400) kommt eine süddeutsche des frühen 16. Jahrhunderts. In die Darstellung der Kümmernis am Kreuz fließt zudem eine italienische Christusdarstellung ein, der Bildtyp des Volto Santo aus Lucca in der Toskana: Dieser ist kein leidender, nackter Jesus, sondern ein in eine Tunika gekleideter, aufrecht stehender Christus. Bilder des Volto Santo verbreiteten sich im Mittelalter von Italien aus und wurden ab dem 14. und 15. Jahrhundert zunehmend als Kümmernis gelesen.

Schon durch die Kümmernis klingen in „Conchita Wurst auf der Mondsichel" zwei Arten der Christusdarstellungen an. Auch andere Bildtypen eines weichen, weiblichen Jesus scheinen in der Skulptur auf. Ein weithin bekanntes Beispiel ist das sog. Gnadenbild vom Barmherzigen Jesus. Es geht auf eine Vision der polnischen Ordensschwester Maria Faustyna Kowalska aus dem Jahr 1931 zurück und hat sich vor allem in der Darstellung Adolf Hyłas aus den 1940er Jahren durchgesetzt. Es zeigt einen langhaarigen Christus mit weichen Gesichtszügen, der mit leicht geneigtem Kopf von unten aus dem Bild blickt – einer Haltung, die in Darstellungen häufig als weiblich identifiziert wird. Das Bild des Barmherzigen Jesus ist in vielen Kirchen Mittel- und Südeuropas verbreitet und wird in Reproduktionen weltweit verehrt.

Ein für die Darstellung des Barmherzigen Jesus typischer Gestus, die segnende Hand, fehlt „Conchita Wurst auf der Mondsichel". Die Haltung von Goders Skulptur lässt an einen anderen Heiligen denken: an den Heiligen Rochus, der als Schutzpatron gegen die Pest gilt. Seine Verehrung ist seit dem späten Mittelalter belegt und wird auch heute noch in Europa und Übersee gepflegt. Er ist oft als Pilger mit Tasche und Pilgerstab dargestellt – Conchitas Mikrofon ähnelt diesem Stab. In vielen Darstellungen entblößt er einen Oberschenkel und zeigt so dort sein Pestmal (vgl. Abb. 4). An eben dieser Stelle des Beins weist die Skulptur Goders ein Astloch auf.

Abb. 4: Andachtsbild mit der Darstellung des Heiligen Rochus, der sein Pestmal entblößt.

Als „Volksheiliger" war die Ikonographie des Heiligen Rochus weithin geläufig. Auch die Kümmernis ist eher dem populären Bildgedächtnis zuzuordnen, sie ist keine der offiziell von der katholischen Kirche anerkannten Heiligen. Das Gnadenbild des Barmherzigen Jesus dürfte in seiner Verbreitung selbst ausgeprägten Atheist*innen vertraut sein. Gerhard Goder fügte diesen Bildtypen eine weitere, vielen Menschen in Europa bekannte Erscheinung hinzu: Conchita Wurst, die Siegerin des Eurovision Song Contest 2014. Die Skulptur ist die Hybridisierung aller beschriebenen Figuren, die Goder in einen aktuellen soziokulturellen Kontext stellt: Der Eurovision Song Contest ist ein Phänomen, das für populäre, kommerzielle Massenkultur steht und gleichzeitig für den Eigensinn, mit dem sich Fans und Zuschauer*innen in Europa und darüber hinaus dieses Ereignisses bemächtigen.

Ein populäres Event: der Eurovision Song Contest

Der Eurovision Song Contest (ESC) – in Deutschland lange „Grand Prix d' Eurovision" genannt – fand zum ersten Mal 1956 in Lugano in der Schweiz statt. Wie die Europäische Wirtschaftsgemeinschaft (gegr. 1957) im ökonomischen Bereich und die Westeuropäische Union im politischen (gegr. 1954), sollte der ESC auf kultureller Ebene einen gemeinsamen Raum schaffen, in dem die verschiedenen Musikstile und

Sprachen Europas zusammenfinden konnten. Bis 1998 waren Teilnehmende verpflichtet, in der jeweiligen Landessprache zu singen; diese Regel wurde inzwischen aber aufgehoben.

Der ESC ist ein Wettbewerb, bei dem Sänger*innen aus verschiedenen Ländern mit einem Lied gegeneinander antreten; die Sieger*innen werden live gekürt. Er wurde von der Europäischen Rundfunkunion (EBU) geschaffen, die die technischen Entwicklungen beim Rundfunk vorantreibt, Formate standardisiert und den Austausch von Sendungen und Programmen über nationale Grenzen hinweg befördert. Auch der ESC zielte von Anfang an auf möglichst hohe Einschaltquoten in möglichst vielen Ländern.

Im ersten Jahr in Lugano nahmen sieben europäische Länder teil. Im Jahr 2019 in Tel Aviv waren es 41 Länder, darunter auch Australien: Teilnahmeberechtigt sind alle, die in der EBU vertreten sind, nicht nur europäische Länder. Auch das Publikum wuchs stetig. Inzwischen gehört der ESC zu den wichtigsten jährlich wiederkehrenden popkulturellen Events des Fernsehens mit über 150 Millionen Zuschauer*innen (vgl. Abb. 5). Der ESC ist populäre Kultur par excellence: Als kommerzielles Massenevent dient er der Unterhaltung und dem Vergnügen. Er hat Fans quer durch alle Schichten, Generationen und Länder. Kritiker*innen der Kulturindustrie bemängeln gerne, solche Events würden auf den gedankenlosen Konsum eines unkritischen Publikums zielen. Dass

Abb. 5: Fans reisen für das ESC-Finale – hier im Ericsson Globe in Stockholm/Schweden 2016 – inzwischen quer durch Europa.

sich die Adressat*innen die Vorgaben allerdings gemäß ihren Bedürfnissen aneignen und als Anlass für Selbstinszenierung und Selbstidentifikation nutzen, wird an der queeren Fangemeinde des ESC deutlich.

„Queeres Weltkulturerbe" (Jan Feddersen), „Gay World Cup" (Catherine Baker), „schwule Weihnachten" (Peter Rehberg) – alle diese Bezeichnungen für den ESC heben vor allem eines hervor: die große und lang anhaltende Bedeutung des Events für eine queere, vor allem schwule Fangemeinde. Sie gründet sich nicht in der auffällig zur Schau gestellten queeren Sexualität, auch wenn es in den letzten Jahrzehnten etliche queere Acts gab, etwa die schwulen Sänger Paul Oscar (1997 für Island) und Bilal Hassani (2019 für Frankreich), die lesbischen Sängerinnen Marija Šerifović (2007 für Serbien) und Saara Aalto (2018 für Finnland) oder Drag-Performances wie die *Great Garlic Girls* im Hintergrund des Norwegers Ketil Stokkan (1986) oder das Pop-Trio *Sestre* aus Slowenien (2002). Als Thema wurde Queerness erst 1998 breit diskutiert, als mit Dana International eine transgeschlechtliche Sängerin den Wettbewerb für Israel gewann. Nach dem Journalisten Peter Rehberg liegt der Erfolg bei schwulen Männern aber in anderen wesentlichen Elementen des ESC begründet: in seiner überbordenden, extravaganten und manchmal trashigen Popästhetik; in Performances, die die Künstlichkeit der Geschlechterrollen ausstellen; und in großen Gesten, im emotionalen Exzess und den unwahrscheinlichen Dramen.

Als Fans entwickelten queere Zuschauer*innen eigene Lesarten. Über nationale, kulturelle und sprachliche Grenzen hinaus erlaubte der ESC, Gefühlen und Selbstbildern Raum zu geben, die in einem heteronormativen Alltag keinen Platz bekamen. Queere Fans fanden sich über den ESC als Community – zunächst als öffentlich kaum bekannte Subkultur, ab den späten 1990er Jahren und mit den in vielen Ländern Europas stattfindenden gesetzlichen Liberalisierungen zunehmend auch vor aller Welt sichtbar. Die Ästhetik des ESC bot ihnen die Möglichkeit, einen queeren Lebensstil öffentlich zu feiern und damit zugleich eine politische Aussage zu treffen.

Die Bedeutung des ESC als queeres Ereignis wurde spätestens im Jahr 2014 in Kopenhagen auch für ein heterosexuelles Publikum wahrnehmbar – mit dem Sieg Conchita Wursts für Österreich. Dieser Sieg kam maßgeblich durch Televotings zustande. In der Beurteilung der Performance von Conchita Wurst gingen in etlichen Ländern die zwei nationalen Votings – das einer Jury und das des jeweiligen Fernsehpublikums – deutlich auseinander: Während die deutsche ebenso wie die russische Jury sie auf Platz 11 wählten, bekam sie von den Zuschauer*innen dieser Länder den ersten bzw. dritten Platz. Auch in Aserbaidschan, Weißrussland und Armenien wählten die Fernsehzuschauer*innen Conchita Wurst – im Gegensatz zu den Jurys des jeweiligen Landes – unter die Top 5. Conchitas Sieg war damit ein „populärer Sieg", den die Zuschauer*innen herbeigeführt hatten. Sie war mit dem Lied „Rise like a Phoenix" angetreten. Es beschwört eine Neugeburt und den Aufstieg aus der Asche, und wurde von vielen Fans als Befreiungshymne und kraftvolle Aussage gegen Trans- und Homophobie interpretiert. Nicht nur die Homosexualität Tom Neuwirths ermöglichte diese Einordnung des Songs. Hinzu kam eine vollendet divenhafte Performance und die verblüffende Erkenntnis, dass der Vollbart der Weiblichkeit Conchitas keinen Abbruch tat, sondern sie im Gegenteil noch verstärkte und eine berückend androgyne Präsenz erzeugte (vgl. Abb. 6).

Während Fans und Publikum den Sieg Conchita Wursts feierten, reagierten konservative bis rechte Kritiker*innen aus vor allem mittel- und osteuropäischen Ländern empört auf den vermeintlichen Verfall der Sitten und den Angriff auf die christliche Weltordnung. Wohlmeinende wiederum werteten die großen Fangemeinden auch in diesen Ländern als Zeichen dafür, dass diverse sexuelle und geschlechtliche Identitäten in ganz Europa mehrheitlich akzeptiert werden und im Mainstream angekommen sind.

Der Forscherin Catherine Baker zufolge werden nicht nur individuelle, sondern auch nationale und transnationale Fragen der Selbstidentifikation über den ESC ausgehandelt. Sie geht davon aus, dass der Wettbewerb einerseits dazu dient, eine Art „sexuellen Nationalismus" zu befördern. Über den ESC kann das Narrativ des sexuell liberalen Westens gegen den mutmaßlich homo- und transphoben arabischen Raum in Szene gesetzt werden. Andererseits wird der ESC gerade in den osteuropäischen Ländern auch

Abb. 6: Conchita Wurst bei der ersten Kostümprobe vor dem zweiten Halbfinale des Eurovision Song Contest 2014.

als Arena genutzt, in der das Recht auf geschlechtliche und sexuelle Selbstbestimmung eingefordert wird.

Conchita Wurst erlangte mit ihrem Sieg Berühmtheit weit über die Grenzen der ESC-Gemeinde hinaus. Zwar nahm Tom Neuwirth zwischenzeitlich Abstand von seiner Figur und tritt als Sänger heute unter dem Namen „Wurst" auf. Doch auch Conchita Wurst ist weiterhin in den Medien präsent, etwa als Moderatorin beim „Free European Song Contest", den der Fernsehsender ProSieben im Mai 2020 nach Absage des Eurovision Song Contests aufgrund der Corona-Pandemie veranstaltete, oder als Teil der Jury der deutschen Fernsehshow „Queen of Drags". Ob männlich oder weiblich – für Tom Neuwirth ist beides Teil seiner Persönlichkeit.

Genau dieses Selbstbild schlug sich in Neuwirths Kunstfigur „Conchita Wurst" nieder: Sie sei ein schöner Mann und eine schöne Frau in einer Person und das Publikum die sie anstrahlende Sonne, sagte Conchita Wurst 2014. Dies inspirierte Gerhard Goder zur Kreation seiner Skulptur. Alle ikonografischen Anleihen, basierend auf einem populären christlich-katholischen Bildgedächtnis, verband Goder zu einem Werk, das an symbolhafter Ausstrahlung kaum zu überbieten ist – und gleichzeitig materiell ganz klassische Vorbilder hat.

Immaterielle Kultur: Kunst und Handwerk

Im katholischen Österreich aufgewachsen und mit der entsprechenden religiösen Ikonographie vertraut, hat Gerhard Goder das Handwerk der Bildschnitzerei erlernt. Sein Wissen und seine Fertigkeiten sind unschwer an der Skulptur erkennbar: Er hat den größten Teil der Plastik in der Farbe des hellen Holzes der Zirbelkiefer belassen, einem Material, das insbesondere in der traditionellen Heiligenschnitzerei („Herrgottsschnitzerei") der alpinen Regionen in Europa benutzt wurde. Als Handwerk hat die Bildschnitzerei im Alltag an Bedeutung verloren, denn die maschinelle Massenproduktion macht viele der traditionellen handwerklichen Fähigkeiten überflüssig. Dazu gehören neben dem Schnitzen auch Spinnen und Weben, Knopfmacher- und Seilerhandwerk, Töpfern und viele weitere. Alltagskulturelle Museen nahmen von Anfang an die materiellen Produkte dieser Gewerke auf, also Webstühle ebenso wie gewebte Textilien, Töpferscheiben wie irdenes Geschirr. Heute richten die Museen ein verstärktes Augenmerk auf das in den Erzeugnissen materialisierte handwerkliche Wissen und Können. Unter dem Stichwort „immaterielles Kulturerbe" werden zunehmend auch die Tätigkeiten selbst dokumentiert und für die Zukunft bewahrt. „Conchita Wurst auf der Mondsichel" steht uns als fertige Skulptur im Museum gegenüber, ihre Entstehung können wir nicht verfolgen. Und doch sehen wir in ihr die handwerkliche Expertise, die zu ihrer Herstellung notwendig war.

Viele der für Kirchen und andere sakrale Orte entworfenen und gefertigten Skulpturen und Gemälde von Heiligen finden sich heute in europäischen Kunstmuseen. Ursprünglich dienten sie der Vermittlung religiöser Inhalte – und waren selbstverständlicher Teil des Alltags der Bevölkerung. Auch das klingt in Goders Skulptur an. „Conchita Wurst auf der Mondsichel" fasst europäische Vergangenheit und Gegenwart in einer Figur: Sie steht ikonographisch in der Linie traditioneller Heiligendarstellungen und verweist auf die Frömmigkeitskultur im Alltag der Menschen. Sie belegt ein handwerkliches Können, das erst in den letzten Jahrzehnten an Wichtigkeit verloren hat. Sie greift die Bedeutung auf, die Populärkultur für viele Menschen heute spielt. Sie zeigt, dass kommerzielle Massenevents Anlässe der Selbstvergewisserung und -identifikation bieten. Sie spiegelt die aktuellen Diskurse um sexuelle Gleichberechtigung und Selbstbestimmung. So reflektiert die Skulptur die plurale Gesellschaft, in der wir leben: Sie besteht aus Menschen und Gemeinschaften unterschiedlicher Kultur, Herkunft, Bekenntnisse, Fähigkeiten, Hautfarben und sexueller Orientierung. Im Museum Europäischer Kulturen leistet die Skulptur damit mehr, als gegenwärtige Diskurse und Kulturgeschichte zu reflektieren: Sie macht gesellschaftliche Diversität im musealen Raum sichtbar. Damit ermöglicht sie unterschiedlichen Besucher*innen Selbstvergewisserung und Austausch – auch einer queeren Community, die in der Institution Museum bislang wenig repräsentiert ist. Mit „Conchita Wurst auf der Mondsichel" bezieht das MEK Haltung für eine vielfältige Gesellschaft.

Literatur

Baker, Catherine: The Gay World Cup?: The Eurovision Song Contest, LGBT equality and human rights after the Cold War, in: Blog Catherine Baker, URL: https://bakercatherine.wordpress.com/2014/04/04/the-gay-world-cup-the-eurovision-song-contest-lgbt-equality-and-human-rights-after-the-cold-war/ (11.03.2021).

Feddersen, Jan: Queeres Weltkulturerbe. Wie der Eurovision Song Contest ein schwules Ereignis globalen Profils wurde, in: Initiative Queer Nations; Afken, Janin; Feddersen, Jan; Gammerl, Benno; Nicolaysen, Rainer; Wolf, Benedikt (Hg.): Jahrbuch Sexualitäten, Göttingen 2019, S. 117–152.

Kirschbaum, Engelbert (Hg.): Lexikon der christlichen Ikonographie, Rom u. a. 1990.

Schweizer-Vüllers, Regine: Die Heilige am Kreuz. Studien zum weiblichen Gottesbild im späten Mittelalter und in der Barockzeit, Bern u. a. 1997.

Wietschorke, Jens; Schmidt-Lauber, Brigitta: ‚Volkskultur' zwischen Wissenschaft und Gesellschaft. Eine kritische Begriffsgeschichte, in: Österreichische Zeitschrift für Geschichtswissenschaften 27, Volkskultur 2.0, 2/2016, S. 10–32.

„Und schuf sie männlich und weiblich."
Geschlechtliche Vielfalt aus theologischer Sicht

Gerhard Schreiber

„Es ist ein Junge!" „Es ist ein Mädchen!" So verkünden Eltern überglücklich die Ankunft ihres neuen Erdenkindes – und sind sich in diesem Moment dankbaren Glücks wohl kaum bewusst, dass soeben eine der folgenreichsten Festschreibungen für das zukünftige Leben ihres Kindes vorgenommen worden ist. Kein anderes Merkmal hat derart weitreichende Auswirkungen auf das individuelle Denken, Fühlen und Verhalten, auf gesellschaftliche Chancen und soziale Erwartungen wie die Geschlechtszugehörigkeit eines Menschen. Jeder Mensch ist entweder männlichen oder weiblichen Geschlechts – und das gilt im Alltagsbewusstsein bis heute. Ein „Zwischendrin" oder gar ein Wechsel des Geschlechts ist unter dieser Annahme für die meisten Zeitgenossen auch in unserem Land undenkbar, denn ein Blick auf die Genitalien des Neugeborenen zeigt den unbezweifelbaren und unveränderlichen Tatbestand: „Es ist ein Junge!" „Es ist ein Mädchen!"

Als Garant für diese unbezweifelbare Festschreibung des Geschlechts galt bislang die biologische Wissenschaft. Doch gerade die Biologie, von der man sich gerne diese binäre Ordnung der Geschlechter als „naturgegeben" attestieren lassen möchte, belehrt uns heute eines Besseren. Sie zeigt uns nämlich, wie erstaunlich variabel die Erscheinungsformen männlicher und weiblicher Individuen und wie fließend die Übergänge zwischen beiden sind, auch wenn der erste Blick auf das Neugeborene es anders vermuten lässt.

Vier Variablen der biologischen Geschlechterdifferenzierung

In der Biologie werden für gewöhnlich vier Variablen der Geschlechterdifferenzierung unterschieden:

- genetisches/chromosomales Geschlecht, der Zahl und der Konstellation der Geschlechtschromosomen (X und Y) entsprechend;
- Keimdrüsengeschlecht, für das Hoden und Eierstöcke ausschlaggebend sind;
- Hormongeschlecht gemäß der Konzentrationsbestimmung von Geschlechtshormonen und
- morphologisches Geschlecht, das dem Erscheinungsbild der Genitalien und sekundären Geschlechtsmerkmale folgt.

Abb. 1: Heilige Kümmernis, 18. Jahrhundert, Diözesanmuseum Graz. Die Legende von Wilgefortis, auch „Heilige Kümmernis“, erzählt davon, dass ihr Gesicht sich in das Antlitz Christi verwandelte, als sie sich weigerte, eine arrangierte Hochzeit einzugehen. Sie wird als Christus mit Frauenkleidern am Kreuz dargestellt. Siehe die Abbildung auf S. 150 im Artikel zu „Conchita Wurst aus Holz“ von Elisabeth Tietmeyer und Jana Wittenzellner in diesem Band.

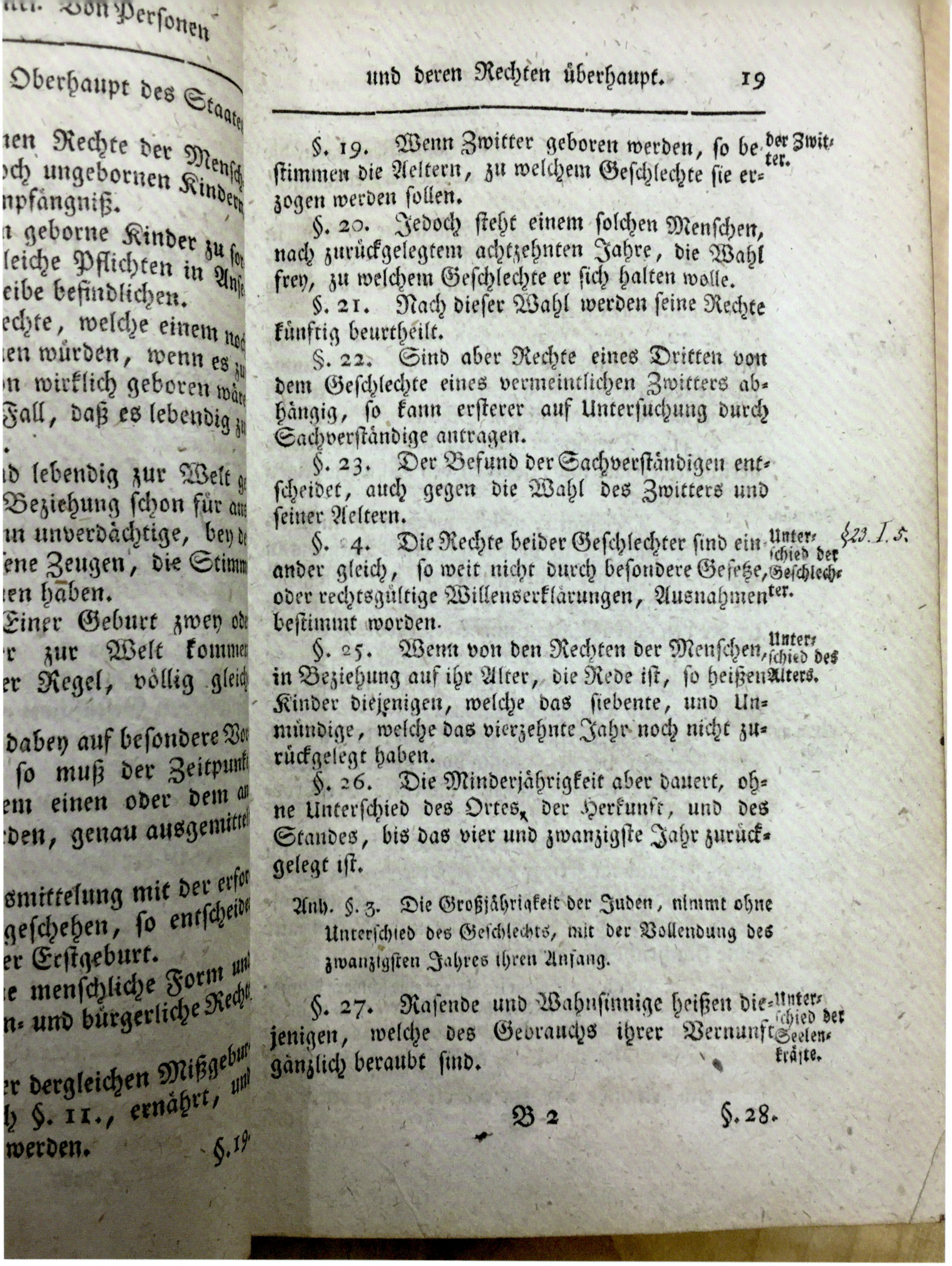

und deren Rechten überhaupt. 19

§. 19. Wenn Zwitter geboren werden, so bestimmen die Aeltern, zu welchem Geschlechte sie erzogen werden sollen. — der Zwitter.

§. 20. Jedoch steht einem solchen Menschen, nach zurückgelegtem achtzehnten Jahre, die Wahl frey, zu welchem Geschlechte er sich halten wolle.

§. 21. Nach dieser Wahl werden seine Rechte künftig beurtheilt.

§. 22. Sind aber Rechte eines Dritten von dem Geschlechte eines vermeintlichen Zwitters abhängig, so kann ersterer auf Untersuchung durch Sachverständige antragen.

§. 23. Der Befund der Sachverständigen entscheidet, auch gegen die Wahl des Zwitters und seiner Aeltern.

§. 24. Die Rechte beider Geschlechter sind einander gleich, so weit nicht durch besondere Gesetze, oder rechtsgültige Willenserklärungen, Ausnahmen bestimmt worden. — Unterschied der Geschlechter. §23. I. 5.

§. 25. Wenn von den Rechten der Menschen, in Beziehung auf ihr Alter, die Rede ist, so heißen Kinder diejenigen, welche das siebente, und Unmündige, welche das vierzehnte Jahr noch nicht zurückgelegt haben. — Unterschied des Alters.

§. 26. Die Minderjährigkeit aber dauert, ohne Unterschied des Ortes, der Herkunft, und des Standes, bis das vier und zwanzigste Jahr zurückgelegt ist.

Anh. §. 3. Die Großjährigkeit der Juden, nimmt ohne Unterschied des Geschlechts, mit der Vollendung des zwanzigsten Jahres ihren Anfang.

§. 27. Rasende und Wahnsinnige heißen diejenigen, welche des Gebrauchs ihrer Vernunft gänzlich beraubt sind. — Unterschied der Seelenkräfte.

B 2 §. 28.

Abb. 2: Im Allgemeinen Preußischen Landrecht von 1794 gab es beim Personenstand einen sog. Zwitterparagrafen – eine Person unbestimmten Geschlechtes musste sich im Alter von 18 Jahren unter bestimmten Bedingungen für ein Geschlecht entscheiden. Ausstellungsobjekt Nr. 078, S. 198.

Nicht nur ist Geschlecht von der Wiege bis zur Bahre durch den natürlichen, dynamischen Prozess ständiger Veränderung und Entwicklung geprägt. Jedes der genannten Merkmale von Geschlecht weist auch an sich eine erhebliche Variationsbreite auf. Sie können sich auch untereinander durchkreuzen. Aus biologischer Sicht ist eine trennscharfe Einordnung eines Menschen in die Kategorien „weiblich" oder „männlich" keineswegs immer möglich.

Mindestens 160.000 intersexuelle Menschen in Deutschland

So lehrt die Biologie mit der exakten, naturwissenschaftlichen Methodik, dass es Menschen gibt, die zwischen den Geschlechtern stehen. Sie trägt damit wesentlich dazu bei, einen Begriff für Varianten der Geschlechtsentwicklung zu benutzen, die jeweils dazu führen, dass sich eine Person weder dem „weiblichen" noch dem „männlichen" Geschlecht zuordnen lässt: den Begriff der Intersexualität. Auf anatomischer Ebene trifft er auf etwa 1 von 2.000 Geburten zu. Unter Einschluss chromosomaler Besonderheiten wie Turner- (45,X) oder Klinefelter-„Syndrom" (47,XXY) ist der Anteil intersexueller Menschen an der Bevölkerung noch wesentlich höher. Das medizinische Fachlexikon Pschyrembel (Pschyrembel 2017, 884) geht von einer Häufigkeit von 1 zu 100 bis 1 zu 500 Intersexuellen aus. In Deutschland sind das mindestens 160.000 Menschen, was in etwa der Einwohner*innenzahl Darmstadts entspricht.

Anders als das allgemeine Alltagsbewusstsein hat sich der mit „Intersexualität" bezeichnete Befund im Rechtswesen unseres Landes bemerkbar gemacht. Das Bundesverfassungsgericht hat am 10. Oktober 2017 den Erkenntnissen der wissenschaftlichen Forschung Rechnung getragen und entschieden, dass der Gesetzgeber für diejenigen *„Personen, deren Geschlechtsentwicklung gegenüber einer weiblichen oder männlichen Geschlechtsentwicklung Varianten aufweist und die sich selbst dauerhaft weder dem männlichen noch dem weiblichen Geschlecht zuordnen"* (1 BvR 2019/16, Rn. 35), eine dritte Eintragsmöglichkeit von Geschlecht im Personenstandsregister neben „männlich" und „weiblich" zu schaffen habe. Das ist nur konsequent. Schließlich ist die Zuordnung zu einem Geschlecht für das Selbstverständnis eines Menschen ebenso wie für seine Wahrnehmung durch andere von enormer existenzieller Bedeutung. Durch die Schaffung einer dritten Eintragungsmöglichkeit von Geschlecht jenseits der Kategorien „männlich" und „weiblich" wird keinem Menschen etwas geraubt, aber vielen Menschen Recht und Würde gegeben, deren sie sich bislang beraubt fühlten.

Die soziale Dimension von Geschlecht

Neben der bislang verhandelten biologischen Dimension hat Geschlecht also auch eine soziale Dimension und wirkt sich in den Bereichen personaler Selbstbestimmung, gesellschaftlicher Sichtbarkeit und sozialer Definitionshoheit in hohem Maße aus. Es gibt geschlechtstypische Berufe und geschlechtsspezifische Regeln. Gewisse Eigenschaften gelten als typisch weiblich und typisch männlich. Wer jedoch genau hinschaut, kann erkennen und muss bestätigen, was sozialwissenschaftliche und psychologische Untersuchungen belegen: Es gibt keine objektiv und kategorial zu beweisenden Wesensunterschiede zwischen Frauen und Männern, die nicht auch dem jeweils anderen Geschlecht zugeschrieben werden können! Vielmehr existieren Zonen geschlechtlicher Uneindeutigkeit, die eine wechselseitig sich ausschließende Entgegensetzung von männlich und weiblich als überholt erscheinen lassen.

Individuell erlebtes Geschlecht und Transsexualität

Von entscheidender Bedeutung für die Geschlechtszugehörigkeit ist schließlich die Frage des Individuums: „Wie erlebe und verorte ich mich selbst in meinem Körper einschließlich meines Denkens und Fühlens?" Hier ist oft vom sog. psychischen Geschlecht die Rede. Gemeint ist also die Selbstzuordnung eines Individuums zu einem – oder auch keinem – bestimmten Geschlecht. *„Das wichtigste Geschlechtsorgan befindet sich nicht zwischen den Beinen, sondern zwischen den Ohren"*, bringt der US-amerikanische Sexualwissenschaftler Milton Diamond die Ergebnisse neurowissenschaftlicher Forschungsarbeiten auf den Punkt (Schreiber 2019). Diesen Forschungsarbeiten zufolge ist das Gehirn sowohl Basis wie Steuerungsorgan für das eigene Geschlechtsbewusstsein. Strukturen und Funktionen des Gehirns bestimmen darüber, ob ich mich z. B. als männlich oder als weiblich erlebe und verorte. Wenn das geschlechtliche Selbsterleben eines Menschen in konstitutiver Spannung zu dem bei der Geburt aufgrund der Genitalien zugewiesenen und/oder dem sozial zugeschriebenen Geschlecht steht, spricht man u. a. von Transsexualität. Diese angeborene Abweichung von zugewiesenem und eigenerlebtem Geschlecht betrifft in Deutschland schätzungsweise mehr als 100.000 Menschen. So viele Postbot*innen und Busfahrer*innen gibt es in Deutschland.

Es lässt sich an dieser Stelle festhalten: Geschlecht ist weitaus vielfältiger, als man gemeinhin denkt. Die Einteilung der Menschen in genau zwei sich wechselseitig ausschließende, aber einander ergänzende Geschlechter entspricht nicht der Fülle menschlicher Wirklichkeit. Sie verkennt nicht nur die Vielfalt menschlicher Körper, sondern auch die Komplexität von Geschlecht. Wie sagte der US-amerikanische Sexualforscher Alfred C. Kinsey: *„Man kann die Welt nicht in Böcke und Schafe einteilen. Nicht alle Dinge sind entweder schwarz oder weiß. Es ist ein Grundsatz der Taxonomie, dass die Natur selten mit getrennten Kategorien zu tun hat. Nur der menschliche Geist erfindet Kategorien und versucht, Tatsachen in getrennte Schubladen zu stecken. Die lebendige Welt ist in jedem ihrer Aspekte ein Kontinuum.“* (Kinsey 1948, 639; Übersetzung: G. Schreiber)

Kein Mensch wandelt ohne Gottes Schöpferwillen über die Erde

Was aber bedeuten diese Erkenntnisse nun für einen Christenmenschen? Geraten damit nicht die Fundamente des Christentums ins Wanken? Dieser Frage geht die grundsätzliche Aussage voran: Juden und Christen glauben und bekennen gemeinsam, dass Gott der Schöpfer alles Geschaffene ins Sein gerufen hat. Kein Mensch wandelt ohne Gottes Schöpferwillen über diese Erde. Trotz dieses prinzipiellen Bekenntnisses ist die Anerkenntnis geschlechtlicher Vielfalt zunächst einmal eine Herausforderung für Theologie und Kirche wie für viele Gläubige. Die Annahme der Zweigeschlechtlichkeit und der damit einhergehende Dualismus von Mann und Frau sind nämlich nicht nur maßgeblicher Ordnungsfaktor unserer Gesellschaft, sondern auch eine nahezu unhinterfragte Selbstverständlichkeit der theologischen Aussagen über den Menschen.

Verankert ist diese Selbstverständlichkeit in der biblischen Erzählung über den Anfang alles Bestehenden im allerersten Kapitel der Bibel. Die entscheidende Stelle in diesem Zusammenhang (1. Buch Mose/Genesis 1,27) wird meist wie folgt wiedergegeben: *„Und Gott schuf den Menschen zu seinem Bilde, zum Bilde Gottes schuf er ihn; und schuf sie als Mann und Frau.“* Man hat diese Stelle dabei fortdauernd normativ, als einschränkende Festlegung auf zwei Geschlechter, verstanden, und somit das christliche Menschenbild auf entscheidende Weise geprägt.

Der Blick auf den Wortlaut dieser Stelle im hebräischen Original offenbart jedoch, dass es am Ende genau genommen heißen müsste: *„... und schuf sie männlich und weiblich“*. Diese Stelle muss also keineswegs normativ, sondern sie kann auch deskriptiv, als erklärende Beschreibung zweier Merkmale, verstanden werden, wie sie sich auch in Gott dem Schöpfer finden. Die Bestimmung des Menschen zum Ebenbild Gottes wird also lediglich mit der Aussage verbunden, dass das Gattungswesen Mensch *„männlich und weiblich“* geschaffen wurde. So einfach. Entscheidend ist die Aussage im ersten Teil, die Bestimmung des

Menschen zum Ebenbild Gottes. Die Rede von der Gottebenbildlichkeit des Menschen meint Menschsein als solches, nicht eine einzelne Fähigkeit oder ein einzelnes körperliches oder geistiges Merkmal. Sie gilt für alle Menschen, unabhängig von den jeweiligen Bedingungen und Gegebenheiten. Sie gilt also unabhängig von Ethnie und Nationalität, von sozialem Stand und geistiger Entwicklung, von weltanschaulicher und religiöser Überzeugung, aber auch unabhängig von Geschlecht und Alter. In der Bestimmung des Menschen zum Ebenbild Gottes schwingt deshalb von Anfang an ein revolutionärer Unterton mit, der auf die Überwindung von Unterschieden und Unterscheidungsmerkmalen unter den Menschen zielt.

Warum aber verstört es uns so sehr, wenn Gott sich, frei nach einem Diktum von Regina Ammicht Quinn, nicht an die von uns Menschen gemachten Ordnungen hält (Ammicht Quinn 2016, 449)? *„Nature loves variety. Unfortunately, society hates it“*, lautet der Leitspruch von Milton Diamond. Menschen, die sich in Bezug auf ihr Geschlecht jenseits der Kategorien „männlich" und „weiblich" verorten oder sich nicht (nur) mit dem ihnen bei der Geburt zugewiesenen Geschlecht identifizieren, sind keine defizitären Abweichungen von einer als „naturgegeben" oder gar „gottgewollt" angesehenen „Norm" der Zweigeschlechtlichkeit. Sie sind ein Ausdruck der Vielfältigkeit und Vielgestaltigkeit der Natur, die Gott geschaffen hat. Wenn so viele Menschen einer Norm nicht entsprechen, dann ist vielleicht die Norm falsch, nicht die Menschen. Vor diesem Hintergrund ist zu fragen, ob nicht bereits der Versuch einer Normierung von Geschlecht eine menschliche Anmaßung und Kompetenzüberschreitung darstellt, durch die Gottes autonomes Schöpferhandeln menschlicher Definitionsmacht unterworfen wird.

Geschlechtervielfalt ist Ausdruck der Vielgestaltigkeit der Natur, die Gott geschaffen hat

Das weite Spektrum, die Fülle menschlicher Wirklichkeit gilt es wertzuschätzen und nach Maßgabe des biblischen Liebesgebotes mit aller verfügbaren Kraft zu schützen. Am Umgang mit Minderheiten zeigt sich, wie offen eine Gesellschaft – und auch jede kirchliche Gemeinschaft ist und wofür sie tatsächlich einstehen; es zeigt sich, was Werte wirklich wert sind. Wenn man die theologische Problematik der geschlechtlichen Vielfalt, wie sie sich in den Augen konservativer Christenmenschen als eine fundamentale Erschütterung, ja regelrecht als Kampfansage an die Schöpfungsordnung darstellt, in Verantwortung Gott, seinem Wort und allen (von ihm ins Leben gerufenen) Menschen gegenüber entscheiden will, dann muss man sagen: Wir haben den Schöpfer und sein Geschöpf Mensch noch nicht mit der gebührenden Ehrfurcht und Aufmerksamkeit gewürdigt. Gottes Schöpfung ist vielfältiger, als wir aus denkerischer Bequemlichkeit und in dogmatischer Einfalt sehen wollten – und wir bitten alle Menschen, die wir im ungewissen „Dazwischen-Land" in der Distanz zu uns leben ließen, um Verzeihung.

Die Gemeinschaft der Christenmenschen steht vor der nicht zuletzt seelsorgerlichen Herausforderung, sich selbst grundwegs neu zu definieren unter der Maxime, dass die von Gott gegebene Vielfalt alle Menschen in ihrer je eigenen Individualität einbezieht. Das bedeutet: Trennungen, Ausgrenzungen und Ängste überwinden. Respekt vor und Wertschätzung für Vielfalt zur gleichberechtigten Teilhabe aller am Leben der kirchlichen Gemeinschaft ermöglichen. Und das unbesehen des Geschlechts, das im besten Sinne, nämlich in Christus Jesus, nebensächlich ist. *„Es gibt nicht mehr Juden und Griechen, nicht Sklaven und Freie, nicht männlich und weiblich; denn ihr alle seid einer in Christus Jesus“*, schreibt der Apostel Paulus (Galater 3,28).

Literatur

Ammicht Quinn, Regina: (Un)Ordnungen und Konversionen. Trans*, Gender, Religion und Mora, in: Schreiber, Gerhard (Hg.): Transsexualität in Theologie und Neurowissenschaften. Ergebnisse, Kontroversen, Perspektiven, Berlin/Boston 2016, S. 441–459.

Kinsey, Alfred C.; Pomeroy, Wardell B.; Martin, Clyde E.: Sexual Behavior in the Human Male, Philadelphia 1948.

Pschyrembel. Klinisches Wörterbuch, 267. Auflage, Berlin/Boston 2017.

Schreiber, Gerhard (Hg.): Das Geschlecht in mir. Neurowissenschaftliche, alltagsweltliche und theologische Beiträge zu Transsexualität, Berlin/Boston 2019.

Queere Theologie
Suchbewegungen im Plural

Kerstin Söderblom

Queer ist Englisch und eigentlich ein Schimpfwort für Lesben, Schwule und alle, die im Hinblick auf ihre Sexualität oder Geschlechtsidentität anders sind. *Queer* heißt auf Deutsch so viel wie quer, pervers, seltsam. Seit den 80er und 90er Jahren des 20. Jahrhunderts haben Lesben, Schwule, Bi-, Trans*- und Inter*-Personen (LSBTI*) den Begriff für sich in eine positive Ressource umgewandelt. *Queer* dient als Selbstbeschreibung für all diejenigen, die sich nicht in heteronormativen Kategorien von Sexualität und Lebensformen und/oder nicht in zweigeschlechtlich (binär) reduzierten Geschlechtsidentitäten wiederfinden. *Queer* überschreitet diese Normen und Geschlechtskategorien bewusst, verflüssigt und erweitert sie.

In diesem Sinn sind queere Theologien keine theologische Disziplin, sondern umfassen verschiedene theologische Forschungsperspektiven. Sie reflektieren Erfahrungen von Menschen, die aufgrund ihrer sexuellen Orientierung oder einer nicht zweigeschlechtlichen Geschlechtsidentität Ausgrenzung oder Zurücksetzung erlebt haben oder als anders abgestempelt wurden. Insofern sind queere Theologien kontextbezogen und konkret. Sie verkörpern kritische Reflexionsansätze und Suchbewegungen im Plural.

Queere Theologien bedienen sich verschiedener gesellschaftskritischer Ansätze, um heteronormative theologische Systeme und hegemoniale Männlichkeitskonstruktionen aufzudecken und sich daraus zu befreien.

In gleicher Weise sind queere Theologien nomadische Theologien. Das bedeutet: Ihre Inhalte und Erkenntnisse sind vorläufig, hybride und entwickeln sich prozesshaft weiter. Queere Forschungsperspektiven sind darauf ausgerichtet, scheinbar selbstverständliche Vorstellungen von Sexualität und Geschlechtsidentitäten zu hinterfragen und Grenzen zu überschreiten, also zu queeren.

In Ansätzen queerer Theologien werden sexuelle Vielfalt und diverse Geschlechtsidentitäten nicht mehr länger defensiv gerechtfertigt, sondern als gegeben vorausgesetzt. Im Hinblick auf den biblischen Befund werden daher im Schwerpunkt nicht die wenigen Bibelstellen betrachtet, die sich zu gleichgeschlechtlichen Sexualpraktiken äußern. Sie heißen auf Englisch *Clobber Texts*, also Totschlagverse, gegen Homosexualität, wie sie im 3. Buch Mose/Levitikus 18,22; 20,13; 5. Buch

Mose/Deuteronomium 23,17; Römer 1,18–32; 1. Korinther 6,9–10 und 1. Timotheus 1,9–10 zu finden sind. Die Texte stehen überwiegend im Kontext von Kultprostitution, Knabenliebe und homosexuellen Sexualkontakten verheirateter Männer in jener Zeit. Sie werden von Bibelwissenschaftler*innen für die Kontexte lesbischer, schwuler und bisexueller Beziehungsformen des 21. Jahrhunderts als nicht aussagekräftig angesehen.

Stattdessen werden die Menschen von der biblischen Gottesebenbildlichkeit her angesehen (1. Buch Mose/Genesis 1,27 f.). Die Gottesebenbildlichkeit verbürgt die Einzigartigkeit und Würde aller Menschen – unabhängig von Herkunft, Hautfarbe, Alter, körperlicher Befähigung, Geschlechtsidentität und sexueller Orientierung. Darüber hinaus werden Menschen mit ihren verschiedenen Lebensformen und Geschlechtsidentitäten vom biblischen Doppelgebot der Liebe (Markus 12,29 ff.; Matthäus 22,34–40; Lukas 10,25–28) her betrachtet. Das Gebot von Gottesliebe, Nächstenliebe und Selbstliebe unterscheidet nicht zwischen einzelnen Personen. Es fordert alle zu Akzeptanz auf.

Darüber hinaus ist die Suche nach nicht-heteronormativen Spuren in der Bibel ein wichtiger Bestandteil queerer Theologien. Geschlechtsneutrale und uneindeutige Gottesbilder werden freigelegt und biblische Identifikationsfiguren rekonstruiert, die auch jenseits von heteronormativen Zusammenlebensformen und Geschlechtsidentitäten gelesen werden können. Dafür werden heteronormative Auslegungstraditionen aufgedeckt und andere Interpretationsmöglichkeiten vorgestellt. Sozial-, kultur- und sprachgeschichtliche Forschungen werden vorangetrieben und hermeneutische Perspektivwechsel eingeübt.

Abb. 1: Ruth und Naomi. Aus: Penlake, Richard (Hg.): A Book of Modern Palestine (um 1910).

Queeren Forscher*innen ist es wichtig, dass sexuelle Vielfalt und nichtbinäre Geschlechtsidentitäten nicht als Sonderthemen der Theologie behandelt werden. Stattdessen werden sie als gleichwertige Themen im Rahmen einer vielschichtigen hermeneutischen Rekonstruktion und einer multidimensionalen Auslegungsarbeit behandelt. Hintergrund dafür ist die fortwährende Nichtbeachtung gegenüber sexueller Vielfalt und diverser Geschlechtsidentitäten im Kanon theologischer Hermeneutik. Das Ausgrenzen dieser Themen führt dazu, dass Dimensionen sexueller Vielfalt und pluraler Geschlechtsidentitäten kaum Eingang in den Mainstream theologischer Abhandlungen finden.

Queere theologische Ansätze fordern daher, Dimensionen von Homo- und Trans*feindlichkeit mit anderen Unrechts-Dimensionen wie Rassismus, Sexismus, Antisemitismus, Behindertenfeindlichkeit und Altersdiskriminierung zu verknüpfen und als vernetztes Unrechts-Gewebe zu verstehen. Solche multisystemischen Analyseperspektiven sind notwendig, um die vielschichtigen Zusammenhänge von Unrechtsstrukturen und Ungleichheitsverhältnissen angemessen wahrnehmen und beschreiben zu können.

Queere Re-Lektüren biblischer Texte

Queere Re-Lektüren biblischer Texte stützen sich auf die Erkenntnisse der historisch-kritischen Bibelinterpretation. Danach stehen biblische Texte alle in einem soziopolitischen, kultur- und traditionsgeschichtlichen Kontext und einem konkreten sprachlichen Zusammenhang. Diese Parameter müssen transparent gemacht werden, um biblische Texte angemessen im Kontext ihrer Entstehung verstehen und auslegen zu können.

Abb. 2: Jakob ringt mit dem Engel, Erzählung aus dem 1. Buch Mose/Genesis. Malerei, Rembrandt van Rijn, Gemäldegalerie der Staatlichen Museen zu Berlin.

Grundlage der Arbeit ist das historische Abstandsgebot zu biblischen Texten. Es kann durch wörtliche Zitate nicht überwunden werden. Denn die Bibel ist ein zeit- und kontextgebundenes Buch, das in ihrem jahrhundertlangen Entstehungsprozess viele Bearbeitungs- und Redaktionsschritte erfahren hat.

Queere Bibelauslegungen vollziehen exegetische und hermeneutische Arbeitsschritte bewusst aus queerer Perspektive. Sie nutzen sprachliche Vielschichtigkeit, literarische Zwischenräume, Ungesagtes und Leerstellen in den biblischen Texten, um auf die schöpferische Auslegungsarbeit jeder Bibellektüre hinzuweisen. Sie markieren ihre Auslegungsperspektiven bewusst als intersubjektive Resonanzräume zwischen antiken biblischen Texten und queeren Kontexten des 21. Jahrhunderts. Biblische Texte werden undogmatisch und provokant quer gebürstet und auf hybride Körper- und Geschlechterdarstellungen hin überprüft. Homoerotische und queere Spuren in Bibeltexten werden aufgespürt und kontextualisiert.

Konkretion I: Kampf mit einem queeren Gott

Im 1. Buch Mose/Genesis wird die Geschichte von Jakob, dem Sohn von Rebekka und Isaak, erzählt. Er lebte in Beerscheba, einer Stadt in Kanaan, im heutigen Israel. Er hatte sich durch eine List den Erstlingssegen von seinem Vater ergaunert. Eigentlich hätte dieser Segen nach damaliger Tradition seinem zuerst geborenen Zwillingsbruder Esau zugestanden. Aber Jakob wollte den Erstlingssegen unbedingt erhalten. Denn daran hing Macht, Existenzsicherung und Gottes Schutz (1. Buch Mose/Genesis 27,28 f.). Als sein Zwillingsbruder Esau von dem Betrug erfuhr, drohte er damit, Jakob zu erschlagen. Jakob musste fliehen und reiste zu seinem Verwandten Laban von Beerscheba nach Aram ins Land der Aramiter. Dort arbeitete er insgesamt 14 Jahre für Laban und bekam in einer polygam organisierten Großfamilie mit seinen zwei Frauen Leah und Rahel und seinen Mägden Bilha und Silpa insgesamt zwölf Söhne und mindestens eine Tochter (1. Buch Mose/Genesis 29,1–30). Danach verließ er Laban mit seinen Frauen, Kindern, Mägden und seinem gesamten Herdenbestand wieder (1. Buch Mose/Genesis 31).

Als Jakob den Rückweg in seine alte Heimat nach Kanaan antrat, wurde ihm bewusst, dass er dort vermutlich wieder auf seinen Bruder Esau treffen würde. Daraufhin sandte er Boten aus, um sich anzukündigen. Die Boten kamen zurück und berichteten, dass Esau ihm bereits mit 400 Mann entgegenkam. Da bekam Jakob Angst um sein Leben. Er hatte ein schlechtes Gewissen und wusste nicht, wie ihn Esau empfangen würde. Er teilte seine Familie, seine Arbeiter und Mägde, Schafe, Ziegen und Kamele in zwei Herden auf und schickte sie in unterschiedliche Richtungen davon, um zumindest einen Teil seines Besitzes vor dem befürchteten Angriff seines Bruders schützen zu können. Jakob gab den beiden Anführern seiner Herden jeweils eine große Anzahl von Geschenken für Esau mit, um ihn zu beschwichtigen. Er selbst blieb zurück und verbrachte die Nacht am Fluss Jabbok.

In der Nacht überraschte ihn ein Unbekannter. Der Fremde kam aus dem Nichts. Jakob wusste weder, wer er war noch woher er kam. Sie kämpften die ganze Nacht miteinander (Abb. 2; 1. Buch Mose/Genesis 32,23–33). Keiner der beiden gewann den Kampf. Zum Ende hin verletzte der Fremde Jakob so sehr am Hüftgelenk, dass Jakob für den Rest seines Lebens humpeln musste. Jakob schrie den Fremden an, dass er ihn nicht loslassen würde, bevor der ihn nicht segnete. Der Andere fragte Jakob stattdessen nach seinem Namen und gab ihm einen neuen Namen „Israel“ (Gottesstreiter). Seinen Namen gab der Fremde nicht preis. Aber er segnete Jakob.

In traditionellen Auslegungen wird davon ausgegangen, dass Jakob mit Gott selbst gekämpft hatte und dass der vorher erschlichene Erstlingssegen durch Gottes Segen im Kampf nachträglich anerkannt wurde. Jakob ging aus dem Kampf gestärkt für die Begegnung mit Esau hervor.

Eine queere Re-Lektüre dieser Bibelstelle rekonstruiert aus dieser Geschichte noch eine andere Spur: Jakob kämpfte eine ganze Nacht mit einem fremden Menschen. Jener wurde im biblischen Text als unbekannter Mann vorgestellt. Der anschließende Kampf kann als homoerotisch bezeichnet werden. Die beiden Männer wälzten sich im Matsch und kämpfen körperlich miteinander. Der Kampf blieb ohne Sieger. Dennoch oder gerade deswegen war die körperliche Begegnung verstörend und zutiefst existenziell. Der Unbekannte blieb geheimnisvoll und jenseits einer zuweisbaren Geschlechtsidentität oder Rollendefinition. Obwohl der Fremde als Mann eingeführt wurde, wirkte er in seiner unbestimmten Erscheinung als ein Wesen jenseits dualistischer Geschlechterkategorien.

Auch in einer queeren Bibelauslegung wird der Unbekannte mit Gott identifiziert. Gott erscheint in dieser Szene allerdings nicht als der Abwesende, Distanzierte, ewig Unberührbare, wie er in theologischen Lehrsätzen oft dargestellt wird, sondern er tritt als der Nahbare auf. Gott wurde körperlich spürbar und machte sich verletzlich, obwohl er gleichzeitig geheimnisvoll blieb. Gott machte sich schmutzig, wälzte sich im Dreck und begegnete in körperlicher Weise einem anderen Mann.

In der traditionellen Exegese wird Jakobs Kampf mit Gott am Jabbok u. a. psychologisch als innerer Kampf gegen Schuld- und Schamgefühle ausgelegt, also als Reise nach innen, als Kampf gegen die eigenen dunklen Seiten, als Kampf gegen Gefühle von Wertlosigkeit und Verzagtheit. Dieser Prozess ist kein einfacher linearer Weg, sondern ein Prozess auf Leben und Tod; mit Unterbrechungen, Umwegen, Krisen, schweren Kämpfen und Bedrohungen. Und Jakob überlebte diesen Kampf.

Aus queerer Perspektive kann auch jeder Coming-out-Prozess

von LSBTI* als körperlicher, geistiger und seelischer Kampf um ein Leben in Würde und Anerkennung gesehen werden. Es ist ein Kampf mit genormten Werten in einem (hetero-)normativen Umfeld. Und es ist ein Ringen um Respekt, Anerkennung und um Gottes Segen.

Vor diesem Hintergrund zeigt sich in dieser biblischen Geschichte ein Gott, der ganz anders ist. Er überschreitet Grenzen und zwingt auch Jakob Grenzen zu überschreiten. Dieser Gott ist weder männlich noch weiblich. Er lässt sich körperlich berühren und berührt selbst. Dadurch sprengt er die dualistisch angeordneten Kategorien von Normalität und Abweichung, Körper und Geist, Subjekt und Objekt.

Konkretion II: Eine mehrgenerationale Patchwork-Familie

Im Buch Ruth aus dem Alten Testament wird die Familiengeschichte des Bauern Elimelech und seiner Frau Naomi aus Bethlehem erzählt. Sie brachen mit ihren zwei Söhnen ins Nachbarland Moab auf, weil in ihrer Heimat Bethlehem eine Hungersnot herrschte. Dort heirateten die beiden Söhne Frauen aus Moab. Sowohl der Vater Elimelech als auch die beiden Söhne starben aufgrund von Krankheiten oder Unfällen. Daraufhin kehrte die Witwe Naomi mit Ruth, einer ihrer Schwiegertöchter, in ihre alte Heimat nach Bethlehem zurück. Der bekannteste Satz des Buches ist der Treueschwur, den Ruth ihrer Schwiegermutter gab:

Abb. 3: Die Taufe des Eunuchen aus Äthiopien, Erzählung aus der Apostelgeschichte. Malerei, Rembrandt van Rijn, 1626, Museum Catarijneconvent Utrecht.

„Überrede mich nicht, dich zu verlassen. Ich will mit dir gehen. Wo du hingehst, will ich auch hingehen, und wo du lebst, will ich auch leben. Dein Volk wird mein Volk sein und dein Gott wird mein Gott sein. Wo du stirbst, will ich auch sterben, und dort will ich begraben werden. Gott tue mir dies und das, nur der Tod wird mich von dir scheiden.“ (Ruth 1,16)

Der Ausspruch von Ruth war ein starkes Zeichen von Liebe, Loyalität und Fürsorge (Abb. 1). Tatsächlich ist dieser biblische Vers aus dem Buch Ruth im Laufe der Zeit bis heute einer der beliebtesten heterosexuellen Trausprüche geworden. Er wird bei kirchlichen Trauungen oft verwendet. Zumeist wird er allerdings zitiert, ohne dass der Zusammenhang deutlich wird. Die wenigsten wissen, dass der Text eigentlich ein Treueschwur von einer Frau zu einer anderen ist. Um den Satz verstehen zu können, ist es wichtig, den Kontext dieses Ausspruchs zu verdeutlichen.

Die beiden Frauen lebten in einem streng patriarchalen System, in dem Männer das Sagen hatten und Witwen ohne Kinder Freiwild ohne Schutz und ohne ökonomische Absicherung waren. Aber statt zurück nach Moab zu gehen und sich einen neuen Mann zu suchen, entschied sich Ruth bei ihrer Schwiegermutter Naomi zu bleiben. Sie war bereit, Naomis Sprache zu lernen, ihren Gott und ihre Religion anzunehmen und in ihrem Land zu leben. Ruth entschied sich mit allen Konsequenzen für ein Leben mit Naomi.

In einer queeren Lesart des Textes kann Ruths Treueschwur als Entscheidung für ein Lebensbündnis angesehen werden, ohne das Zusammenleben näher etikettieren zu müssen. Diese Form des Zusammenlebens ging über Generations-, Religions-, Kultur- und Ländergrenzen hinweg. Die beiden Frauen verband eine besonders enge Beziehung. Sie teilten Loyalität und Fürsorge füreinander.

Die Biblische Geschichte zeigt eine ganze Reihe von intersektional miteinander verknüpften Themen auf: Flucht und Migration, Fremdheitserfahrung, ökonomische Abhängigkeit von Frauen, geschlechtsspezifische Gefährdungen und Überlebensstrategien in patriarchal organisierten Gesellschaften, Loyalität und Frauensolidarität. Den Spielraum, den die beiden Frauen hatten, nutzten sie im Rahmen der bestehenden Möglichkeiten.

Konkretion III: Taufe des Eunuchen aus Äthiopien

In der Apostelgeschichte im Neuen Testament wird von einem Eunuchen, also einem kastrierten oder geschlechtsuneindeutigen Kämmerer, aus Äthiopien berichtet (Apostelgeschichte 8,26–39).

Der Apostel Philippus war auf einer Wüstenstraße unterwegs. Dort begegnete er einem schwarzen Kämmerer, also einem Finanzbeamten aus Äthiopien. Er wird in der Bibel als Eunuch bezeichnet. Auf dem Rückweg aus Jerusalem saß der Kämmerer in seinem Wagen und las ein Kapitel aus dem Buch des Propheten Jesaja. Als er Philippus sah, lud der Fremde Philippus ein, zu ihm in seinen Wagen zu steigen. Philippus erkannte, dass der Fremde im Buch des Propheten Jesaja las. Da legte er dem Fremden die Schrift des Jesaja aus und erzählte ihm von Jesus von Nazareth. Der Eunuch hörte aufmerksam zu. Sein Interesse war geweckt. Und am Ende der Geschichte war er begeistert von den Erzählungen über Jesus. Der Kämmerer zeigte Philippus ein Gewässer, das am Wegesrand lag, und wollte von ihm getauft werden (Apostelgeschichte 8,36). Philippus nahm seinen Wunsch ernst, obwohl der Mann ein Fremder war. Er taufte ihn (Abb. 3) und zog dann weiter seines Weges.

Meiner Ansicht nach geht es in der Geschichte um eine wechselseitig bedeutsame Begegnung. Der Eunuch las im Buch Jesaja, als er Philippus traf. Er schien also ein mit der jüdischen Religion vertrauter Mensch zu sein, der die biblischen Schriften studierte und darin kundig war. Vielleicht kannte er auch die Zeilen aus dem 5. Buch Mose/Deuteronomium, nach dem kein sog. Entmannter oder Verschnittener zur Gemeinde Gottes kommen konnte (5. Buch Mose/Deuteronomium 23,2). Das Gesetz verbot es Eunuchen, den jüdischen Tempel zu betreten. Da die Eunuchen in keine der vorgesehenen Kategorien und Schubladen passten, wurden sie als unrein angesehen. Trotzdem war der Eunuch nach Jerusalem gereist, um im Tempel zu beten. Vermutlich hatten die Leute ihn wieder weggeschickt. Er war fremd, schwarz und „verschnitten“. Es gab dort keinen Platz für ihn.

Der Fremde hatte Gott gesucht, aber nur Ablehnung und Ausgrenzung gefunden. Auf dem Rückweg traf er auf Philippus. Und der taufte ihn, weil jener ihn darum gebeten hatte. Philippus fing nicht an zu argumentieren, dass man dieses oder jenes sein oder vorher getan haben müsste, um getauft zu werden. Er tat es einfach. Vielleicht fand Philippus gerade durch den Fremden heraus, was es hieß, Gott von ganzem Herzen zu suchen. Denn er hatte jemanden getroffen, der trotz aller Ablehnung, trotz Ausgrenzung und aller Widerstände weiter nach Gott gesucht hatte. Deshalb taufte Philippus den Fremden.

In dieser biblischen Geschichte zeigt sich, wie die Verknüpfung der Dimensionen von Herkunft, Hautfarbe und Geschlechtsidentität dafür gesorgt hatte, dass der äthiopische Kämmerer nicht im Tempel beten durfte und ausgegrenzt wurde. Durch die Begegnung mit Philippus und die Taufe des Fremden wurde diese Ausgrenzung überwunden. Die Taufe machte den Kämmerer und Eunuchen aus Äthiopien zum gleichberechtigten Mitglied der christlichen Gemeinschaft. Seine Taufe hatte normüberwindenden Charakter (Galater 3,28). In dieser Perspektive ist die Taufe ein wichtiges Element einer christlichen queeren Theologie.

Fazit

Aus *queer* theologischer Perspektive ist es notwendig, theologische Debatten und Konzepte mithilfe verschiedener Vielfaltsdimensionen und ihrer intersektionalen Verknüpfungen zu untersuchen und neuzugestalten. *Queere* theologische Ansätze zeigen, dass Strukturen von Heteronormativität und binärer Zweigeschlechtlichkeit in vielfacher Weise mit Strukturen von Rassismus, Sexismus, Antisemitismus, Behinderten- und Religionsfeindlichkeit verquickt sind und nur in der Gesamtschau angemessen reflektiert und bearbeitet werden können.

Solche Formen von Analyse und veränderter Praxis in der Theologie bilden ein prozesshaftes Geschehen ab. Es ist in Bewegung und bleibt unabgeschlossen. Insofern sind solche Verfahren nicht nur rekonstruktiv und reflexiv, sondern auch produktiv und kreativ auf Veränderung und Umsetzung ausgerichtet.

Ihr Gewinn: Sie haben die Vielfalt des Lebens im Blick. Sie versprachlichen plurale und verflüssigte Formen von Geschlechtsidentitäten, pluralisieren Lebenswelten und Lebensformen. Sie geben Impulse für Persönlichkeitsentwicklung, friedliches Zusammenleben und verantwortliches Handeln jenseits heteronormativer und zweigeschlechtlicher Ordnungen. Schließlich werden andere Differenzen im Hinblick auf Herkunft, Hautfarbe, Alter, Kultur, körperlicher Verfassung und Religion nicht eingeebnet, sondern durch das Nachdenken über den Umgang mit Fremdheit und Differenz produktiv in theologische Reflexionsprozesse eingetragen. Es sind spannende Suchbewegungen im Plural.

Literatur

Cheng, Patrick S.: Radical Love. An introduction to Queer Theology, New York/USA 2011.

Söderblom, Kerstin: Queer theologische Notizen, Esuberanzaverlag/Niederlande 2020.

Söderblom, Kerstin: Queere Theologie als Dimension einer inklusiven Religionspädagogik der Vielfalt, in: Knauth, Thorsten; Möller, Rainer; Pithan, Annebelle (Hg.): Inklusive Religionspädagogik der Vielfalt. Konzeptionelle Grundlagen und didaktische Konkretionen, Münster/New York 2020, S. 147–157.

Tonstad, Lynn M.: Queer Theology, Eugine/USA 2019.

„Ich werd' jetzt nicht Mann oder Frau, ich werd' Christ!"
Drei Interviews mit Expert*innen für die Vielfalt von Geschlecht

Anne Kampf

Die Überschrift zu diesem Essay ist ein Zitat von Ines-Paul Baumann, eine*r von drei Interviewpartner*innen, die in der Ausstellung „G*tt w/m/d" zu hören sind; die anderen beiden heißen Lucie Veith und Petra Weitzel. Wer diesen dreien zum ersten Mal begegnet, würde wahrscheinlich davon ausgehen, Ines-Paul Baumann sei ein Mann, während Lucie Veith und Petra Weitzel Frauen seien. Doch das sind falsche oder jedenfalls vereinfachende Zuschreibungen aufgrund des jeweiligen äußeren Erscheinungsbildes. Alle drei kommen in der Ausstellung zu Wort als Expert*innen für die Geschlechtervielfalt, die zu groß ist, um sie in Kategorien zu sortieren und in Begriffe wie „transident", „intersexuell" oder „nichtbinär" zu fassen. Deswegen bleibt den drei Expert*innen die Beschreibung ihres jeweiligen Geschlechtes selbst vorbehalten. Lucie Veith, Petra Weitzel und Ines-Paul Baumann erzählen in den Interviews, was die gesellschaftliche Wahrnehmung von nur zwei Geschlechtern für sie persönlich bedeutet und sie nehmen Stellung zur Geschlechtlichkeit bi-

> „Das, wie wir uns selber sehen, wie wir uns selber wissen und bewusst sind, das ist das Geschlecht."
>
> Petra Weitzel

Abb. 1: Petra Weitzel, Mainz.

blischer Gottes- und Menschenbilder. Relevant dafür sind besonders die Texte zur Schöpfung (1. Buch Mose/Genesis 1–3) und Neuschöpfung durch die Taufe (Galater 3).

Jeder Mensch hat ein Geschlecht: sein*ihr eigenes. „Das, wie wir uns selber sehen, wie wir uns selber wissen und bewusst sind, das ist das Geschlecht“, erläutert Petra Weitzel. Die Vielfalt bedeutet allerdings nicht, dass Geschlechter unwichtig, beliebig oder gar komplett abgeschafft wären! Für jeden Menschen persönlich hat sein*ihr Geschlecht eine Bedeutung, weil es um seine*ihre Identität geht und damit um spezifische Erfahrungen in Familie und Beruf, in Gesellschaft und Kirche, in Strukturen und Hierarchien. Vom christlichen Menschenbild her gilt: Es gibt keine Rangordnung und keine sozialen Unterschiede je nach Geschlecht.

Die beiden Schöpfungsberichte der Bibel legen den Menschen keineswegs auf zwei Geschlechter fest. Im 1. Buch Mose/Genesis 2 wird erzählt, wie Gott Adam, den „Erdling“, erschuf: *„Da machte Gott der Herr den Menschen aus Staub von der Erde und blies ihm den Odem des Lebens in seine Nase. Und so ward der Mensch ein lebendiges Wesen.“* (1. Buch Mose/Genesis 2,7; Lutherbibel 2017). Von Adams Geschlecht steht da erst einmal nichts, Adam ist offenbar androgyn, also männlich UND weiblich, oder nicht geschlechtlich festgelegt. „Wir haben alle dieses göttliche Geschlecht“, sagt Lucie Veith, „d. h., es ist nicht eindeutig männlich, nicht weiblich, es ist auch nicht dazwischen, sondern es ist alles und umfasst alle Möglichkeiten, und das ist ein großes Geschenk.“

Ines-Paul Baumann überlegt: *„Vielleicht ist es genau die Urerfahrung oder die Kernidee, dass die Wahrnehmung von Geschlecht eigentlich erst da stattfindet, wo sie zugeschrieben wird und wo wir anfangen zu vergleichen.“* In der Adam-und-Eva-Geschichte geht es um unterschiedliche Erfahrungen von „Männern“ und „Frauen“ in den schwierigen Verhältnissen, in denen sie leben. Dass sie in ihrem Wesen unterschiedlich wären, davon merken die beiden zunächst nichts, im Gegenteil, sie freuen sich über ihre Ähnlichkeit: *„Da sprach der Mensch: Die ist nun Bein*

Abb. 2: Lucie Veith, Grafschaft Schortens.

von meinem Bein und Fleisch von meinem Fleisch …" (1. Buch Mose/Genesis 2,23). Im Folgekapitel wird reflektiert, dass es bei solcher Harmonie nicht geblieben ist: *„Zur Frau sprach er [G*tt]: (…) Dein Verlangen soll nach deinem Mann sein, aber er soll dein Herr sein. Und zum Mann sprach er: (…) Verflucht sei der Acker um deinetwillen! Mit Mühsal sollst du dich von ihm nähren dein Leben lang."* (1. Buch Mose/Genesis 3, 16–17). Kapitel 3 thematisiert den „bedauerlichen Ist-Zustand" des (nicht gottgewollten!) Patriarchates, Kapitel 2 den „paradiesischen Soll-Zustand" der menschlichen Gemeinschaft, analysiert die Theologin Isolde Karle.

Bilder von „Männlichkeit" und „Weiblichkeit" betreffen den Körper und die soziale Rolle gleichermaßen, „sex" und „gender" können nicht unabhängig voneinander betrachtet werden. „Was ist es denn?", fragen Verwandte und Freunde nach der Geburt eines Kindes und erwarten eine von zwei Antwortmöglichkeiten. Das Geschlecht des Kindes wird ausschließlich an den äußeren Genitalien abgelesen, um das Kind daraufhin als „Junge" oder „Mädchen" zu erziehen. Sofort treten soziale und gesellschaftliche Muster in Kraft. Kleidung und Haarfrisur sowie Spielzeug und Hobbys spielen dabei eine Rolle, bei Jugendlichen dann auch Stimme und Figur, Auftreten und Habitus. Erwachsene sortieren wir zudem nach Elternschaft und Berufswahl, Einkommen und Position. „Man bekommt einen geschlechtlichen Stempel, und dann hat man sich in einer besonderen Art und Weise zu verhalten, bestimmte Fähigkeiten auszubauen, sich bestimmt zu kleiden, bestimmte Rollen anzunehmen, und das zieht sich durch das ganze Leben", bilanziert Lucie Veith, die*der intergeschlechtlich geboren wurde, aber meistens den Stempel „Frau" aufgedrückt bekommt. „Mit dieser Wahrnehmung, eine Frau zu sein, verbindet man auch z. B. die Gebärfähigkeit. Und wenn eine Frau nicht gebiert, obwohl sie verheiratet ist, dann wird das gewertet. Ich bin häufig gefragt worden: ‚Ja und wann möchtest du denn mal Mutter werden?' Ich kann sagen, dass ich zu jeder Zeit hätte gerne Mutter werden wollen. Ich hätte vielleicht Vater werden können, biologisch."

Das „zweigeschlechtliche Sehen", so die Theologin Isolde Karle, „muss offenbar erst einmal gelernt werden, ist es aber erlernt, ist es kaum mehr möglich, es wieder zu verlernen." Wenn wir eine Person treffen, die aufgrund der gesellschaftlich eingeübten „sex"- und „gender"-Merkmale nicht sofort als „Mann" oder „Frau" identifizierbar ist, sind wir irritiert. Wir brauchen offenbar die beiden Stempel, denn die Einteilung der Menschheit in „Männer" und „Frauen" reduziert Komplexität, macht das Leben einfacher. Der Bedarf an Komplexitätsreduktion wird spürbar am Widerwillen gegen sprachliche Veränderungen wie z. B. die Buchstaben „w/m/d" im Titel der Ausstellung und die vielen Gendersternchen auch in diesem Essay. Die Buchstaben und Sternchen sind unverzichtbar! Wir müssen das zweigeschlechtliche Sehen verlernen und dies auch sprachlich darstellen um der Menschen willen, die eben nicht dem zu einfachen Schema entsprechen.

> „Wir haben alle dieses göttliche Geschlecht, d. h., es ist nicht eindeutig männlich, nicht weiblich, es ist auch nicht dazwischen, sondern es ist alles und umfasst alle Möglichkeiten, und das ist ein großes Geschenk."
>
> Lucie Veith

Zum zweigeschlechtlichen Sehen hat wesentlich Martin Luthers Übersetzung von Genesis 1,27 beigetragen: *„Gott schuf den Menschen zu seinem Bilde, zum Bilde Gottes schuf er ihn; und schuf sie als Mann und Frau."* Es klingt, als sei die Unterscheidung in diese zwei Geschlechter Teil einer „Schöpfungsordnung". Mit diesem Begriff wird das zweigeschlechtliche Modell theologisch überhöht und als Norm gesetzt: Gottes Gebot sei es, dass Menschen „als Mann und Frau" zusammenleben (und am besten Kinder bekommen). Doch so kann es nicht gemeint sein. „Kein Mensch ist Mann oder Frau", sagt Ines-Paul Baumann. „Ich finde, wir müssen nicht alle Menschen auf irgendwas festschreiben." Wer „Mann und Frau" und ihr Zusammenleben als Paar als „Schöpfungsordnung" propagiert, liest kulturelle Muster der Neuzeit in den Text hinein. Die Konsequenzen sind gravierend: Menschen, die sich als intergeschlechtlich, nicht-binär oder transident bezeichnen sowie gleichgeschlechtlich liebenden oder auch asexuellen Menschen wird damit regelrecht vorgeworfen, einer von Gott gesetzten „Ordnung" nicht zu entsprechen. „Das hieße, dass es diese Personen gar nicht gäbe und dass sie keine Geschöpfe Gottes wären oder nicht Teil der Christenheit sein könnten oder keine Menschen seien", folgert Lucie Veith. Eine zweigeschlechtliche „Schöpfungsordnung" als Norm zu setzen, ist absurd und aus seelsorglicher Sicht eine Katastrophe!

Es geht im 1. Buch Mose/Genesis 1,27 um die Gottebenbildlichkeit des Menschen. Die Gottebenbildlichkeit hat nichts mit zwei Geschlechtern oder gar mit der Ehe zu tun, sondern es geht um die Beziehung zwischen Gott und Mensch sowie zwischen Mensch und Schöpfung. Die Idee vom „Ebenbild Gottes" ist laut Isolde Karle vor dem Hintergrund der altorientalischen Kulturen zu verstehen, in denen Kultbilder die Gottheiten repräsentierten. So wurde in Ägypten der König als „Bild des Sonnengottes" bezeichnet, als sein Vertreter übt er die Herrschaft aus. Wenn es nun im ersten Schöpfungsbericht der Bibel heißt: *„Gott schuf den Menschen zu seinem Bilde"*, und sogleich verschiedene Geschlechter benannt werden, dann beinhaltet das einen revolutionären Gedanken: Verschiedene Menschen repräsentieren Gott, nicht nur der König oder eine Statue. Alle Menschen haben den Auftrag bekommen, gemeinsam das Leben auf der Erde zu gestalten, egal welches Geschlecht sie haben. In dieser Interpretation des 1. Buchs Mose/Genesis 1,27 steckt die Idee von Egalität und Demokratie, meint Isolde Karle.

> „Als ich in meiner Jugendzeit festgestellt hab', dass sich die Erwachsenenwelt danach sortiert, dass Menschen entweder Mann oder Frau sind, und ich ja weder Mann noch Frau werden wollte oder konnte, habe ich für mich gesagt: ‚Ich werd' jetzt nicht Mann oder Frau, ich werd' Christ.'"
>
> Ines-Paul Baumann

Die Egalität geht über die Gleichberechtigung von „Männern" und „Frauen" hinaus. Das wird deutlich, wenn man den hebräischen Text korrekt übersetzt: Es steht dort nicht „… schuf sie als Mann und Frau", sondern: *„Männlich und weiblich erschuf er sie"* (Einheitsübersetzung 2016) oder auch *„… männlich und weiblich hat er, hat sie, hat Gott sie geschaffen"* (Bibel in gerechter Sprache). „So wie die Scheidung von Licht und Finsternis, von Tag und Nacht (…) sich als kontinuierlicher Übergang von Tageslicht, Dämmerung und Dunkelheit erweist, kann auch der durch die Begriffe ‚Mann' und ‚Frau' bezeichnete Zusammenhang analog dazu als Kontinuum gedacht werden", schlägt der Theologe Gerhard Schreiber gleichnishaft vor. Petra Weitzel lenkt den Blick auf eine kleine Konjunktion im Bibeltext: „Das Wissen um das Geschlecht ist schon sehr variabel, deswegen ist das ‚und' bei ‚männlich und weiblich' als inklusiv zu verstehen und nicht als ‚oder', wie manche das meinen. Es ist eine unendliche Vielfalt, die man nicht in einem Geschlecht oder in einem Bild darstellen kann."

Die Bio- und Neurowissenschaften bestätigen, dass es mehr Varianten von Geschlechtern gibt als nur „männlich" oder „weiblich". Es genügt nicht, einem Neugeborenen zwischen die Beine zu schauen. Man sieht dann nur die äußeren Genitalien, nicht die inneren Geschlechtsorgane, die Keimdrüsen und die Hormone, nicht die Chromosomen und erst recht nicht das Selbstempfinden. All diese Faktoren spielen für das individuelle Geschlecht eines Menschen eine Rolle und sie müssen nicht miteinander im Sinne von „entweder männlich oder weiblich" übereinstimmen. „Bis zur siebten Schwangerschaftswoche ist jeder Fötus undifferenziert, d. h. wir haben beide Potenziale in uns und der Zustand ist intersexuell", erläutert Lucie Veith. Während der Schwangerschaft wirkt Testosteron in unterschiedlichen Zeitabschnitten auf die Entwicklung des Fötus ein, wie der Neurobiologe Dick Swaab erklärt. In einer frühen Phase bilden sich die Geschlechtsorgane aus, in einer späteren Phase erst das Gehirn, das vom Genitalgeschlecht abweichen kann; das Phänomen der Transidentität könnte so zu erklären sein. Zudem gibt es augenscheinliche „Frauen" mit XY-Chromosomensatz, und es gibt Menschen mit biologischen Merkmalen „beider" Geschlechter, z. B. mit Vagina und Hoden. Entscheidend ist, wie die jeweilige Person sich selbst empfindet. „Das wichtigste Sexualorgan sitzt zwischen den Ohren", hat der amerikanische Sexualwissenschaftler Milton Diamond formuliert.

Unsere Gesellschaft muss aufhören, so zu tun, als gäbe es nur zwei Geschlechter. Die (vielen) Menschen, die sich z. B. als „transident", „intersexuell" oder „nicht-binär" bezeichnen bzw. von anderen so gelesen werden, dürfen nicht länger als Exoten oder schräge Vögel angesehen werden, sondern als selbstbestimmte Menschen mit ihrem eigenen, in ihren Augen vielleicht „gottgegebenen" Geschlecht. Dieses mit Worten zu bezeichnen, steht nur der*dem Einzelnen selbst zu. So wählt Petra Weitzel für sich den Begriff „transident" und sagt: „Ich sehe mich als Frau. Es ist für mich kein Zwang, mich rein optisch in das, was man von Frauen erwartet, einzusortieren, das tue ich freiwillig und gerne." Lucie Veith erzählt: „Ich wurde intergeschlechtlich geboren, also mit einem besonderen Körper, der nicht eindeutig männlich und auch nicht eindeutig weiblich ist", und Ines-Paul Baumann schließlich beschreibt, was andere in ihm*ihr sehen: „Bei meiner Geburt dachten alle, die mich nackt gesehen haben, ich wäre ein Mädchen, heute denken alle, die mich angezogen sehen, ich wäre ein Mann. Ich fühle mich eigentlich mit beidem nicht angemessen wahrgenommen."

Die Taufe als Zeichen der Zugehörigkeit zum Leib Christi kann so verstanden werden, dass sie das binäre Geschlechterdenken auflöst. Galater 3,28 – ein Text, in dem es um die Getauften geht – greift die Formulierung aus dem 1. Buch Mose/Genesis 1,27 als wörtliche Antithese auf: *„Da ist nicht jüdisch noch griechisch, da ist nicht versklavt noch frei, da ist nicht männlich und weiblich: denn alle seid ihr einzig-einig im Messias Jesus."* (Bibel in gerechter Sprache) „Dieser Vers war für mich eine Befreiung", sagt Ines-Paul Baumann. „Als ich in meiner Jugendzeit festgestellt hab', dass sich die Erwachsenenwelt danach sortiert, dass Menschen entweder Mann oder Frau sind, und ich ja weder Mann noch Frau werden wollte oder konnte, habe ich für mich gesagt: Ich werd' jetzt nicht Mann oder Frau, ich werd' Christ." Genauso befreiend, radikal und revolutionär war offenbar die reale Erfahrung der Getauften in den ersten christlichen Gemeinden: Es gab keine kulturellen oder sozialen Unterschiede mehr für die, die zu Christus gehörten, sondern das Zusammenleben war, so Isolde Karle, geprägt von „fundamentale[r] gegenseitige[r]

Abb. 3: Ines-Paul Baumann, Köln.

Achtung und Akzeptanz, die absieht von Fragen der Herkunft und des Geschlechts".

Wenn es um Freiheit, Gleichwertigkeit und Akzeptanz unter den Menschen geht, sollten Christ*innen eine Vorreiterrolle einnehmen. „Ich würde gerne den Menschen in meiner christlichen Gemeinde so begegnen, wie ich bin, ohne Angst, und ich möchte

> **„Du bist angenommen, so wie du bist, du bist gut, so wie du bist."**
>
> Petra Weitzel

auch, dass andere Menschen in dieser Gemeinde ohne Angst sagen können, wer sie sind", wünscht sich Lucie Veith, „und ich würde mich freuen, wenn wir das irgendwie schaffen, uns in Liebe zu begegnen, denn genau darum geht es." Deswegen sollten Gemeinden darauf achten, Menschen nicht in die Kategorien „Männer" und „Frauen" einzuteilen, z. B. bei der Besetzung von Chören nach Stimmlagen oder bei Ankreuzmöglichkeiten des Geschlechtes auf Formularen. „Das Wichtigste in so einer Gemeinde ist, dass über diese Themen gesprochen wird", fordert Petra Weitzel, „und das Schlimmste ist, diese Themen totzuschweigen." Ines-Paul Baumann stimmt zu: „Ich finde in unserer Lebenswelt Geschlechtlichkeit so wichtig, dass ich es nicht bedeutungslos finde, und deswegen lieber die Bedeutungen, die es hat für einzelne, auch ins Glaubensleben hineintragen möchte." Spannungen und Irritationen werden dabei nicht ausbleiben, doch nur so können Verstehen, Empathie und Akzeptanz wachsen.

„Du bist angenommen, so wie du bist, du bist gut, so wie du bist" sei ein ganz wichtiger Satz, der irgendwo zu lesen sein müsse in einer Kirche, meint Petra Weitzel. „Ansonsten weiß ich ja nie, wenn ich plane, mich zu outen, ob ich in der Gemeinde noch willkommen bin oder nicht. Da muss ich Angst haben. Und die Angst geht nur weg, wenn gesprochen wird." Die Vielgeschlechtlichkeit der Kinder Gottes sollte allerdings nicht nur Anlass für vielleicht schwierige oder irritierende Gespräche sein, sondern vor allem auch Grund zum „Feiern! Zelebrieren! Einladen!" (Ines-Paul Baumann). „Diese Unterschiedlichkeit, das sind die Farben dieser Welt und der Schöpfung", sagt Lucie Veith. „Diese bunte Welt auch tatsächlich sichtbar zu machen, denke ich, das wäre Gott lobzupreisen."

Literatur

Deutsche Gesellschaft für Transidentität und Intersexualität dgti e.V. (Hg.): Reformation für alle*. Transidentität/Transsexualität und Kirche, Berlin 2017.

Evangelische Kirche in Hessen und Nassau: Zum Bilde Gottes geschaffen. Transsexualität in der Kirche, Darmstadt 2018.

Karle, Isolde: „Da ist nicht Mann noch Frau …". Theologie jenseits der Geschlechterdifferenz, Gütersloh 2006, S. 35–79 und 189–236.

Schreiber, Gerhard: Jenseits der Geschlechterbinarität. Transsexualität, Theologie und Kirche, in: Marriage, Families & Spirituality, Bd. 23, 2017, S. 52–69.

Swaab, Dick u. a.: The Human Brain an Gender: Sexual Differentiation of Our Brains, in: Schreiber, Gerhard (Hg.): Transsexualität in Theologie und Neurowissenschaften. Ergebnisse, Kontroversen, Perspektiven/Transsexuality in Theology and Neuroscience. Findings, Controversies, and Perspectives, Berlin/Boston 2016, S. 23–41.

Katalog der Exponate

Martin Peilstöcker, Veit Dinkelaker und Sven Lichtenecker

Der folgende Katalog stellt alle Exponate entsprechend ihrer Verortung in den Vitrinen vor. Die Beschreibungen folgen im Wesentlichen denen der Ausstellung, ergänzt durch einen Literaturhinweis. Wurden Exponate in der Ausstellung in Gruppentexten vorgestellt, so wurde dies hier beibehalten.

Den Objektangaben folgt auf die Datierung die Angabe zum Material, der Fund- oder Herstellungsort, der Leihgeber, die Inventarnummer und eine bibliographische Angabe. Auf eine erneute Abbildung der Objekte, die bereits in einem der Aufsätze dieses Bandes vorgestellt wurden, wird mit Hinweis auf den entsprechenden Beitrag verzichtet.

Die Israelische Antikenverwaltung wird im Folgenden IAA abgekürzt, das Israel Museum Jerusalem IMJ.

Vieh halten, Korn anbauen, Tote bestatten (Vitrine 1)

001 Menschlicher Schädel

Abb. 1, S. 27
8300–5500 v. Chr.
Knochen
Jericho
Universität Göttingen

Aus der Jungsteinzeit, noch vor der Erfindung der Keramik (vorkeramisches Neolithikum), wurden in Jericho in Häusern mit Gips überzogene Schädel gefunden, die zu einem Ahnenkult gehören. Die Untersuchung der Schädel zeigt, dass diese Menschen *keine* körperliche Arbeit geleistet haben. Vielleicht war ihre gesellschaftliche Aufgabe die Bewahrung eines Kults. Es handelt sich um Schädel von Frauen und Männern.

Lit.: Röhrer-Ertl, Olav: Zu Tod und Glauben im präkeramischen Neolithikum vom Tell es Sultan in Jericho, in: Mayer, Bernhard (Hg.): Jericho und Qumran. Neues zum Umfeld der Bibel, Regensburg 2000, S. 41–72.

003 Steinmaske (Replik)

Abb. 2, S. 28
8300–5500 v. Chr.
Orig.: Kalkstein, Asphalt, Pigmente
Nahal Hemar
IAA/IMJ (1984–407)

Das Original dieser Replik einer Maske aus Kalkstein wurde in der Nähe des Toten Meeres in einer Höhle im Nahal Hemar gefunden. Ähnliche Masken wurden auch an anderen Orte dieser Zeit entdeckt. Sie sind wahrscheinlich Teil von Zeremonien, bei denen ihre Träger mit dem Aufsetzen die Identität wechseln.

Lit.: Bar-Yosef, Ofer; Alon, David: Nahal Hemar Cave, in: Atiqot 18, 1988, S. 1–31.

Weibliche Figurinen

Figuren aus Ton gab es schon, bevor der Mensch begann, Keramik herzustellen. Beide Stücke stammen aus dem Norden Israels. Die Darstellung der Brüste lässt diese Figurinen als weiblich erkennen. Der gewölbte Bauch des Fragments aus Yiftahel könnte auf eine Schwangerschaft hinweisen.

002 Figurine

8300–5500 v. Chr.
Ton
Horvat Minha (Munhata)
IAA/IMJ (1967-665)

Lit.: Garfinkel, Yosef: Human and Animal Figurines of Munhata (Israel), in: Syria. Archéologie, Art et Histoire 74, 1997, S. 225–226.

114 Figurine (Fragment)

8300–5500 v. Chr.
Ton
Yiftahel
IAA (2012-2663)

Lit.: Gubenko, Nathalie; Ronen, Avraham: More from Yiftahel (PPNB), Israel, in: Paleorient 401.1, 2014, S. 149–158, fig. 2:1.

113 Figurine (Fragment)

5500–4500 v. Chr.
Ton
Sha'ar HaGolan
IAA (2009-393)

Bei Ausgrabungen in Sha'ar HaGolan im Norden Israels wurden in großer Zahl meist weibliche Figurinen gefunden. Zunächst wurden sie als Fruchtbarkeitsfigurinen bezeichnet. Heute sind sie als Figurinen mit Kauri-Augen bekannt: Kaurimuscheln markieren die Augen. Das hier gezeigte Fragment hat einen eingestochenen Nabel und das typische breite Becken. Der linke Arm stützt gleichsam die Brüste. Die Figurine war ursprünglich rot bemalt. Über den Schultern liegt eine Art Schal als Kleidungsstück.

Lit.: Garfinkel, Yosef; Ben-Shlomo, David; Korn, Naomi: Sha'ar Hagolan. Vol. 3. Symbolic Dimensions of the Yarmukian Culture: Canonization in Neolithic Art. (Israel Exploration Society), Jerusalem 2010, fig. 3.24.

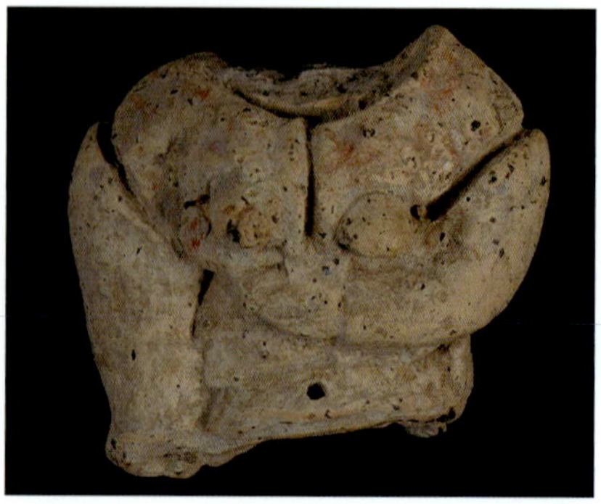

Götter und Herrscher: frühe Texte zu Politik und Religion (Vitrine 2)

012 Ächtungstext: magische Texte gegen Gottheiten der Nachbarländer

ca. 1800 v. Chr.
Keramik
Theben West
Staatliche Museen zu Berlin (P 14502)

Die Ächtungstexte sind die frühesten schriftlichen Überlieferungen von Namen der Gottheiten der südlichen Levante. Die Ägypter schreiben die Namen ihrer Feinde und deren Gottheiten auf Scherben oder Figurinen. Diese zerschlagen sie in einem Ritus, um die Feinde in den Nachbarländern zu schwächen. Viele weibliche Gottheiten werden genannt, die in Kanaan verehrt wurden, aber ihren Ursprung in weit entfernten Regionen hatten. Für den hier gezeigten Ächtungstext steht eine wörtliche Übersetzung noch aus.

Lit.: Sethe, Kurt: Die Ächtung feindlicher Fürsten, Völker und Dinge auf altägyptischen Tongefäßscherben des Mittleren Reiches (Abhandlungen der Preußischen Akademie der Wissenschaften 1926, Nr. 5), Berlin 1926.

013 Amarnabrief (Replik)

ca. 1365 v. Chr.
Orig.: Ton
Tell el-Amarna
Staatliche Museen zu Berlin (VAT 00250)

Die 382 bisher gefundenen Amarnabriefe sind in Keilschrift beschriebene Tontafeln. Ein Teil von ihnen ist die Korrespondenz des Pharaos Echnaton mit seinen Vasallen. Es werden die Namen der Herrscher, ihrer Städte und ihrer Götter genannt, wie *Aziru*, König der *Amurru* im heutigen Libanon. In jeder Stadt steht jetzt ein Tempel, oft mit Bänken zur Ablage von Weihgaben ausgestattet. In der Liste der Gottheiten finden sich besonders viele ägyptischen Ursprungs. Die Zahl der Göttinnen geht zurück.

Lit.: Knudtzon, J. A. u. a.: Die El-Amarna-Tafeln: mit Einleitung und Erläuterungen, 1–2 (= VAB 2/1–2,; Neudruck), Aalen 1964, S. 666–669.

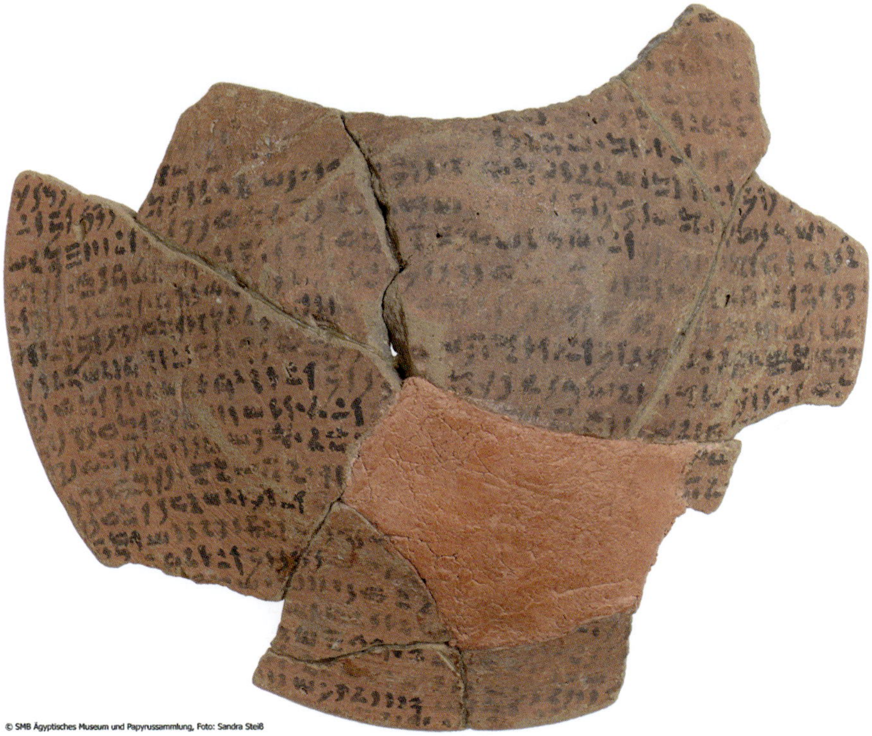

107 Rollsiegel

1400–1200 v. Chr.
Kompositmaterial
Timnah North/Tel Bāṭās
IAA (2007.485)

Aus der Amarnazeit stammt dieses lokalkanaanäische Rollsiegel: Eine auf einem Thron (?) sitzende sowie eine gehende Person sind dargestellt, dazu ein ziegenartiges Tier und ein Zweig. Diese Kombination ist in ähnlicher Form hinreichend aus der Stempelsiegelglyptik seit der Mittelbronzezeit bekannt und hat religiösen Charakter. Unklar bleibt das Geschlecht der dargestellten Personen.

Lit.: Lippke, Florian: Stratifizierte Bildsprache. Beobachtungen zu den Zylindersiegeln aus offiziellen und wissenschaftlich kontrollierten Grabungen in Palästina/Israel, in: Markus Lau, Markus; Schmidt, Karl Matthias; Schumacher, Thomas (Hg.): Sprachbilder und Bildsprache, Novum Testamentum et Orbis Antiquus/Studien zur Umwelt des Neuen Testaments Bd. 121, Fribourg/Göttingen 2019, S. 118.

Die Erzählungen von der Erschaffung der Welt durch G*tt (Vitrine 3)

061 Gilgamesch-Epos, Tafel 7 (Kopie)

ca. 17. Jahrhundert v. Chr.
Orig.: Ton
Staatliche Museen zu Berlin (VAT 04105)

Dies ist eine der ältesten überlieferten Sammlungen von Literatur. Darin erscheinen Motive, die auch aus der hebräischen Bibel bekannt sind. Das Epos stellt die Abenteuer des Königs von Uruk, Gilgamesch und seines Freundes Enkidu dar.

Das hier gezeigte Fragment erzählt von Gilgameschs Suche nach Unsterblichkeit. Auf seiner Reise erhält er eine Pflanze, mit deren Hilfe man die verflossene Jugend zurückbekommen kann. Auf dem Weg nach Uruk wird eine Schlange vom Duft der Pflanze angelockt und häutet sich.

Lit.: George, A. R.: The Babylonian Gilgamesh Epic. Introduction, Critical Edition and Cuneiform Texts, Oxford 2003.

102 Rollsiegel

1800–1600 v. Chr.
Hämatit
Tel Lachish
IAA/IMJ (1936-2268)

Dieses Rollsiegel wurde in einem Tempel gefunden. Rollsiegel kommen mit der Keilschrift in Gebrauch und haben ihren Ursprung ebenfalls in Mesopotamien. Auf diesem Siegel ist links ein Mann im Wulstsaummantel, dem typischen Kleidungsstück von Fürsten oder Königen, zu sehen. Rechts sind neben einem Mann bei einer Opferzeremonie geflügelte Sphingen dargestellt sowie ein Löwe, der einen Steinbock angreift. Die Szene wird durch ein Lebenskreuz und einen Zweig vervollständigt. Oft wird das Opfer auch Göttinnen dargebracht.

Lit.: Lippke, Florian: Stratifizierte Bildsprache. Beobachtungen zu den Zylindersiegeln aus offiziellen und wissenschaftlich kontrollierten Grabungen in Palästina/Israel, in: Markus Lau, Markus; Schmidt, Karl Matthias; Schumacher, Thomas (Hg.): Sprachbilder und Bildsprache, Novum Testamentum et Orbis Antiquus/Studien zur Umwelt des Neuen Testaments Bd. 121, Fribourg/Göttingen 2019, S. 103.

Ägypten (Vitrine 4)

008 Statue der ägyptischen Gottheit Bes

1550–1200 v. Chr.
Stein
Bet Shemesh
IAA/IMJ (2019-251)

Die zwergenhafte Gottheit Bes wehrt böse Geister ab, aber auch Schlangen und andere gefährliche Tiere. Als Schutzgottheit der Schwangeren ist Bes bei der Geburt dabei. Bes ist daher oft mit dickem Bauch und Brüsten dargestellt. Das Gesicht ist meist fratzenartig. Bes trägt oft ein Löwenfell oder eine Löwenmähne.

unpubliziert

132 Model für einen Hathorkopf

13.–11 Jahrhundert v. Chr.
Ton
Qantier
Sammlung Bibelhaus Erlebnis Museum

Hathor-Amulette sind auch in Kanaan weit verbreitet. Hathor spielt als Muttergöttin, als Gottheit der Kunst, der Schönheit, der Liebe, aber auch des Todes in der persönlichen Religiosität eine große Rolle. Mithilfe solcher Model wurden die Amulette hergestellt. Hier ist es ein Kopf der Göttin Hathor mit der typischen Frisur und Kuh-Ohren.

unpubliziert

108 Bes-Amulett

1200–1000 v. Chr.
Fayence
Jerusalem/Manahata
IAA (1990-1024)

Erst beim Aussieben von Grabungsschutt werden viele Amulette aus den Behausungen der frühen Zeit gefunden, da sie sehr klein sind. Amulette sind Zeichen der persönlichen Frömmigkeit. Die Schutzgottheit Bes ist häufig dabei.

Lit.: Herrmann, Christian: Ägyptische Amulette aus Palästina/Israel Bd. I. Mit einem Ausblick auf ihre Rezeption durch das Alte Testament, Orbis Biblicus et Orientalis Bd. 138, Fribourg/Göttingen 1997, S. 327.

007 Skarabäus

1800–1550 v. Chr.
Enstatit
Tell el-Ajjul
IAA(1938-619)

Skarabäen sind Amulette in Form eines Mistkäfers. Der Skarabäus rollt Dungkugeln vor sich her. Er galt als Glücksbringer für Auferstehung und Leben. Im Alten Ägypten war er ein Zeichen für Fruchtbarkeit und Wiedergeburt. Er wurde aber auch in Palästina verehrt. Oft sind auf seiner Unterseite Gottheiten oder der Pharao in hieroglyphischer Schrift genannt. Auf diesem steht: „Der Siegelschneider des unterägyptischen Königs, der Größte der Seher, Ra…". Er wurde als Grabbeigabe in einem Grab der Hyksos-Zeit gefunden.

Lit.: Keel, Othmar: Corpus der Stempelsiegel-Amulette aus Palästina/Israel. Katalog Bd. I: Von Tell Abu Farag bis Atlit, Novum Testamentum et Orbis Antiquus/Studien zur Umwelt des Neuen Testaments Bd. 13, Göttingen 1997, Nr. 1030.

014 Rollsiegel

1800–1600 v. Chr.
Hämatit (?)
Tel Bēt Mirsīm
IAA/IMJ (1932.2718)

Dieses Siegel aus Israel zeigt, dass das Land ein Schmelztiegel der Kulturen ist: Es ist im Stil der syrisch-levantinischen Küste geschnitten, zeigt aber Motive aus Ägypten und Mesopotamien mit Symbolen, Vogeldarstellungen, einer Meerkatze und Keilschrift-Nachahmungen. In der Szene überreicht eine Gestalt einer anderen ein Opfertier.

Lit.: Lippke, Florian: Stratifizierte Bildsprache. Beobachtungen zu den Zylindersiegeln aus offiziellen und wissenschaftlich kontrollierten Grabungen in Palästina/Israel, in: Markus Lau, Markus; Schmidt, Karl Matthias; Schumacher, Thomas (Hg.): Sprachbilder und Bildsprache, Novum Testamentum et Orbis Antiquus/Studien zur Umwelt des Neuen Testaments Bd. 121, Fribourg/Göttingen 2019, S. 103.

088 Hathor-Skarabäus

1800–1200 v. Chr.
Enstatit
Tell el-Ajjul
IAA (1938-594)

Hathor ist die ägyptische Göttin der Fruchtbarkeit. Als solche wird sie im ganzen östlichen Mittelmeerraum verehrt, auch in Kanaan. Auf diesem Skarabäus ist der Kopf der Hathor mit ihrer typischen Haartracht zu sehen. Sie wird links und rechts von auf ihren Waden sitzenden Frauen im Rock begleitet, die die Haare der Göttin berühren.

Lit.: Keel, Othmar: Corpus der Stempelsiegel-Amulette aus Palästina/Israel. Katalog Bd. I: Von Tell Abu Farag bis Atlit, Novum Testamentum et Orbis Antiquus/Studien zur Umwelt des Neuen Testaments Bd. 13, Göttingen 1997, Nr. 1073.

Die „syrische Göttin“ (Vitrine 5)

109 Lebensbaum-Skarabäus

1700–1630 v. Chr.
Enstatit
Tell el Ajjul
IAA (1935-3978)

Auf diesem Skarabäus treffen zwei Männer mit schulterlangem Haar an einem Baum in Form eines Lotusstengels zusammen. Das ägyptisierende Motiv ersetzt den Baum durch eine Lotuspflanze und ist eine Darstellung der Verbundenheit der Herrscher mit der Natur, die durch den Baum symbolisiert wird.

Lit.: Keel, Othmar: Corpus der Stempelsiegel-Amulette aus Palästina/Israel. Katalog Bd. I: Von Tell Abu Farag bis Atlit, Novum Testamentum et Orbis Antiquus/Studien zur Umwelt des Neuen Testaments Bd. 13, Göttingen 1997, Nr. 784.

087 Model der Qedeschet

Abb. 5, S. 46
14.–13. Jahrhundert v. Chr.
Tel Qarnajim
Jerusalem/Manahata
IAA/IMJ (1976-999)

Dieses Model einer Darstellung der Göttin Qedeschet aus Stein dient zur Herstellung von Tonplaketten. Der Abdruck zeigt sie mit einer Hathorfrisur, einem Hörnerhelm und Blüten in den Händen. Sie ist frontal auf einem Schlachtross abgebildet. Über den Blüten fliegen zwei nicht genau bestimmbare Vögel, vielleicht Geier. Zwei Götter stehen der Göttin zur Seite: rechts der kanaanäische Wettergott, links ein ägyptischer Kriegsgott vom Typ des Month-Onuris.

Lit.: Schroer, Silvia: In Israel gab es Bilder. Nachrichten von darstellender Kunst im Alten Israel, Fribourg 1987, Abb. 100.

006 Tonplakette Revadim-Typ

Abb. 6, S. 47
13. Jahrhundert v. Chr.
Ton
Revadim
IAA/IMJ (1982-219)

Die Plakette zeigt eine nackte Frau mit geplagtem Gesichtsausdruck und langen Haaren. Sie trägt ein Halbmondamulett. Ihre Hände halten die tief geschnittene Vulva offen, über der das Schamhaar dargestellt ist. Zwei nackte Säuglinge sind zwischen den Brüsten zu sehen. Göttliche Symbole, ein Baum und ein Capride, sind auf jedem Oberschenkel abgebildet. Weitere Exemplare aus derselben Gussform sind bekannt.

Lit.: Ornan, Tallay: Labor Pangs: The Revadim Plaque Type, in: Bickel, Susanne; Schroer, Silvia; Schurte, René; Uehlinger, Christoph (Hg.): Bilder als Quellen – Images as Sources, FS Othmar Keel. Fribourg/Göttingen 2007, S. 215–136.

105 Astarte Plakette

Abb. 3, S. 45
14.–13. Jahrhundert v. Chr.
Ton
Tel Akko
IAA (2014-832)

Diese Plakette stellt eine völlig nackte Frau dar, die ihre Brüste mit beiden Händen stützt. Ihre Ellbogen sind spitz, der Körper und die Hüften sind schlank, und die Schamzone ist nur leicht herausgearbeitet. Der Kopf hat eine seltsame Form: Das Gesicht ist rechteckig und die Augen sind mandelförmig. Die Figur wird als Darstellung der Göttin Astarte, einer Fruchtbarkeitsgöttin, interpretiert. Dieses Objekt ist gewöhnlich in der Dauerausstellung zu sehen und ist eine in einer Gussform hergestellte Terrakotte.

Lit.: Conrad, D.: A Note on an Astarte Plaque from Tel Akko, in: Michmanim 2, 1985, S. 19–24.

089 Weibliche Figurine

1800–1550 v. Chr.
Bronze
Megiddo
IAA (1939-611)

Diese weibliche Figurine aus Bronze wurde im Tempelbereich auf dem Tel Megiddo gefunden. Sie hat dieselbe Körperhaltung wie die syrischen Kriegsgötter. Auch der Kopfschmuck weist auf diese Region. Sie trägt eine Halskette und steht auf einem Podest. Die Figurine gehört zu einer Gruppe von Figurinen, die die Göttin Astarte als Gattin des Baal zeigen.

Lit.: Loud, Gourdon: Megiddo II, Seasons of 1935–39, Chicago 1948, Pl. 233:4.

Rollsiegel mit Lebensbaum-Darstellungen

Drei Beispiele für die Bedeutung des „Lebensbaumes“ als Symbol auf Amuletten: Auf einem (099) ist eine kniende Figur, die einen stilisierten Lebensbaum ergreift, zu sehen; zwei Hirsche ergänzen die Szene. Auf dem zweiten (100) ist der Lebensbaum zentral dargestellt und wird von einer menschlichen Figur und einem Capriden eingerahmt. Die ausführlichste Darstellung ist auf dem dritten Siegel im elaborierten Mitanni-Stil zu sehen: Capriden stehen am Baum, unter dem ein Gesicht und ein Fischsymbol(?) eingraviert wurden. Darunter sind ein Stier, ein Hirsch, ein Löwe und eine geflügelte Sphinx abgebildet. Die nackte Göttin ist ebenfalls zu sehen. Sie wird von einer Gestalt angebetet.

099 Rollsiegel

1400–1200 v. Chr.
Fayence (?)
Beth-Shean
IAA/IMJ (I-3805)

Lit.: Lippke, Florian: Stratifizierte Bildsprache. Beobachtungen zu den Zylindersiegeln aus offiziellen und wissenschaftlich kontrollierten Grabungen in Palästina/Israel, in: Markus Lau, Markus; Schmidt, Karl Matthias; Schumacher, Thomas (Hg.): Sprachbilder und Bildsprache, Novum Testamentum et Orbis Antiquus/Studien zur Umwelt des Neuen Testaments Bd. 121, Fribourg/Göttingen 2019, S. 81.

100 Rollsiegel

1400–1200 v. Chr.
Fayence (?)
Tel Gezer
IAA/IMJ (J-468)

Lit.: Lippke, Florian: Stratifizierte Bildsprache. Beobachtungen zu den Zylindersiegeln aus offiziellen und wissenschaftlich kontrollierten Grabungen in Palästina/Israel, in: Markus Lau, Markus; Schmidt, Karl Matthias; Schumacher, Thomas (Hg.): Sprachbilder und Bildsprache, Novum Testamentum et Orbis Antiquus/Studien zur Umwelt des Neuen Testaments Bd. 121, Fribourg/Göttingen 2019, S. 89.

101 Rollsiegel

Abb. 4, S. 046
Mittel- od. Spätbronzezeit
Blaue Fayence
Tel Megiddo
IAA/IMJ (I-3575)

Lit.: Lippke, Florian: Stratifizierte Bildsprache. Beobachtungen zu den Zylindersiegeln aus offiziellen und wissenschaftlich kontrollierten Grabungen in Palästina/Israel, in: Markus Lau, Markus; Schmidt, Karl Matthias; Schumacher, Thomas (Hg.): Sprachbilder und Bildsprache, Novum Testamentum et Orbis Antiquus/Studien zur Umwelt des Neuen Testaments Bd. 121, Fribourg/Göttingen 2019, S. 104.

Dürre und Regen, Krieg und Frieden: Gött*innen im Kampf der Elemente (Vitrine 6)

096 Kopf einer Göttin

7./6. v. Chr.
Keramik
Horvat Qitmit
IAA/IMJ (1987-117)

Auf dem edomitischen Kultplatz von Horvat Qitmit im Negev wurde dieser Kopf mit drei Hörnern gefunden. Drei Hörner sind sonst nur von weiblichen Gottheiten bekannt, zudem ist die Figur bartlos. Das Objekt wurde mit hunderten anderen gefunden. Allerdings bleibt unklar, ob es nur Edomiter, ein Volk aus dem heutigen Jordanien, waren, die den Kultplatz nutzten. Unklar ist auch, um welche Göttin es sich handelt.

Lit.: Beit-Arieh, Itzhaq: Ḥorvat Qitmit. An Edomite Shrine in the Biblical Negev, Tel Aviv 1995.

103 Rollsiegel

Mittelbronzezeit
Hematit
Tel Megiddo
IAA/IMJ (1936-1984)

Auf diesem frühen, mittelbronzezeitlichen Siegel ist eine sich entschleiernde Göttin (2. von links) zu sehen, die auf den Wettergott (ganz rechts) trifft. Dieser ist an seinem kurzen Schurz sowie der Haarlocke, der erhobenen Waffe und dem mitgeführten Stier erkennbar. Es könnte sich hier um die Gottheiten Astarte und Baal handeln. Zwei weitere Figuren erscheinen: eine grüßende Gestalt mit hörner-ähnlichem Kopfaufsatz und einem Lebenszeichen in der Hand und ein Fürst im Wulstsaummantel, gegenüber der Göttin.

Lit.: Lippke, Florian: Stratifizierte Bildsprache. Beobachtungen zu den Zylindersiegeln aus offiziellen und wissenschaftlich kontrollierten Grabungen in Palästina/Israel, in: Lau, Markus; Schmidt, Karl Matthias; Schumacher, Thomas (Hg.): Sprachbilder und Bildsprache, Novum Testamentum et Orbis Antiquus/Studien zur Umwelt des Neuen Testaments Bd. 121, Fribourg/Göttingen 2019, S. 111.

090 Stier-Figurine

Spätbronzezeit II
Keramik
Tel Abu Hawam
IAA (1934-277)

Oft wird der Gott El als Stier dargestellt. Die Besonderheit dieses Objekts ist, dass es aus der sog. Base Ring Ware hergestellt wurde, die aus Zypern importiert wurde und insbesondere bei Ausgrabungen in Küstenorten gefunden wird. Diese Figurine stammt vom Tell Abu Hawam, dem antiken Haifa.

Lit.: Hamilton, Robert W.: Excavations at Tell Abu-Hawam, in: QDAP IV, 1934, S. 49, Pl. XVII (302).

Drei LMLK_Siegelabrücke

Die drei Gefäßhenkel mit Siegelabdrücken von verschieden Orten gehören zu der großen Gruppe der sog. LMLK-Siegel (übers. „dem König" [gehörig]). Auf einigen von ihnen (116, 117) ist außerdem ein Ort genannt. Die Siegel haben gemeinsam, dass sie ein Emblem zeigen, das vielleicht eine zweiflügelige Sonnenscheibe als göttliches Symbol darstellt. Das Verschwinden dieses Siegeltyps wird von einigen Forschern mit den „Kultreformen" König Josias von Juda 722 v. Chr. (2. Könige 23) in Verbindung gebracht.

115 LMLK-Siegelabruck

Eisenzeit II
Keramik
Tel Bet Shemesh
IAA (2018-1352)

Lit.: Vaughn, Andrew G.: Lmlk and Oficial Seal Impressions, in: Bunimovitz, Shlomo.; Lederman, Zvi: Tel Beth-Shemesh. A Border Community in Judah. Vol. II, Indiana 2016, S. 448, fig. 14.1:6.

116 LMLK-Siegelabruck

Eisenzeit II
Keramik
Tel Erani
IAA (1957-850/1)

Lit.: Yeivin, Shmuel: First Preliminary Report On The Excavations at Tel Gat (Tell Sheykh Ahmed el-'Areyny) Seasons 1956–1958, Jerusalem 1961, S. 6–7.

117 LMLK-Siegelabruck

Eisenzeit II
Keramik
Tel Lachish
IAA (2007-2467)

Lit.: Ussishkin, David: The Renewed Archaeological Excavations at Lachish (1973–1994), Tel Aviv 2004, S. 2133–2147, No. 23.

JHWH und seine Aschera (Vitrine 7)

Die Pfeilerfigurinen

Aus der Eisenzeit werden insbesondere in Juda Figurinen eines besonderen Typus gefunden. Sie gelten in der Forschung oft als Darstellungen der Göttin Aschera. Mit ihrer Segenskraft spielte sie im Hauskult und in der privaten Frömmigkeit eine wichtige Rolle. Zwei Varianten waren weit verbreitet: eine fein ausgearbeitete (023) und eine eher grob gehaltene (022, 104). Analysen zeigen, dass die Figurinen bemalt waren (106).

022 Pfeilerfigurine

Abb. 4, S. 55
Eisenzeit II
Keramik
Tel Beer Sheva
IAA/IMJ (1978-1437)

Lit.: Aharoni, Yohanan: Beer-Sheba I, Tel Aviv 1973, S. 17, Pl. 71:1.

106 Moderne Replik einer Pfeilerfigurine

Abb. 3, S. 54
Gips
Replik, hergestellt vom Bibel und Orient Museum Freiburg (CH)
Sammlung des Bibelhaus Erlebnis Museum

094 Anthropomorpher Kultständer

7.–6. Jahrhundert v. Chr.
Keramik
En Hazeva
IAA/IMJ (1995-47)

Dieser Kultständer in Menschengestalt stammt aus einer *Favissa*, einer Abfallgrube eines Tempels, in En Hazeva im Süden Israels. Das Geschlecht ist unklar. Eine andere Figur, die dort gefunden wurde, weist durch einen Bart darauf hin, dass es sich um eine männliche Gestalt handelt. Sie hält etwas in den Händen. Vielleicht spielt sie auf einer Leier. Die Kleidung hat Parallelen im ammonitischen Raum im heutigen Jordanien. Es ist anzunehmen, dass es sich um eine unbekannte Gottheit handelt.

Ben-Arieh, Sara: Temple Furniture from a Favissa at ‚En Hazeva, in: Atiqot 68, 2011, S. 107–175, Fig. 9-10, No. 2.

023 Pfeilerfigurine

Abb. 5, S.56
Eisenzeit II
Keramik
Tel Lachisch
IAA/IMJ (1934-128)

Lit.: Tufnell, Olga: Lachish III, The Iron Age, London 1953, S. 375, Pl.28:10.

104 Pfeilerfigurine

Abb. 7, S. 57
Eisenzeit II
Keramik
Herkunftsort unbekannt
Sammlung des Bibelhaus Erlebnis Museum

095 Figurine einer sitzenden Gottheit

6.–4. Jahrhundert v. Chr.
Keramik
Herkunftsort unbekannt
IAA/IMJ (1940-322)

Diese Figurine einer sitzenden Frau datiert auf Grund typologischer Vergleiche in die persische Zeit und zeigt schon einen starken hellenistischen Einfluss, wie an der Kopfbedeckung zu sehen ist. Sie wird allgemein als Göttin unbekannten Namens identifiziert. Ihr Fundort ist ebenfalls unbekannt, aber vergleichbare Stücke wurden insbesondere in der Küstenregion des Mittelmeeres gefunden.

Lit.: Stern, Ephraim: Material Culture of the Land of the Bible in the Persian Period 538–322 BC, Jerusalem 1973, S. 172, Abb. 296.4.

093 Figurine einer schwangeren Frau: Dea Gravida

8.–6. Jahrhundert v. Chr.
Keramik
Achziv
IAA/IMJ (1958-314)

Diese phönizische Terrakotta-Figurine stellt eine schwangere Frau dar. Sie wird als Fruchtbarkeitsgöttin interpretiert, die die Schwangeren zu Hause schützen soll. Es handelt sich um eine „Dea Gravida", eine rund um das Mittelmeer verbreitete Göttin. Vielleicht ist die Astarte gemeint. Sie wurde in einem Friedhof in Achziv gefunden.

Lit.: Nunn, Astrid: Der figürliche Motivschatz Phöniziens, Syriens und Transjordaniens vom 6. bis zum 4. Jahrhundert v. Chr., Novum Testamentum et Orbis Antiquus/Studien zur Umwelt des Neuen Testaments Bd. 18, Göttingen 2000, S. 53.

JHWH von Samaria, JHWH von Teman und seine Aschera (Vitrine 8)

025 Kuntillet ʿAdschrud-Inschrift (Grafik)

Abb. 7a/b, S. 49

Die Inschriften, in althebräischer Sprache geschrieben, können folgendermaßen übersetzt werden:

Krug A: *„Es spricht '... ...: Sprich zu Jehalle..., und zu Jo'asa und ...: Ich segne euch bei/vor JHWH von Samaria und seiner Aschera."*

Krug B: *„Es spricht Amarjau: Sprich zu meinem Herrn: Geht es dir gut? Ich segne dich bei/vor JHWH von Teman und seiner Aschera. Er möge segnen und dich behüten und mit meinem Herrn sein ... bei/vor JHWH von Teman und seiner Aschera ... was immer er von jemandem erbitten wird, er gewährt es ... und JHWH gibt ihm nach seiner Absicht."*

024 Mazzebe (Replik)

700–586 v. Chr.
Basalt (Original)
Tel Zira'a (Jordanien)
Bibelmuseum Bayern, Nürnberg/D. Vieweger

Eine Mazzebe ist ein aufgerichteter Stein, der die Möglichkeit markiert, mit einer Gottheit in Kontakt zu treten. Als Orte des Kultes sind sie in der Bibel umstritten. Im antiken Israel finden sich solche Steine an vielen Orten. Wer genau verehrt wurde, bleibt oft unklar. Die Vorlage für diese Replik wurde 2010 bei den Grabungen am Tel Zira'a im heutigen Jordanien gefunden.

Lit.: Vieweger, Dieter; Häser, Jutta (Hg.): Tall Zirāʻa – The Gadara Region Project (2003-2011) Bd. 1, Norderstedt 2017.

Kult daheim (Vitrine 9)

Drei Kultständer aus Yavne

Bei Ausgrabungen in Yavne, das 25 km südlich von Tel Aviv an der Küste gelegen ist und in der Eisenzeit II A+B von Philistern besiedelt war, wurde eine Grube mit etwa 7.000 Kultgeräten gefunden, darunter etwa 120 Schreine, die wohl als Tempelmodelle interpretiert werden können. Sie waren teilweise mit menschlichen oder tierischen Figuren versehen. Praktisch alle menschlichen Darstellungen zeigen Frauen (Objekt 110). Da die Modelle oben offen sind, können sie nicht zum Verbrennen von Weihrauch gedient haben. Die Grube stand sicher in Zusammenhang mit einem bisher unbekannten Tempel. Ob auch die Schreine dort genutzt wurden, bleibt unklar.

027 Kultständer

10.–8. Jahrhundert v. Chr.
Ton
Yavne
IAA (2006-1013)

110 Kultständer

10.–8. Jahrhundert v. Chr.
Ton
Yavne
IAA (2006-1039)

111 Kultständer

10.–8. Jahrhundert v. Chr.
Ton
Yavne
IAA (2006-1072)

Lit.: Kletter, Raz; Ziffer, Irit; Zwickel, Wolfgang: Yavneh I. The Excavations of the 'Temple Hill' Repository Pit and Cult Stands, Novum Testamentum et Orbis Antiquus/Studien zur Umwelt des Neuen Testaments Bd. 30, Göttingen 2010, S. 222, 234, 256.

098 Rollsiegel

Eisenzeit II
Chalcedon
Be'er Scheva
IAA/IMJ (1999-2335)

Zu sehen ist die Anbetung einer Gottheit mit der typisch assyrischen Geste ubāna tarāṣu („den Finger ausstrecken") sowie der Berührung eines Zepters. Die unbekannte Gottheit steht auf einem Podest. Der Keilschrifttext erklärt: *„Für Ap(il)-Addu, den großen Herrn, seinen Herrn; Rimut-ilani, der Sohn des (H)adad-idri, stellte (dieses Zylindersiegel) her und weihte/schenkte es."*

Lit.: Lippke, Florian: Stratifizierte Bildsprache. Beobachtungen zu den Zylindersiegeln aus offiziellen und wissenschaftlich kontrollierten Grabungen in Palästina/Israel, in: Lau, Markus u. a. (Hg.): Sprachbilder und Bildsprache, Novum Testamentum et Orbis Antiquus/Studien zur Umwelt des Neuen Testaments Bd. 121, Fribourg/Göttingen 2019, S. 65.

092 Weibliche Figurine

Eisenzeit II
Ton
Achsiv
IAA/IMJ (1961-563)

Auch diese Figurine, ebenfalls eine Grabbeigabe, trägt etwas in ihren Händen. In der Forschung wird sie als Opfergaben darbringende Frau bezeichnet. Aber vielleicht handelt es sich auch hier um eine Tätigkeit aus dem Haushalt. Die Figurine erinnert an die Pfeilerfigurinen.

Lit.: Dayagi-Mendels, Michael: The Akhziv Cemeteries. The Ben-Dov Excvavations 1941–1944, IAA Reports 15, Jerusalem 2002.

063 Weibliche Figurine

Abb. 4, S. 91
Eisenzeit II
Ton
Achsiv
IAA/IMJ (2004-109)

Diese weibliche Figurine aus einem Grab der phönizischen Siedlung von Achziv wird oft als Trommlerin identifiziert. Ein anderer Vorschlag sieht in der Darstellung eine einen Kuchen backende Frau. Auch die Verwendung als Grabbeigabe bleibt unklar: Hat sie etwas mit der Verbindung des Verstorbenen Menschen mit einer Gottheit zu tun?

Lit.: Mazar, Eilat: The Phoenicians in Achziv. The Southern Cementery, in: Cuadernos de Arqueologia Mediterranea, Vol. 7, Barcelona 2001, S. 113, Fig. 53–54.

Der Gott Jaho und die Göttin Anat auf Elephantine in Ägypten (Vitrine 10)

(Literatur siehe Beitrag in diesem Band, S. 68–76)

029 Schreinplakette Göttin mit Kind, Relief-Fragment

Abb. 4, S. 73
um 400 v. Chr.
Nilton mit Farbresten
Insel Elephantine
Staatliche Museen Berlin (ÄM 2156)

Am Fundort von aramäischen Papyrusurkunden (siehe Objekt 32) taucht bei Ausgrabungen das Fragment eines Reliefs auf. Tonfigurinen symbolisieren die Anwesenheit einer Gottheit außerhalb eines Tempels, z. B. im Privathaus. Sie werden zur Anrufung, z. B. bei einem Gelübde oder einem Schwur, benutzt. Die Säulen weisen auf die Verehrung der Gottheit in einem Tempel hin. Auf Elephantine gab es vom 6. bis 4. Jahrhundert v. Chr. einen jüdischen Tempel für den Gott YHW/Jaho und die Göttin Anat.

030 Schreinplakette Göttin mit Kind, Relief

4. Jahrhundert v. Chr.
Ton
Insel Elephantine
Staatliche Museen Berlin (ÄM 12464)

Vollständig erhaltenes Relief aus Ägypten, ähnlich dem Fragment (Objekt 29). Es zeigt eine nackte Göttin mit Kind und phönizischer Kopfbedeckung zwischen zwei Säulen, die ein Heiligtum (Schrein) andeuten. Der Stil scheint eher aus dem östlichen Mittelmeerraum, der Levante, zu stammen. Levantinische Schreinplaketten sind in jener Epoche weit verbreitet in Ägypten, ähnlich vergleichbaren ägyptischen Darstellungen (siehe Objekt 031).

031 Nackte Göttin in Kapelle, Relief-Stele

Abb. 5, S. 74
7.–3. Jahrhundert v. Chr.
Kalkstein bemalt
Nildelta
Staatliche Museen Berlin (ÄM 20676)

Ägyptische Form einer Figur, ähnlich den levantinischen Schreinplaketten (Objekt 29/30) mit ähnlicher Funktion. Durch die Andeutung eines pharaonisch-ägyptischen Tempeltores, genannt „Kapelle", ist die nackte weibliche Figur als Göttin ausgewiesen. Ein typisches architektonisches Element der ägyptischen Tempel ist die Hohlkehle unter dem Dachfirst.

032 Spendenliste für den jüdischen Tempel, Gott Jaho und Gottheiten

Abb. 2, S. 70
Kopie des Papyrus P 13488 (TAD C 3.15), Maßstab 1:2
400 v. Chr.
Elephantine
Nildelta
Staatliche Museen Berlin (ÄM P. 13488)

Faksimile-Kopie der Spendenliste für den jüdischen Gott Jaho auf der Nilinsel Elephantine, handschriftlich datiert auf den 1. Juni 400 v. Chr. Bemerkenswert ist die Nennung von drei Gottheiten. Der biblische Gott YHW(H) hat auf Elephantine Gefährt*innen. Die Liste nennt 132 aramäisch-hebräische Namen, darunter 22 Frauen, als Spender*innen. Eine Spenderin trägt den Namen „Abihi, Tochter des Ose"„. Der hebräische Name heißt übersetzt „Sie ist mein Vater".

Münzen als neue Bildträger (Vitrine 11)

siehe Beitrag in diesem Band S. 77–87

033 Tetradrachme Philistäa: Göttin Athene

Abb. 2, S. 78
400 v. Chr.
Silber (Replik)
Aschkelon
IMJ (98.113.15279)

Vorderseite: Kopf der Athene nach rechts. Die Göttin trägt Ohrschmuck und einen attischen Helm, der anstelle von senkrecht stehenden Olivenblättern mit zwei Udjat-Augen geschmückt ist.

Rückseite: Aufrecht stehende Eule in Vorderansicht mit abgespreizten Flügeln in einem vertieften Viereck (sog. Quadratum incusum). Im linken Feld oben ein Olivenzweig mit zwei Blättern, im rechten Feld oben aramäisch *'n* (Aleph-Nun: Aschkelon).

035 ŠMR-Obole: persischer Großkönig und Gott Ahura Mazda

Mitte 4. Jahrhundert v. Chr.
Silber
Samaria
IMJ (2013.039.34360)

Vorderseite: Thronender Bärtiger (persischer Großkönig?) mit Zackenkrone nach rechts, eine Blüte sowie ein Zepter haltend. Links dahinter aramäisch *šn* (Schin-Nun: Samaria).

Rückseite: Vierflügelige Gottheit (Ahura Mazda?) nach rechts, eine Blüte sowie einen Blütenring haltend. Links dahinter aramäisch *mz* (Mem-Zajin: Mazaios).

039 ŠMR-Obole des Hananja: weiblicher Kopf, Götterfigur

Abb. 12, S. 83
Mitte 4. Jahrhundert v. Chr.
Silber
Samaria
IMJ (2013.039.34844)

Vorderseite: Weiblicher Kopf nach links.

Rückseite: Auf einem Diphros sitzende bärtige Figur nach rechts, die in ein Himation gekleidet ist und einen Gegenstand (eine Blüte?) vor sich in der linken Hand hält. Links dahinter aramäisch *ḥnnyh* (Chet-Nun-Nun-Jod-He: Hananja).

036 ŠMR-Obole: weiblicher Kopf

Abb. 15, S. 83
Mitte 4. Jahrhundert v. Chr.
Silber
Samaria
IMJ (2013.039.34196)

Vorderseite: Weiblicher Kopf mit Stephane und Ohrschmuck nach rechts. Links dahinter aramäisch *šmr* (Schin-Mem-Resch: Samaria).

Rückseite: Bärtiger Kopf nach links.

040 ŠMR-Obole des Jerobeam: weiblicher Kopf, Kultszene im Tempel

Abb. 13, S. 83
Mitte 4. Jahrhundert v. Chr.
Silber
Samaria
IMJ (2013.039.34791)

Vorderseite: Frauenkopf nach rechts.

Rückseite: Zwei sich gegenüberstehende bärtige Männer. Der rechte ist in ein Himation gekleidet und hält eine Blüte in der Hand. Der linke scheint nackt zu sein und hält einen Zweig vor sich. Dazwischen aramäisch *yrbʿm* (Jod-Resch-Beth-Ajin-Mem: Jerobeam).

042 ŠMR-Obole des Jerobeam: medischer Krieger, Kultszene mit Frauen

Abb. 14, S. 83
Mitte 4. Jahrhundert v. Chr.
Silber
Samaria
IMJ (2013.039.34322)

Vorderseite: Auf einem Diphros sitzender Krieger in medischer Tracht, der prüfend einen Pfeil vor sich hält. Rechts davon aramäisch *yrb'm* (Jod-Resch-Beth-Ajin-Mem: Jerobeam).

Rückseite: Zwei sich gegenüberstehende Frauen in persischem Gewand vor einem Gebäude oder Schrein. Die Rechte hält eine Blüte in der Hand, die Linke blickt sie in Verehrungshaltung an. Das Gebäude ist seitlich mit einem Zweig dekoriert und weist schmückende Bauelemente in den oberen Ecken auf.

041 Silberdrachme: Göttin Athene

ca. 353–332 v. Chr. v. Chr.
Silber
Samaria
IMJ (76.1257A)

Vorderseite: Kopf der Athene mit attischem Helm nach rechts. Sie trägt einen runden Ohrring. Auf dem Helm finden sich drei Olivenblätter und Palmettendekor.

Rückseite: Eule in Dreiviertelansicht nach rechts. Rechts davon aramäisch *`bd´l* (Ajin-Beth-Daleth-Aleph-Lamed: Abdiel) und gr. ΑΘ[Ε] (Ath[e]).

037 YHD-Gerah: Göttin Athene

Abb. 4, S.78
ca. 353–332 v. Chr.
Silber
Jerusalem
IMJ (2013.39.34610)

Vorderseite: Kopf der Athene mit attischem Helm nach rechts. Sie trägt einen runden Ohrring. Auf dem Helm finden sich drei Olivenblätter und Palmettendekor.

Rückseite: Eule in Dreiviertelansicht nach rechts. Neben ihr im oberen linken Feld ein Olivenzweig mit zwei Blättern und einer Frucht sowie ein kleiner Sichelmond. Rechts davon paläo-hebräisch *yhd* (Jod-He-Daleth: Yehud).

038 Halber YHD-Gerah: persischer Großkönig

ca. 353–332 v. Chr.
Silber
Jerusalem
IMJ (2010.65.27359)

Vorderseite: Bärtiger Kopf mit Zackenkrone (persischer Großkönig?) nach rechts.

Rückseite: Fliegender Falke mit ausgebreiteten Schwingen, den Kopf nach rechts gewandt. Rechts davon paläo-hebräisch *yhd* (Jod-He-Daleth: Yehud).

043 Halber Gerah des Juda: Falke

Abb. 18, S. 85
ca. 351–347 v. Chr.
Silber
Jerusalem
IMJ (2013.39.34708)

Prägestand: Yehud, Prägeherr: Juda.

Vorderseite: Dreiblättrige Blüte (Lilie).

Rückseite: Fliegender Falke mit ausgebreiteten Schwingen, den Kopf nach rechts gewandt. Rechts davon paläo-hebräisch *yhd* (Jod-He-Daleth: Yehud).

047 Halber Gerah: geflügeltes Mischwesen

Abb. 20, S. 85
ca. 350–332 v. Chr.
Silber
Jerusalem
IMJ (2013.39.34723)

Münzstätte: Jerusalem, Prägestand: Yehud, Prägeherr: Juda.

Vorderseite: Bartloser männlicher Kopf nach links.

Rückseite: Protome eines geflügelten und gehörnten Luchses nach links. Links davon paläo-hebräisch *yḥzqyh* (Jod-Chet-Zajin-Qoph-Jod-He: Jehisqijah).

053 Halber Gerah

Abb. 19, S. 85
ca. 332–302 v. Chr.
Silber
Jerusalem
IMJ (92.5.14228)

Münzstätte: Jerusalem, Prägestand: Yehud, Prägeherr: Juda.

Vorderseite: Gesicht in Vorderansicht.

Rückseite: Eule nach rechts, paläo-hebräisch: *yḥzqyh hpḥh* (Jod-Chet-Zajin-Qoph-Jod-He He-Pe-Chet-He: Jehisqijah der Statthalter).

046 Hemiobole König Ptolemäus I.

306 v. Chr.
Bronze
Alexandria
IMJ (78.1489)

Vorderseite: Kopf Alexanders des Großen mit Diadem und langem Haar nach rechts.

Rückseite: Adler mit ausgebreiteten Schwingen auf Blitz stehend nach links. Links davor Aphlaston über TI., gr. ΠΤΟΛΕΜΑΙΟ[Υ ΒΑΣΙΛΕΩΣ] ([dem König] Ptolemäus).

048 Stater König Ptolemäus I.

254/253 v. Chr.
Silber
Tyrus
IMJ (71.721)

Vorderseite: Kopf von Ptolemäus I. nach rechts, mit Diadem und um den Hals gebundener Aegis.

Rückseite: Stehender Adler nach links. Im Feld links Zeichen über Keule, im Feld rechts ΛΒ über Zeichen, gr. [ΠΤΟ]ΛΕΜΑΙΟΥ ΣΩΤΗ[ΡΟΣ] (dem Rett[er] [Pto]lemäus).

050 **Bronzemünze** König Antiochus VII.

Abb. 23, S. 86
132–130 v. Chr.
Bronze
Jerusalem
IMJ (71.1097)

Vorderseite: Dreiblättrige Blüte (Lilie).

Rückseite: Anker, gr. ΒΑΣΙΛΕΩΣ ΑΝΤΙ-ΟΧΟΥ ΕΥΕΡΓΕΤΟΥ (dem König Antiochus, dem Wohltäter).

052 **Prutah** des Alexander Jannaeus

Abb. 24, S. 86
102–76 v. Chr.
Bronze
Jerusalem
IMJ (71.464)

Vorderseite: Anker, im Kreis darum herum gr. ΑΛΕΞΑΝΔΡΟΥ ΒΑΣΙΛΕΩΣ (dem König Alexandros).

Rückseite: Achtstrahliger Stern in einem Diadem, zwischen den Strahlen die paläo-hebräische Inschrift H. ML. Ḵ. Y. HW. N. T. N. (der König Jehonatan).

049 **Städteprägung** Gott Zeus, Göttin Tyche

138–129 v. Chr.
Bronze
Gaza
IMJ (71.315)

Vorderseite: Kopf der Tyche mit Mauerkrone nach rechts.

Rückseite: Stehender Zeus nach links, in ein Himation gehüllt, die rechte Hand erhoben. Rechts davon ΔΗΜΟΥϹ, links davon ΓΑΖΑ[-ΤΩΝΕΝ] (dem Volk von Gaza).

055 **Yehud-Münze**

Abb. 21, S. 86
ca. 302/301–295/294 v. Chr.
Silber
Jerusalem
IMJ (2013.39.34.34716)

Münzstätte: Jerusalem, Prägestand: Yehud, Prägeherr: Juda.

Vorderseite: Bartloser männlicher Kopf nach links.

Rückseite: Adler mit ausgebreiteten Schwingen nach links. Links davor paläo-hebräisch *yhd* (Jod-He-Daleth: Jehud).

057 **Doppel-Prutah**

Abb. 25, S. 87
129–104 v. Chr.
Bronze
Jerusalem
(IMJ 78.3470)

Münzstätte: Jerusalem, Prägestand: Hasmonäer, Prägeherr: Johannes Hyrkanos (135–104 v. Chr.).

Vorderseite: Paläo-hebräische Inschrift im Kranz: YHWḤNN HKHN HGDWL R'Š ḤḆR HYHWDYM (Yehoḥanan, der Hohepriester und Oberster des Rates der Juden).

Rückseite: Gekreuzte Füllhörner, dazwischen Granatapfel.

059 **Halb-Prutah**

Abb. 26, S. 87
129–104 v. Chr.
Bronze
Jerusalem
IMJ (93.2.14367)

Münzstätte: Jerusalem, Prägestand: Hasmonäer, Prägeherr: Johannes Hyrkanos (135–104 v. Chr.).

Vorderseite: Palmzweig, paläo-hebräisch: YHWḤNN HKHN HGDWL WḤḆR HYHWDYM (Yehoḥanan, der Hohepriester und Oberster des Rates der Juden).

Rückseite: Dreiblättrige Blüte (Lilie) zwischen zwei Kornähren.

Hermaphroditen und Androgyne in der Antike (Vitrine 12)

062 Zentaur

Abb. 6, S. 93
1000–700 v. Chr.
Keramik
Tel Beer Scheva
IAA/IMJ (20-2273)

Dieser Zentaur aus der Eisenzeit II A/B (1000–700 v. Chr.) stammt aus einer Ausgrabung am Tel Beer Sheva. Er ist ein Mischwesen, halb Pferd, halb Mensch. Der menschliche Oberkörper hat weibliche Züge, der Pferdekörper hat ein männliches Glied. Er ist für Israel/Palästina einzigartig. Aber es gibt ähnliche Figurinen mit beiden Geschlechtsmerkmalen im östlichen Mittelmeerraum, insbesondere in Zypern.

Lit.: Kletter, Raz; Herzog, Zeev: An Iron Age Hermaphrodite Centaur from Tel Beer Sheba, Israel, in: Bulletin of the American Schools of Oriental Research No. 331, 2003, S. 27–38.

064 Figurine eines Mischwesens

Abb. 5, S. 92
1. Hälfte 7. Jahrhundert v. Chr.
Keramik
Tel 'Ira
IAA/IMJ (1984-62)

Diese Figurine aus einem öffentlichen Gebäude vom Tel 'Ira hält ein rundes Objekt. Die israelische Archäologin Pirhiya Beck erkennt darin ein Tamburin, wie von anderen Figurinen bekannt. Die Haartracht und der Oberkörper sind weiblich, aber sie hat ein männliches Geschlechtsorgan und trägt einen Bart. Ähnliche Figurinen sind aus Jordanien bekannt, wo sie als Ishtar-Kemosh-Figurinen interpretiert werden.

Lit.: Beck, Pirhiyah: Clay figurines. Human Figurine with Tambourine, in: Beit-Arieh, Itzhaq: Ḥorvat Qitmit. An Edomite shrine in the biblical Negev, Tel Aviv 1995.

084 Berliner Hermaphrodit, römisch (verkleinerter 3D Druck)

Abb. 2, S. 100
2. Jahrhundert n. Chr.
Kopie
Original: Antikensammlung Staatliche Museen Berlin, Sk 193

Der Oberkörper ist weiblich, der Unterkörper ist männlich. Die Figur trägt eine weibliche Haartracht und eine Mitra. Das ist in der römischen Antike ein typisches Kopftuch junger Frauen. Der römische Dichter Ovid erzählt in den „Metamorphosen" die Geschichte des männlich-weiblichen Kindes von dem Gott Hermes und der Göttin Aphrodite. Im Original ist diese Statue 172 cm groß und aus Marmor. Der „Berliner Hermaphrodit" gelangte als Ankauf 1828 nach Berlin.

085 Hermaphroditos: Sockel mit Inschrift, hellenistisch

300–37 v. Chr.
Marmor
Fundort unbekannt
Archäologisches Museum der Universität Münster

Auf diesem kleinen Marmorsockel stand die Figur eines Hermaphroditen. Die griechische Inschrift lautet: [Φ]ΑΝΩ ΕRΜΑΦΡΟ[ΔΙΤΩ] ΕΥΞΑΜΕΝΗ ([Ph]ano (weiht es) dem Hermaphroditos gemäß ihrem Gelübde.

Lit.: Stupperich, Reinhard: Die Antiken der Sammlung Werner Peek, in: Boreas, Münstersche Beiträge zur Archäologie, Beiheft 6, 1990, S. 75–76.

066 Androgynos, in: Platon „Das Gastmahl“ (lateinische Übersetzung)

Divini Platonis Opere Omnia Marsilio Ficino Interprete: Convivium vel De Amore

Abb. 2, S. 109
1557
Druck: Folio
Lyon
Bibliothek St. Georgen Frankfurt

Der griechische Philosoph Platon (427–347 v. Chr.) legt dem Komödiendichter Aristophanes eine fantastische Erzählung zur Erschaffung des Menschen in den Mund: Ursprünglich rund, mit acht Gliedmaßen und doppelgesichtigem Kopf, habe es männliche, weibliche und androgyne Menschen gegeben. Zeus habe sie in zwei Teile geschnitten. Seitdem sucht eine Hälfte die andere: Das sei der Ursprung der Liebe (griechisch Eros). Die für Athen typische Liebe zwischen Männern wird in dieser lateinischen Ausgabe von Ficino übergangen.

Lit.: Horn, Christoph (Hg.): Platon. Symposion, Berlin 2012.

067 Ein platonischer Adam, „Schöpfung“ (lateinische Übersetzung) von Philo

Opera Philonis Iudaei Exegetica in Libros Mosis, de mundi opificio, historicos, &Legales

1614
Druck: Oktav
Antwerpen
Bibliothek St. Georgen Frankfurt

Der jüdische Schriftsteller Philo von Alexandrien (gest. etwa 50 n. Chr.) schrieb vor 2.000 Jahren einen griechischen Kommentar zur Schöpfung, der sehr großen Einfluss auf die Auslegung der Bibel hat. Die Erschaffung Adams versteht er platonisch: *„Solange [der Mensch] nämlich für sich allein war, […] prägten sich in seiner Seele die Wesenscharaktere beider [Geschlechter] aus … Als aber auch das Weib gebildet war, … trat die Liebe hinzu, die sie wie zwei getrennte Hälften eines Wesens vereinigte.“* (De opificio, 151–152, siehe S. 110 in diesem Band).

Lit.: Horn, Christoph (Hg.): Platon. Symposion, Berlin 2012.

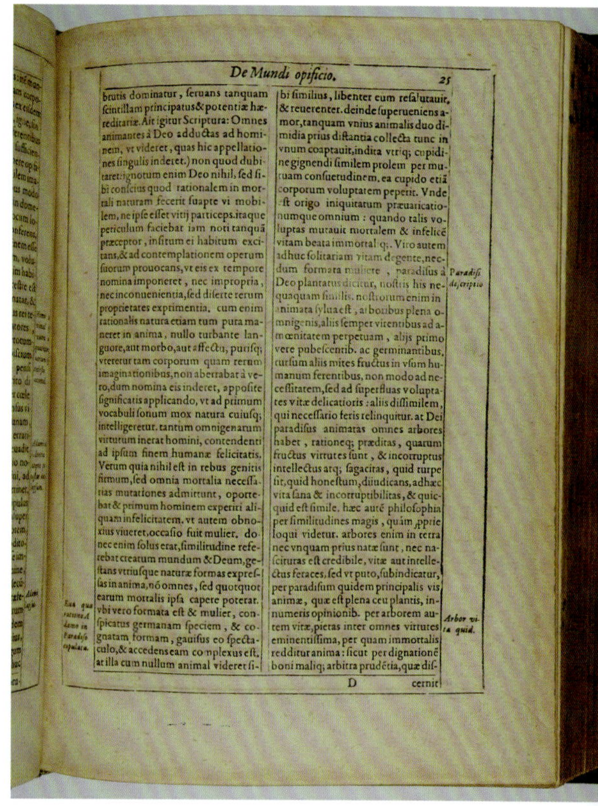
De Mundi opificio. 25

brutis dominatur, seruans tanquam scintillam principatus & potentiæ hæreditariæ. Ait igitur Scriptura: Omnes animantes à Deo adductas ad hominem, vt videret, quas hic appellationes singulis inderet.) non quod dubitaret: ignotum enim Deo nihil, sed sibi conscius quod rationalem in mortali naturam fecerit suapte vi mobilem, ne ipse esset vitij particeps. itaque periculum faciebat iam noti tanquã præceptor, insitum ei habitum excitans, & ad contemplationem operum suorum prouocans, vt eis ex tempore nomina imponeret, nec impropria, nec inconuenientia, sed diserte rerum proprietates exprimentia. cum enim rationalis natura etiam tum pura maneret in anima, nullo turbante languore, aut morbo, aut affectu, purisq; vteretur tam corporum quam rerum imaginationibus, non aberrabat à vero, dum nomina eis inderet, apposite significatis applicando, vt ad primum vocabuli sonum mox natura cuiusq; intelligeretur. tantum omnigenarum virtutum inerat homini, contendenti ad ipsum finem humanæ felicitatis. Verum quia nihil est in rebus genitis firmum, sed omnia mortalia necessarias mutationes admittunt, oportebat & primum hominem experiri aliquam infelicitatem. vt autem obnoxius viueret, occasio fuit mulier. donec enim solus erat, similitudine referebat creatum mundum & Deum, gestans vtriusque naturæ formas expressas in anima, nõ omnes, sed quotquot earum mortalis ipsa capere poterat. vbi vero formata est & mulier, conspicatus germanam speciem, & cognatam formam, gauisus eo spectaculo, & accedens eam complexus est. at illa cum nullum animal videret si-

Eua qua ratione Adamo in Paradiso copulata.

bi similius, libenter eum resalutauit, & reuerenter. deinde superueniens amor, tanquam vnius animalis duo dimidia prius distantia collecta tunc in vnum coaptauit, indita vtriq; cupidine gignendi similem prolem per mutuam consuetudinem. ea cupido etiã corporum voluptatem peperit. Vnde est origo iniquitatum præuaricationumque omnium: quando talis voluptas mutauit mortalem & infelicẽ vitam beata immortaliq;. Viro autem adhuc solitariam vitam degente, necdum formata muliere, paradisus à Deo plantatus dicitur, nostris his nequaquam similis. nostrorum enim inanimata sylua est, arboribus plena omnigenis, aliis semper virentibus ad amœnitatem perpetuam, alijs primo vere pubescentib. ac germinantibus, cursum aliis mites fructus in vsum humanum ferentibus, non modo ad necessitatem, sed ad superfluas voluptates vitæ delicatioris: aliis dissimilem, qui necessario feris relinquitur. at Dei paradisus animatas omnes arbores habet, rationeq; præditas, quarum fructus virtutes sunt, & incorruptus intellectus atq; sagacitas, quid turpe sit, quid honestum, diiudicans, adhæc vita sana & incorruptibilitas, & quicquid est simile. hæc autẽ philosophia per similitudines magis, quàm ꝓprie loqui videtur. arbores enim in terra nec vnquam prius natæ sunt, nec nascituras est credibile, vitæ aut intellectus feraces, sed vt puto, subindicatur, per paradisum quidem principalis vis animæ, quæ est plena ceu plantis, innumeris opinionib. per arborem autem vitæ, pietas inter omnes virtutes eminentissima, per quam immortalis redditur anima: sicut per dignationẽ boni maliq; arbitra prudẽtia, quæ dis-

Paradisi descriptio

Arbor vitæ quid.

D cernit

Schöpfung neu denken (Vitrine 13)

069 Koberger Bibel, deutsch: die Erschaffung Evas (1. Buch Mose/ Genesis 2,21–25)

Abb. 6, S. 115
1483
Druck: Folio mit Holzschnitt, koloriert/ Nürnberg: Anton Koberger
Sammlung Zeppetzauer

In der Kunstgeschichte des Mittelalters erscheint „Eva“ als eine „Seite“ des ersten Menschen. Die „Erschaffung Evas“ unterscheidet sich nicht sehr von Darstellungen von Hermaphroditen jener Zeit: ein Mensch mit zwei Oberkörpern, männlich und weiblich. Hier ist die spätantike und mittelalterliche Diskussion, ob Adam „männlich und weiblich“ sei, künstlerisch gelöst.

Lit.: Wendland, Hermann: Eine fünfhundertjährige Inkunabel: Anton Kobergers deutsche Bibel, in: Philobiblon 28, 1984, S. 30–37.

088 Koran Handschrift, arabisch, geschrieben von Abdallah Ibn Muhammad

Abb. 5, S. 132
1822
Tinte auf Papier
Osmanisches Reich, 1200 Hijra
Privatleihgabe

Der Koran als Heilige Schrift des Islam hat keine eigene Erzählung von der Erschaffung des Menschen. Verschiedene Suren des Koran beziehen sich auf die Schöpfungserzählungen der Bibel: *„Und Er ist es, der euch aus einer einzigen Seele erschaffen hat und der aus ihr ihren Partner/zweiten Teil erschaffen hat, damit er bei diesem Ruhe finde/wohne.“* Sure 4, Vers 1 und Sure 7, Vers 189 spiegeln die antike Vorstellung vom doppelgeschlechtlichen Urwesen, in der Übersetzung von Wiebke Walther.

070 Midrasch Genesis Rabbah 8,1, hebräisch (4.–5. Jahrhundert n. Chr.)

Adam doppelgesichtig und androgyn? Jüdisch-Rabbinische Diskussion zu 1. Buch Mose/Genesis 1 und 2

Abb. 3, S. 129
1981/82
Jerusalem
Privatleihgabe

In dieser Zusammenstellung von jüdisch-rabbinischen Lehrmeinungen zur Erschaffung des Menschen gibt es zwei typische griechische Lehnworte im hebräischen Text des 4./5. Jahrhunderts n. Chr: Adams sei „diprosopon“ (zweigesichtig) und „androgynos“ (Mann-Weib), wie die „Kugelmenschen“ bei Platon. Die Erschaffung Adams „männlich-weiblich“ verbindet sich mit der Erschaffung Evas: Eva ist „eine Seite“ Adams (1. Buch Mose/ Genesis 2), beide Seiten fühlen sich – voneinander getrennt – zueinander gezogen.

Lit.: Ginzberg, Louis: Art. Adam Kadmon, in: Jewish Encyclopedia 1, New York 1906, S. 181–183.

082 **Ein doppelgesichtiger Gott, Schöpfung,** Illustration der Bibel des Matteo de Planisio, Kopie

Abb. 3, S. 111
1362
Neapel, kolorierte Handschrift
Fakisimile C. Vat. lat. 3550 fol. 5, Belserverlag 1990
Original-Kodex in der Biblioteca Apostolica Vaticana, Rom
Privatleihgabe

Die Darstellung des Schöpfungswerkes in sechs Tagen ist ein Spiegel der Theologie der Spätantike und des Mittelalters: bei der Schöpfung hat Gott ein doppeltes, männlich-weibliches Gesicht. Das erinnert an den doppelgesichtigen, androgynen Ur-Menschen in Platons „Gastmahl".

Es ist ein Versuch, die „Dreieinigkeit" darzustellen. Der Künstler zeigt den biblischen Gott in „dreifaltiger Gestalt" mit doppeltem Gesicht und der Taube auf der Schulter: Vater (mit Bart), Sohn (ohne Bart), Heiliger Geist.

Lit.: Bräm, Andreas: Neapolitanische Bilderbibeln des Trecento. Anjou-Buchmalerei von Robert dem Weisen bis zu Johanna I, Wiesbaden 2007.

Die Verwandlung des Menschen (Vitrine 14)

Literatur: siehe den Beitrag auf S. 117–125

073 **Hermaphrodit, in: Splendor solis oder Sonnenglanz,** deutsch

Abb. 5, S. 120
1440
Handschrift mit farbigen Illustrationen
Hs. 146766, fol. 5v, Germanisches Nationalmuseum Nürnberg

Die doppelgeschlechtliche Gestalt in dieser wertvollen Handschrift aus dem Mittelalter ist ein Sinnbild für den Prozess der Vervollkommnung. Es ist voller Symbole, die typisch sind für die Alchemie: die Darstellung der vier Elemente (Feuer, Wasser, Erde, Luft), das Ei als Symbol des „fünften Elements" (die „Urmaterie", der „Stein der Weisen"), die Vereinigung von Mann und Frau in einer Urgestalt, die Gesichter umgeben vom Gegensatzpaar Sonnenglanz und Mondschein, die symbolischen Farben schwarz-weiß-rot als Stufen der Verwandlung. Die ideale Landschaft erinnert an den Garten Eden der Bibel, die männlich-weibliche Gestalt an die Deutung Adams als „Androgynos".

Lit.: Telle, Joachim: Splendor Solis, in: Priesner, Claus; Figala, Karin (Hg.): Alchemie. Lexikon einer hermetischen Wissenschaft, München 1998, S. 339 f.

083 **Speculum Donum Dei**

Abb. 3, S. 118
15. Jahrhundert
Pergamenthandschrift mit farbigen Illustrationen
Cod. Guelf. 77.2 fol. 5r, Herzog August Bibliothek Wolfenbüttel

Der Hermaphrodit ist ein Symbol der Verwandlung in der Alchemie. Die „Alchemie" als Kunst der Läuterung und der Schaffung des „Steins der Weisen" ist ein „Geschenk Gottes" (lateinisch: *donum dei*). Die Phase der Lösung der alchemischen Elemente Sulfur und Mercurius ist symbolisch als Geschlechtsakt dargestellt. Das Ergebnis ist ein geläutertes „Quecksilber". Das ist die Voraussetzung, um den „Stein der Weisen" herzustellen. Das Symbol für diesen Übergang ist ein geflügelter Hermaphrodit: die Läuterung durch die Vereinigung der Gegensätze.

076 **Michael Maier: Symbola aureae mensae**

Abb. 6, S. 122
1617
Druck: Frankfurt am Main
Na 312, S. 238
Herzog-August-Bibliothek, Wolfenbüttel
8° P 192.5005 Nr. 3
Universitätsbibliothek Johann Christian Senckenberg Frankfurt am Main

Der Hermaphrodit steht als Symbol der Deutschen im Emblem des Albertus Magnus von 1617. Jedes Kapitel ist einem berühmten Alchemisten und seinem Land gewidmet, dargestellt in einem Symbol/Emblem. Bischof Albertus Magnus als deutscher Heiliger gilt als einer der Väter der christlichen Alchemie. Für diese Kunst steht der Hermaphrodit als Symbol der Vereinigung der Gegensätze. Das Ypsilon gilt als der „Buchstabe des Pythagoras", Symbol der Weggabelung und Entscheidung für das Gute oder das Böse.

074 Christlicher Hermaphrodit, in: „Buch der Heiligen Dreifaltigkeit und Beschreibung der Heimligkeit von Veränderung der Metallen“, offenbart Anno Christi MCCCC

1400
Handschrift mit farbigen Illustrationen
Cod. Guelf. 188 Blank, fol. 96r, Herzog-August-Bibliothek, Wolfenbüttel

Anders als in der Antike ist der Körper dieses „christlichen Hermaphroditen“ nicht waagrecht in männlich und weiblich geteilt, sondern senkrecht mit einem Doppelgesicht. Dies ist ein Sinnbild der vollkommenen Gestalt, in der die Gegensätze „männlich und weiblich“ verschmelzen. Der Drache ist ein Symbol für die „Ur-Materie“ der Schöpfung. Die Flügel symbolisieren das Aufsteigen zum Himmel.

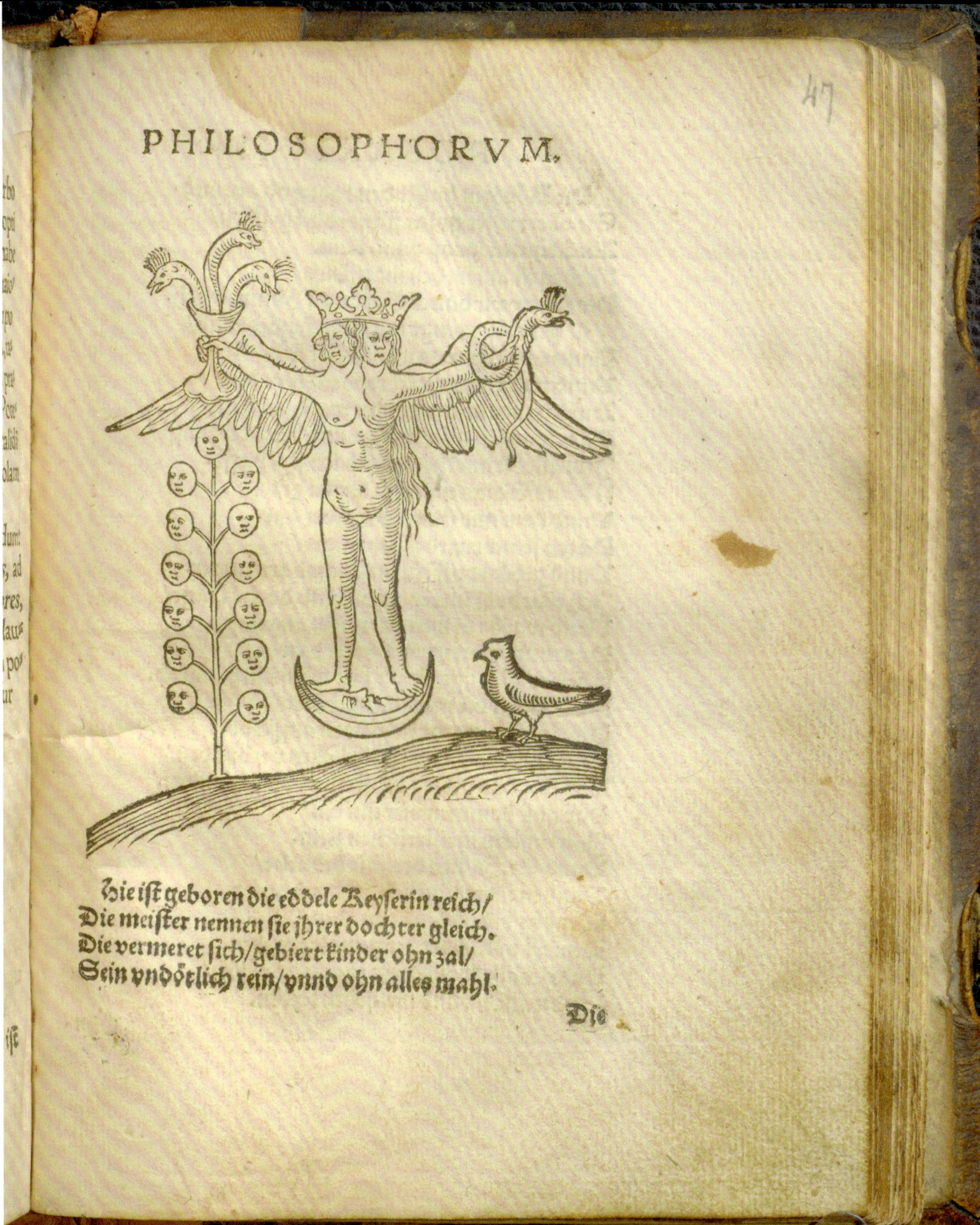

075 **Hermaphrodit auf der Mondsichel aus „Rosarium Philosophorum"**

1550
Druck: Frankfurt am Main
Germanisches Nationalmuseum Nürnberg

In dieser Bildserie ist die doppelgeschlechtliche Gestalt an allen Phasen des alchemischen Vorgangs hin zur Vollkommenheit beteiligt. In der Alchemie bleiben die Symbole mehrdeutig. Schon in Platons „Gastmahl" sind die Menschen „rund" wie die Gestirne: der Mann entsprechend der „Sonne"; die Frau entsprechend der „Erde"; der*die Androgynos entspricht dem „Mond" als Zwischen-Gestirn: der Mond erhält Licht von der Sonne und gibt es an die Erde weiter.

Mann – Frau – Dazwischen (Vitrine 15)

068 Bibel mit Kommentaren Glossa ordinaria cum postilla, Bd. 1, lateinisch: 1. Buch Mose/Genesis 1,27

Abb. 4, S. 113
1502
Druck: Folio
Basel
Bb lat 1502 01-1

1510
Druck: Folio
Lyon
Bb lat 1510 02-1
Württembergische Landesbibliothek Stuttgart

„Gott schuf den Menschen zu seinem Bilde, zum Bilde Gottes schuf er ihn, männlich und weiblich schuf er sie.“ (Genesis 1,27, Einheitsübersetzung 2016)

Wer sich im Mittelalter und der Frühen Neuzeit mit der Bibel beschäftigt, stößt auf die Frage „War Adam ein Androgynos?“ Nikolaus von Lyra verweist hier in der „Glossa ordinaria“ auf die jüdisch-rabbinische Diskussion, ob der erste Mensch beides war, männlich *UND* weiblich. Er lehnt das ab. Die diesbezügliche Diskussion bleibt aber in jener Zeit lebendig.

078 Allgemeines Preußisches Landrecht, Bd. 1, Theil 1, Neue Ausgabe, Berlin

Abb. 2, S. 158
1806
Bibelhaus Erlebnis Museum Frankfurt

„§19: Wenn Zwitter geboren werden …“

Bis zur Einführung des Bürgerlichen Gesetzbuches im Jahre 1900 galt im Königreich Preußen seit 1796: Es gibt Menschen mit uneindeutigem Geschlecht von Geburt an. Die Eltern haben das Recht, das Kind als Junge oder Mädchen zu erziehen. Im Alter von 18 Jahren konnte die Person selbst entscheiden, welches Geschlecht er*sie haben möchte. Erst im 20. Jahrhundert setzte sich für hundert Jahre die Praxis durch, dass der*die Ärzt*in mit den Eltern bei der Geburt ein Geschlecht festlegen musste und auch ohne Einwilligung der betroffenen Person Geschlechtsanpassungen stattfanden.

071 Biblia deutsch, Luthers „Ausgabe letzter Hand“: die Schöpfung

Abb. 5, S. 103
1545
Druck: Folio Druck mit Holzschnitten, koloriert.
Hier: Melchior Schwarzenberg: Die Schöpfung, Buchspiegel in der Lutherübersetzung 1545.
Wittenberg
Privatleihgabe

Die Erschaffung der Welt nach dem 1. Buch Mose/Genesis, Kapitel 1: In der Erzählung der Schöpfung der Welt in sechs Tagen und einem Ruhetag schildert die Bibel zum ersten Mal die Erschaffung des Menschen. Im hebräischen Text steht an dieser Stelle in wörtlicher Übersetzung: *„und schuf sie männlich und weiblich“*. Daran entzündet sich der Streit, ob nun die ersten Menschen – G*tt ähnlich – beides waren, männlich und weiblich. In dieser Darstellung erscheint der Mensch, Ebenbild G*ttes, als Paar im Zentrum der Schöpfung. G*tt ist mit Bart dargestellt.

072 Martin Luther: Genesis-Kommentar 1535/1538, Bd. 1, lateinisch

In primvm librvm Mose ennarrationes … Martini Luther, ed. Veit Dietrich, Michael Roting, Hieronymus Besold

Abb. 7, S. 114
1550
Druck: Oktav
Nürnberg
Theol. fol. 1094-1

1563
Druck: Oktav
Nürnberg
Theol. fol. 1095-1
Württembergische Landesbibliothek Stuttgart

„Ein Märchen irgendwo bei Platon“. In der Vorlesung zum 1. Buch Mose/Genesis an der Universität Wittenberg macht Martin Luther (1483–1546) auf Latein diese Bemerkung zur Frage, ob der erste Mensch männlich und weiblich gewesen sei. Er erörtert dabei den Kommentar von Nikolaus von Lyra. Seine Ablehnung jüdischer Schriftauslegung ist dabei besonders deutlich. Auf Deutsch übersetzt Luther 1545: *„und schuf sie ein Mänlin und Frewlin“*. 400 Jahre später steht in der angepassten Lutherübersetzung von 1912: *„und schuf sie als Mann und Weib“*.

Weiblich-Männlich-Divers (Vitrine 16 und 17)

077 Conchita Wurst auf der Mondsichel

Abb. 1, S. 148
2014
Holzskulptur, bemalt, von Gerhard Goder, Salzburg
SMB Museum der Europäischen Kulturen, Berlin

Gerhard Goder reizt mit seiner Holzskulptur von 2014 unsere Sehgewohnheiten: Im Stil einer Heiligenfigur steht eine schlanke Gestalt im Gewand auf einer Mondsichel – früher eine verbreitete Darstellung von Maria als Mutter Gottes. Eine bärtige Figur in Frauenkleidern ist von Bildnissen der „Heiligen Kümmernis" aus Mitteleuropa bekannt: eine Frau am Kreuz mit dem Angesicht des Christus. Der Stab erinnert an das Mikrofon der Kunstfigur „Conchita Wurst" alias Tom Neuwirth vom European Song Contest.

Siehe Beitrag von E. Tietmeyer und J. Wittenzellner in diesem Katalog, S. 148–155.

079 Ute Ranke-Heinemann (02.10.1927–25.03.2021) Eunuchen für das Himmelreich. Katholische Kirche und Sexualität

1988
Hamburg: Campe Verlag
Privatbesitz

Der Titel dieses Bestsellers der ersten deutschen katholischen Theologie-Professorin Uta Ranke-Heinemann bezieht sich ironisch auf einen Bibelvers: Die Bibelstelle dient nicht selten der Begründung des kirchlichen Zölibats. Eigentlich ist Matthäus 19,12 ein Kommentar Jesu zum „dritten Geschlecht" der Antike:

„Jesus spricht: Es gibt Eunuchen, die so aus der Mutterleib geboren sind, es gibt andere Eunuchen, die sind von Menschen dazu gemacht worden, und es gibt weiterhin Eunuchen, die sich selbst wegen der Nähe Gottes dazu gemacht haben." (Matthäus 19,12; Bibel in gerechter Sprache 2006)

135 Maria mit Kind, Makonde-Exportware, unbekannte Künstler*in

20. Jahrhundert
Holz
Dar-Es-Salaam, Tansania
Privatbesitz

Die Bevölkerungsgruppe der Makonde in Ostafrika hat die traditionelle Holzschnitzarbeit erfolgreich zur Kunstform erhoben. Selbstbewusst setzt sie gegen vorherrschende Bilder eigene Interpretationen biblischer Motive, z. B. diese Maria mit dem Jesus-Kind von einer*einem unbekannten Künstler*in.

134 I met God, they're queer y'all, T-Shirt

Abb. 1, S. 105
21. Jahrhundert
Baumwolle mit Aufdruck

Abwandlung des bekannten Slogans (Objekt 133) mit Zuspitzung. *Queer* (deutsch: schräg) gilt inzwischen als eine Selbstbezeichnung von Menschen der LGBTQI*-Bewegung (Lesbian-Gay-Bisexual-Transgender-Queer-Inter*). Grammatikalisch bevorzugen einige nicht-binäre Aktivist*innen für sich selbst das Personalpronomen *they* statt *he* (er) oder *she* (sie).

080 Jo Clifford The Gospel according to Jesus, Queen of Heaven, Englisch

2019
Theaterstück, London

„Because I, Jesus of Nazareth, I was queer, I am queer and I always will be queer." (Clifford 2009)

Das Ein-Personen-Stück mit dem wiedergekommenen Christus als Trans*Person erlitt besonders starke Anfeindungen bei den Aufführungen in Brasilien. Die Autor*in aus Glasgow identifiziert „Queen Jesus" mit der Leidensgeschichte der queeren Community. Schauspieler*in Brix Schaumburg bereitet eine deutsche Performance von „Queen Jesus" im Rahmen der Ausstellung „G*tt w/m/d" vor.

133 I met God. She is black, T-Shirt

Abb. 1, S. 99
21. Jahrhundert
Baumwolle mit Aufdruck

Ein Slogan der Frauen der Bürgerrechtsbewegung der USA avancierte 2014 zu einem Mode-Hit eines New Yorker T-Shirt Herstellers. Der Slogan wurde auch zu einem Symbol der Black-Lives-Matter-Bewegung des 21. Jahrhunderts.

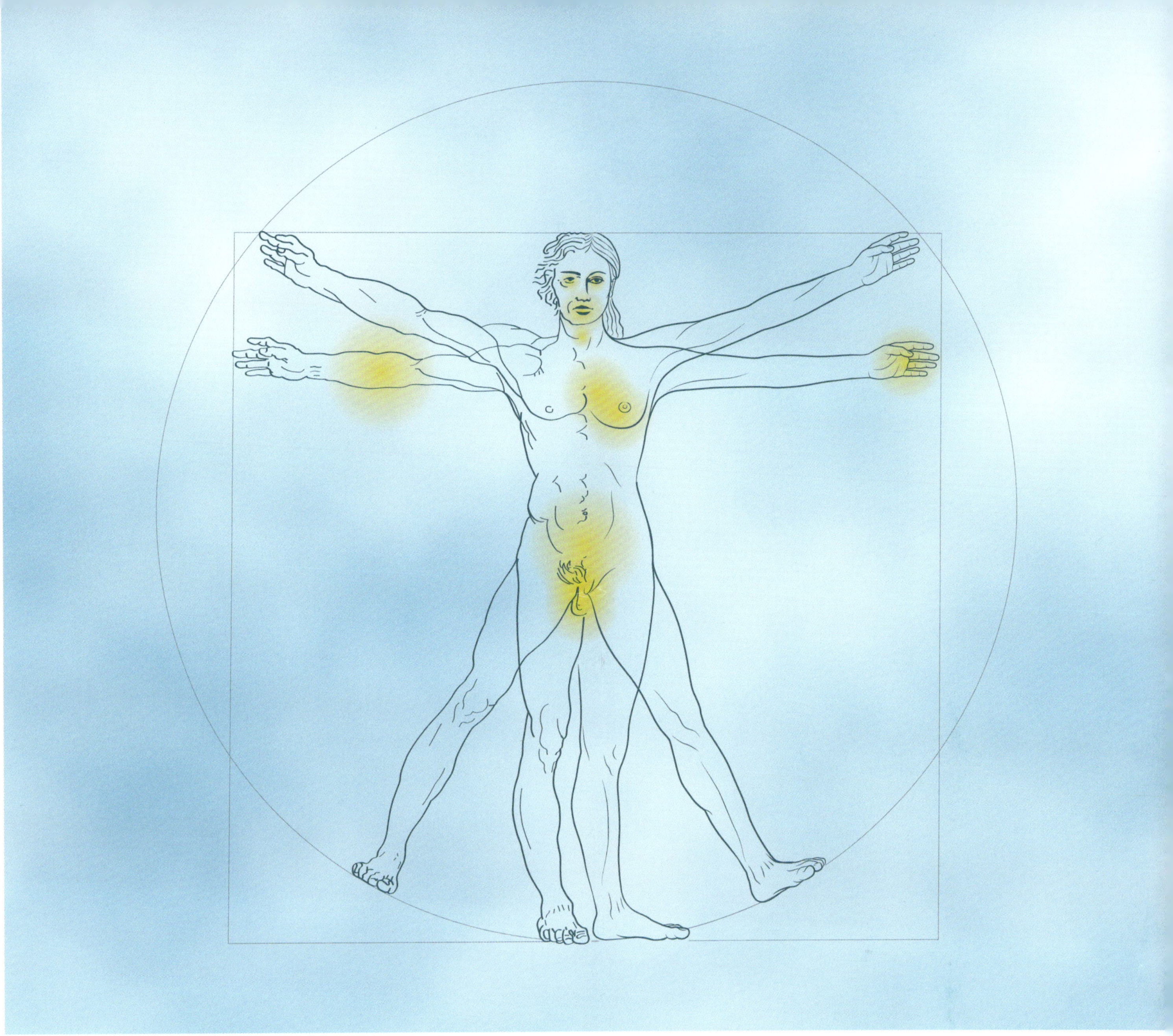

Ebenbild G*ttes w/m/d

Vorstellungen von G*tt anhand des menschlichen Körpers

In der Antike hatten die Menschen ein anderes Bild vom eigenen Körper als wir heute. In der Bibel sitzt zum Beispiel der Verstand im „Herz" und die Seele in der „Kehle".
Die Schriftsteller*innen der Bibel benutzen Bezeichnungen von Körperteilen, um G*ttes Zuwendung zum Menschen zu beschreiben.
Die Bibel zeichnet eine Art „Körperbild" G*ttes.

Ich habe G*tt von **Angesicht** zu Angesicht gesehen und bin am Leben geblieben. (1. Buch Mose/Genesis)
Die **Augen** G*ttes sind den Gerechten zugewandt, G*ttes Ohren ihrem Hilfeschrei. (Psalm 34,16)
Der Mensch lebt nicht vom Brot allein, sondern von einem jeden Wort, das aus dem **Munde** G*ttes kommt. (Matthäus 4,4)
Aber am siebten Tag ruhte G*tt und schöpfte **Atem**. (2. Buch Mose/Exodus 31,17)
Du hast einen gewaltigen **Arm**, stark ist deine Hand, und hoch/erhaben ist deine Rechte. (Psalm 89,14)
Wie der Ton in des Töpfers **Hand**, so seid auch ihr … in meiner Hand, spricht G*tt. (Jeremia 18,6)
Alle diese großen Dinge hast du getan, wie du es gesagt und im **Herzen** beschlossen hast. (2. Samuel 7,21)
Von G*tt seist du gesegnet … mit Segen der **Brüste** und des **Mutterschoßes**. (1. Buch Mose/Genesis 49,25)
Den Fels, der dich gezeugt hat, hast du außer Acht gelassen und hast vergessen **den G*tt, der dich geboren hat.** (5. Buch Mose/ Deuteronomium 32,18)

Texte schreiben, Textilien weben

Writing texts, weaving textiles

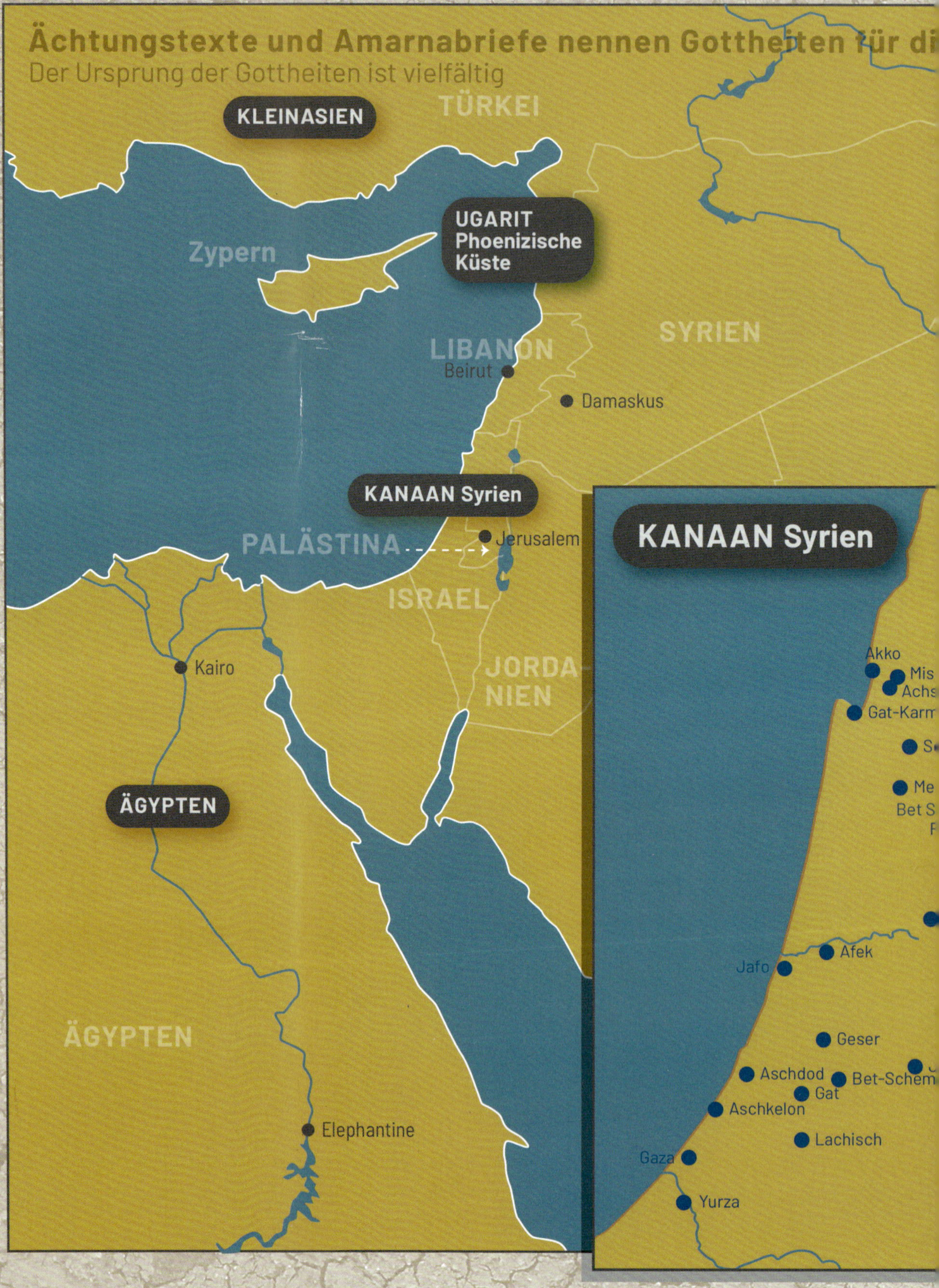